요즘 바이브 코딩

**입력이 다르면?
결과물도 다르다!**

깃허브 코파일럿
31가지 프로그램 만들기

박현규 지음

JN405329

🤖 바이브 코딩 시대, 여러분에게

여러분 이제 바이브 코딩의 시대입니다. 바이브 코딩^{Vibe Coding}의 뜻은 의역하자면 '느낌이 좋은 코딩' 정도로 생각해볼 수 있습니다. 요즘 바이브 코딩의 의미는 각자 생각하는 방식에 따라 다르지만 보통 **코드를 한 줄 한 줄 입력하고, 완성한 코드를 실행하고, 문제가 생기면 버그를 수정하는 등 귀찮고 번거로운 작업을 인공지능에게 맡기는 것입니다**. 즉, 인공지능이 작성한 프로그램을 실행하고 검토하는 등의 작업만 하는 것을 말합니다.

이처럼 바이브 코딩은 기존의 전통적인 개발 방식에서 벗어나 즐거운 일은 내가 하고 귀찮고 복잡한 일은 LLM에게 시킨다는 개념을 가지고 많은 사람에게 확산되고 있습니다. '바이브 코딩'이라는 용어는 오픈AI의 창업 멤버인 안드레이 카르파티^{Andrej Karpathy}가 트위터에 남긴 글에서 비롯되어 화제를 모았습니다.

"바이브 코딩"이라고 부르는 새로운 코딩 방식이 있어요. 그냥 완전히 느낌에 맡기고, 지수적 성장을 받아들이고, 코드가 존재한다는 것조차 잊어버리는 거죠. LLM들이 너무 좋아져서 할 수 있는 일이에요.
…생략…
항상 "모두 승인"하고, 이제 차이점도 안 읽어요. 에러 메시지가 나오면 그냥 아무 말 없이 복붙하는데, 보통 LLM이 알아서 고쳐요. 그러면 코드의 양은 엄청나게 불어나는데, 이해하려면 한참 읽어봐야 할 거예요. 가끔 LLM이 버그를 못 고치면 그냥 우회하거나 아무 변경이나 요청해서 없어질 때까지 해봐요.
…생략…
프로젝트나 웹 애플리케이션을 만들고 있지만, 실제로는 코딩이 아니에요. 그냥 뭔가 보고, 뭔가 말하고, 뭔가 실행하고, 뭔가 복붙하면 대부분 작동해요.

기존의 개발자도 아닌, 레전드 개발자가 이런 이야기를 했다는 것은 어떻게 보면 충격이었습니다. 그래서일까요? 지금도 많은 전문가와 실무자 등 바이브 코딩에 관심을 가지는 사람들이 다양한 관점에서 의견을 주고받으며 여러 커뮤니티에서 논쟁을 벌이고 있습니다. 그러나 변화의 흐름 속에서도 바이브 코딩이 가져올 긍정적인 가능성은 분명 존재합니다. 이러한 가능성에 주목하고 그것을 더 많은 사람들과 공유하고자 이 책을 기획하였습니다.

👥 먼저 읽은 독자의 인사이트를 확인하세요

바이브 코딩, 정말 누구나 공부할 수 있을까요? 다양한 분야에서 바이브 코딩을 공부한 독자들의 이야기를 들어보시죠!

프롬프트 입력부터 프로젝트 완성 및 웹 공개까지 실습 중심으로 진행되는 것이 좋았습니다. 이 책 덕분에 '무엇이든 만들 수 있다'는 자신감을 얻었습니다.

김영훈, 직장인

AI 도구를 어떻게 의도대로 활용할 수 있는지 알려주는 책입니다. 아이디어를 현실로 만드는 '실행 엔진'을 장착하고 새로운 창작 방식을 배워보세요.

송현우, 방사선사

비개발자도 AI와 협력하여 실용적인 프로그램을 만들 수 있도록 안내하는 책입니다. 30가지 실용 프로젝트로 학습하다 보면 AI에게 의도를 전달하는 능력과 프로그래밍에 대한 이해가 깊어질 겁니다.

허석, 마이크로소프트 MVP

비개발자, 깃허브 코파일럿으로 바이브 코딩을 처음 접하는 독자를 배려한 입문서입니다. 설명이 친절하고 프롬프트를 적절히 구분해서 초보자도 쉽게 실습할 수 있도록 구성되어 있습니다.

김현준, 직장인

이 책으로 기획부터 개발·배포까지 전 과정을 경험해보세요. 세심한 구성 덕분에 새로운 관점으로 개발 프로세스를 이해할 수 있습니다.

박신영, 프로덕트 디자이너

요즘 화제인 바이브 코딩을 제대로 알아보고 싶어 책을 펼쳤는데, 어려운 개념까지 그림과 비유로 쉽게 설명되어 이해가 쏙쏙 됐어요. 읽는 재미와 만드는 즐거움이 모두 담긴 '알차디 알찬' 책입니다.

박애리, AI 강사

이 책을 미리 읽은 전문가가 말합니다

AI 시대 '문제 정의' 역량을 키워주는 훌륭한 안내서

이 책은 31가지 실습을 통해 바이브 코딩의 핵심을 자연스럽게 익히게 합니다. 'AI가 코드를 대신 쓰더라도 무엇을 왜 만들고자 하는지 스스로 정의할 줄 알아야 한다'는 것이 핵심입니다. AI와 협업하는 감각을 배우고, 문제를 스스로 정의하고 해결하는 힘을 키워주는 훌륭한 안내서입니다.

 **윤자동**, AI 자동화 유튜버

31가지 실전 프로젝트로 배우는 AI 협업 감각

이 책을 읽고 바이브 코딩에 대한 생각이 완전히 바뀌었습니다. 31개의 프로젝트를 직접 만들어가면서 AI에게 어떻게 의도를 전달하고, 원하는 결과를 얻을 수 있는지 구체적으로 보여줍니다. 프롬프트를 어떻게 작성하느냐에 따라 코드의 품질이 확연히 달라진다는 점이 인상적이었습니다. 코딩 입문자부터 개발 경험자까지 실질적인 노하우를 배울 수 있습니다.

 셀레나, 서강대학교 AI·SW대학원 인공지능전공 대우교수

코딩 두려움 극복! 아이디어를 현실로 만들어보세요

이 책은 바이브 코딩과 깃허브 코파일럿이라는 혁신적인 도구를 제시합니다. 웹 개발 기초부터 데이터 수집, API 활용 같은 실용적인 업무 자동화까지 실습을 통해 완성할 수 있습니다. 복잡한 구현은 AI에 맡기고, 명확한 방향을 제시하는 설계자 역할에 집중하며 아이디어를 현실로 구현하는 강력한 힘을 얻게 될 것입니다.

 **정성준**, 유튜버 '성공지식백과'

AI 잠재력을 극대화하고 '질문의 힘'을 배워보세요

AI 에이전트가 개발자의 창의적 파트너가 되는 시대입니다. 이 책은 깃허브 코파일럿 사용법을 넘어, 실습을 통해 AI의 잠재력을 극대화하는 데 초점을 맞춥니다. 31가지 실용 예제를 통해 AI에게 명확하고 효율적으로 요구사항을 전달하는 방법을 배울 수 있습니다. 코딩 입문자부터 현업 개발자까지 강력히 추천합니다.

윤재원, 《다시 깊게 익히는 인사이드 리액트》 저자

코딩 고비마다 비개발자의 손을 잡아주는 친절한 실무형 입문서

비개발자가 코딩하다 막히는 지점마다 이 책이 손을 잡아줍니다. CS 기초 지식부터 MCP같은 최신 기술까지, 화면 하나하나 따라 하다 보면 어느새 작동하는 프로그램이 완성됩니다. 크롤링, 메일 자동화, 유튜브 API 활용 등 실무에서 바로 쓸 수 있는 도구들이 담겨있습니다. 디지털 시대의 '호모 파베르'가 되는 첫걸음을 시작해보세요.

 **한준구**, 초등교사 및 대학강사, 유튜버 '코난쌤'

개발 초보자도 OK! 친절한 구성과 실습으로 '바이브 코딩' 완벽 입문

깃허브 코파일럿이 궁금한 독자, 바이브 코딩에 입문하고 싶은 독자를 위한 최고의 선택입니다. 개발 지식이 전혀 없는 초보자도 쉽게 읽고 따라 할 수 있도록 구성되었습니다. 프로그래밍의 핵심 개념을 친절하게 설명하고, 배운 내용을 곧바로 실습에 적용할 수 있습니다. 바이브 코딩을 처음 접하는 분들부터 더 폭넓은 활용법을 원하는 독자들까지 많은 배움을 얻을 수 있습니다!

 나민수, AIXLIFE 대표, 크리에이터

🐥 바이브 코딩이 궁금해요! 4가지 Q&A

Q1 이 책에서는 어떻게 바이브 코딩하나요?

이 책에서 사용한 바이브 코딩 방법은 오른쪽 그림과 같습니다. AI가 코드를 생성해주면, 먼저 실행해서 오류가 발생하는지 확인합니다. 오류가 발생했다면 오류 메시지를 `Ctrl` + `C` 로 복사해서 `Ctrl` + `V` 로 AI에게 붙여넣기만 하면 됩니다. 이것만으로도 충분히 문제를 해결할 수 있습니다. 반대로 오류 없이 잘 동작한다면, 실행 결과가 원하던 대로 나왔는지 확인해보세요. 마음에 들지 않으면 AI에게 수정을 요청하고, 만족스럽다면 그것으로 완성이겠죠.

바이브 코딩의 핵심은 사람이 직접 코드를 작성하는 것이 아니라 모든 작업을 AI에게 맡기는 것입니다. 물 흐르듯 자연스럽게 진행하세요. 코드가 잘 실행되면 그대로 사용하고, 오류가 생겨도 AI에게 자연스럽게 도움을 요청하면 됩니다. 복잡하게 생각할 필요 없습니다. 이 간단한 과정을 반복하며 자연스럽게 코딩하는 것, 그것이 바이브 코딩의 전부입니다.

Q2 오류가 무서워요. 오류가 한 번에 해결되지 않으면 어떻게 하죠?

코딩을 하면서 가장 두려운 순간은 오류를 만났을 때일 것입니다. 앞서 설명했듯, 바이브 코딩은 오류 해결 과정마저 인공지능에게 맡기는 방식이지만, 처음 오류를 마주하면 누구나 당황할 수 있습니다. 그러나 바이브 코딩에서는 오류를 인공지능에게 전달하고 수정해나가는 과정 자체가 중요한 부분입니다. 그것도 단 한 번이 아닌, 아주 여러 번 반복하는 과정이지만 말이죠. 하지만 이 과정을 통해 점점 더 나은 결과를 얻고, 오류를 덜 발생시키는 방향으로 프롬프팅을 하는 감각이 생기며 분명 발전할 것입니다.

예를 들어 자전거를 배우는 과정을 생각해보세요. 자전거는 책으로만 배워서는 탈 수 없습니다. 직접 자전거를 타고 넘어지는 경험을 하면서 몸에 조금씩 익히는 것이죠. 바이브 코딩도 마찬가지입니다. 매일 조금씩 오류를 발견하고 이를 수정해나가면서 점점 더 정확하고 효율적인 프롬프트를 입력하게 될 겁니다. 그러면 더 만족스러운 프로그램을 만들 수 있게 되겠죠. 그러니 오류를 만나는 걸 두려워 마세요. 오류가 한 번에 해결되지 않는다고 해서, 예전처럼 시간이 오래 걸리고 막막했던 시절은 지났습니다. 이제는 인공지능과 티키타카를 주고받으며 함께 해결해나간다고 생각하면 됩니다.

03 바이브 코딩으로 무엇을 할 수 있나요?

이전에는 IT 기술을 하나 배우려면 정말 오래 걸렸습니다. 예를 들어 간단한 웹페이지 하나를 만들어보려고 해도 아주 긴 시간이 걸렸죠. 최소 2주? 아니 4주는 공부해야 그럴싸한 웹페이지를 겨우 하나 만들어볼 수 있었습니다.

몇몇 재능 있는 사람들을 제외하고 며칠 고생해서 만든 웹페이지는 너무 보잘 것 없었습니다. 그래서 많은 사람이 프로그래밍에 흥미를 잃고, 포기하는 경우도 종종 있었죠. 실제로 제가 웹 개발을 배우고 처음 만든 웹사이트를 살펴보면 오른쪽 그림과 같은 수준의 아주 형편 없는 것이었습니다.

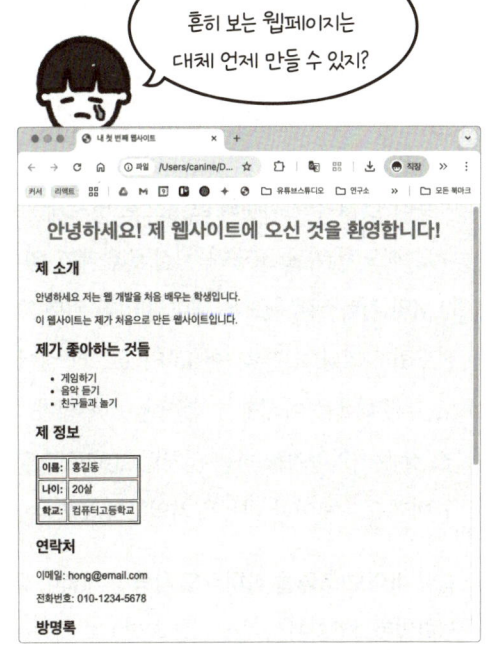

하지만 바이브 코딩의 등장으로, 공부한 내용과 함께 AI에게 원하는 것을 지시하면 멋진 웹페이지를 쉽게 만들 수 있게 되었습니다. 그뿐만이 아닙니다. 응용 프로그램도 쉽게 만들 수 있습니다. 8쪽 상단에 있는 그림은 이 책에서 만들 30가지 프로그램 중 일부일 뿐입니다.

혹시 프로그래밍은 좀 배워보고 싶은데, 도대체 배운 내용을 어떻게 써먹어야 할지 모르겠다고 생각하고 있었다면 이참에 깃허브 코파일럿과 함께 바이브 코딩으로 개념을 공부하면서 바로바로 확인해보면 어떨까요?

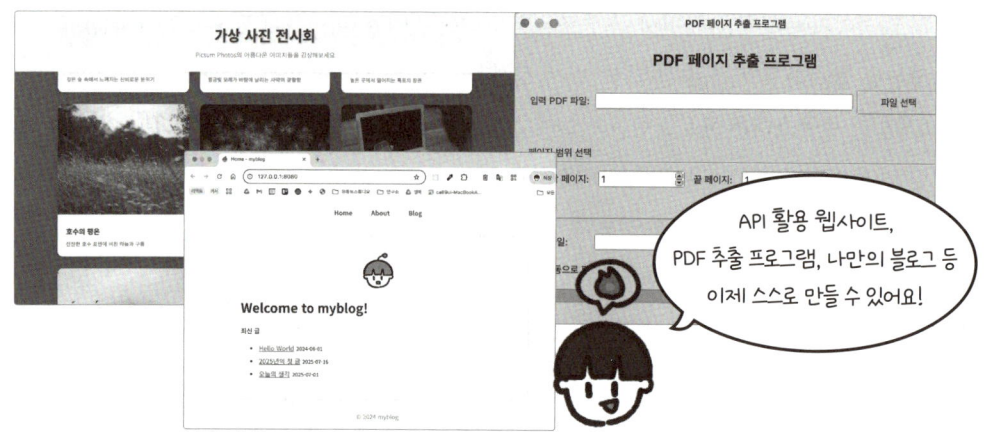

Q4 바이브 코딩은 만능인가요?

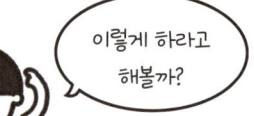

아무리 LLM이 여러분의 요청으로 멋지게 프로그램을 만들어준다고 해도 바이브 코딩에는 결국 한계가 있습니다. 대표적인 예가 LLM의 컨텍스트 윈도우 제한입니다. 컨텍스트 윈도우란, 쉽게 말해 LLM이 한 번에 받아들일 수 있는 정보의 양입니다. 만약 여러분의 코드가 길어지다 못해 컨텍스트 윈도우의 범위를 넘어서면 결국 LLM도 전체 내용을 이해할 수 없거든요. 우리가 대화를 할 때 아주 오래 전 이야기는 완벽하게 기억나지 않고, 잘못 기억하기도 하는 것처럼 LLM도 그렇습니다. 분명 아까 전에 보여준 코드인데도 컨텍스트 윈도우 바깥으로 벗어난 내용을 기억하지 못할 수 있는 거죠. 그래서 바이브 코딩은 만능이 아닙니다.

결국 바이브 코딩을 하더라도 사람의 개입이 필요합니다. 이 책은 여러분이 **파트 01 처음 만나는 깃허브 코파일럿과 CS 지식**에서 기본적인 CS 지식을 공부하도록 본문을 구성했습니다. 바이브 코딩으로 CS 지식을 공부하면서 점점 더 나아지는 여러분의 바이브 코딩 아이디어를 스스로 확인할 수 있으면 좋겠습니다. 바이브 코딩은 여러분의 학습 의욕을 고취시킬 수 있고, 나에게 지금 필요한 나만의 프로그램을 만들어 귀찮았던 업무를 쉽게 해결해주는 등의 해결사 역할을 해줄 수 있습니다. 저는 긍정적인 방향만 보고 여러분과 깃허브 코파일럿을 이용하여 다양한 프로그램을 만들어가면서 컴퓨터 공학의 어떤 개념을 알아야 하는지 느껴보고, 점점 더 복잡한 프로그램을 만들어가는 과정까지 안내해보려고 합니다.

🧑 바이브 코딩을 시작하기 전에 준비하기

여기서는 바이브 코딩에 필요한 필수 개발 도구를 설치합니다. 이 책은 파이썬^{Python}, Node.js, 깃^{git}을 기본으로 설치한 상태에서 실습을 진행해야 합니다. 따라서 다음 가이드를 참고하여 파이썬, Node.js, 깃을 설치하고 실습을 시작하기 바랍니다. **설치하면서 문득 '이게 내가 배울 내용이 맞나?'라는 의구심이 들 수도 있습니다.** 하지만 바이브 코딩은 그런 의구심을 가진 상태에서 AI와 티키타카를 하며 진행하는 것이 정상입니다. 뭔가 '개발자가 알아야 할 내용을 공부하는 느낌'이 들 수 있겠지만 일단 설치하고 차근차근 진행해보세요.

⊞ 윈도우에서 바이브 코딩 준비하기

바이브 코딩을 시작하려면 몇 가지 필수 프로그램이 필요합니다. 여기서는 윈도우 환경에서 파이썬, Node.js, 깃을 차례대로 설치하는 방법을 쉽고 간단하게 안내합니다. 이 순서대로 따라 하면, 바이브 코딩에 필요한 필수 개발 도구를 어렵지 않게 준비할 수 있으며, 참고용 유튜브 영상도 함께 제공합니다.

- **유튜브 영상** : bit.ly/4nqVqIP

파이썬 설치하기

파이썬은 이미 널리 퍼진 프로그래밍 언어입니다. 아마 프로그래밍에 관심이 조금이라도 있다면 컴퓨터에 파이썬이 설치되어 있을 것입니다. 우선은 파이썬이 여러분 컴퓨터에 설치되어 있는지 확인해야 합니다.

01 윈도우 검색에서 '명령 프롬프트'를 찾아 실행합니다. 검정색 화면이 나타나면 여기에 **python --version**을 입력하고 Enter 를 누릅니다.

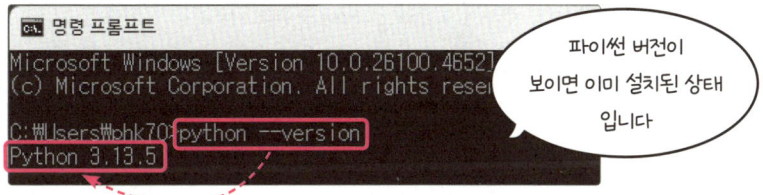

파이썬 버전이 보이면 이미 설치된 상태입니다

만약 Python 3.13.5와 같은 내용이 보이면 이미 파이썬이 설치된 상태입니다. 숫자는 파이썬 버전을 의미하고, 3.10 이상이면 실습에 큰 문제가 없을 것입니다.

02 만약 숫자가 보이지 않는다면 파이썬 다운로드 홈페이지에 접속해서 [Download Python ...]을 눌러 파이썬 설치 파일을 다운로드하여 설치하세요.

- **파이썬 다운로드** : python.org/downloads

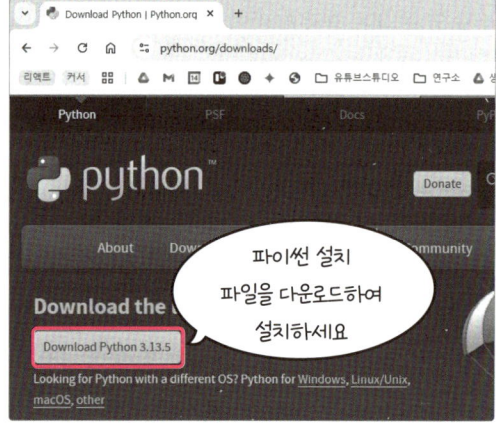

03 이때 윈도우를 사용하고 있다면 **반드시 'Add python.exe to PATH'를 체크하기 바랍니다.** 체크하지 않으면 아주 불편해집니다.

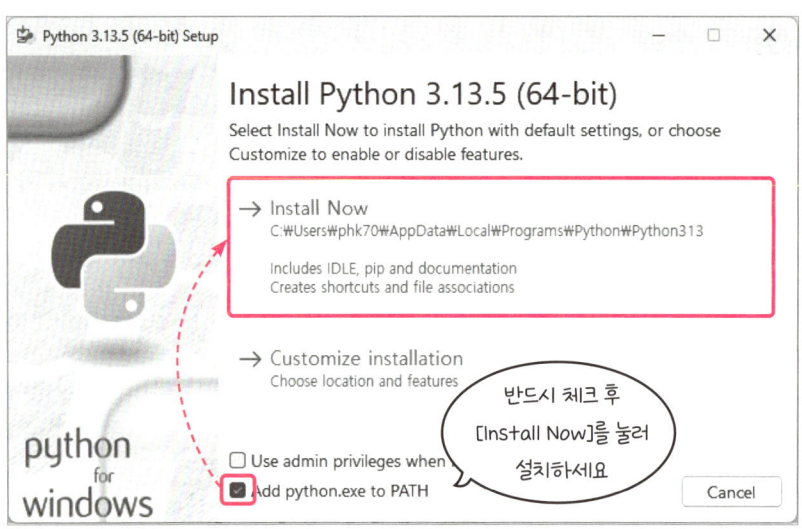

설치를 마친 후에 과정 01을 진행해서 파이썬 설치 여부를 확인해보기 바랍니다. 이때 명령 프롬프트를 켜둔 상태에서 파이썬 설치를 마쳤다면 반드시 명령 프롬프트를 종료했다가 다시 켜서 실행해야 합니다.

Node.js 설치하기

윈도우에서 Node.js를 설치하는 방법은 파이썬과 비슷합니다. 아마 Node.js도 설치한 상태일 수 있습니다. 미리 점검하는 방법은 파이썬과 동일합니다.

01 명령 프롬프트를 열고 **node --version**을 입력한 뒤 Enter 를 눌렀을 때 버전이 나오면 이미 Node.js가 설치된 상태입니다. 22로 시작하는 버전이면 실습에 큰 문제가 없을 것입니다.

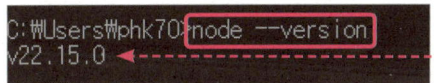

02 만약 버전이 표시되지 않으면, Node.js 홈페이지에 접속해 [Windows 설치 프로그램]을 눌러 설치 파일을 다운로드하고 실행하여 설치하면 됩니다. Node.js는 파이썬과 달리 별도의 설정값을 조정할 필요가 없습니다.

- **Node.js 다운로드** : nodejs.org/ko/download

설치 후 과정 01을 수행하여 버전이 나타나는지 확인하세요. 물론 명령 프롬프트가 켜진 상태에서 설치했다면 명령 프롬프트를 종료했다가 다시 진행해야 합니다.

깃 설치하기

윈도우에 깃을 설치하면 이제 바이브 코딩을 위한 기초 준비는 끝입니다. 계속 설치만 하고 아무것도 안 하니 두려울 수 있겠지만 앞으로 나아가고 있는 겁니다. 설치 마무리까지 쭉 진행해봅시다.

01 깃 공식 홈페이지에 접속하면 오른쪽 아래에 [Download for windows] 버튼이 보입니다. 설치 파일을 다운로드하여 설치하면 됩니다. 기본값으로 설치하면 되므로 어렵지 않습니다.

- **깃 공식 홈페이지** : git-scm.com

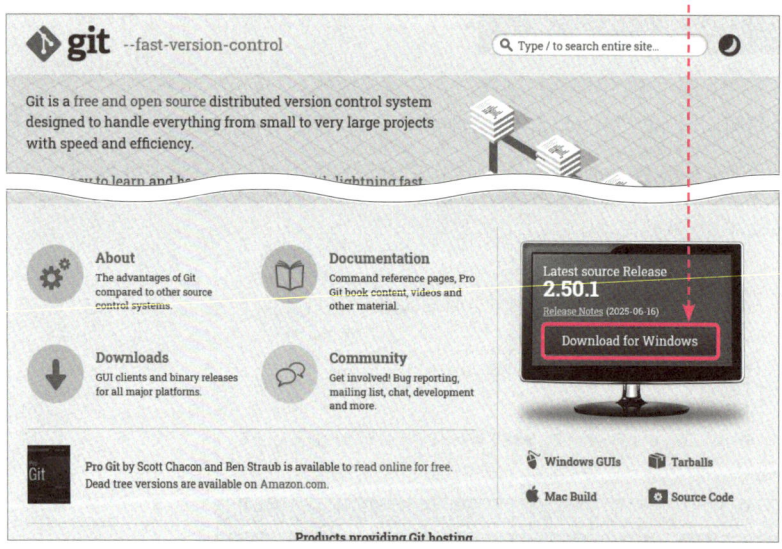

02 설치 확인은 마찬가지로 명령 프롬프트에서 **git -v**를 입력하고 `Enter` 를 누르면 됩니다. 깃 버전이 보이면 제대로 설치된 것입니다.

```
C:\Users\phk70>git -v
git version 2.50.1.windows.1
```

macOS에서 바이브 코딩 준비하기

환경에 따라 설치 방법이 조금씩 다르므로, macOS에서 바이브 코딩을 위한 개발 환경 준비 방법을 안내합니다. 이 가이드와 유튜브 영상을 함께 참고하면 macOS 사용자도 어렵지 않게 따라 할 수 있습니다.

- **유튜브 영상** : bit.ly/4nqVqIP

파이썬 & Node.js 설치하기

macOS 사용자는 파이썬과 Node.js 설치가 좀 수월한 편입니다. 설치 과정은 기본적으로 윈도우와 같습니다. 파이썬 다운로드 홈페이지에 접속해서 설치 파일을 다운로드하여 실행하면 됩니다. 물론 브루brew와 같은 패키지 관리자를 이용해서 설치해도 됩니다. macOS 사용자를 위한 파이썬과 Node.js 설치 설명은 여기서 간단히 마치겠습니다.

- **파이썬 다운로드** : python.org/downloads
- **Node.js 다운로드** : nodejs.org/ko/download

깃 설치하기

macOS는 깃이 미리 설치되어 있습니다. 따라서 macOS 사용자는 깃을 따로 설치하지 않아도 됩니다. 검색에서 '터미널'을 찾아 실행하고 **git -v**를 입력하여 설치 상태만 확인하세요.

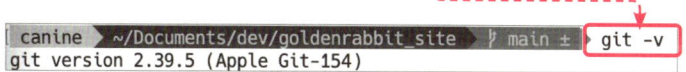

이제 바이브 코딩이라는 여정을 떠나기 위한 준비물을 모두 준비했습니다! 앞으로 여러분이 만들 프로그램은 정말 다양하고 유용한 것들이 많을 겁니다. 그 과정에서 바이브 코딩으로 내가 필요한 프로그램을 만드는 방식과 아이디어를 많이 느껴보기 바랍니다.

학습 효율을 200% 극대화하는 학습 가이드

💬 코딩 지식 없이도 AI로 만드는 바이브 코딩의 모든 것!
오픈카톡방에서 확인하세요!

함께 모여서 바이브 코딩을 학습하고, 실무 사례를 공유하며, 새로운 지식 공유를 통해 AI 도구를 활용한 프로그램 개발 기술을 마스터해보세요. 코딩 지식 없이도 AI 도구 활용을 통해 실제 실습을 진행하고 업무에 적용하면서 책을 완독해가며 더 탄탄하게 성장할 수 있습니다. 저자와 함께 바이브 코딩으로 실용적인 프로그램 만들기를 공부하고 연구해보아요.

- **오픈카톡방** : open.kakao.com/o/ggK7EAJh

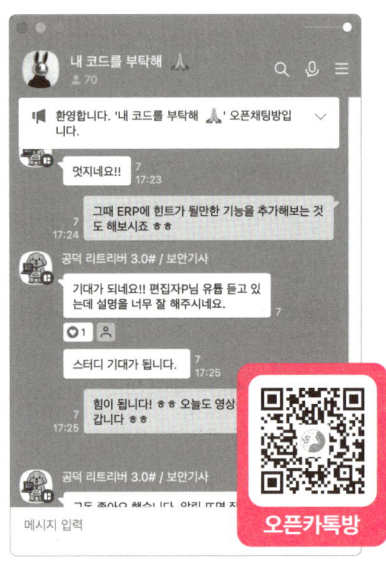

▶ 저자 직강 유튜브 강의 제공!
깃허브 코파일럿 설치부터 실습까지 책 연계 유튜브 강의로 바이브 코딩 마스터하세요!

저자가 직접 영상을 통해 깃허브 코파일럿 설치부터 프로그램 실습까지 차근차근 가이드합니다. 다양한 예제 프로그램 실습을 단계별로 따라 할 수 있도록 유튜브 영상 강의를 제공하니, 바이브 코딩이 더 이상 어렵지 않습니다!

- **유튜브 채널** : youtube.com/@editorp89

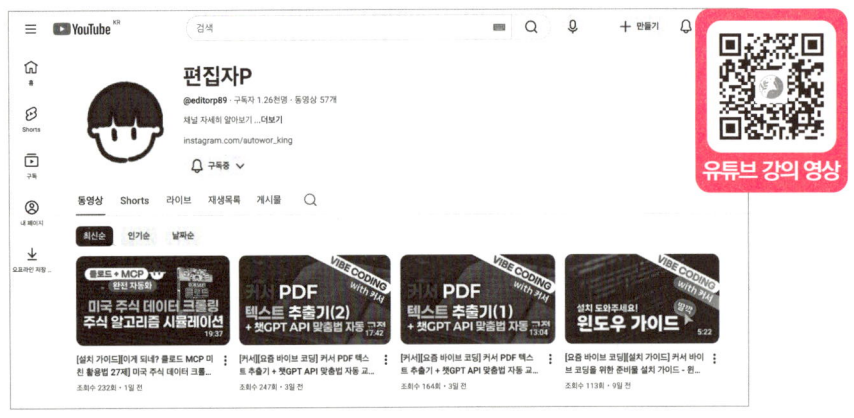

📁 실습 예제 데이터까지 완벽 준비!
바로 따라 하는 실습 자료부터 프롬프트까지 여기서 확인하세요!

책의 예제를 따라 실습할 때 필요한 이미지와 링크를 다운로드할 수 있습니다. 제공하는 이미지와 데이터로 프로그램을 만든 다음, 실제 원하는 프로그램 구현까지 해보세요. 본문에서 활용한 프롬프트 중 길거나 응용하기 좋은 프롬프트를 온라인 문서로 정리했습니다. 복붙으로 더 쉽게 학습해보세요.

- **독자 제공 실습 파일** : bit.ly/47TASnJ

바이브 코딩의 흐름, 한눈에 보기

시작!

준비 운동	바이브 코딩 01	바이브 코딩 02	바이브 코딩 03	바이브 코딩 04
VS Code와 깃허브 코파일럿 설치하기	기업 소개 웹사이트 만들기	사과 게임 만들어보기	바탕화면 정리시켜 보기	자기소개 페이지 만들기

바이브 코딩 20	바이브 코딩 19	바이브 코딩 18	바이브 코딩 17	바이브 코딩 16
네이버 API로 쇼핑 트렌드 분석기 만들기	유튜브 API로 유튜브 정보 수집 프로그램 만들기	랜덤 이미지를 주는 API로 미술관 사이트 만들기	PDF 편집기 완성하기 : 페이지 이어 붙이기 기능	PDF 편집기 만들기 : 페이지 추출 기능

바이브 코딩 21
메일 발송 자동화 프로그램 만들기

바이브 코딩 22	바이브 코딩 23	바이브 코딩 24	바이브 코딩 25	바이브 코딩 26
챗GPT API로 PDF 요약 프로그램 만들기	블로그 최적화 글 생성 프로그램 만들기	고객 리뷰 분석하여 보고서 생성하는 프로그램 만들기	유튜브 자막 추출 후 맞춤법 검사하는 프로그램 만들기	가계부 대시보드 만들기

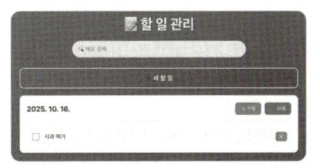
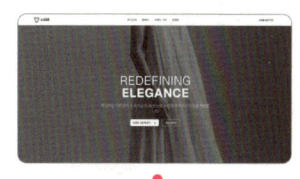

바이브 코딩 05	바이브 코딩 06	바이브 코딩 07	바이브 코딩 08	바이브 코딩 09
자기소개 페이지를 다른 사람에게 공유하고 싶다면?	유튜브와 비슷한 사이트 만들어보기	투두리스트 앱 만들어보기	투두리스트 앱 디자인 변경해보기	v0 서비스로 더 쉽게 웹사이트 만들기

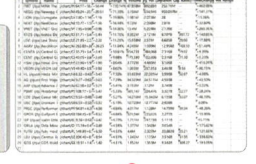

바이브 코딩 10

버셀 서비스에 내가 만든 쇼핑몰 사이트 배포해보기

바이브 코딩 15	바이브 코딩 14	바이브 코딩 13	바이브 코딩 12	바이브 코딩 11
나만의 QR 코드 생성기 쉽게 만들기	해외 주식 크롤링 프로그램 만들기	데이터도 꿰어야 보배, 통계 처리하고 시각화하기	1년 치 금 시세 크롤링하기	노션과 비슷한 사이트 만들어보기

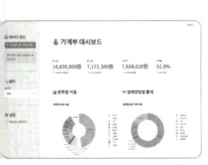
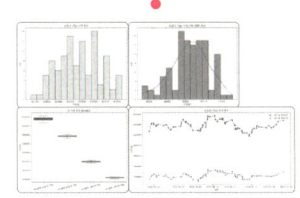

바이브 코딩 27	바이브 코딩 28	바이브 코딩 29	바이브 코딩 30	바이브 코딩 31
테트리스 게임 만들어보기	리더보드가 있는 카드 뒤집기 게임 만들기	카드 뒤집기 게임에 보안 챙기기	나만의 블로그 만들기	나만의 커뮤니티 게시판 만들기

목차

파트 01 처음 만나는 깃허브 코파일럿과 CS 지식

[챕터 01] 비주얼 스튜디오 코드 설치하고 개발 환경 준비하기 :
코드 편집기, IDE ·········· 24

깃허브 회원가입 후 깃허브 코파일럿 구독 관리하기 **25**
비주얼 스튜디오 코드 설치하고 깃허브 코파일럿 설정하기 **29**
`바이브 코딩 01` 기업 소개 웹사이트 만들기 **32**
`바이브 코딩 02` 사과 게임 만들어보기 **39**

[챕터 02] 깃허브 코파일럿으로 파일, 폴더 조작해보기 : 터미널 ·········· 48

`바이브 코딩 03` 바탕화면 정리시켜 보기 **50**

[챕터 03] 웹사이트를 만들려면 꼭 알아야 하는 3가지 :
HTML, CSS, 자바스크립트 ·········· 54

웹사이트의 뼈대를 담당하는 HTML **55**
웹사이트를 아름답게 해주는 CSS **55**
웹사이트에 기능을 추가해주는 자바스크립트 **56**
`바이브 코딩 04` 자기소개 페이지 만들기 **57**
`바이브 코딩 05` 자기소개 페이지를 다른 사람에게 공유하고 싶다면? **62**

[챕터 04] 눈으로 보고, 상호작용할 수 있는 영역 : 프런트엔드 ·········· 67

리액트요? 전 개발자가 아닌데요? **68**
`바이브 코딩 06` 유튜브와 비슷한 사이트 만들어보기 **70**
`바이브 코딩 07` 투두리스트 앱 만들어보기 **76**

[챕터 05] **디자인에도 기술이 있다고요? : 라이브러리, 프레임워크** ············ **81**

라이브러리? 프레임워크? **82**

[바이브 코딩 08] 투두리스트 앱 디자인 변경해보기 **84**

[바이브 코딩 09] v0 서비스로 더 쉽게 웹사이트 만들기 **87**

[챕터 06] **내가 만든 사이트를 서비스하는 방법 : 서버, 배포** ·················· **96**

24시간 사용자 요청을 기다리는 컴퓨터, 서버 **97**

localhost가 무엇이길래 **98**

포트 번호가 무엇이길래 **99**

내 컴퓨터에 구동한 웹 서버가 여러 개라면? **99**

내가 만든 웹 서비스를 친구도 보려면? **100**

[바이브 코딩 10] 버셀 서비스에 내가 만든 쇼핑몰 사이트 배포해보기 **102**

[챕터 07] **회원가입, 게시판을 구현하고 싶어 : 데이터베이스** ················ **109**

데이터베이스란? **110**

[바이브 코딩 11] 노션과 비슷한 사이트 만들어보기 **111**

[챕터 08] **크롤링을 하고 싶어 : 파이썬** ·········· **121**

　파이썬으로 할 수 있는 일들 **122**

　크롤링, 막 해도 되는 것일까? **122**

　크롤링 핵심, 태그와 속성 **124**

　[바이브 코딩 12] 1년 치 금 시세 크롤링하기 **125**

　[바이브 코딩 13] 데이터도 꿰어야 보배, 통계 처리하고 시각화하기 **129**

　[바이브 코딩 14] 해외 주식 크롤링 프로그램 만들기 **133**

[챕터 09] **나만의 프로그램을 만들고 싶어 : 디버그, 바이브 코딩** ·········· **136**

　스스로 수십 번의 디버그를 하는 깃허브 코파일럿 **137**

　코딩, 수정은 AI에게 맡기고 나는 방향만 이끄는 바이브 코딩 **138**

　[바이브 코딩 15] 나만의 QR 코드 생성기 쉽게 만들기 **138**

　[바이브 코딩 16] PDF 편집기 만들기 : 페이지 추출 기능 **143**

　[바이브 코딩 17] PDF 편집기 완성하기 : 페이지 이어 붙이기 기능 **149**

[챕터 10] **데이터를 이용하고 싶어 : API** ·········· **151**

　API가 뭐예요? **152**

　[바이브 코딩 18] 랜덤 이미지를 주는 API로 미술관 사이트 만들기 **154**

　[바이브 코딩 19] 유튜브 API로 유튜브 정보 수집 프로그램 만들기 **157**

　[바이브 코딩 20] 네이버 API로 쇼핑 트렌드 분석기 만들기 **164**

파트 02 깃허브 코파일럿으로 유용한 프로그램 만들어보기

[챕터 11] **업무에 유용한 6가지 프로그램 만들기** ·········· 176

- 바이브 코딩 21 메일 발송 자동화 프로그램 만들기 **176**
- 바이브 코딩 22 챗GPT API로 PDF 요약 프로그램 만들기 **182**
- 바이브 코딩 23 블로그 최적화 글 생성 프로그램 만들기 **192**
- 바이브 코딩 24 고객 리뷰 분석하여 보고서 생성하는 프로그램 만들기 **200**
- 바이브 코딩 25 유튜브 자막 추출 후 맞춤법 검사하는 프로그램 만들기 **207**
- 바이브 코딩 26 가계부 대시보드 만들기 **216**

[챕터 12] **MCP로 더 수준 높은 프로그램 만들기** ·········· 228

- 그래서 MCP가 뭐죠? **228**
- 스미더리 회원가입하고 Context7 MCP 실행해보기 **231**
- 바이브 코딩 27 테트리스 게임 만들어보기 **236**
- 바이브 코딩 28 리더보드가 있는 카드 뒤집기 게임 만들기 **245**
- 바이브 코딩 29 카드 뒤집기 게임에 보안 챙기기 **252**
- 바이브 코딩 30 나만의 블로그 만들기 **260**
- 바이브 코딩 31 나만의 커뮤니티 게시판 만들기 **276**

특별 부록: 바이브 코딩이 더 재미있어지는 강력 추천 확장 프로그램 ········ 285

요즘 바이브 코딩

파트
01

처음 만나는 깃허브 코파일럿과 CS 지식

알아두면 좋은 IT 용어

코드 편집기
코드를 작성하고 수정할 수 있는 기본 프로그램

IDE
코드 작성부터 실행, 디버깅까지 가능한 통합 개발 환경

라이브러리
특정 기능을 쉽게 구현할 수 있도록 모아놓은 코드 묶음

프레임워크
일관된 구조 안에서 빠르게 개발할 수 있도록 도와주는 틀

데이터베이스
데이터를 저장하고 관리하는 시스템

서버
클라이언트의 요청을 받고 처리해주는 컴퓨터 또는 프로그램

배포
만든 프로그램을 실제 서비스 환경에 올려 사용자와 연결하는 과정

크롤링
웹사이트에서 원하는 데이터를 자동으로 수집하는 작업

디버그
프로그램의 오류를 찾아 수정하는 과정

API
프로그램끼리 기능이나 데이터를 주고받는 통신 방법

[챕터 01] 비주얼 스튜디오 코드 설치하고 개발 환경 준비하기 : 코드 편집기, IDE

[챕터 02] 깃허브 코파일럿으로 파일, 폴더 조작 해보기 : 터미널

[챕터 03] 웹사이트를 만들려면 꼭 알아야 하는 3가지 : HTML, CSS, 자바스크립트

[챕터 04] 눈으로 보고, 상호작용할 수 있는 영역 : 프런트엔드

[챕터 05] 디자인에도 기술이 있다고요? : 라이브러리, 프레임워크

[챕터 06] 내가 만든 사이트를 서비스하는 방법 : 서버, 배포

[챕터 07] 회원가입, 게시판을 구현하고 싶어 : 데이터베이스

[챕터 08] 크롤링을 하고 싶어 : 파이썬

[챕터 09] 나만의 프로그램을 만들고 싶어 : 디버그, 바이브 코딩

[챕터 10] 데이터를 이용하고 싶어 : API

[챕터 01]

비주얼 스튜디오 코드 설치하고
개발 환경 준비하기 : 코드 편집기, IDE

유튜브
bit.ly/4nqVqlP

유튜브 영상으로 더 쉽게 공부하세요!

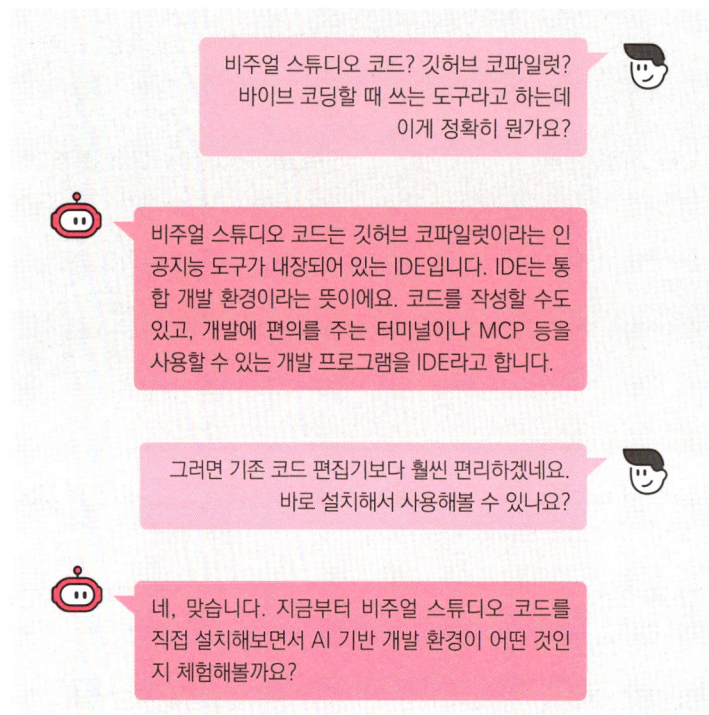

비주얼 스튜디오 코드는 코드를 편집할 수 있는 프로그램입니다. 보통 이러한 도구를 코드 편집기라고 부릅니다.

다만 깃허브 코파일럿은 단순히 코드를 편집하는 기능만 제공하는 도구가 아닙니다. 비주얼 스튜디오 코드는 깃허브 코파일럿이라는 인공지능 도구를 탑재하고 있으며, 운영체제에 명령을 내릴 수 있는 터미널을 비롯해 다양한 개발 편의 기능을 갖추고 있습니다. 또한 이 책에서 다루는 내용 중 하나인 MCP도 사용할 수 있습니다.

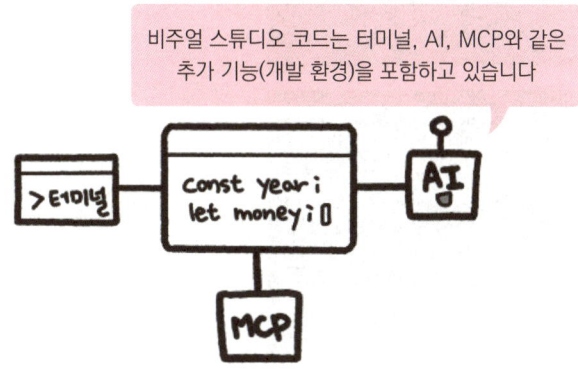

이처럼 다양한 기능이 통합된 개발 환경을 IDE라고 부릅니다. IDE는 **I**ntegrated **D**evelopment **E**nvironment의 앞 글자만 딴 표현으로, 한글로는 통합 개발 환경을 뜻합니다. 말 그대로 개발에 필요한 여러 도구와 기능이 하나로 통합된 환경을 말하는데요, 이제 인공지능을 장착한 IDE, 비주얼 스튜디오 코드를 설치하고 어떤 도구인지 살펴볼까요?

깃허브 회원가입 후 깃허브 코파일럿 구독 관리하기

깃허브 코파일럿은 회원가입 후 결제 수단을 등록하면 30일 동안 프로 플랜을 무료로 체험할 수 있습니다. 30일 동안 이 책과 함께 깃허브 코파일럿을 학습하고 나서 스스로 만들고 싶은 프로그램이 생기면 구독해서 적극적으로 사용해보세요. 지금부터 회원가입과 구독 관리 방법을 매뉴얼과 함께 자세하고 쉽게 따라 할 수 있도록 소개하겠습니다.

깃허브 회원가입하고 깃허브 코파일럿 프로 플랜으로 전환하기

01 깃허브에 회원가입을 하세요. 깃허브 홈페이지에 접속하여 ❶ [Sign up]을 누른 다음 ❷ [Continue with Google]을 눌러 구글로 회원가입을 진행하세요. 구글 인증 후에는 Username을 적당히 입력하여 [Create account]를 누르고 회원가입을 마치면 됩니다.

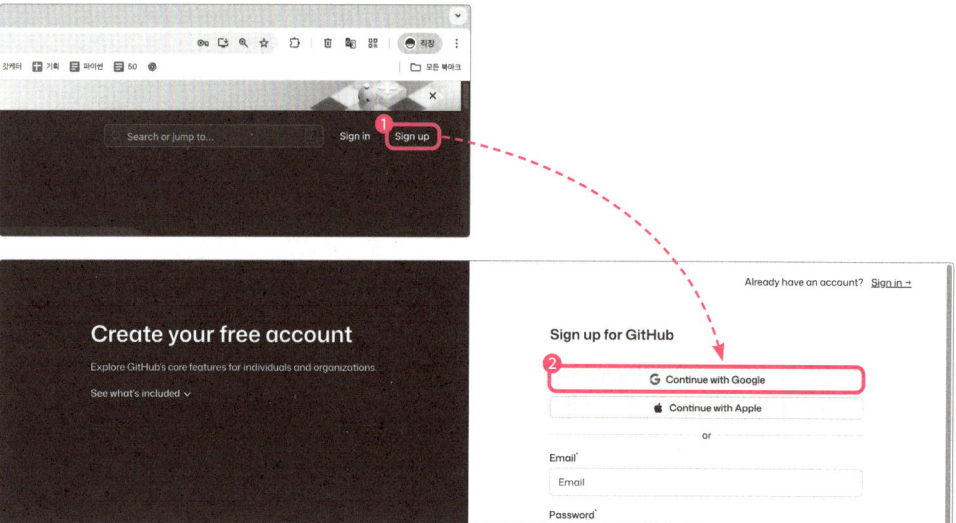

02 회원가입이 끝나면 깃허브 대시보드로 이동합니다. 대시보드에는 여러 화면이 있는데 이 화면들 중 깃허브 코파일럿과 관련된 메뉴를 설명하겠습니다. 오른쪽 위의 프로필 아이콘을 누르고 [Copilot settings]를 누르세요.

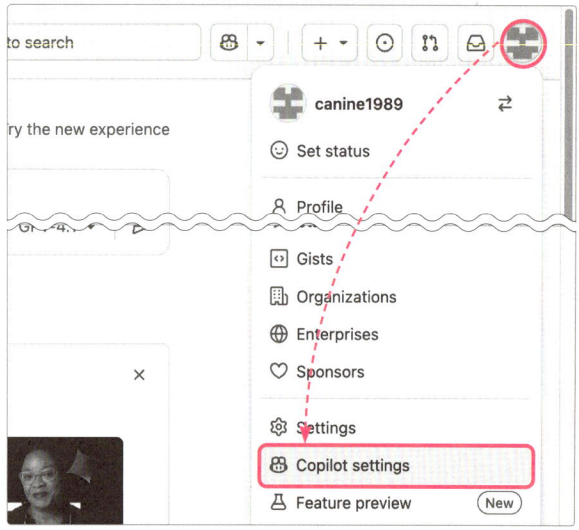

03 그러면 깃허브 코파일럿의 설정 화면이 나옵니다. [Start using Copilot Free]버튼을 누르면 깃허브 코파일럿을 시작할 수 있습니다. 맨 위에는 [Free]라고 현재 계정이 깃허브 코파일럿의 무료 플랜을 사용하고 있다는 걸 보여줍니다. 그리고 그 아래에는 현재 여러분이 깃허브 코파일럿을 얼마나 사용했는지 사용 상태를 확인할 수 있습니다. 상태를 확인하고 [Upgrade]를 눌러 플랜 업그레이드 화면으로 이동하세요.

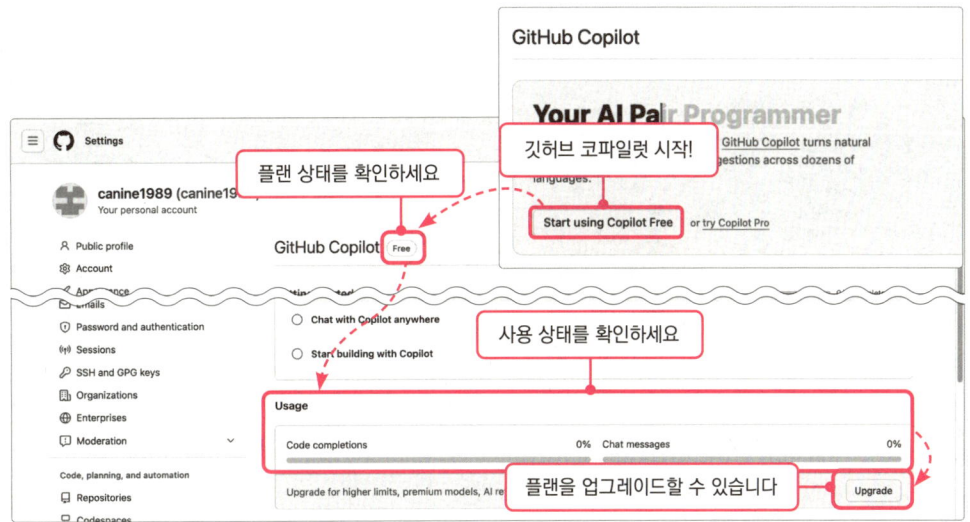

04 그러면 첫 30일은 무료라는 화면이 나옵니다. [Upgrade now]를 눌러 결제 화면으로 이동하고 결제 수단을 등록하면 무료로 30일간 깃허브 코파일럿 프로 플랜을 사용할 수 있습니다. 프로 플랜의 장점은 클로드 소넷^Sonnet 모델, GPT-5 모델 등을 마음껏 골라 사용할 수 있다는 겁니다. 그리고 깃허브 코파일럿의 장점이 또 하나 있다면 타 서비스 요금의 50% 수준으로 낮은 가격입니다.

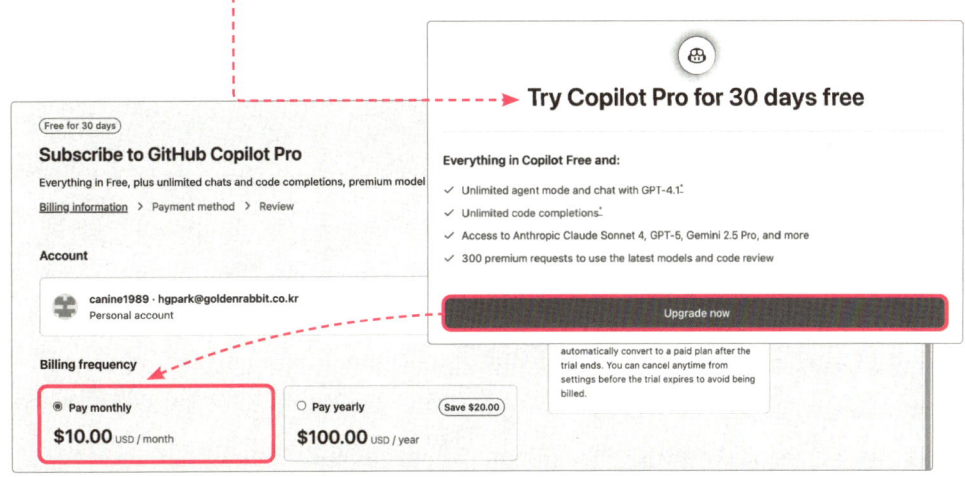

[챕터 01] 비주얼 스튜디오 코드 설치하고 개발 환경 준비하기 : 코드 편집기, IDE

프로 플랜 구독 해지하기

01 구독을 해지하는 방법도 차례로 설명하겠습니다. 이 방법은 무료 체험 기간이 끝난 다음 따라 할 수 있습니다. 오른쪽 위 프로필 아이콘을 누르고 [Copilot settings]를 누른 후 왼쪽 메뉴에서 [Billing and licensing]을 누른 다음 [Overview]를 누르세요.

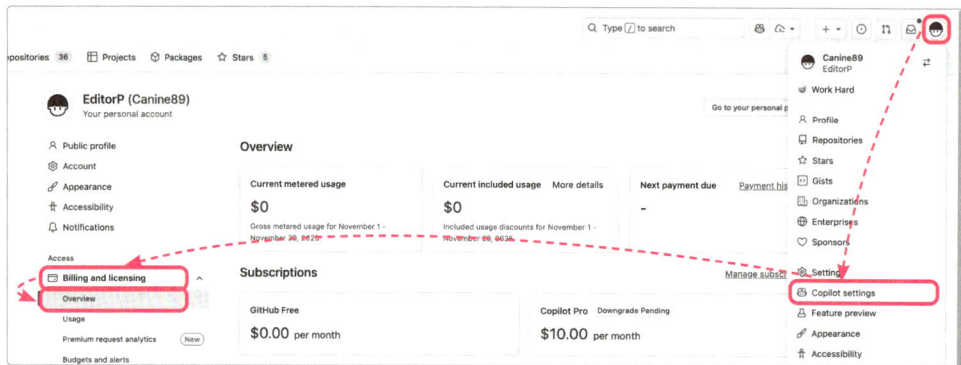

02 화면에서 Subscriptions 항목 오른쪽에 있는 [Manage subscriptions]를 누르세요.

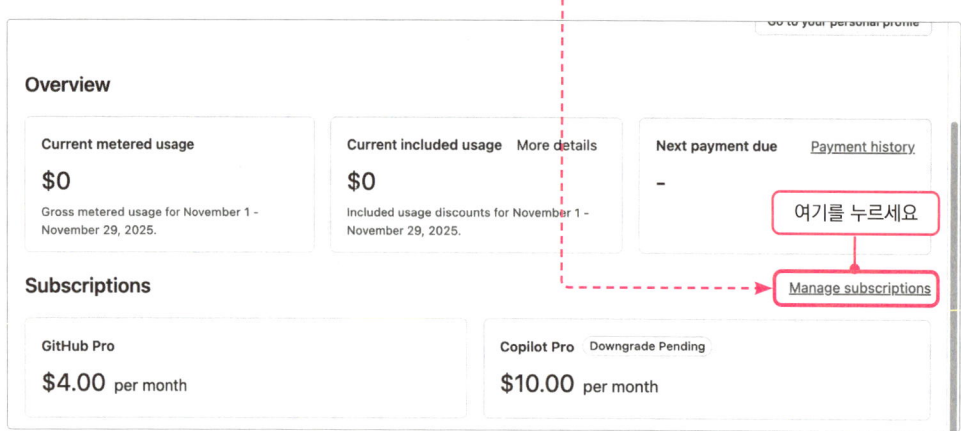

03 그런 다음 Current GitHub base plan에 있는 [Edit → Downgrade to Free]를 눌러 프로 플랜을 해지할 수 있습니다.

> **NOTE** 무료 체험 기간이라면 여러분의 플랜에 [Cancel trial] 버튼이 활성화될 겁니다. 추가 과금을 원하지 않으면 체험 기간 안에 취소하세요.

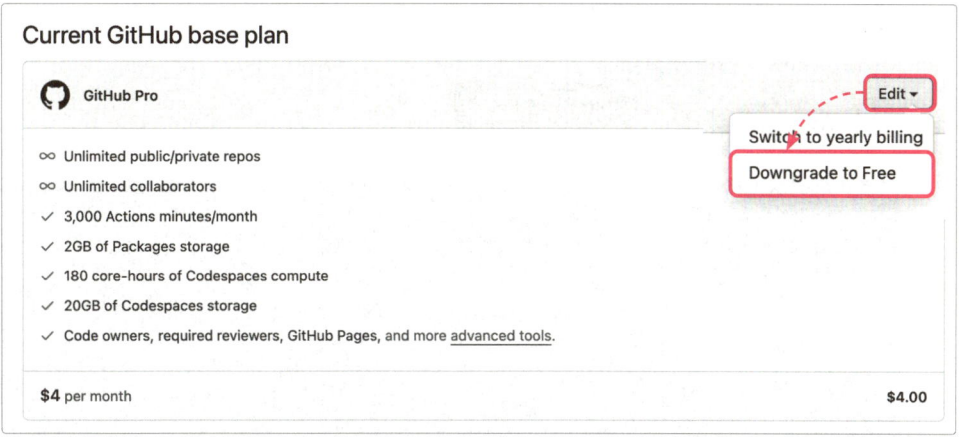

비주얼 스튜디오 코드 설치하고 깃허브 코파일럿 설정하기

이제 비주얼 스튜디오 코드를 설치하고 깃허브 코파일럿을 설정하면 됩니다. 깃허브 코파일럿은 비주얼 스튜디오 코드라는 프로그램과 짝을 지어 따라다니는 AI 도구이므로 비주얼 스튜디오 코드를 설치하면 즉시 사용할 수 있습니다. 비주얼 스튜디오 코드 설치부터 기초 사용 방법을 차근차근 알아보겠습니다.

01 code.visualstudio.com에 접속하자마자 보이는 설치 파일 다운로드 버튼을 눌러 설치 파일을 다운로드하고 실행하여 비주얼 스튜디오 코드를 설치하세요.

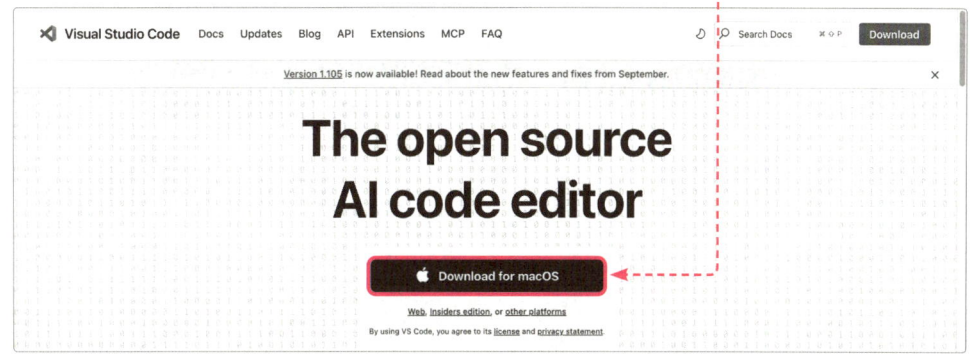

02 처음 비주얼 스튜디오 코드를 실행하면 다크 모드로 실행될 것입니다. 왼쪽 아래의 톱니바퀴를 누르고 [Themes → Color Theme]을 눌러 라이트 모드로 전환하겠습니다.

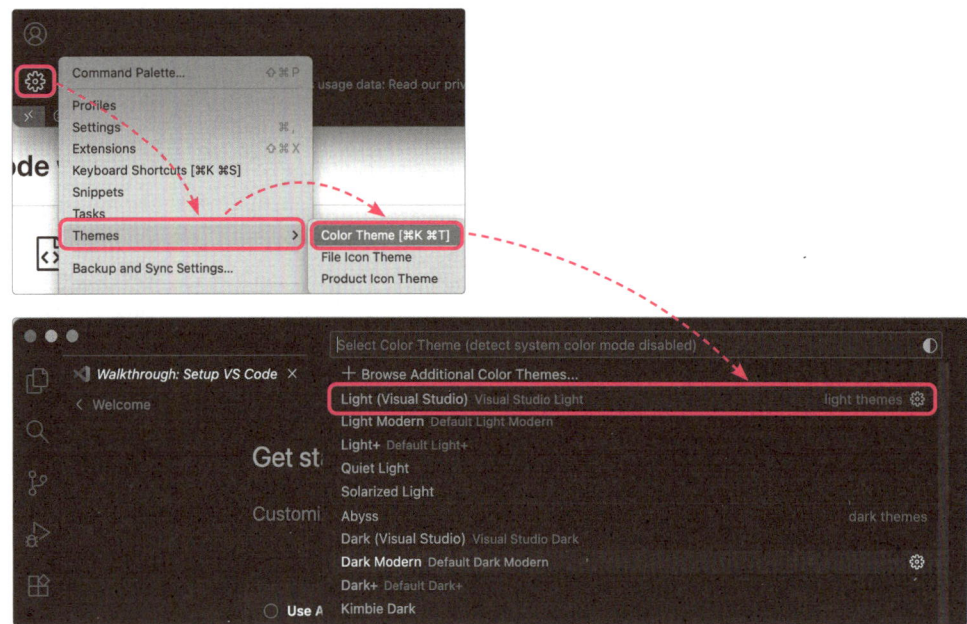

03 이제 깃허브 코파일럿과 비주얼 스튜디오 코드를 연결할 차례입니다. 오른쪽 아래를 보면 코파일럿 아이콘이 있습니다. 아이콘을 누른 후 [Use AI Features]를 누르세요. 그러면 Sign in to use GitHub Copliot이라는 창이 나타나면서 로그인을 유도합니다. 앞에서 깃허브로 회원가입 했던 방식으로 로그인하면 됩니다.

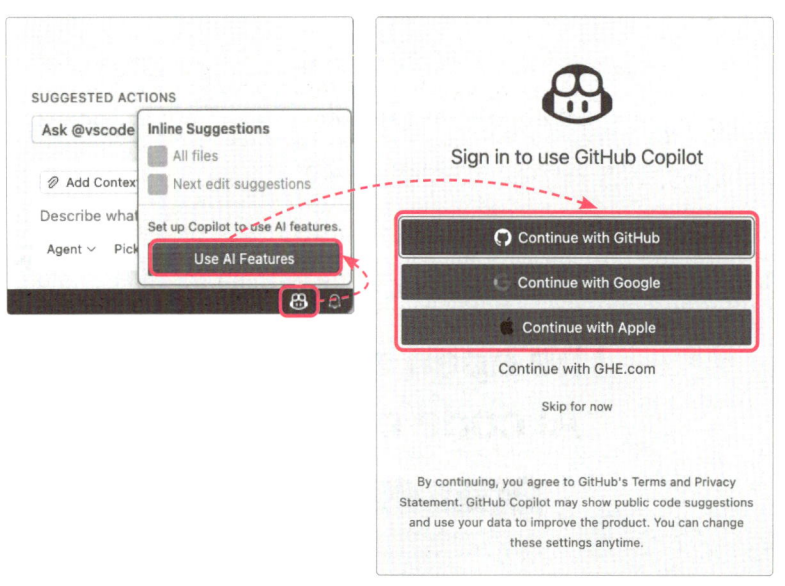

04 로그인이 완료되면 채팅창에 살짝 변화가 있을 겁니다. 메뉴를 하나씩 눌러 확인해보겠습니다. [Agent]를 눌러보세요. 총 4가지의 옵션을 토글해서 사용할 수 있습니다. 옵션은 바로 다음 실습에서 자세히 설명하겠습니다. 지금은 메뉴의 위치만 파악해두기 바랍니다.

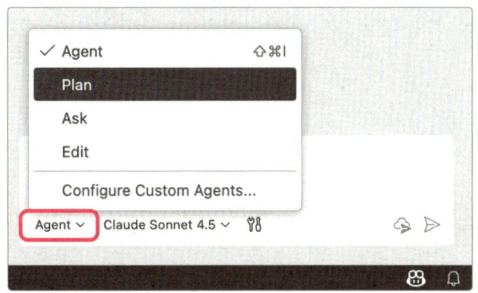

NOTE 계획할 때는 [Plan] 모드, 오류와 같은 상태를 파악할 때는 [Ask] 모드 그 외 대부분의 작업을 [Agent] 모드로 한다고 생각하면 됩니다.

05 오른쪽의 모델 선택 옵션을 눌러봅니다. 초깃값은 상황마다 다릅니다. 다양한 모델이 보이는데 이 책에서는 소넷 모델의 가장 좋은 버전을 사용하겠습니다. 현재는 [Claude Sonnet 4.5] 모델을 사용하면 되겠네요. 모델 오른쪽에 있는 0x, 1x와 같은 표현은 모델의 상대적인 비용을 의미합니다.

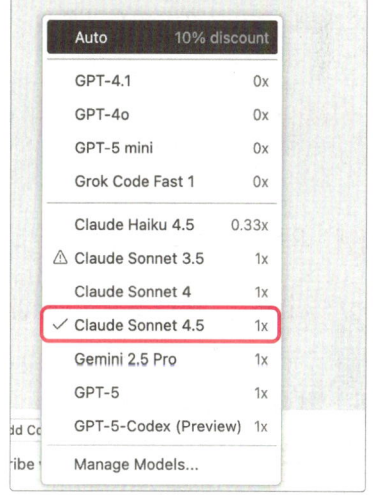

- 0x는 무료 모델이며 비용을 소진하지 않습니다.
- 0.33x는 기준 대비 1/3 비용을 의미합니다.
- 1x는 표준 비용을 의미합니다.

06 다시 깃허브 코파일럿 아이콘을 눌러보세요. 그러면 여러분의 요금제 안에서 깃허브 코파일럿 플랜을 얼마나 사용했는지 소진 상태를 보여줍니다. 주로 봐야 할 항목은 'Premium requests'입니다. 유료 플랜에서 사용하는 모델 설정을 했으므로 이 값이 100%가 되면 무료 모델만 쓸 수 있도록 바뀝니다.

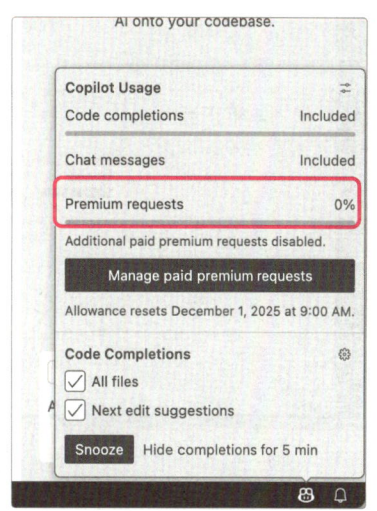

[챕터 01] 비주얼 스튜디오 코드 설치하고 개발 환경 준비하기 : 코드 편집기, IDE

깃허브 회원가입, 깃허브 코파일럿 프로 플랜 구독 및 해지와 같은 기초 내용부터 비주얼 스튜디오 코드 설치, 메뉴까지 모두 살펴봤습니다. 이제 남은 건 바이브 코딩을 시작하는 거네요!

> **NOTE** 화면 UI는 지속적으로 업데이트되고 있어, 실습에서 안내한 화면과 다를 수 있습니다. 하지만 크게 기능이 달라지거나 어려워지는 것이 아니므로 내용을 참고해서 차근차근 따라 하세요.

바이브 코딩 01 ▶ 기업 소개 웹사이트 만들기

이제 깃허브 가입과 비주얼 스튜디오 코드를 설치하고 코파일럿 프로 플랜을 구독했으니 간단한 기업 소개 웹사이트를 만들면서 비주얼 스튜디오와 깃허브 코파일럿의 사용 방법을 알아보겠습니다.

> **NOTE** 이후 비주얼 스튜디오 코드와 깃허브 코파일럿은 따로 구분하여 부르지 않고 깃허브 코파일럿이라는 표현만 사용하겠습니다.

01 오른쪽 위를 보면 사이드바 버튼 3개가 보입니다. 각 사이드바 버튼을 모두 눌러 활성화하세요.

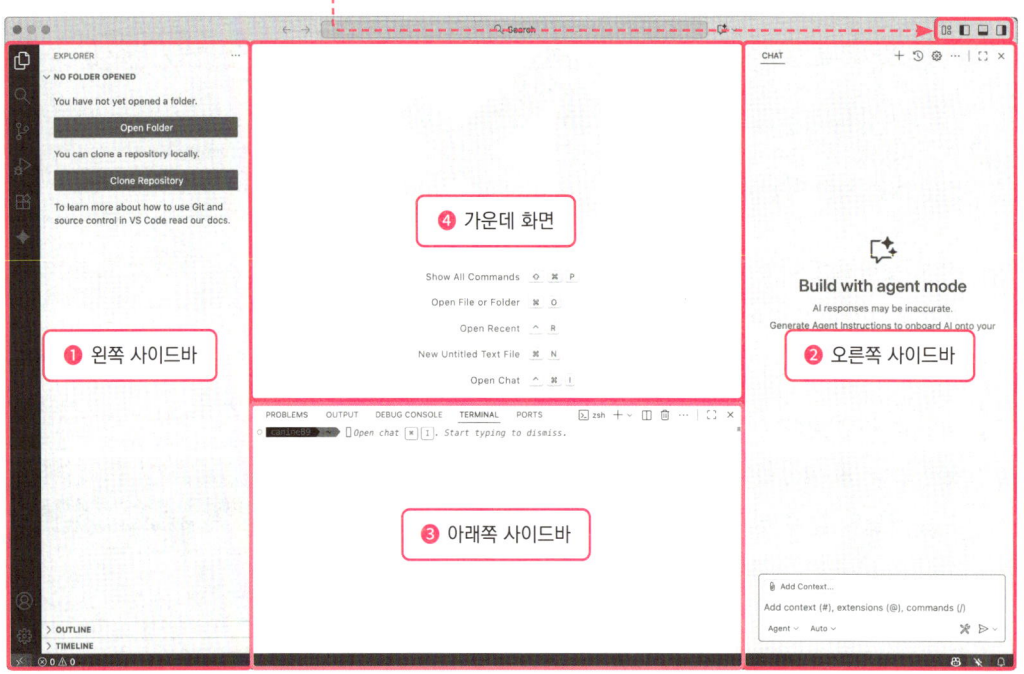

각 사이드바의 역할은 다음과 같습니다. 지금은 아무 작업도 하지 않았기 때문에 감이 잘 오지 않겠지만 우선 어떤 기능이 있는지 눈으로 읽어 익혀두면 도움이 될 겁니다.

- ❶ **왼쪽 사이드바** : 파일 탐색기/코드 관리/확장 도구 관리 창
- ❷ **오른쪽 사이드바** : 깃허브 코파일럿 채팅창
- ❸ **아래쪽 사이드바** : 터미널
- ❹ **가운데 화면** : 코드를 입력하는 코드 편집 화면

사이드바로 둘러싸인 가운데 화면은 여러분이 코드를 입력하는 코드 편집 화면입니다. 물론 여러분이 직접 코드를 입력할 일은 거의 없습니다. 대부분의 코드 작업은 오른쪽 사이드바의 LLM 채팅창을 통해 이뤄집니다. 이것이 깃허브 코파일럿의 기본적인 구조입니다. 구체적인 기능은 앞으로 실습을 진행하며 차근차근 알아보겠습니다.

02 간단한 깃허브 코파일럿의 기능을 알아보기 위해 채팅창을 사용해보겠습니다. 오른쪽 사이드바에 위치한 채팅창에는 여러 버튼이 있는데 이 중 자주 쓰게 될 버튼은 [Add Context...], [Agent/Ask]입니다. 나머지 버튼은 거의 사용하지 않으며, 필요할 때 그때그때 설명하겠습니다.

- **[Add Context...]** : 파일이나 폴더, 웹 문서를 여기에 포함시키는 기능입니다. 추가한 파일이나 폴더 등 해당 컨텍스트를 바탕으로 깃허브 코파일럿이 답변합니다. 챗GPT와 같은 서비스의 첨부 기능과 비슷하다고 생각하면 됩니다.

- **[Agent/Plan/Ask/Edit]** : 네 가지 모드를 토글할 수 있는 버튼입니다. Agent 모드는 즉시 코드를 수정하거나 터미널을 조작하는 등의 명령을 내리는 모드입니다. Plan 모드는 계획을 세우게 하는 모드입니다. 이 모드를 써야 바이브 코딩의 완성도를 크게 높일 수 있습니다. Ask 모드는 말 그대로 깃허브 코파일럿과 논의를 할 때 쓰는 모드입니다. Edit 모드는 특정한 파일의 일부분을 직접 지정해 수정할 때 적합한 모드입니다.

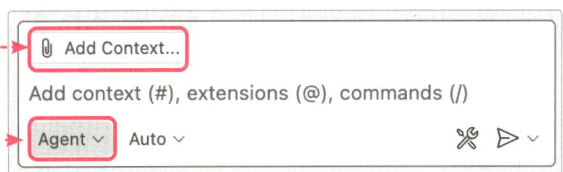

03 기본적인 깃허브 코파일럿의 사용법을 알아봤으니, 이제 기업 소개 웹사이트를 만들어보겠습니다. 왼쪽 사이드바에서 ❶ [Open Folder]를 눌러 앞으로 실습할 폴더 ❷ **copliotstudy**를 원하는 위치에 만든 다음 ❸ [열기]를 눌러 해당 폴더를 여세요.

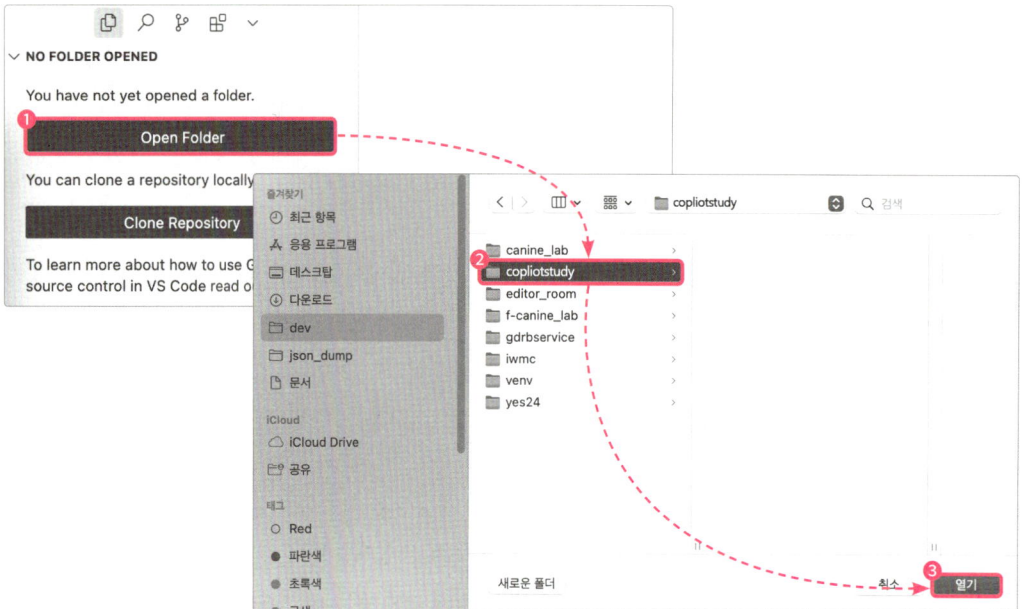

04 그런 다음 왼쪽 사이드바의 **copliotstudy** 폴더에서 마우스 오른쪽 클릭을 한 다음 [New File]을 눌러 **test.html**이라는 파일을 하나 만드세요.

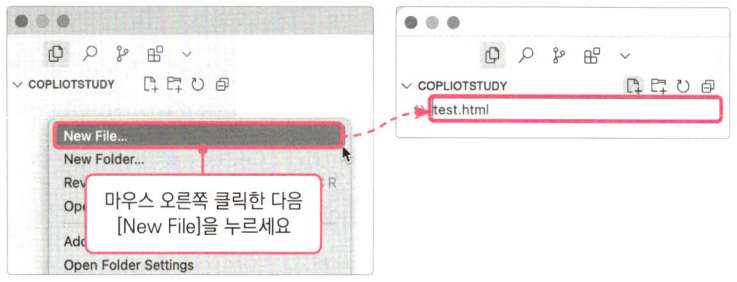

파일이 생성되며, 중앙에 **test.html** 파일을 수정할 준비가 됩니다. 오른쪽 채팅창을 보면 [Add Context...]에 #test.html 파일이 포함된 것을 확인할 수 있습니다.

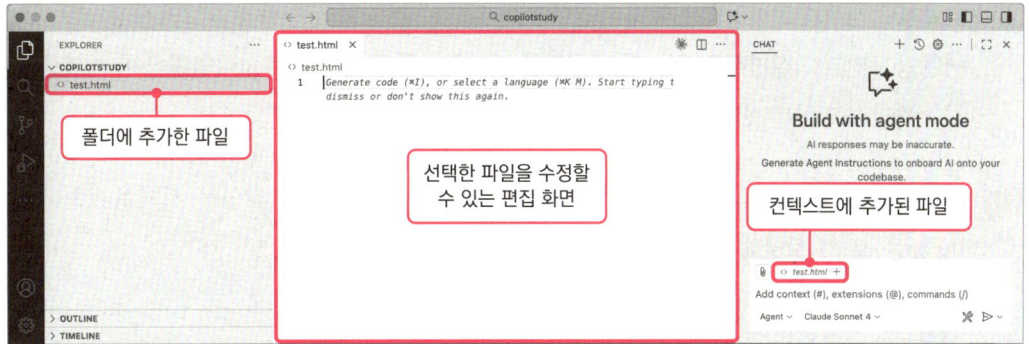

이 상태가 되면 채팅창에서 **test.html**의 파일 상태를 파악하고 다양한 작업을 할 수 있게 됩니다. 앞으로 [Add Context...]는 간단히 '컨텍스트'라고 부르겠습니다. 컨텍스트는 한글로 맥락이라는 뜻이죠? 깃허브 코파일럿이 우리의 대화를 이해하기 위해 참고하는 모든 것을 통틀어 컨텍스트라고 하겠습니다.

 이제 컨텍스트에 **test.html**이 있으니 이것에 대해 물어보겠습니다. 코드를 작성할 것이 아니므로 [Ask] 모드로 토글하여 물어보기 바랍니다.

> 🧑‍💬 이 파일은 무엇을 할 때 쓰는 파일이야?

> 🤖 현재 test.html 파일은 비어 있는 상태입니다. HTML 파일은 웹페이지를 만들 때 사용하는 기본적인 파일 형식입니다.
>
> HTML 파일의 주요 용도는 다음과 같습니다:
>
> 1. 웹페이지의 구조와 내용을 정의
> 2. 텍스트, 이미지, 링크 등의 웹 콘텐츠를 표시
> 3. CSS와 JavaScript를 연결하여 웹페이지의 스타일과 동작을 제어
>
> 이 파일이 비어 있는 것을 보니 아직 사용되지 않았거나 새로 생성된 파일인 것 같습니다. 웹페이지를 만들고 싶으시다면, 기본적인 HTML 구조를 추가하는 것부터 시작할 수 있습니다. 필요하시다면 기본적인 HTML 템플릿을 만들어드릴 수 있습니다.

놀랍게도 깃허브 코파일럿은 현재 파일이 비어 있다는 것을 확인한 다음 파일의 확장자를 보고 어떤 용도인지도 설명해줍니다. 앞서 언급한 컨텍스트를 통해 깃허브 코파일럿이 이 파일의 구성을 파악하고 있는 것입니다.

06 깃허브 코파일럿의 컨텍스트를 이용해서 채팅창을 통해 간단한 작업을 시켜보겠습니다. [Agent] 모드로 토글해서 작업을 시켜보세요.

간단한 기업 소개 웹사이트를 원 페이지로 구성해줄래? 흔한 디자인이어도 상관없어.

요청한 작업을 토대로 깃허브 코파일럿이 파일을 추가하고 코드를 작성하기 시작합니다. 작성한 코드에 대해서도 자세히 설명해줍니다.

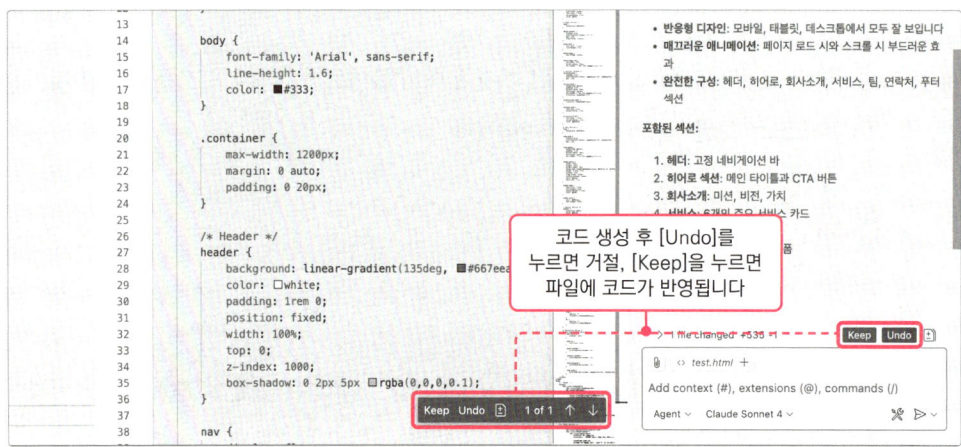

가운데 화면을 보면 임시로 코드가 입력되어 있고, 작은 창이 표시됩니다. 여기서 [Undo]를 누르면 현재 작성한 코드를 거절하는 것으로 파일에 반영되지 않으며, [Keep]을 누르면 현재 작성한 코드가 파일에 그대로 반영됩니다. [Keep]을 눌러서 허락해줍니다.

> **NOTE** 깃허브 코파일럿으로 작업을 하다 보면 짧은 시간에 여러 파일이 수정될 때가 있습니다. 그럴 때는 [Undo all] 또는 [Keep all]이라는 버튼이 수정된 파일 위에 보이며, 버튼 왼쪽에는 수정된 파일 개수가 표시됩니다. 각 버튼을 누르면 한 번에 '실행 취소' 또는 '반영'을 해줍니다.

이때 파일을 추가하여 새로 작성할 때마다 [Allow]를 요청할 겁니다. 매번 누르는 것은 불편한 일이므로 [Allow] 오른쪽의 작은 드롭다운 버튼을 눌러서 [Always Allow]를 눌러주세요. 이때

3가지 옵션이 있습니다. **저는 [Allow in this Workspace]를 추천합니다.**

- **[Allow in this Session]** : 현재 대화 안에서만 항상 허용, 새 대화를 만들면 적용되지 않음
- **[Allow in this Workspace]** : 현재 프로젝트 안에서 항상 허용, 새 대화를 만들어도 적용
- **[Always Allow]** : 비주얼 스튜디오 코드를 쓰는 모든 경우에서 허용

07 이제 파일을 웹 브라우저에서 열어보세요. 어떤 화면이 나올까요?

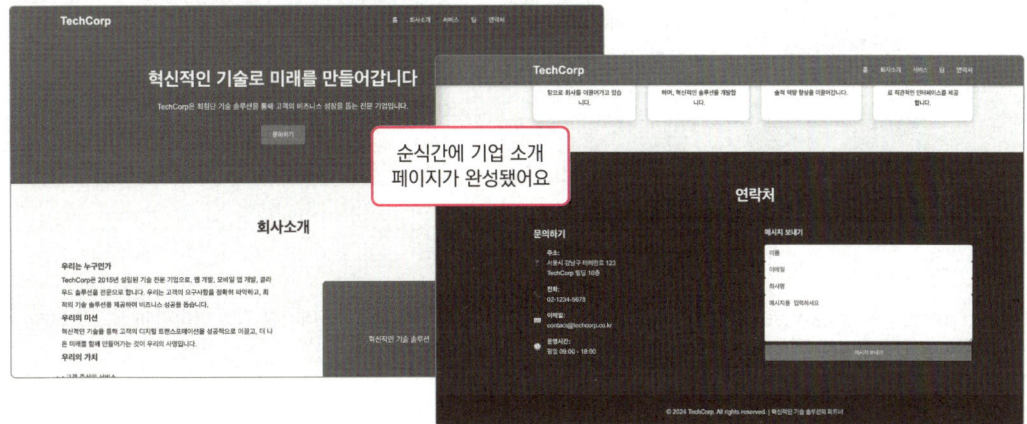

순식간에 기업 소개 페이지가 완성됐어요

놀랍게도 흔히 보는 기업 소개 페이지가 완성되었습니다. 하지만 조금 아쉬운 점이 있습니다. 배경에 기업 소개와 어울리는 적절한 이미지를 넣으면 좋을 것 같은데 단조로운 디자인으로 마무리되었네요. 이런 경우 어떻게 수정할 수 있을까요? 직접 코드를 수정해야 할까요? 아닙니다.

08 깃허브 코파일럿은 현재 화면의 코드를 모두 알고 있기 때문에 여러분이 원하는 수정을 요청하기만 하면 됩니다. 그러면 해당 파일의 상태에 맞춰 수정을 해줍니다. 이것이 바로 깃허브 코파일럿이 우리에게 의미 있는 이유입니다. 예전에는 이런 수정 작업을 전문 교육을 받은 개발자가 직접 해야 했습니다. 하지만 이제는 깃허브 코파일럿이 개발자의 역할을 대신해줍니다. 그것도 마치 여러분의 상태를 가장 잘 아는 개발자가 옆에서 고쳐주는 것처럼 말이죠. 예를 들어 구글에서 아무 이미지나 찾아 투명도를 50% 정도로 해서 기업 소개 이미지를 배경으로 깔아달라고 해봅시다. 배경으로 추가할 이미지에 마우스 오른쪽 클릭을 한 다음 [이미지 주소 복사]를 눌러 링크를 복사한 뒤 다음과 같이 부탁해보겠습니다.

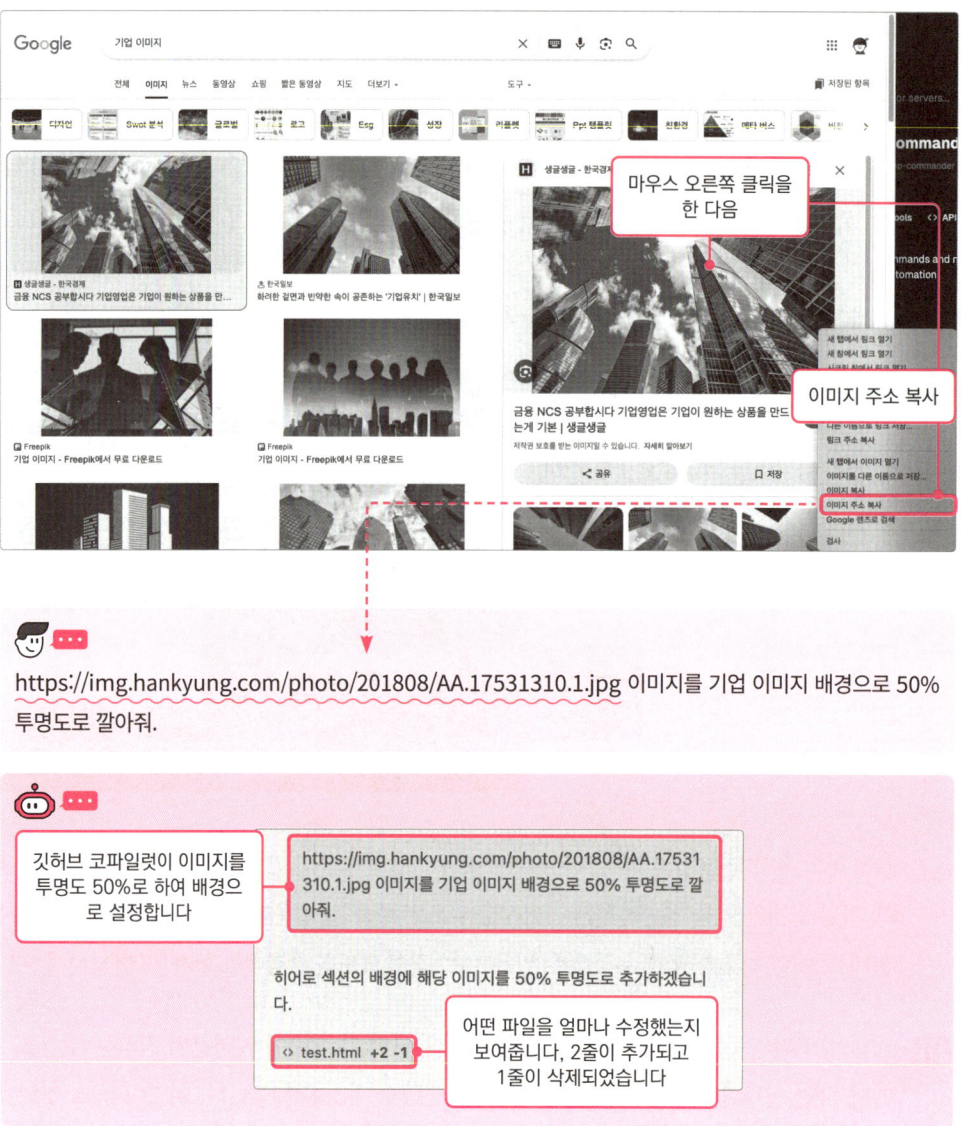

그러면 깃허브 코파일럿이 배경을 해당 이미지로 변경하고 투명도를 50%로 설정했다고 하네요.

09 [Keep]을 눌러 적용하고 다시 **test.html**을 웹 브라우저에서 열어봅시다.

배경에 이미지가 깔렸고 화면의 텍스트가 보이도록 투명도가 50%로 잘 반영되어 정확하게 수정되었네요. 이렇게 깃허브 코파일럿을 활용하면 웹사이트도 손쉽게 만들 수 있습니다.

깃허브 코파일럿과 함께 오류를 해결하며 완성하기

깃허브 코파일럿을 실행하는 과정에서 책에 안내된 화면이나 버튼 구성과 여러분의 화면이 약간 다를 수 있습니다. 이는 깃허브 코파일럿이 업데이트되면서 생긴 차이일 수 있습니다. 하지만 프로그램을 실행이나 실습 과정에서 깃허브 코파일럿을 사용하는 방법이 크게 달라지지 않으니, 걱정하지 않아도 됩니다.

바이브 코딩 02 ▶ 사과 게임 만들어보기

그렇다면 깃허브 코파일럿은 얼마나 복잡한 작업까지 처리할 수 있을까요? 구체적으로 지시할 수만 있다면 거의 모든 작업을 해낼 수 있습니다. 과연 정말 그러한지 이번에는 사과 게임을 한 번 만들어 보겠습니다.

사과 게임은 아주 간단한 규칙을 가지고 있는 게임입니다. 게임 화면에는 1부터 9까지 숫자가 적힌 사과가 직사각형 배열로 배치되어 있고, 게임을 플레이하는 플레이어는 마우스로 드래그하여 범위를 정해 사과를 선택할 수 있습니다. 이때 선택한 사과의 숫자 합이 10이 되면 화면에서 해당 사과들이 사라집니다. 가능한 많은 사과를 없애는 것이 목표인 게임입니다. **이제 깃허브 코파일럿으로 사과 게임을 만들어보고 '구체적인 지시'가 왜 중요한지 자연스럽게 알아보겠습니다.**

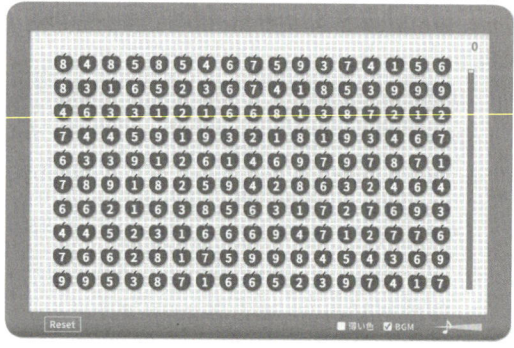

01 먼저 '사과 게임 한 번 만들어봐'라고 요청하겠습니다. 이때 [Plan] 모드를 쓰면 좋지만 지금은 계획 없이 지시할 때의 단점을 보여주기 위해 [Agent] 모드로 하겠습니다.

사과 게임 한 번 만들어봐.

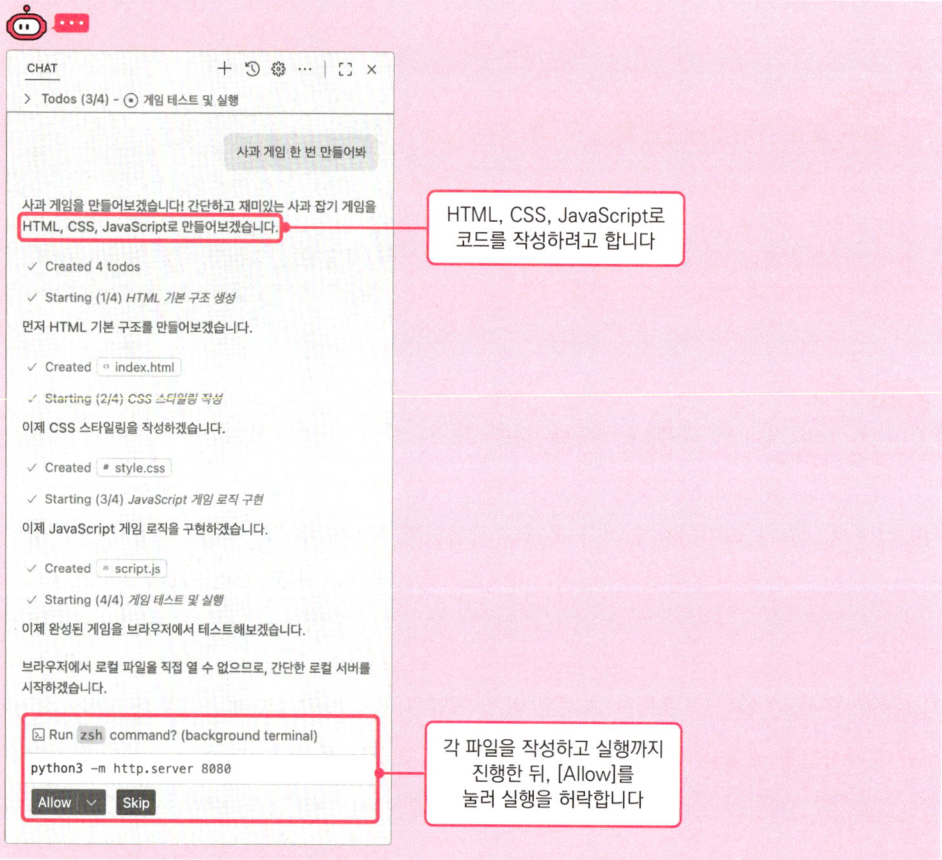

그러면 아마도 높은 확률로 HTML, 자바스크립트라는 기술을 언급하면서 사과 게임을 만들 것입니다. 깃허브 코파일럿이 설명과 함께 코드를 제시하면 화면에 표시되는 [Keep]을 클릭하여 파일 생성과 코드 입력을 모두 허용해주세요. 여기서 하나 주목할 만한 점이 있다면 **바이브 코딩 01 ▶ 기업 소개 웹사이트 만들기**에서 직접 빈 파일을 생성하여 코드를 작성하라고 했지만, 이번에는 깃허브 코파일럿이 index.html, game.js 같은 파일을 자동으로 생성해주었다는 점입니다.

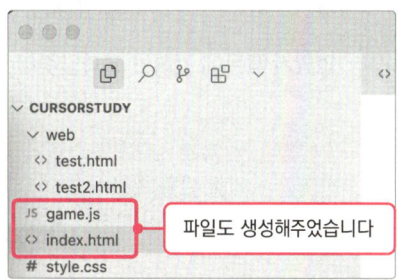

파일도 생성해주었습니다

02 코드 작성을 마쳤다면 깃허브 코파일럿은 만든 게임에 대해 설명해주면서 어떻게 게임을 실행하는지 알려줍니다. 여기서는 깃허브 코파일럿이 index.html 파일을 열면 게임이 시작된다고 했으므로 그대로 실행하겠습니다.

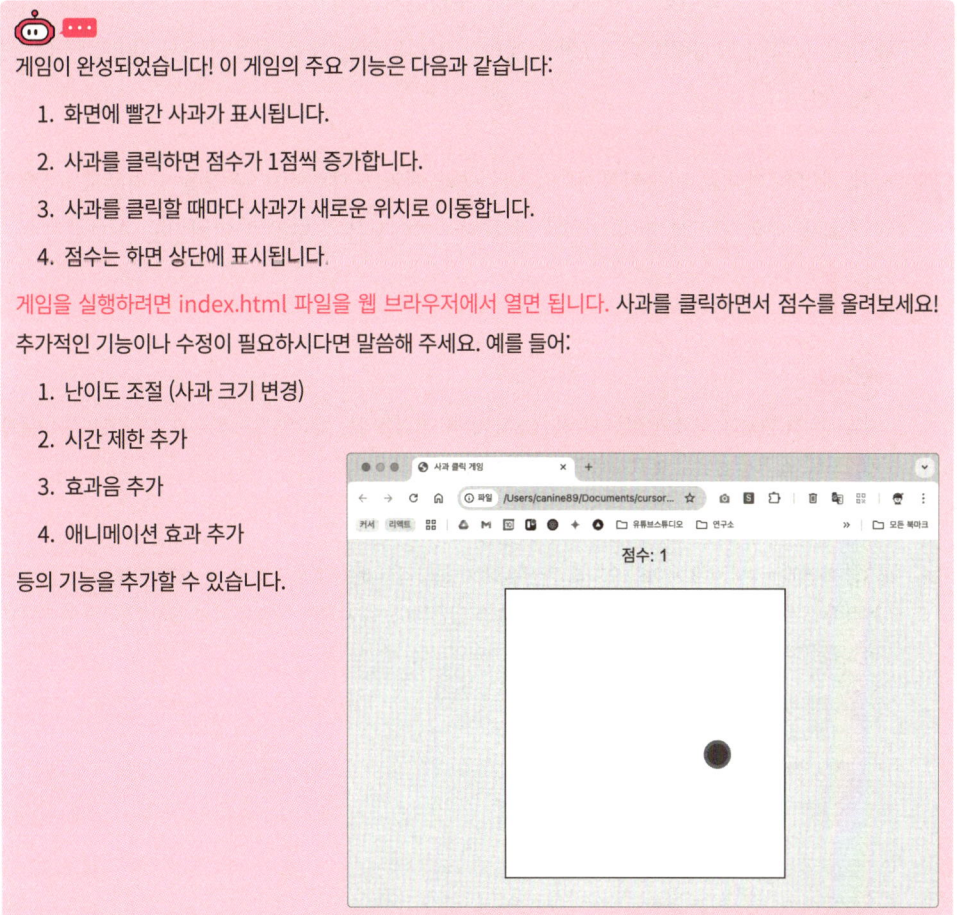

[챕터 01] 비주얼 스튜디오 코드 설치하고 개발 환경 준비하기 : 코드 편집기, IDE

게임 화면이 뭔가 이상합니다. 앞서 설명했듯이 이 게임은 사과를 클릭해서 합을 맞추는 게임이지, 사과를 드래그해서 없애는 게임이 아닙니다. 물론 이 상태로도 충분히 즐길 수 있는 게임이며, 이 정도의 결과물을 만들기 위해서는 꽤 진지하게 공부해야 합니다. **하지만 구체적인 지시가 없었기 때문에 깃허브 코파일럿이 의도하지 않은 게임을 만들어주었습니다.**

> **NOTE** '사과 게임을 만들어줘'라고 하면 지시가 모호하여 깃허브 코파일럿이 높은 확률로 엉뚱한 게임을 만들어줄 수 있습니다. 그 이유는 깃허브 코파일럿에서 사용하는 인공지능 모델이 사과 게임에 대한 사전 학습을 하지 못했기 때문입니다.

여기까지의 실습을 통해 하나 알게 된 것이 있습니다. 바로 깃허브 코파일럿은 만능이 아니라는 점입니다. **깃허브 코파일럿을 잘 활용하려면 반드시 명확한 지시가 필요합니다.** 애매한 지시나 모호한 요청은 가급적 하지 않는 것이 좋습니다. **물론 깃허브 코파일럿에 장착된 LLM 모델은 점점 발전하고 있으므로 '애매한 지시'의 기준도 계속 달라질 수 있습니다.** 앞으로 여러분이 깃허브 코파일럿을 자주 활용하면서 애매한 지시란 무엇인지 감을 익히는 경험은 다른 복잡한 작업을 할 때 많은 도움이 될 것입니다. 그만큼 깃허브 코파일럿을 자주 사용하면서 사용법에 익숙해지기 바랍니다.

03 사과 게임을 제대로 만들어봅시다. 우선 사과 게임의 대략적인 규칙을 알려주고, 이를 바탕으로 계획을 세워 깃허브 코파일럿이 개발하는 경향성을 유도하기 위해 [Plan] 모드를 사용하겠습니다.

> 사과 게임을 만들어. 사과 게임은 HTML, CSS, 자바스크립트라는 웹 기술로만 만들고, 사과 게임은 다음과 같은 게임을 말해. 게임 설명을 보고 사과 게임을 만들 계획을 세워보자.
>
> 게임 설명:
>
> 게임 화면에는 1에서 9 사이의 숫자를 가진 사과가 직사각형 배열로 늘어져 있고, 게임을 플레이하는 플레이어는 마우스로 드래그하여 범위로 사과를 선택할 수 있습니다. 이 사과에 적힌 숫자의 합이 10이면 화면에서 사과가 사라지며, 많은 사과를 없애는 것이 목표인 게임입니다.

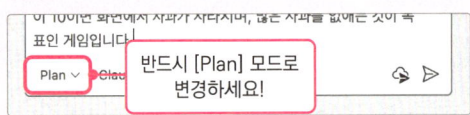

반드시 [Plan] 모드로 변경하세요!

그러면 깃허브 코파일럿이 아주 구체적인 계획을 세워줄 것입니다. 그리고 재미있는 건 'Open Questions'라는 항목을 보여줍니다. 만약 정보가 충분하지 않다고 생각하면 추가 질문을 해서 구체적인 계획을 세우려는 것입니다.

> Plan: 사과 게임 (Apple Number Game) 웹 앱 제작
>
> HTML/CSS/JavaScript로 드래그 선택과 숫자 합계 매칭을 구현하는 퍼즐 게임. 플레이어가 마우스로 사과들을 드래그 선택하여 숫자 합이 정확히 10이 되면 사과들이 사라지는 게임입니다.
>
> Steps:
> 1. index.html 생성 - 게임 컨테이너, 점수 표시, 재시작 버튼 구조 작성
> 2. style.css 생성 - CSS Grid로 사과 배열 레이아웃, 선택 시각 효과, 사라지는 애니메이션 구현
> 3. game.js 생성 - 사과 그리드 초기화 (각 사과에 1-9 랜덤 숫자 할당), 게임 상태 관리
> 4. 마우스 이벤트 처리 - mousedown/mousemove/mouseup으로 드래그 선택 구현, 선택된 사과 추적
> 5. 검증 로직 구현 - 드래그 종료 시 선택된 숫자 합계 계산, 합이 10이면 해당 사과 제거 및 점수 업데이트
> 6. 게임 완성도 향상 - 선택 영역 시각화, 실시간 합계 표시, 게임 종료/재시작 기능 추가
>
> **Open Questions:**
> 1. 사과 그리드 크기는? (예: 8x8, 10x10, 또는 사용자 정의 크기?)
> 2. 사과가 사라진 후 빈 공간 처리는? (그대로 유지/위에서 떨어지기/새 사과 생성)
> 3. 게임 종료 조건은? (시간 제한/이동 횟수 제한/자유 모드)
>
> 이 계획으로 진행할까요? 수정이 필요한 부분이 있으시면 말씀해 주세요.

결과를 보면 계획을 일목요연하게 나열했습니다. 계획을 읽고 이해할 수 있다면 여러분이 다음 지시로 내릴 '이제 구현해봐'라는 명령의 결과물을 어느 정도 예측할 수 있습니다. 그리고 'Open Questions'를 통해 혹시 모를 부족한 정보를 보완하려고 하고 있습니다. 이 [Plan] 모드로 질답을 하는 과정을 통해 여러분은 다음과 같은 이득을 취할 수 있습니다.

1. 여러분이 생각지도 못했던 질문을 통해 완성하려고 하는 결과물의 방향을 더 명확하게 할 수 있습니다.
2. 인공지능의 역질문을 통해 인공지능이 파악한 문맥의 수준이 어느 정도인지 확인할 수 있습니다.
3. 잘못 지시하면 빙빙 돌며 제대로 완성하지 못하는 바이브 코딩의 단점을 보완할 수 있습니다.

만약 [Plan] 모드 없이 그냥 사과 게임 만들기를 진행했다면 여러분이 '그게 아니야', '이렇게 해야지' 하는 과정이 반복되었을 겁니다.

04 'Open Questions'에 주목해서 그리드 크기와 빈 공간 처리를 어떻게 할지 명확하게 지시해줍시다. 여전히 [Plan] 모드에서 진행하면 됩니다.

> 그리드는 8x10으로 해주고 사과가 사라지면 그대로 비워진 상태로 유지해주면 돼, 그리고 종료 조건은 30초로 해주면 돼.

> Plan: 사과 게임 (Apple Number Game) 웹 앱 제작
>
> HTML/CSS/JavaScript로 드래그 선택과 숫자 합계 매칭을 구현하는 퍼즐 게임. 8x10 그리드에서 30초 동안 최대한 많은 사과를 제거하는 것이 목표입니다.
>
> Steps:
> 1. index.html 생성 - 게임 컨테이너(8x10 그리드용), 타이머 표시, 점수 표시, 재시작 버튼 구조 작성
> 2. style.css 생성 - CSS Grid(8열 x 10행) 레이아웃, 사과 스타일링, 선택 하이라이트 효과, 사라지는 애니메이션, 빈 칸 스타일 구현
> 3. game.js 초기화 함수 - 80개(8x10) 사과 생성, 각각 1-9 랜덤 숫자 할당, 게임 상태 객체(apples 배열, score, timeLeft) 생성
> 4. 타이머 시스템 구현 - 30초 카운트다운, setInterval로 매초 업데이트, 0초 도달 시 게임 종료 및 입력 비활성화
> 5. 드래그 선택 로직 - mousedown/mousemove/mouseup 이벤트로 선택 범위 추적, 선택된 사과에 시각적 피드백, 실시간 합계 표시
> 6. 매칭 및 제거 로직 - 드래그 종료 시 합계 검증, 정확히 10이면 선택된 사과 DOM 제거(빈 칸으로 유지), 점수 증가, 10이 아니면 선택 해제
> 7. 게임 완성 - 게임 오버 화면(최종 점수 표시), 재시작 버튼으로 그리드 재생성 및 타이머 리셋
>
> Open Questions:
> 1. 선택된 사과의 현재 합계를 화면에 실시간으로 표시할까요?
> 2. 사과 선택 방식은 직사각형 영역 드래그/개별 사과 클릭 드래그 중 어느 것?
> 3. 게임 오버 시 최고 점수 기록 기능이 필요할까요?
>
> 이 수정된 계획으로 진행하면 될까요?

결과를 보면 여전히 추가 질문을 하고 있습니다. 추가 질문을 읽어 보고 충분히 계획이 되었다라는 느낌이 들 때까지 깃허브 코파일럿과 대화를 나누면 됩니다.

05 저는 이후 한두 차례 더 계획을 구체적으로 만드는 대화를 나눴습니다. 그러면 '요구 사항이 명확하다'라는 메시지와 함께 AI가 더 이상의 'Open Questions'를 요구하지 않습니다. 이제 [Plan] 모드를 끝낼 시간입니다.

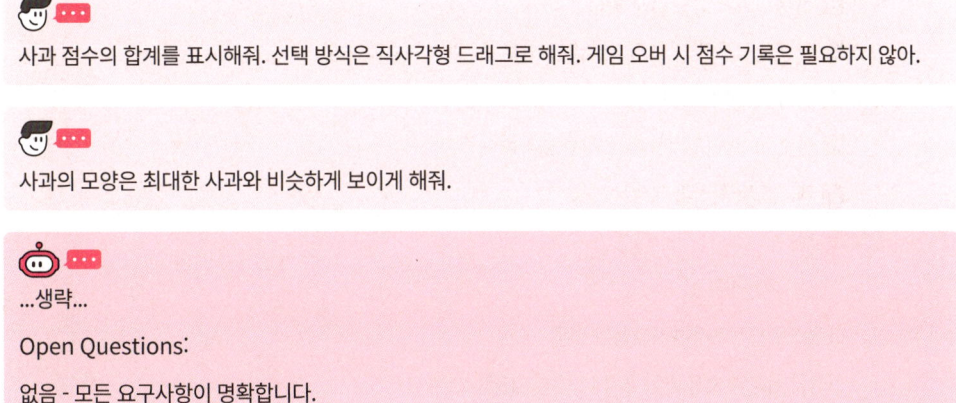

06 이제 [Plan]을 [Agent] 모드로 전환하고 구현하라고 하면 됩니다. 코드 구현 후에는 [Allow]로 코드를 반영할지를 물어봅니다. [Allow]를 눌러 코드를 반영하세요.

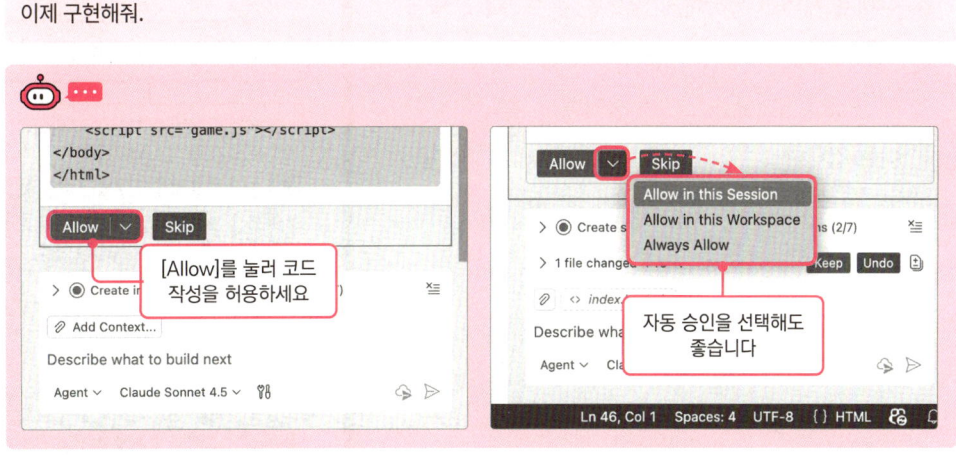

챕터 01 비주얼 스튜디오 코드 설치하고 개발 환경 준비하기 : 코드 편집기, IDE

07 잠시 기다리면 코드가 완성되었다고 알려줍니다. 게임을 하는 방법도 설명해줍니다.

>
>
> 사과 게임 구현이 완료되었습니다! apple-game 폴더에 3개의 파일이 생성되었습니다:
>
> 게임 기능:
> - ☑ 8x10 그리드에 1-9 숫자가 표시된 사과 80개
> - ☑ 마우스 드래그로 직사각형 영역 선택
> - ☑ 선택된 사과 숫자 합계 실시간 표시
> - ☑ 합계가 정확히 10일 때 사과 제거 (페이드 아웃 애니메이션)
> - ☑ 30초 타이머 카운트다운
> - ☑ 점수 시스템 (제거한 사과 개수만큼 점수 증가)
> - ☑ 게임 오버 화면과 재시작 기능
>
> 플레이 방법:
> - "게임 시작" 버튼 클릭
> - 마우스로 드래그하여 사과들을 선택
> - 선택한 사과의 숫자 합이 정확히 10이 되도록 선택
> - 마우스를 놓으면 합이 10이면 사과가 사라지고 점수 획득
> - 30초 안에 최대한 많은 사과를 제거하세요!
> - index.html 파일을 브라우저에서 열면 바로 플레이할 수 있습니다.

08 게임을 실행하면 사과 게임이 만들어진 것을 볼 수 있습니다. 만약 게임 시작이 되지 않거나 의도한대로 게임이 동작하지 않으면 추가 프롬프팅을 해서 게임을 고치면 됩니다. 핵심은 적절한 시점에 [Plan], [Agent] 모드를 선택해서 대화해야 한다는 겁니다.

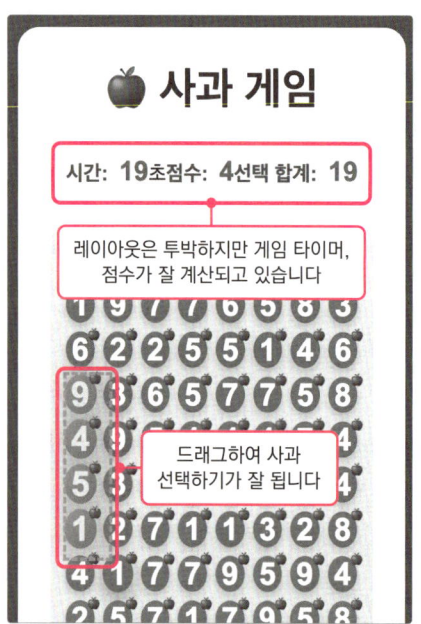

이처럼 [Plan], [Agent] 모드를 잘 선택하여 구체적으로 지시하면 꽤 복잡한 게임도 어렵지 않게 만들 수 있습니다. 이번 실습을 통해 원하는 결과를 얻기 위해서는 구체적인 지시가 얼마나 중요한지 확인했길 바랍니다.

[챕터 02]

깃허브 코파일럿으로 파일, 폴더 조작해보기 : 터미널

유튜브 영상으로 더 쉽게 공부하세요!

터미널이 뭔가요? 영화에서 해커들이 쓰는 검은 화면 같아서 어려워 보여요.

터미널은 우리가 컴퓨터에서 마우스로 하는 작업들, 예를 들어 폴더 열기나 파일 복사 같은 걸 **명령어**로 대신 하는 프로그램이에요. 영화에서 보던 그 화면이 맞지만, 생각보다 어렵지 않아요.

아, 그럼 마우스로 하는 일을 명령어로 하는 거군요?

네, 맞아요. 그리고 깃허브 코파일럿은 터미널 명령어를 아주 잘 다룹니다. 그래서 우리가 직접 명령어를 외울 필요 없이 깃허브 코파일럿에게 시키면 된답니다.

깃허브 코파일럿이 편리한 이유 중 하나는 터미널을 다룰 수 있다는 점입니다. 그렇다면 터미널이란 무엇일까요? 다음과 같은 프로그램이 모두 터미널입니다.

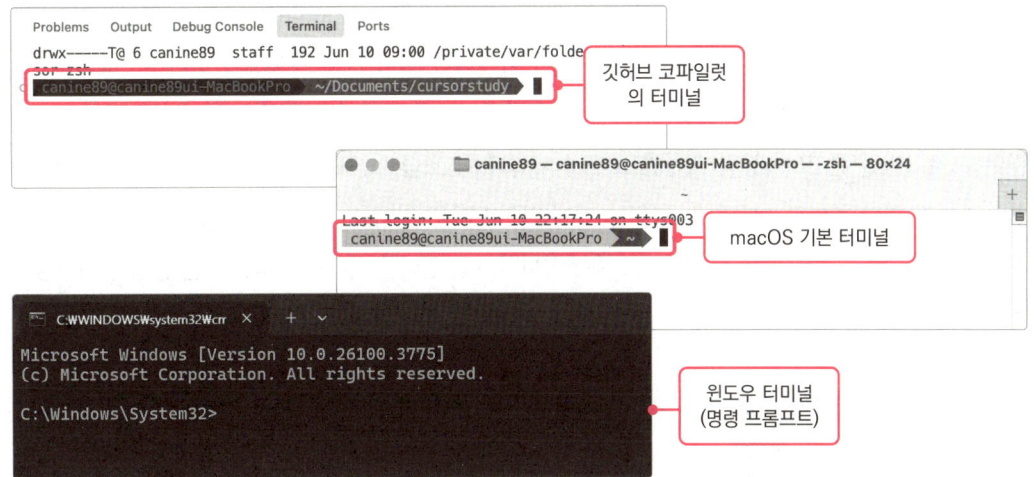

흔히 영화에서 해커 역할을 맡은 인물이 검정색 화면에 명령어를 입력하는 장면을 본 적 있을 텐데요, 이 장면들이 대부분 터미널에서 벌어지는 일들입니다. 터미널은 검정색 화면인 경우가 대부분이기 때문에 '검정색 화면에 무언가 입력하는 것'으로 떠올리기 쉽습니다.

> **NOTE** 다음 그림은 영화 〈매트릭스〉에서 주인공이 해킹을 시도하는 장면입니다. 이때 보이는 검정색 화면이 바로 터미널입니다.

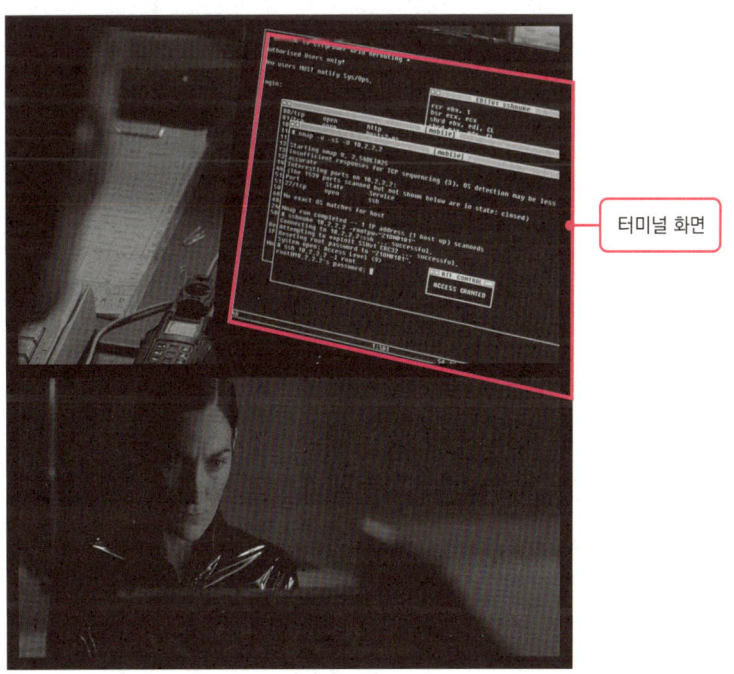

[챕터 02] 깃허브 코파일럿으로 파일, 폴더 조작해보기 : 터미널

영화 속 장면으로 인해 터미널을 떠올리면 '굉장히 어렵고 복잡한 도구'라는 인식이 생기기도 했습니다. 하지만 실제로 터미널은 그렇게 어려운 것이 아닙니다. 우리가 운영체제에서 마우스로 하는 작업들, 예를 들어 더블클릭, 폴더 열기, 파일 복사 및 삭제 등의 작업을 명령어로 대신 할 수 있게 해주는 프로그램일 뿐 그 이상의 대단한 도구가 아닙니다. 조금 더 구체적으로 설명하자면 폴더를 더블클릭하여 해당 폴더로 이동하는 행위는 이제 자연스러운 것이죠. 하지만 터미널에서는 이 행동을 'cd(change directory)'라는 명령어로 수행합니다. **즉, 우리가 마우스로 하는 모든 동작은 터미널에서 명령어로 대체할 수 있는 것입니다.**

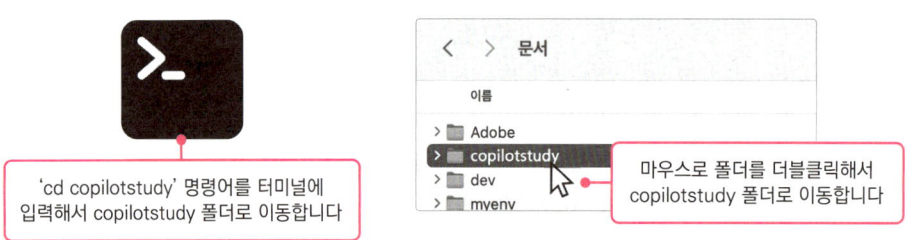

정리하면 터미널은 윈도우나 macOS에서 여러분이 더블클릭하여 폴더를 열고, 파일 옮기고, 삭제하는 등 키보드나 마우스 커서로 조작할 수 있는 모든 일을 명령어로 처리할 수 있는 곳입니다. 또한 깃허브 코파일럿은 텍스트 기반 환경에서 강력한 도구이기 때문에 터미널 명령어를 특히 더 잘 다룹니다. 결론적으로 이제 우리는 직접 폴더를 만들거나 파일을 생성하고, 옮기는 등의 작업을 할 필요가 없습니다. 그냥 깃허브 코파일럿에게 '이 파일을 여기에 옮겨줘'라고 시키면 됩니다.

> **NOTE** 마우스 커서 아이콘 같이 컴퓨터의 다양한 기능을 알기 쉽게 그래픽으로 표현한 부분을 GUI(Graphical User Interface)라고 합니다.

바이브 코딩 03 ▶ 바탕화면 정리시켜 보기

이제 터미널이 무엇인지 그리고 깃허브 코파일럿이 터미널 조작에 능숙하다는 것을 알게 되었으니, 이번에는 깃허브 코파일럿에게 바탕화면을 정리하라고 요청하겠습니다. 먼저 실습을 위해 바탕화면을 일부러 어지럽게 만들어 놓은 뒤 정리 요청을 해보기 바랍니다.

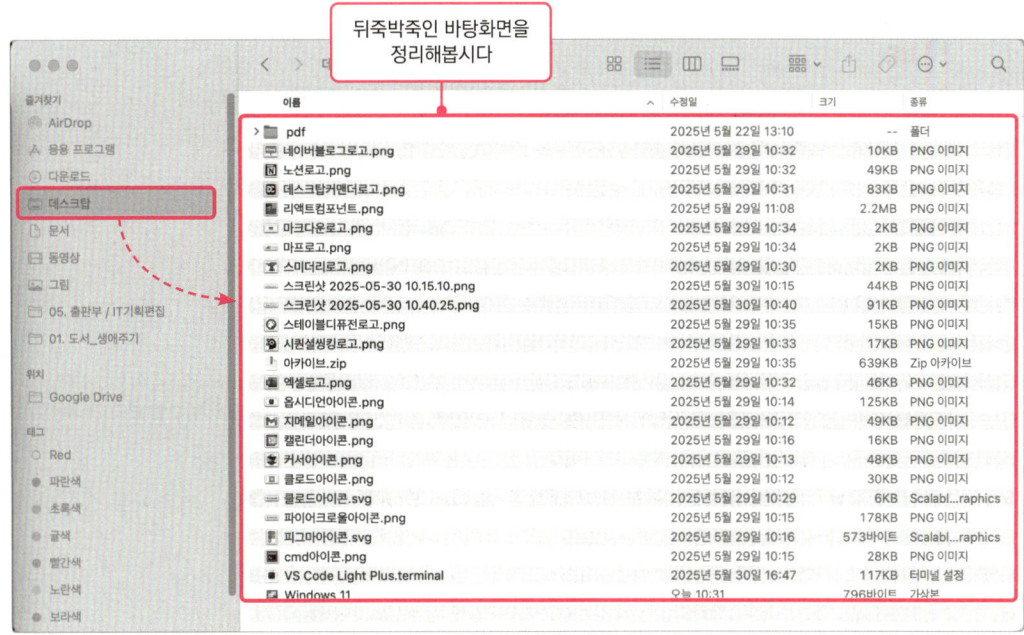

01 앞에서 배운 것처럼 깃허브 코파일럿에게 명확하게 지시하기 위해 바탕화면의 위치를 정확하게 알려주면서 정리를 부탁하겠습니다. macOS 운영체제는 바탕화면에 있는 파일에서 오른쪽 클릭한 다음 [정보 가져오기]를 누른 후 '위치' 항목의 경로를 드래그하여 [경로 이름으로 복사]를 누르면 바탕화면의 경로를 복사할 수 있습니다.

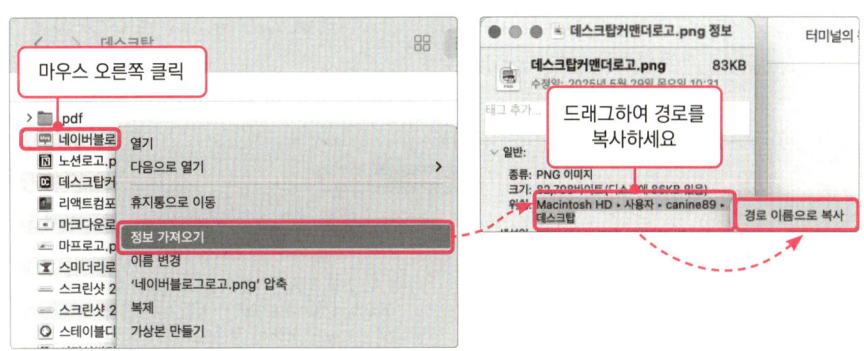

> **NOTE** 윈도우는 파일 탐색기에서 바탕화면 위치의 주소를 그대로 복사하여 사용하면 됩니다.

깃허브 코파일럿이 이전에 사용했던 컨텍스트를 잘못 참고하지 않도록 채팅 바 상단 [+] 버튼을 눌러 새 채팅을 시작한 다음 기존 컨텍스트를 모두 지우고 정리를 요청하세요.

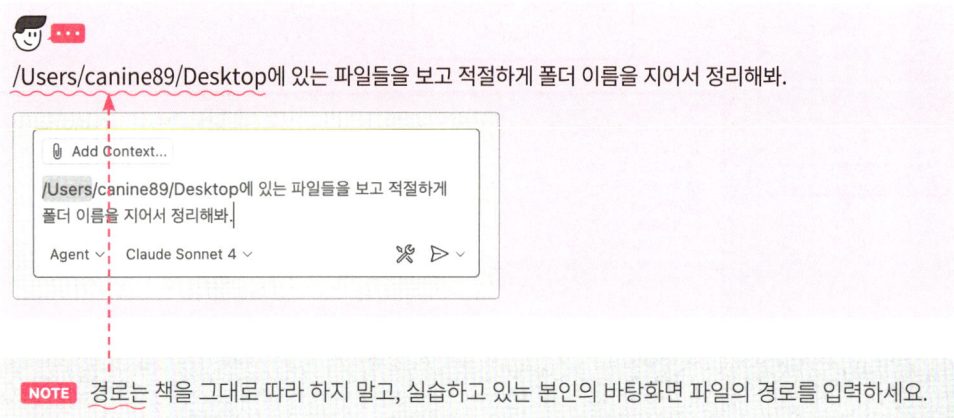

/Users/canine89/Desktop에 있는 파일들을 보고 적절하게 폴더 이름을 지어서 정리해봐.

NOTE 경로는 책을 그대로 따라 하지 말고, 실습하고 있는 본인의 바탕화면 파일의 경로를 입력하세요.

02 그러면 깃허브 코파일럿은 해당 폴더의 내용을 확인하겠다고 하면서 곧바로 명령어를 실행하겠다고 합니다. [Allow]를 눌러 진행하세요.

NOTE 모든 과정이 책과 동일하게 진행되지 않을 수 있습니다. 예를 들어 깃허브 코파일럿이 폴더 내용 확인 과정 없이 바로 진행할 수도 있죠. 이 점 참고하세요.

03 깃허브 코파일럿이 이내 파일 목록을 확인하고 분석을 마친 뒤, 현재 상태를 알려줍니다. 그런 다음 정리 명령어를 실행하겠다고 합니다. 이때 자동 명령어 수락을 하고 싶다면 다음 그림의 ❶~❸ 과정을 참고하여 자동 명령어 수락 기능을 토글하세요.

정리를 마친 다음 결과를 알려줍니다. 실제로 바탕화면이 그렇게 정리가 되었을까요?

04 바탕화면으로 이동해 확인해보면 정말 깔끔하게 정리되어 있는 것을 확인할 수 있습니다.

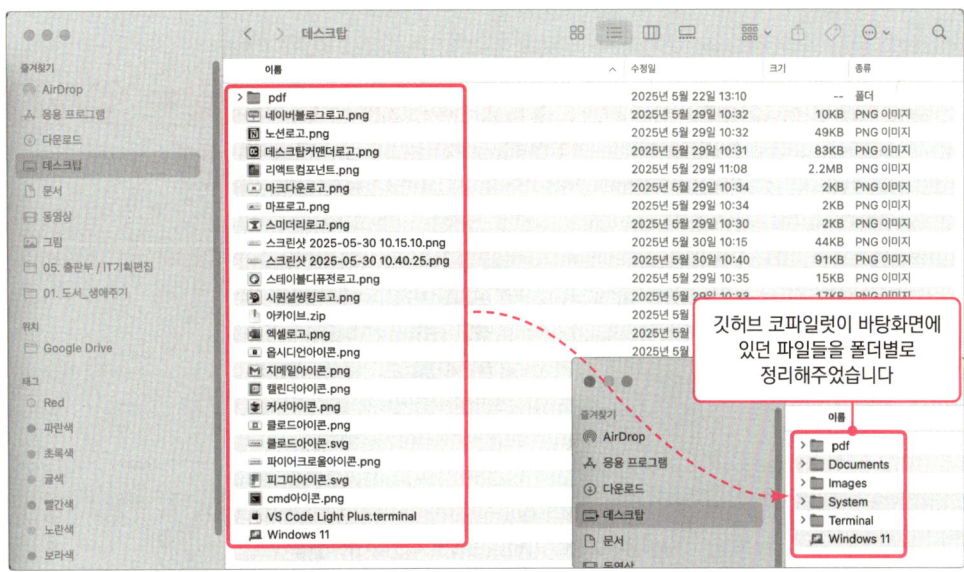

이처럼 깃허브 코파일럿은 터미널을 굉장히 잘 다룹니다. 깃허브 코파일럿의 기본적인 특성을 잘 이해하면 앞으로 더 복잡한 작업도 쉽게 처리할 수 있습니다. 이제 파일과 폴더를 생성하거나 이름을 바꾸는 등의 기본 조작을 알아보았으니 다음 단계로 나아가보겠습니다.

[챕터 03]

웹사이트를 만들려면 꼭 알아야 하는 3가지 : HTML, CSS, 자바스크립트

유튜브 영상으로 더 쉽게 공부하세요!

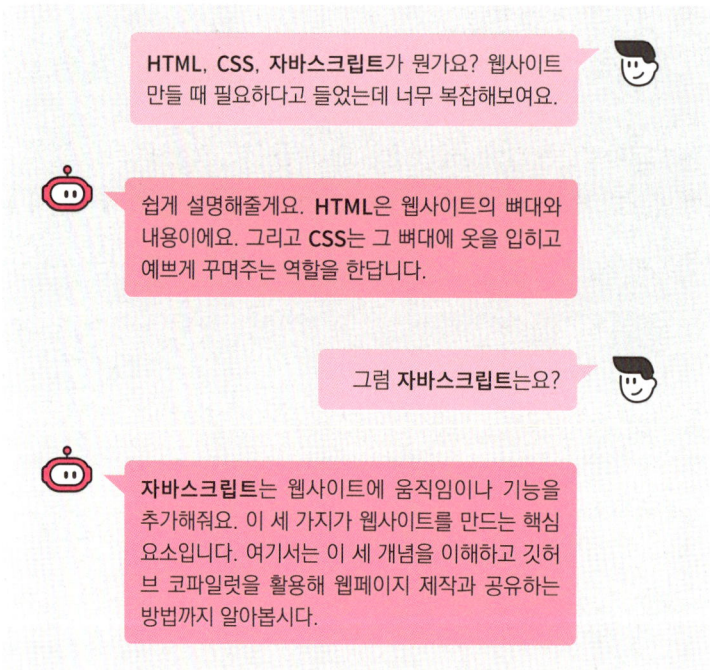

여러분이 웹 브라우저로 접속해서 보는 모든 화면은 HTML, CSS, 자바스크립트로 구성되어 있습니다. 요즘은 다양한 웹 개발 도구를 활용해 웹사이트를 만들지만, 그 어떤 도구를 쓰더라도 결국 바탕에는 이 세 가지 기술이 자리하고 있습니다. 그래서 여러분이 웹사이트를 만들고 싶다면 이 세 가지 기술에 대한 기본적인 이해가 필요합니다. AI가 코드를 대신 짜주더라도, 어떤 부분을 수정하거나 추가해야 할지 알려주려면 이 세 가지가 웹사이트에서 각각 어떤 역할을 하는지 알고 있어야 하죠. 여기서는 HTML, CSS, 자바스크립트를 우리 몸에 비유해 쉽게 설명해보겠습니다.

웹사이트의 뼈대를 담당하는 HTML

웹사이트에 포함되어 있는 텍스트, 이미지, 영상 등과 같은 정보성 데이터는 모두 HTML이 담당합니다. HTML은 요소라는 것을 이용해서 텍스트나 이미지에 의미를 부여하여 표현하는데요. 이렇게 정보에 의미를 추가로 부여하는 이유는 정보 검색에 편의를 더하기 위함입니다. 예를 들어 h1이라는 요소로 감싼 텍스트는 '이 문서의 가장 중요한 제목이다'라는 의미를 가집니다. h2는 그다음 수준의 제목이 되겠죠.

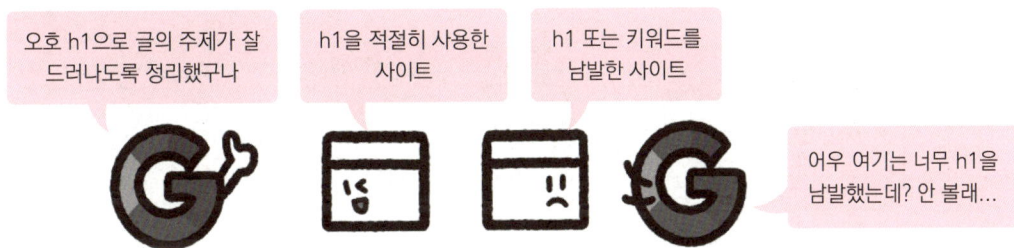

이처럼 정보에 의미를 부여하면 구글이나 네이버와 같은 검색 엔진이 문서 내에서 중요한 데이터를 우선 탐색할 수 있게 됩니다. 이를 통해 검색 엔진 결과에 더 빠르고 정확하게 노출되는 생태계가 구성될 수 있으므로, 이러한 HTML 요소의 의미를 파악하는 것은 꽤나 중요합니다. 그리고 이렇게 검색 엔진이 중요한 정보를 우선 인식하여 검색 결과에 먼저 노출되도록 하는 과정을 검색 엔진 최적화 SEO, Search Engine Optimization 라고 합니다. 이렇게 HTML은 웹 문서의 뼈대와 살을 담당하고 있으므로 굉장히 중요한 기술이라고 할 수 있겠네요.

웹사이트를 아름답게 해주는 CSS

이제 CSS라는 기술에 대해 이야기하겠습니다. HTML이 사이트의 뼈대를 담당한다면 CSS는 웹사이트를 아름답게 해주는 역할을 합니다. 예를 들어 다음과 같이 HTML만으로 구성한 사이트는 텍스트와 이미지가 단순히 나열된 형태로, 필요한 정보는 모두 담고 있지만 눈으로 보기에 좋지 않습니다.

왼쪽이 HTML만으로 구성한 사이트이고 오른쪽이 CSS를 더한 사이트입니다. 같은 데이터를 이야기하고 있지만 다르게 보이죠.

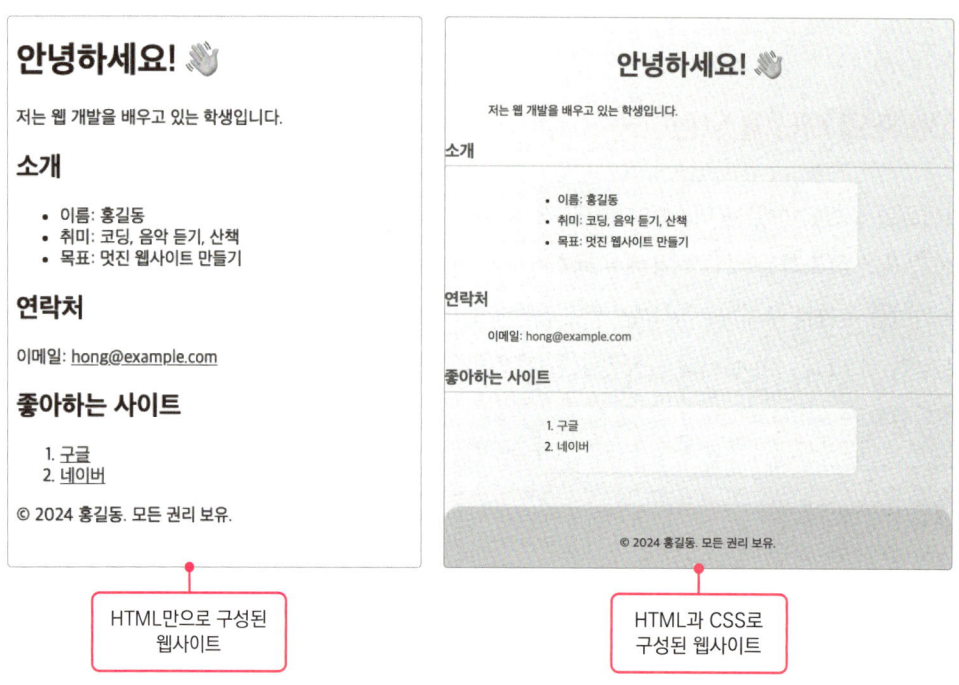

이렇게 같은 구조의 사이트라고 하더라도 CSS를 끼웠으면 사이트는 완전히 다르게 보입니다. 그 이유는 웹사이트를 사용하는 주체가 사람이며, CSS는 바로 그런 사용자의 경험을 고려해 시각적으로 꾸미기 위해 만들어진 기술이기 때문입니다.

웹사이트에 기능을 추가해주는 자바스크립트

자바스크립트는 그럼 무엇일까요? 자바스크립트는 평범한 웹사이트에 기능을 추가하는 역할을 합니다. 요즘은 그 이상도 할 수 있죠. 예를 들어 [다크 모드/라이트 모드] 버튼을 누르면 다르게 보이게 하는 것은 어떨까요? 또는 좋아하는 사이트에 마우스를 오버하면 해당 주소가 보이게 하는 기능은요? 다음은 앞에서 본 사이트에 [다크 모드/라이트 모드] 버튼을 추가해서 실제로 동작하게 만든 것입니다.

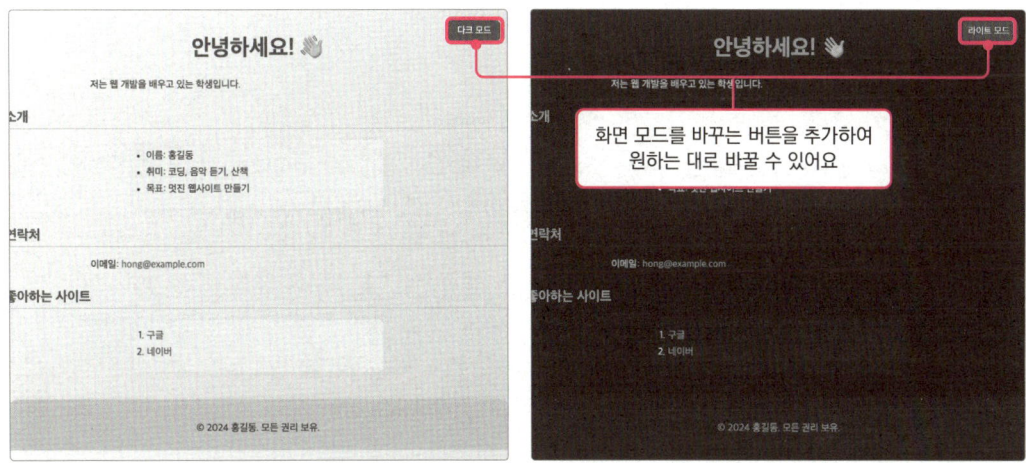

이처럼 사용자와의 상호작용으로 사이트가 어떤 기능을 하게 하려면 자바스크립트가 필요합니다. 지금 여러분이 접속하는 대부분의 사이트는 이렇게 HTML, CSS, 자바스크립트의 조합으로 만든 것들이 상당히 많습니다. 웹 개발에 관심이 있다면 들어봤을 리액트라는 기술도 자바스크립트를 기반으로 만든 기술이죠. 이렇게 웹을 지탱하는 핵심인 세 가지 기술을 느낄 수 있도록 깃허브 코파일럿과 함께 코딩을 해봅시다.

바이브 코딩 04 ▸ 자기소개 페이지 만들기

가장 먼저 자기소개 페이지를 만들어보겠습니다. 여러분의 커리어를 사이트에 잘 정리해두었다가 자기소개서를 제출해야 할 상황이 생겼다면, 이 자기소개 페이지가 굉장히 유용할 것입니다. 단순히 자기소개서만 제출하는 것이 아니라 여러분이 직접 관리한 사이트라는 점으로 서류를 검토하는 사람에게 신선한 인상을 줄 수 있으니까요.

01 그럼 자기소개 페이지를 좀 더 쉽게 만들기 위해 깃허브 코파일럿의 #컨텍스트를 이용하여 텍스트 형식으로 정리되어 있는 자기소개서를 깃허브 코파일럿에게 주어 작업시키도록 하겠습니다. 먼저 실습용 자기소개서 텍스트 파일을 다운로드하거나 직접 파일을 준비하세요. 파일은 깃허브 코파일럿이 읽기 좋도록 텍스트 파일로 준비하는 것이 가장 좋습니다. 줄바꿈이나 형식이 엉망이어도 상관없으니 Ctrl + A → Ctrl + C 로 복사하고 붙여넣기하여 만드세요. 자기소개서 사진은 추후 작업하여 넣겠습니다. 일단 텍스트 위주로 작업하면 됩니다.

- **자기소개서 텍스트 파일** : bit.ly/3Jd44Nc

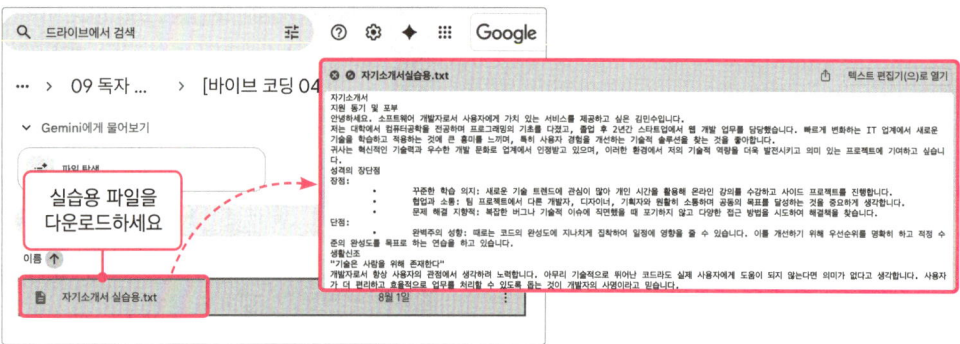

02 깃허브 코파일럿으로 빈 폴더를 열고 폴더에 자기소개서 파일을 두세요.

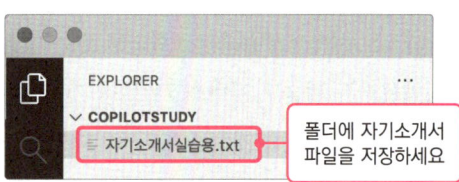

03 그런 다음 깃허브 코파일럿 채팅창을 열고 #컨텍스트를 이용해서 이렇게 이야기해봅니다.

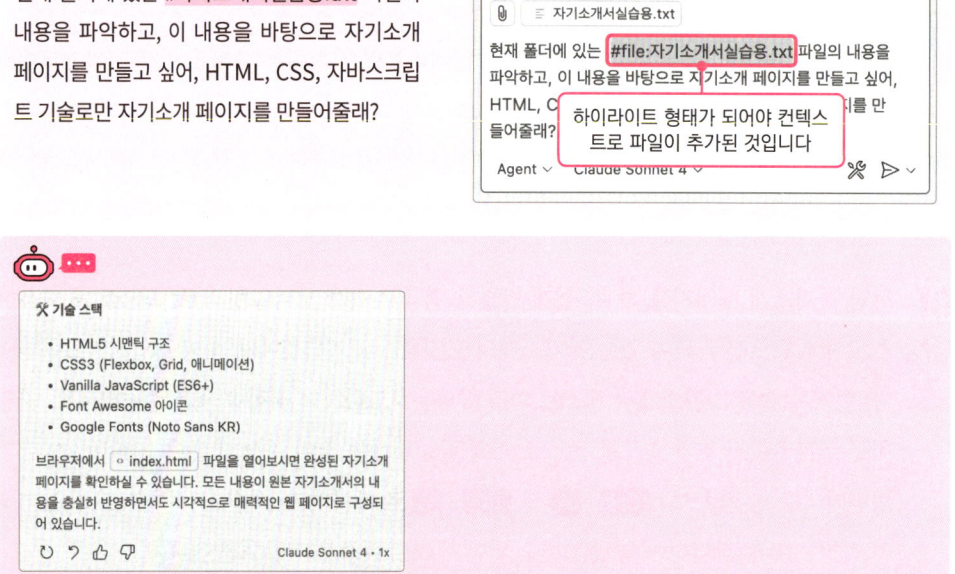

04 깃허브 코파일럿의 설명을 보면 **index.html** 파일을 열면 자기소개 페이지가 나타날 거라고 하네요. 파일을 웹 브라우저로 열어서 확인해봅니다.

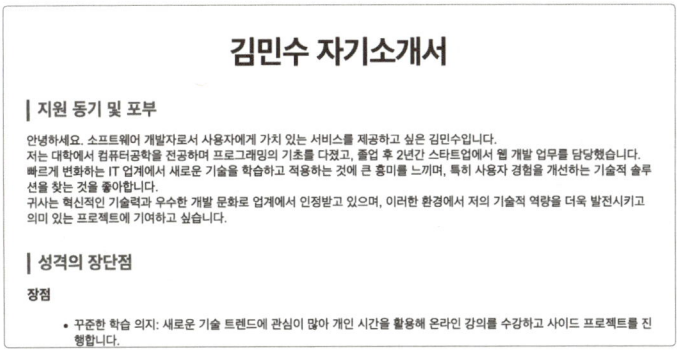

결과를 보면 썩 마음에 들지는 않지만 잘 정리해준 것 같습니다. 하지만 깃허브 코파일럿의 능력치는 이 정도가 아닙니다. 이 상태에서 조금 더 부탁해서 형태를 다듬어보겠습니다.

05 다른 웹사이트에서 찾은 페이지 중 하나를 참고하여 자기소개 페이지 형식으로 꾸며달라고 하겠습니다. 깃허브 코파일럿은 링크를 참조할 때 https로 시작하는 주소를 모두 입력하면 밑줄로 표시해줍니다. 밑줄로 표시된 주소와 함께 요청해보세요. 이때 처음 주소 참조를 요청하면 [Allow]가 나옵니다. [V]를 눌러서 [Always Allow]를 눌러 항상 주소를 참조할 수 있도록 설정하세요.

- **자기소개 참고 홈페이지** : https://brittanychiang.com

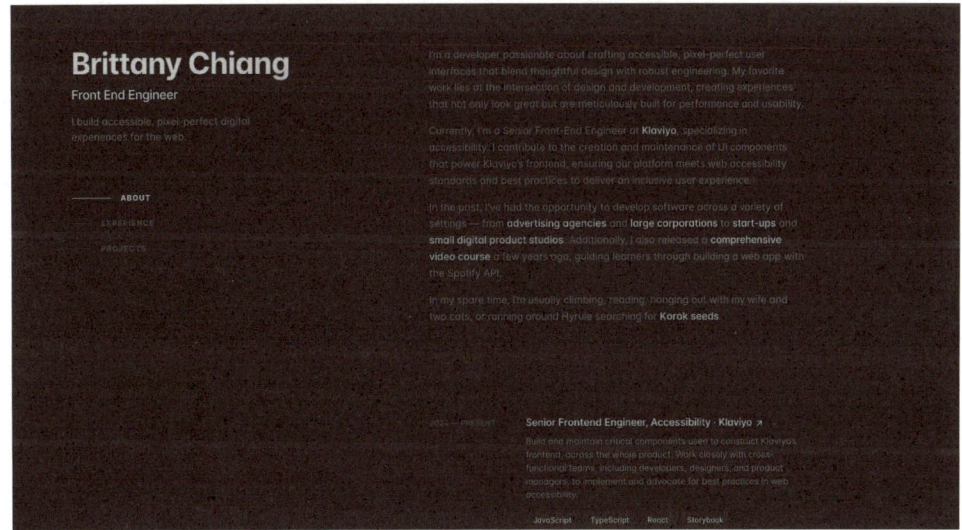

https://brittanychiang.com과 같은 스타일로 최대한 비슷하게 해서 자기소개 페이지가 매력적으로 보이도록 꾸며줘.

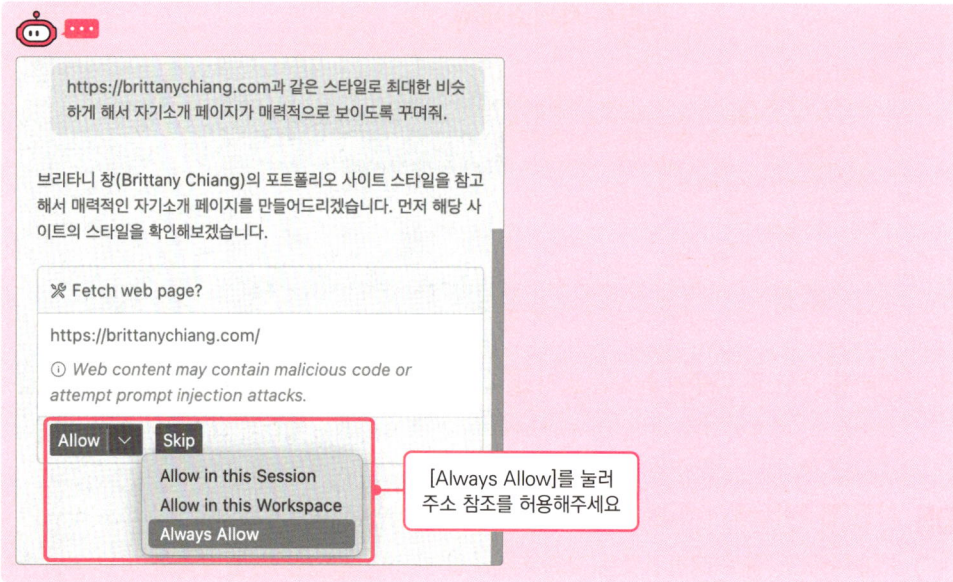

그러면 깃허브 코파일럿은 사이트의 내용을 파악하고 디자인을 개선하기 시작합니다. 이렇게 여러분이 하기 어려운 일들은 #컨텍스트를 이용해서 참조 자료를 추가하는 방식으로 개선할 수 있습니다.

06 파일을 다시 열어보면 비슷한 스타일로 자기소개 페이지가 만들어졌네요.

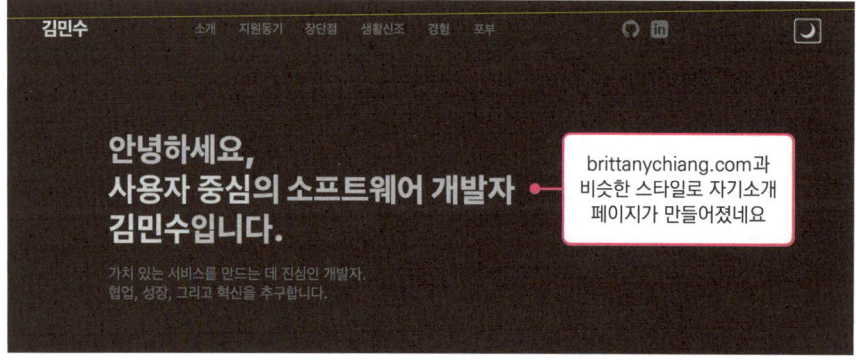

앞에서 본 자기소개 페이지와 내용은 같지만 느낌이 완전히 달라졌습니다. 이렇게 페이지를 만들어 제공하면 서류 검토를 하는 사람에게 깊은 인상을 주기 좋을 것입니다.

07 마지막으로 프로필 사진을 적절한 위치에 넣어달라고 하겠습니다. 파일을 하나 준비해서 깃허브 코파일럿으로 연 폴더에 넣은 다음 #컨텍스트로 파일을 가리키며 적당한 위치에 잘 보이도록 넣어달라고 요청하겠습니다.

- **실습용 프로필 이미지** : bit.ly/3Jd44Nc

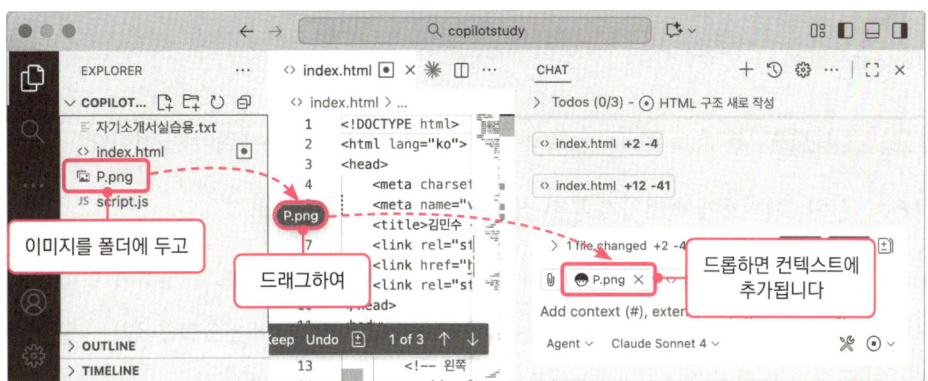

#p.png 파일은 자기소개 페이지에 넣을 내 프로필 사진이야. 적당한 위치에 이 사진을 배치시켜줘. 어우러지게 디자인도 다듬어주고.

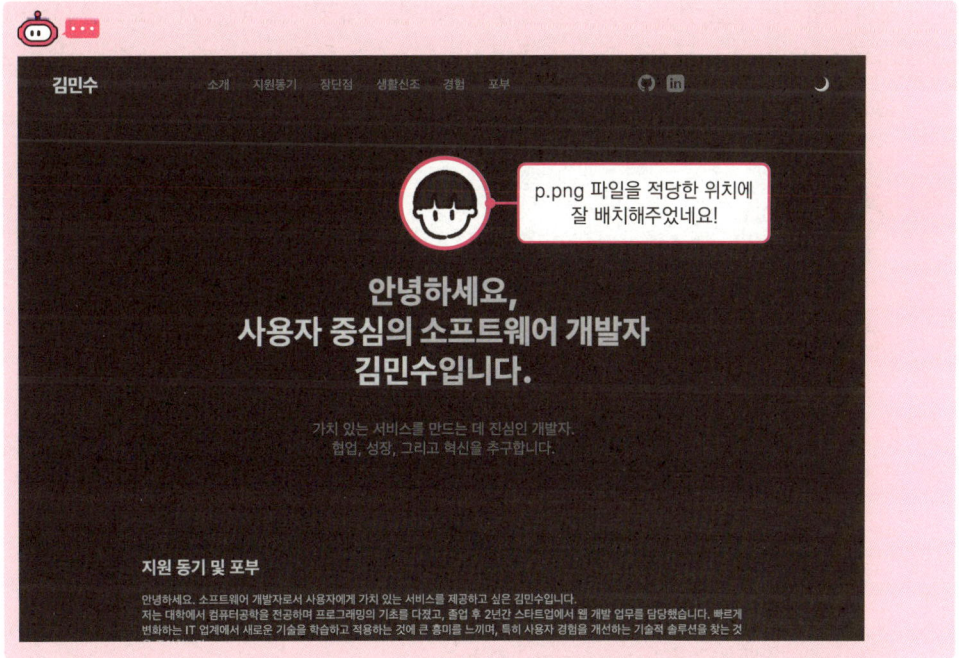

결과를 보면 프로필 이미지도 잘 추가가 되었네요. 제대로 자기소개 페이지가 만들어졌음을 알 수 있습니다. 이 실습을 통해 기술의 개념을 이해하고, 추가 자료만 잘 제공하면 깃허브 코파일럿으로 얼마든지 그럴싸한 웹페이지를 만들 수 있다는 것을 알았기 바랍니다.

바이브 코딩 05 ▸ 자기소개 페이지를 다른 사람에게 공유하고 싶다면?

 난이도 하!

아마 바이브 코딩 04 ▸ 자기소개 페이지 만들기 실습을 마치고 나면 이런 생각이 들 겁니다.

'공유하지 못하는 자기소개 페이지가 무슨 소용이지…? 공유하고 싶다!'

맞습니다. 구슬도 꿰어야 가치가 있는 것처럼 자기소개 페이지를 공유하지 못하면 의미가 없겠죠. [챕터 03] 웹사이트를 만들려면 꼭 알아야 하는 3가지 : HTML, CSS, 자바스크립트에서는 웹 기술을 알려주는 것에 목적이 있지만, 아쉬운 마음을 달래기 위하여 자기소개 페이지를 간편하면서도 무료로 공유하는 방법을 알려드리겠습니다.

01 아마 깃허브 코파일럿에게 가장 간단한 방법으로 자기소개 페이지를 공유하는 방법이 무엇인지 물어본다면 몇 가지 제안할 텐데 그 제안에는 반드시 깃허브 페이지^{GitHub Pages}를 이용하라는 내용이 포함되어 있을 것입니다. 한번 직접 물어보세요. 이때 반드시 [Agent] 모드를 [Ask] 모드로 바꾸고 질문하세요. [Agent] 모드로 질문하면 바로 작업을 진행합니다. 바로 작업을 진행하면 원치 않는 동작을 할 수 있으니 주의하세요.

가장 간단한 방법으로 이 자기소개 페이지를 공유하는 방법이 뭐야?

가장 간단하게 자기소개 페이지를 공유하는 방법은 다음과 같습니다:

1. index.html, style.css, script.js, P.png 파일을 한 폴더에 모두 넣기
    a. 이 폴더를 압축(zip)해서 이메일, 카카오톡, 구글 드라이브, 네이버 MYBOX 등으로 전달
    b. 받는 사람이 압축을 풀고 index.html을 더블클릭하면 바로 볼 수 있습니다.

또는,

2. 깃허브(GitHub) 무료 계정을 만들어
    a. 이 파일들을 새 저장소(repository)에 업로드

> b. GitHub Pages 기능을 사용하면 별도의 서버 없이도 웹 주소로 바로 공유 가능
> c. 예시: https://yourid.github.io/저장소이름/
>
> 가장 쉽고 빠른 방법은 1번(압축해서 파일로 전달)이고, 웹 주소로 누구나 접속하게 하려면 2번(GitHub Pages)이 좋습니다. 추가로 궁금한 점이나, GitHub Pages 사용법이 필요하면 말씀해 주세요!

02 깃허브 코파일럿이 이야기한 방법 중 깃허브 페이지에 공유하는 방법이 무엇인지 자세히 물어 봅니다. 이것도 [Ask] 모드에서 실행하기 바랍니다.

> 깃허브 페이지에 공유하는 방법이 뭐야? 알려줘.

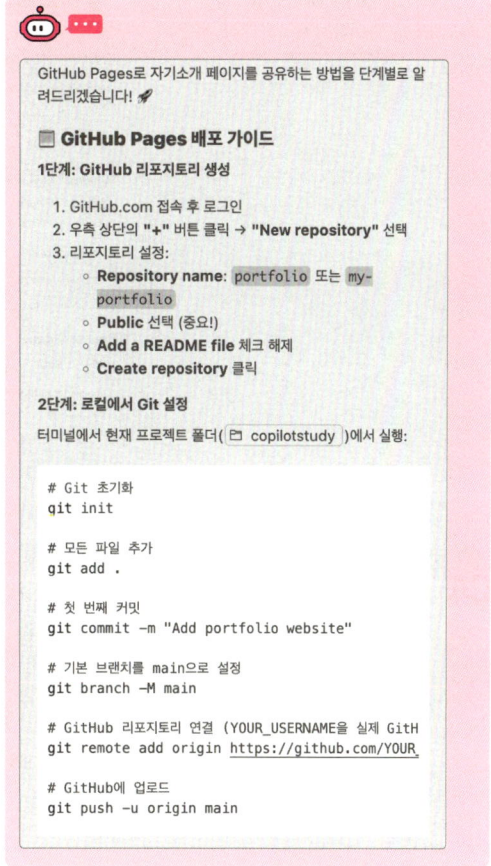

03 깃허브 코파일럿이 방법을 알려주었습니다. 이대로 한 번 해봅시다. 가장 먼저 깃허브 홈페이지에 접속하여 깃허브 계정을 만들어야 합니다. 계정 만들기는 쉬우므로 생략하겠습니다. 계정을 만든 후에는 화면에서 오른쪽 위에 있는 ❶ [+ ▼]에서 [+ New repository]를 눌러 깃허브에 저장소를 만듭니다. 어렵게 생각할 것 없이 구글 드라이브에 폴더 만드는 것과 비슷하다고 생각하면 됩니다. 이때 주의할 내용은 ❷ canine89.github.io처럼 자신의 아이디에 github.io를 붙여서

주소 형태로 만들어야 한다는 것입니다. 주소를 자세히 확인하고 ❸ [Create repository]를 눌러 저장소 생성을 마칩니다.

- **깃허브 홈페이지** : github.com

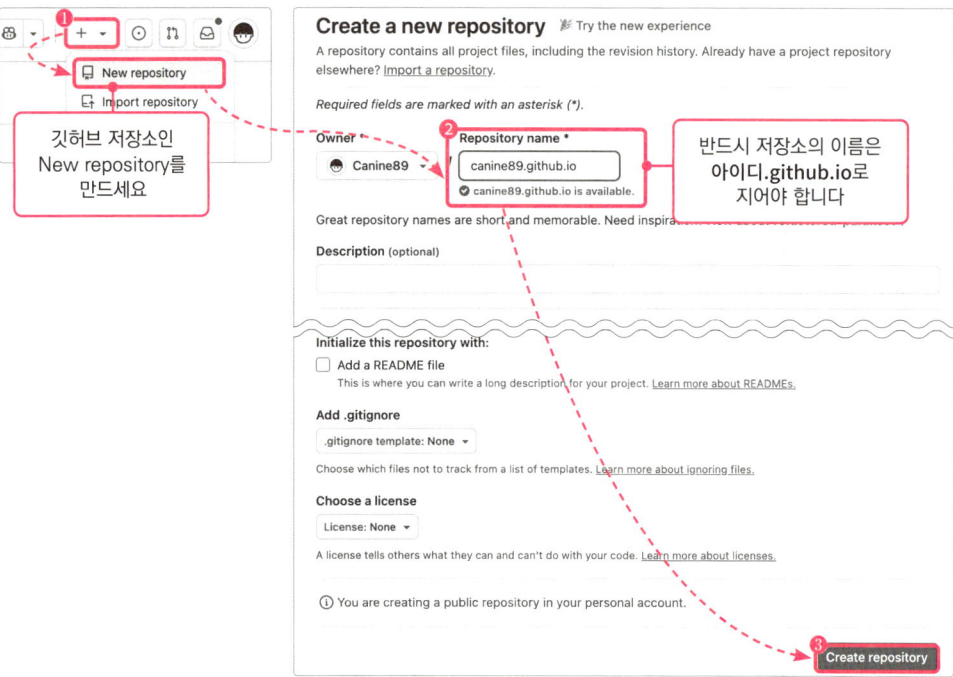

04 그런 다음 가운데 있는 'Quick setup — if you've done this kind of thing before' 항목에 보이는 [uploading an existing file]을 누릅니다.

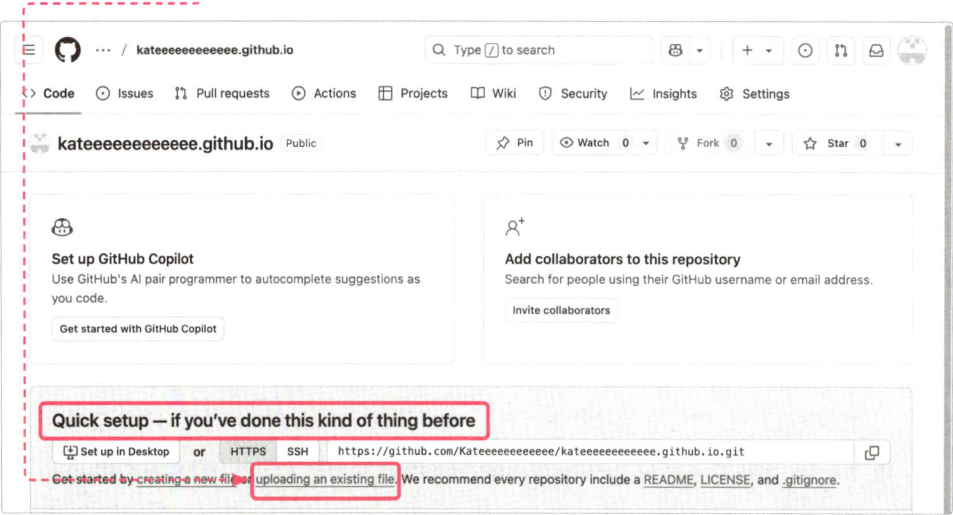

05 그런 다음 'Drag files…'로 보이는 영역에 자기소개 페이지 파일들을 몽땅 드래그하여 넣어줍니다.

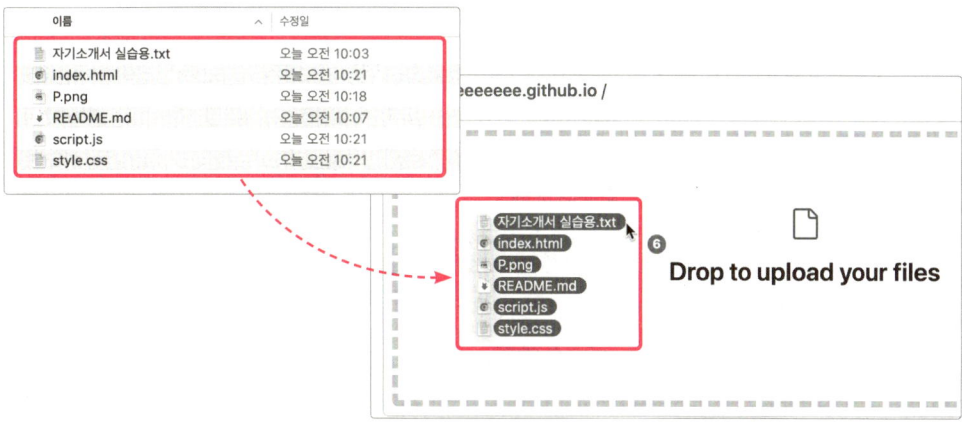

> **NOTE** 'Drag files here to add them to your repository'에 파일을 올리려 하면 위 그림과 같이 'Drop to upload your files'로 바뀔 겁니다.

06 업로드를 확인하고 스크롤바를 내려 [Commit changes]를 누르면 다 된 거나 다름없습니다.

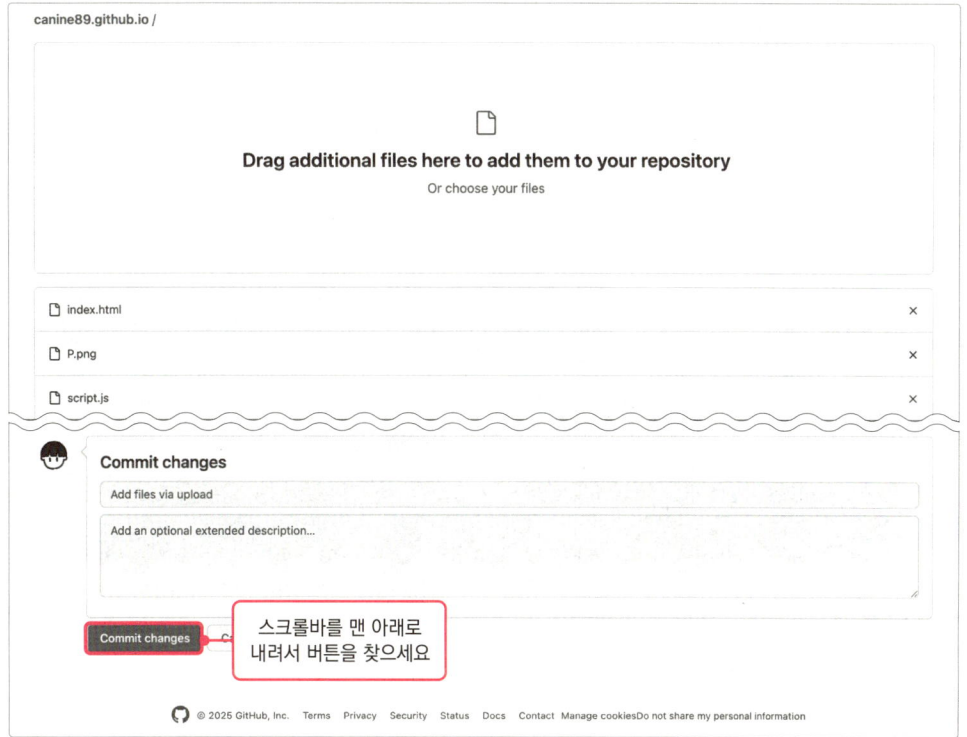

[챕터 03] 웹사이트를 만들려면 꼭 알아야 하는 3가지 : HTML, CSS, 자바스크립트

07 돌아온 화면에서 [Settings → Pages]를 누릅니다.

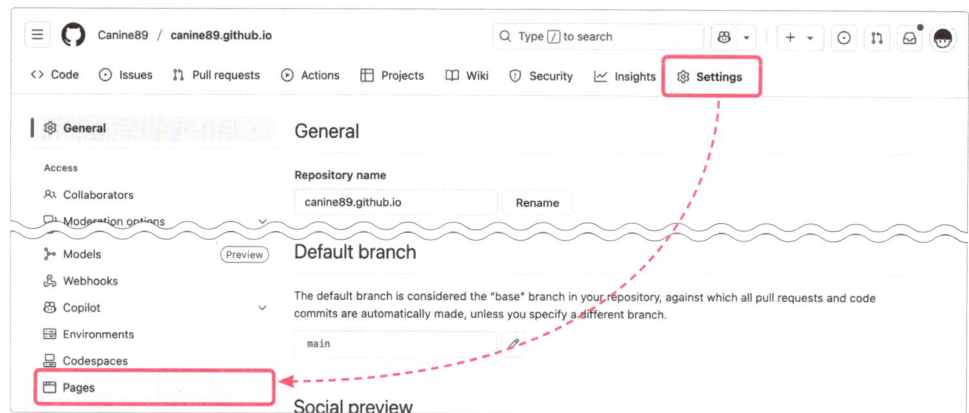

08 맨 위에 보이는 항목에 'Your site is live at…'이라고 주소를 표시해주고 있다면 성공입니다! 주소에 접속해보기 바랍니다.

> **NOTE** 항목이 활성화될 때까지 잠시 기다리세요.

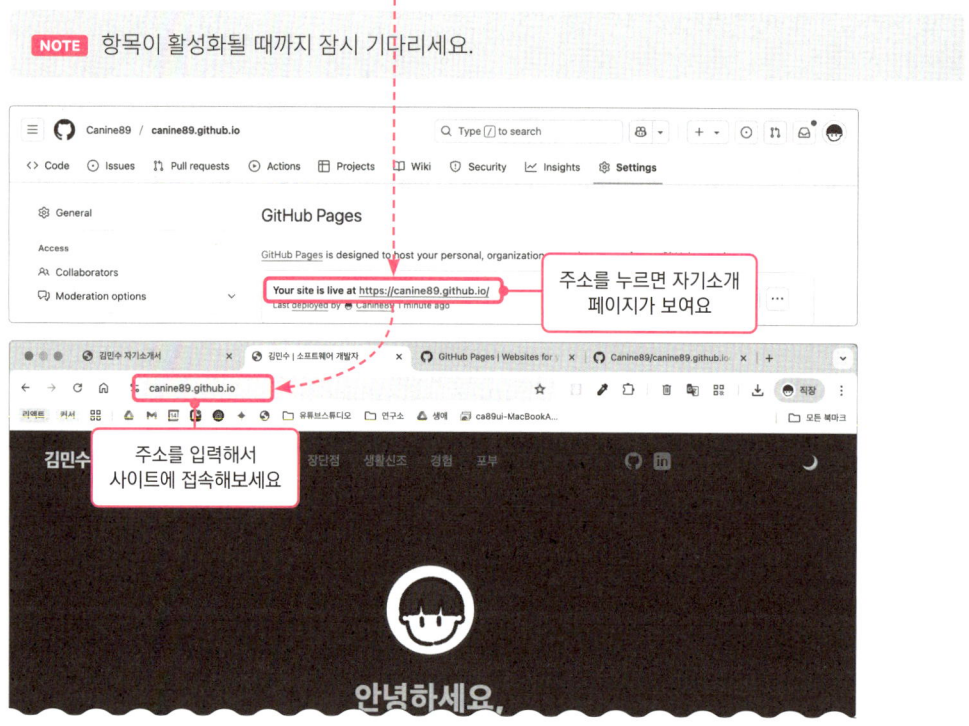

이렇게 자기소개 페이지를 만들고 깃허브 페이지로 배포하는 과정까지 진행해보았습니다. 웹 기술과 배포가 그렇게 어려운 일이 아닌 시대입니다. 너무 어렵다고 생각하지 말고 직접 해보세요. 그럼 별거 아니라는 생각이 들면서 자신감이 생길 겁니다!

[챕터 04]

눈으로 보고, 상호작용할 수 있는 영역 : 프런트엔드

유튜브 영상으로 더 쉽게 공부하세요!

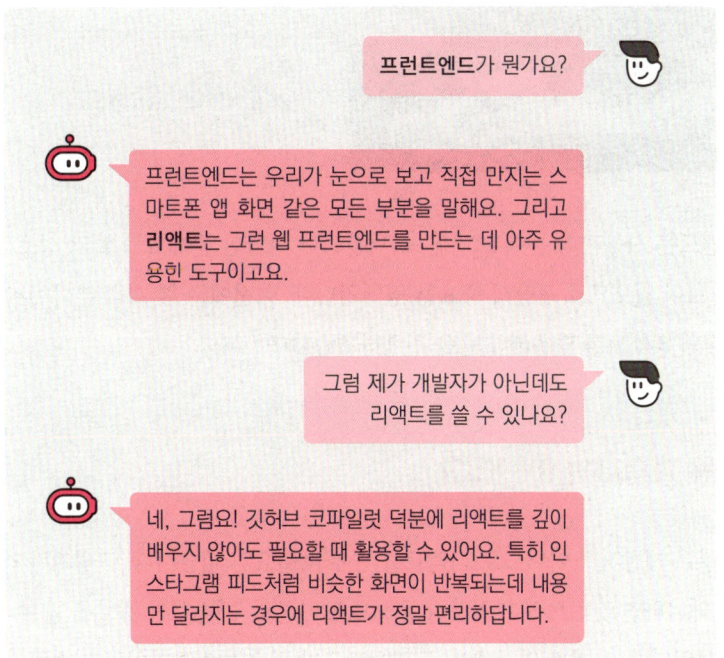

혹시 프런트엔드라는 용어를 들어본 적이 있나요? 프런트엔드는 사용자가 직접 눈으로 보고 상호작용할 수 있는 모든 화면과 요소를 말합니다. 여러분이 사용하는 스마트폰의 애플리케이션 화면, PC 프로그램의 인터페이스, 게임 화면, TV의 메뉴 UI 화면 등이 모두 프런트엔드에 해당하죠.

이처럼 프런트엔드는 사용자의 눈에 보이면서, 버튼이나 다양한 콘텐츠를 눌러 상호작용을 할 수 있는 모든 것들이 모여 있으므로 굉장히 중요한 영역입니다. 이번에는 웹 기술 분야에서 널리 사용되는 프런트엔드 기술인 리액트를 활용해 실습을 진행하겠습니다.

리액트요? 전 개발자가 아닌데요?

맞습니다. 여러분은 개발자가 아니므로 리액트를 공부할 필요가 없습니다. 그렇지만 리액트를 사용할 수는 있습니다. 왜냐하면 깃허브 코파일럿의 등장으로 기존의 '개발자만 개발을 할 수 있다'는 인식이 바뀌고 있기 때문입니다. 우리가 일상에서 필요한 도구가 있으면 전문가처럼 능숙하게 사용하지는 못하더라도 충분히 쓸 수 있는 것처럼 리액트도 그렇게 활용할 수 있는 도구입니다. 예를 들어 여러분이 전문 셰프처럼 요리 도구를 쓰진 못해도 필요하다면 구매해서 사용해보는 것과 같습니다. 깃허브 코파일럿도 마찬가지로 필요에 따라 리액트 등의 도구를 가져와서 필요한 상황에 활용하면 되는 것이죠.

셰프의 요리 도구는 좀 더 특수 목적으로 만들어진 것이라 범용으로 쓰기는 어렵죠. 하지만 셰프의 요리 도구가 필요한 상황이 있다면 적절하게 쓸 수도 있습니다. 그래서 리액트도 꼭 필요할 때 쓰면 좋습니다.

그럼 리액트는 언제 쓰나요?

리액트는 웹 개발에서 눈에 보이는 화면을 개발할 때 사용하는 아주 유용한 도구입니다. 특히 화면의 구성 요소가 반복되지만 그 안의 텍스트나 이미지 등 데이터가 매번 달라지는 경우 진가를 발휘하죠. 인스타그램이나 페이스북 같은 애플리케이션을 한 번 떠올려보세요. 사용자 피드, 게시글 목록, 댓글 영역 등 두 애플리케이션은 모두 비슷한 구조가 반복되지만 그 안에 담긴 사진, 텍스트, 정보 등의 값은 매번 다릅니다. 이런 복잡한 화면을 더 빠르고 효율적으로 개발할 수 있게 도와주는 것이 바로 리액트입니다.

이처럼 화면 구조는 반복되지만 안에 담긴 내용이 매번 다른 웹 애플리케이션은 리액트로 개발하면 매우 편리합니다. 물론 여러분이 리액트 자체를 깊게 공부할 필요는 없습니다. 다만 이런 특성이 있다는 사실만 이해하고 나머지는 깃허브 코파일럿에게 맡기면 됩니다. 깃허브 코파일럿은 이러한 반복 구조의 화면을 리액트를 활용해 구현하는 데 장점을 가지고 있으니까요.

바이브 코딩 06 ▶ 유튜브와 비슷한 사이트 만들어보기
난이도 하!

이제 여러분은 유튜브와 비슷한 사이트를 직접 만들어볼 수 있습니다. 바로 깃허브 코파일럿을 이용해서요. 다만 이번 실습에서는 프런트엔드 영역만 다루기 때문에 동영상 업로드, 댓글 작성 후 저장과 같은 데이터 처리 기능은 포함하지 않습니다. 따라서 화면에 표시할 영상 소스 링크 등을 구해두고 이것을 활용해 유튜브처럼 보이는 사이트를 만들어보겠습니다.

01 먼저 유튜브 채널의 기본 화면 구성이 어떻게 되어 있는지 살펴보고 필요한 자료를 준비해봅시다. 유튜브 채널 왼쪽에는 유튜브 메뉴들이 있고, 채널 위쪽에는 채널 배너 이미지가 있습니다. 동영상 목록에는 영상 제목과 조회수, 업로드 시기 등이 적혀 있습니다. 다음 링크에 접속해서 우리가 만들 유튜브와 비슷한 사이트에 쓸 10장의 섬네일 이미지와 채널 배너 이미지를 미리 다 운로드하여 준비하기 바랍니다.

- **유튜브 실습 데이터** : bit.ly/47p4tp6

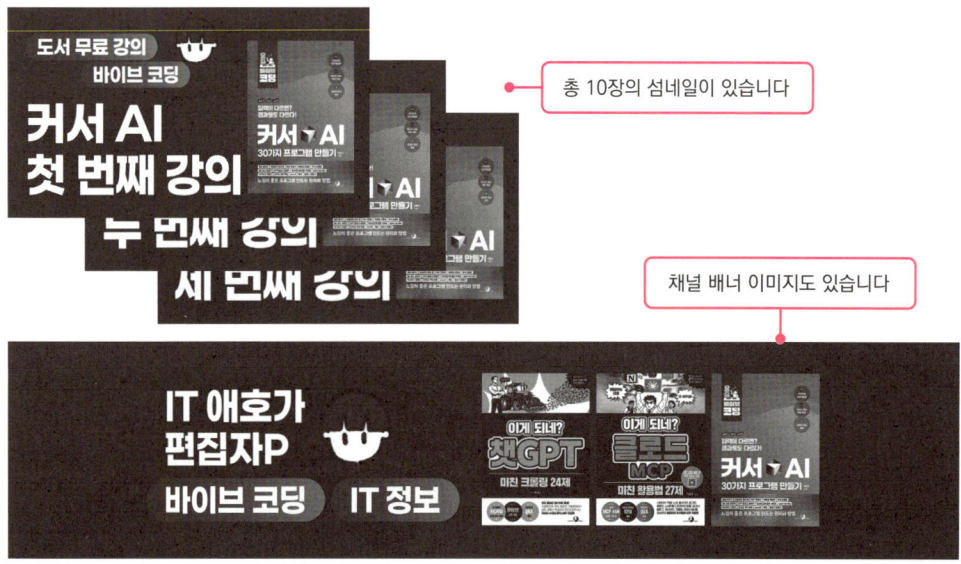

총 10장의 섬네일이 있습니다

채널 배너 이미지도 있습니다

02 이미지 파일을 준비했다면 이제 이 파일들을 깃허브 코파일럿의 파일 탐색기 영역으로 드래그 앤 드롭하여 옮기세요. 물론 이번에 학습한 바이브 코딩 03 > 바탕화면 정리시켜 보기에서처럼 깃허브 코파일럿에게 직접 '이 파일들을 폴더로 옮겨줘'라고 지시해도 됩니다. 저는 직접 깃허브 코파일럿이 있는 비주얼 스튜디오 코드 왼쪽 파일 탭에 드래그 앤 드롭하여 옮겼습니다.

> /Users/canine89/Downloads 폴더에 있는 이미지 파일을 현재 폴더인 copilotstudy 폴더 안으로 이동시키고, 적당히 폴더 이름을 만들어 정리해줘.

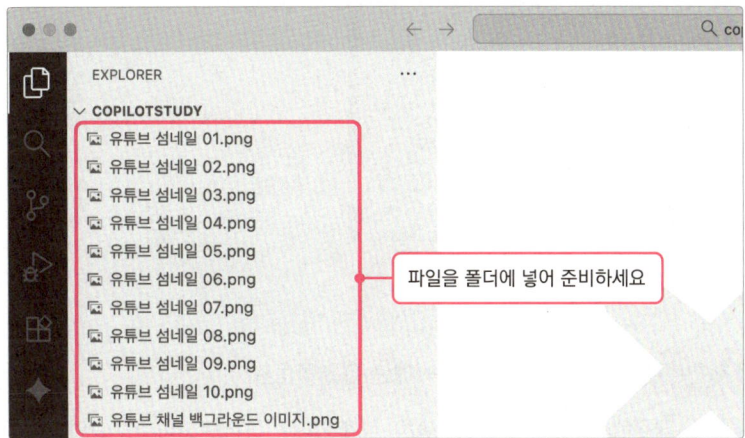

파일을 폴더에 넣어 준비하세요

03 이제 리액트를 이용해서 유튜브와 유사한 화면을 만들 차례입니다. 앞서 이야기했던 것처럼 데이터 처리 기능은 제외하고, 단순히 유튜브처럼 보이는 화면을 만드는 것을 목표로 하겠습니다. 화면에 표시할 이미지는 깃허브 코파일럿에게 파일 이름을 보고 적절히 사용하라고 하겠습니다.

> 리액트로 유튜브 화면처럼 보이는 사이트를 만들어봐. 유튜브 배너 이미지나 섬네일 이미지는 파일 이름을 보고 적절히 사용하면 돼. 섬네일들은 모두 커서 유튜브 무료 강의 01부터 10까지의 섬네일이야. 적절한 유튜브 영상 제목과 영상 설명, 업로드 시기도 간격을 두고 표시해줘.

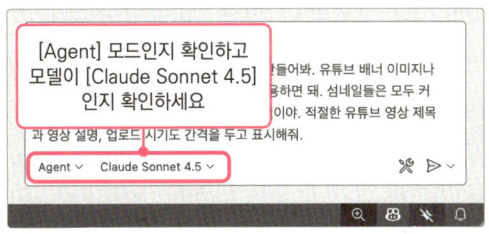

[Agent] 모드인지 확인하고 모델이 [Claude Sonnet 4.5]인지 확인하세요

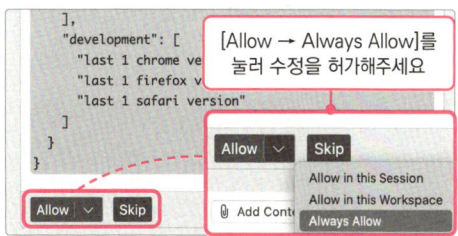

[Allow → Always Allow]를 눌러 수정을 허가해주세요

[챕터 04] 눈으로 보고, 상호작용할 수 있는 영역 : 프런트엔드

04 리액트로 코드를 완성하면 깃허브 코파일럿에서 npm install, npm start와 같은 명령어 실행도 권한을 확인합니다. 이때 모든 내용을 [Allow]를 눌러서 실행할 수 있게 해주세요. npm install 은 리액트를 쓰기 위해 필요한 내용을 설치하는 명령어이고, npm start은 리액트 코드를 실행하여 서버를 띄우는 역할을 합니다. 리액트는 html 파일과 다르게 더블클릭해서 화면을 확인할 수 없고 서버를 띄워 확인해야 하므로 이런 과정이 필요합니다.

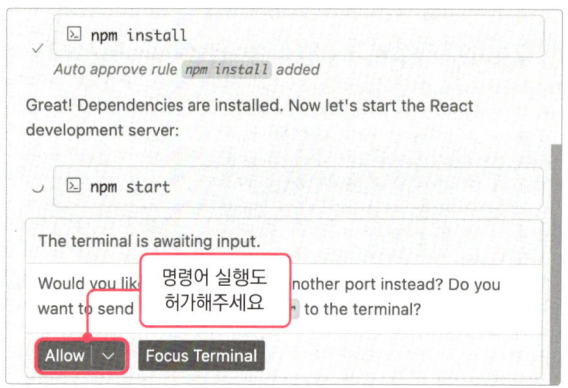

 **중요** **업데이트로 화면 구성이 달라져도 실행 방식에는 문제없어요!**

깃허브 코파일럿을 실행하는 과정에서 버튼이나 화면 구성이 책에 안내된 깃허브 코파일럿 화면과 약간 다를 수 있습니다. 이는 프로그램이 업데이트되면서 생긴 차이일 수 있습니다. 하지만 프로그램을 실행하거나 실습을 따라 하는 데에는 큰 지장이 없으며, 핵심적인 실행 방식은 동일하니 걱정하지 않아도 됩니다.

05 서버가 실행되면 자연스럽게 아래 터미널 토글 창이 열리면서 success라는 키워드와 함께 http://localhost:3000과 같은 주소로 결과물을 확인할 수 있는 주소를 알려줍니다. 이것이 리액트 서버입니다. 리액트 앱은 화면을 만든 후에 반드시 '리액트 서버'를 실행해야 실제로 웹에서 화면을 볼 수 있으며, 그것을 '앱을 실행한다'라고 하기도 합니다. 이때 [Run]을 눌러 리액트 서버를 구동해주세요. 이렇게 리액트는 npm start라는 명령어를 터미널에서 실행하여 서버를 구동하고, 그 서버에서 웹사이트 화면을 띄워주는 방식으로 동작합니다. 서버가 띄워준 주소의 의미는 나중에 다시 설명하겠습니다. 우선은 주소를 복사해서 브라우저에서 접속해보세요.

06 만약 이미지가 제대로 표시되지 않는다면 깃허브 코파일럿에서 이미지의 위치를 정확하게 알지 못하고 있거나 이미지를 추가해야 한다는 컨텍스트를 놓쳤기 때문일 수 있습니다. 그럴 때는 채팅창으로 이미지를 드래그앤드롭하여 컨텍스트에 추가한 다음 '이미지가 추가되지 않았으니 추가해달라'고 부탁하면 됩니다.

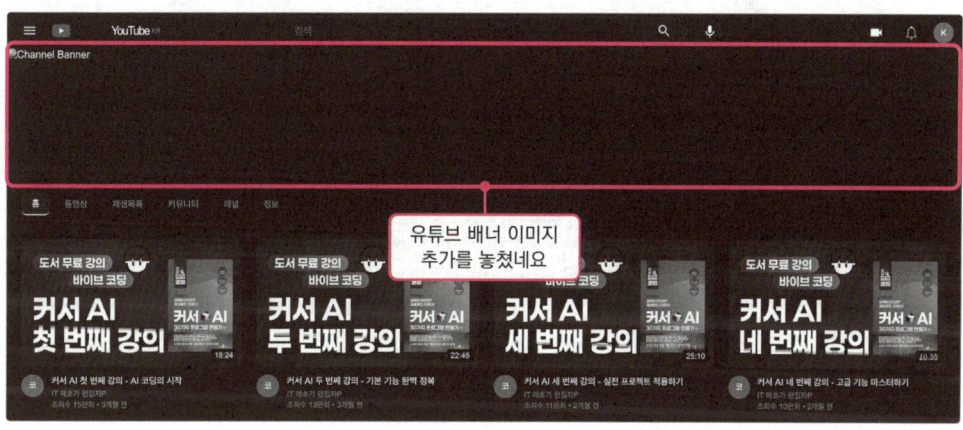

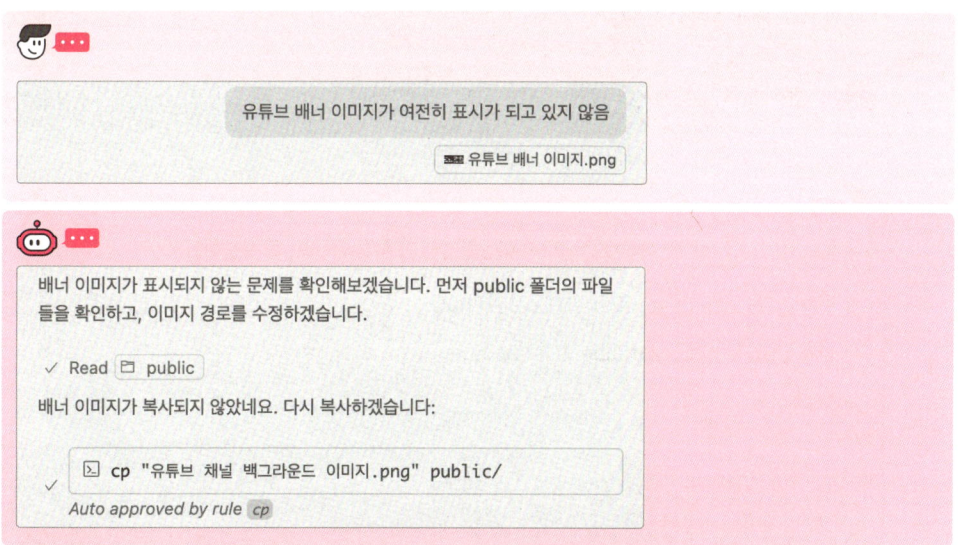

[챕터 04] 눈으로 보고, 상호작용할 수 있는 영역 : 프런트엔드

07 깃허브 코파일럿에게 이미지 복사 명령을 내린 것이므로 터미널에서 서버를 종료했을 수도 있습니다. 만약 서버가 종료되었다면 과정 **06**을 진행한 후 터미널에서 npm start를 입력하거나 깃허브 코파일럿에게 '서버를 실행해서 확인할 수 있게 해줘'라고 하면 다시 화면을 확인할 수 있습니다. 이제 유튜브와 비슷한 사이트가 완성되었네요. 다만 아직 영상을 누르면 이동하는 등의 기능이 동작하진 않습니다.

08 이왕 완성한 김에 영상을 볼 수 있으면 좋겠죠. 각 영상에 맞는 URL을 준비해두었습니다. 영상 각각에 맞는 URL을 깃허브 코파일럿에게 전달하여 섬네일을 누르면 유튜브 영상으로 이동할 수 있게 해달라고 부탁하세요.

> **NOTE** 지면의 한계로 예시만 남겼습니다. 실제 URL은 실습 데이터 링크에 업로드했으니 참고하세요.

각 유튜브 섬네일을 누르면 유튜브 영상으로 이동할 수 있도록 다음 URL을 사용해줘.

- 첫 번째 강의 : https://youtu.be/NTxvB6zFh0Q
- 두 번째 강의 : https://youtu.be/2Or4ciaoZns
- ...생략...

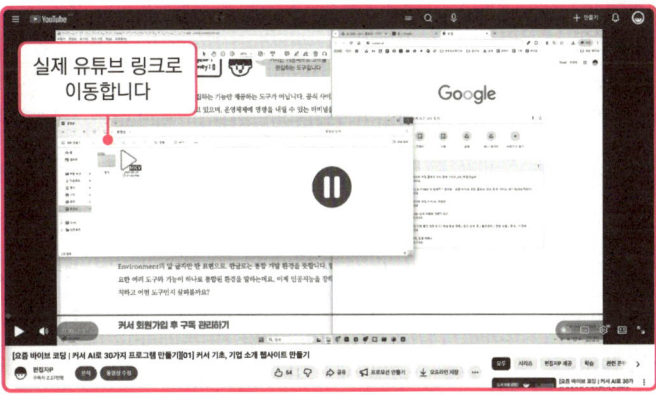

이제야 제대로 된 유튜브 사이트를 만든 것 같네요. 다만 지금 여러분이 만든 유튜브 사이트는 모양만 비슷하게 구현한 것일뿐 실제 링크는 유튜브 링크를 삽입한 것이라 기능은 없다고 봐야 합니다. 하지만 우리가 얻은 것은 있습니다. 리액트라는 기술을 이용하면 섬네일과 같은 형태가 동일한 화면을 구성할 때 매우 효율적이기도 하지만 **깃허브 코파일럿에 장착되어 있는 인공지능 모델이 좋아하는 방식의 작업이라는 겁니다.** 코드의 효율은 코드를 직접 봐야 알 수 있습니다. 그래서 리액트와 기존 기술인 HTML, CSS, 자바스크립트의 효율 차이가 궁금하다면 깃허브 코파일럿에게 처음부터 HTML, CSS, 자바스크립트로 유튜브와 비슷한 사이트를 만들어보라고 해보세요. 코드의 길이도 매우 다르고 화면을 구성하는 방식도 다를 것입니다.

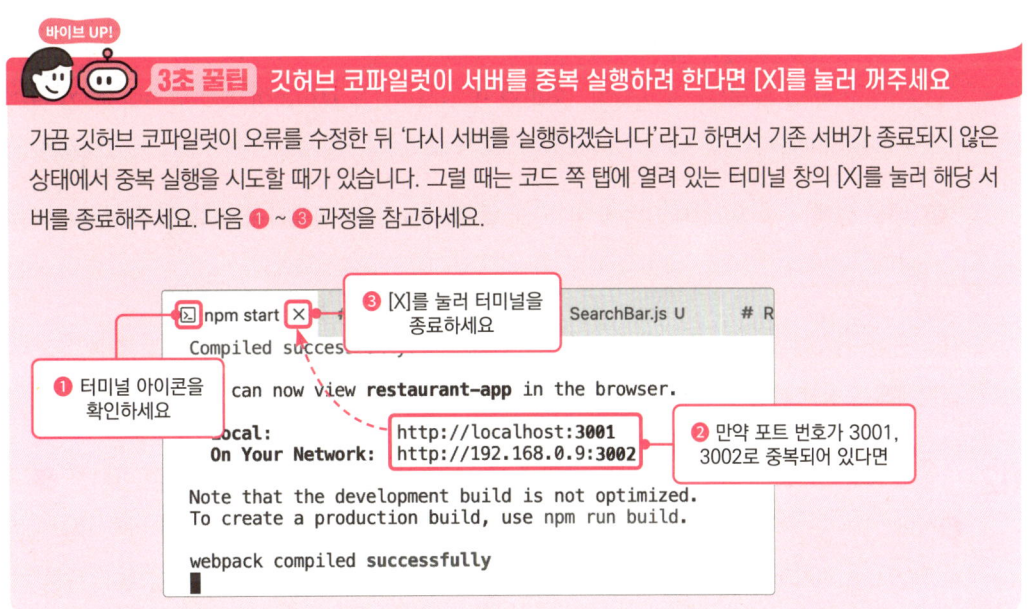

[챕터 04] 눈으로 보고, 상호작용할 수 있는 영역 : 프런트엔드

바이브 코딩 07 ▶ 투두리스트 앱 만들어보기
난이도 하!

앞에서 만든 유튜브 사이트 프로젝트는 화면만 만들었을 뿐 아무런 기능이 없는 정적 웹사이트입니다. 이번에는 실제로 메모를 입력하고, 저장하고, 삭제하는 기능이 있는 투두리스트 앱을 만들어보겠습니다. 다만 이 투두리스트 앱은 여러분의 PC에서만 사용할 수 있는 형태로, 여러 사람과 함께 쓰는 앱은 아닙니다. 만약 다른 사람과 함께 쓰는 투두리스트 앱을 만들려면 데이터베이스라는 개념이 필요하며 아직은 프런트엔드를 중심으로 배우고 있는 단계이기 때문에 우선은 나 혼자 쓰는 투두리스트 앱을 만들어보는 것을 목표로 하여 실습을 진행하겠습니다.

01 투두리스트 앱 화면을 생각해볼까요? 날짜별로 할 일 목록을 입력할 컨테이너가 있고, 그 안에 할 일 목록이 반복되는 형태일 것입니다. 이처럼 구조는 같지만 내용이 다른 형태의 프로그램은 리액트로 개발하면 좋다고 이야기했었죠? 투두리스트 앱도 리액트로 개발하겠습니다. 여기서는 다음과 같은 구성의 투두리스트 앱을 만들어보겠습니다.

- ❶ **[새 할 일]** : 추가하는 시점에 할 일이 없다면 할 일 목록을 나열할 컨테이너를 새로 만들고, 할 일을 바로 입력할 수 있는 상태로 표시하여 사용자의 입력을 유도합니다.
- ❷ **[수정]** : 할 일 목록을 수정 모드로 전환합니다.
- ❸ **[저장]** : 할 일 목록 수정 모드에서만 보이는 버튼입니다. 할 일 목록을 저장하고, 수정 모드를 종료합니다.
- ❹ **[삭제]** : 할 일 목록을 삭제합니다. 만약 할 일 목록이 1개 뿐이라면 해당 날짜의 할 일 컨테이너를 삭제합니다.
- ❺ **[메모 검색]** : 할 일 컨테이너에 있는 할 일 목록을 모두 검색하여 검색한 결과만 보여줍니다.

각 기능을 어떻게 코딩해서 만들 수 있을까요? 걱정할 필요 없습니다. 상상한 대로 깃허브 코파일럿에게 요청만 하면 됩니다.

02 이렇게 요청해보겠습니다. 앱을 만들기 위해 필요한 기술들을 나열하면서 앞서 이야기한 ❶ ~ ❺번의 기능을 그대로 입력하는 것입니다. 이때 깃허브 코파일럿에게 'CRA로' 만들어달라고 하겠습니다. 여기서 CRA는 리액트 프로젝트를 가장 간단하게 시작하는 명령어입니다. 물론 최근 기술의 발전으로 다양한 리액트 프로젝트를 만들 수 있는 방법이 생겼는데 실습의 편의를 위

해 이 방법을 사용하겠습니다.

> **NOTE** 긴 내용을 입력할 때 줄바꿈을 하고 싶다면 Shift + Enter 를 눌러 줄바꿈을 하고 입력하면 됩니다.

CRA로 투두리스트 앱을 만들어줄 수 있어? 다음 기능이 동작하는 투두리스트 앱이어야 해.

❶ [새 할 일] : 추가하는 시점에 할 일이 없다면 할 일 목록을 나열할 컨테이너를 새로 만들고, 할 일을 바로 입력할 수 있는 상태로 표시하여 사용자의 입력을 유도합니다.

❷ [수정] : 할 일 목록을 수정 모드로 전환합니다.

❸ [저장] : 할 일 목록 수정 모드에서만 보이는 버튼입니다. 할 일 목록을 저장하고, 수정 모드를 종료합니다.

❹ [삭제] : 할 일 목록을 삭제합니다. 만약 할 일 목록이 1개 뿐이라면 해당 날짜의 할 일 컨테이너를 삭제합니다.

❺ [메모 검색] : 할 일 컨테이너에 있는 할 일 목록을 모두 검색하여 검색한 결과만 보여줍니다.

03 그러면 깃허브 코파일럿이 Create React App 명령어를 사용해서 프로젝트를 생성합니다. [Allow]를 눌러 허용하세요. 이후 작업을 완료하면 '개발 서버를 시작하겠다'라고 하면서 npm start를 하려고 할 것입니다. 이것도 [Allow]하면 화면이 나타날 것입니다.

> **NOTE** 깃허브 코파일럿에서 simple browser로 실행하겠다고 하면서 편집기에서 화면을 보여주면 종료하고 웹 브라우저에서 실습을 진행하세요.

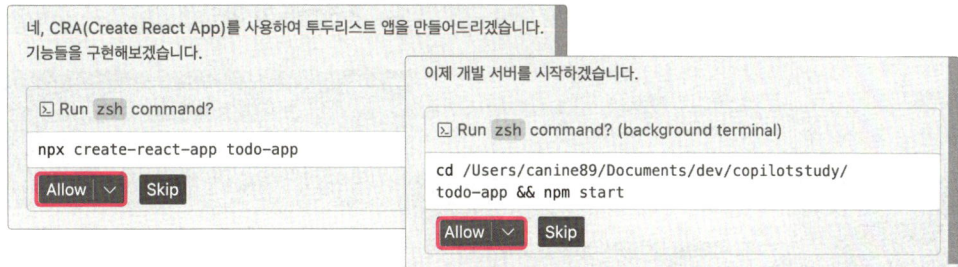

 **버튼이 달라도 활용법은 그대로예요!**

명령을 실행한 뒤 코드를 반영하는 버튼이나 거절, 터미널에 명령어를 입력하여 실행하게 하는 버튼은 버전에 따라 조금씩 달라질 수 있습니다. 이는 깃허브 코파일럿이 업데이트되면서 생긴 변화일 뿐, 실행 방법 자체는 동일하니 걱정하지 않아도 됩니다.

04 완성된 화면을 살펴보겠습니다. 아마 실습한 결과는 여러분 모두와 다를텐데요. 저는 원하는 대로 화면이 나오지 않았습니다. 우선 할 일 목록이 컨테이너 안에 포함되어야 하는데 컨테이너가 별도로 보입니다. 이것부터 고쳐보겠습니다.

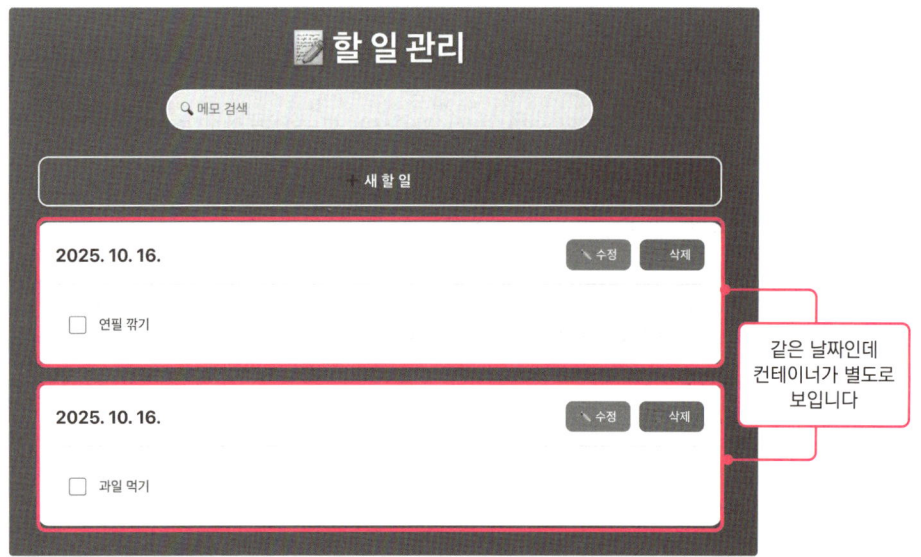

오늘 날짜로 추가되는 할 일 목록은 컨테이너 하나에 들어가 있어야 해. 그렇게 수정해줘.

05 다시 확인해보면 컨테이너에 할 일 목록이 잘 들어간 것 같습니다. 하지만 목록 삭제를 하면 제대로 되지 않습니다. 목록 1개만 선택하여 삭제했지만 모든 할 일 목록이 사라집니다. 이렇게 프로그램을 만든 후에는 여러분이 의도한 대로 프로그램이 동작하는지 확인해보는 것이 중요합니다.

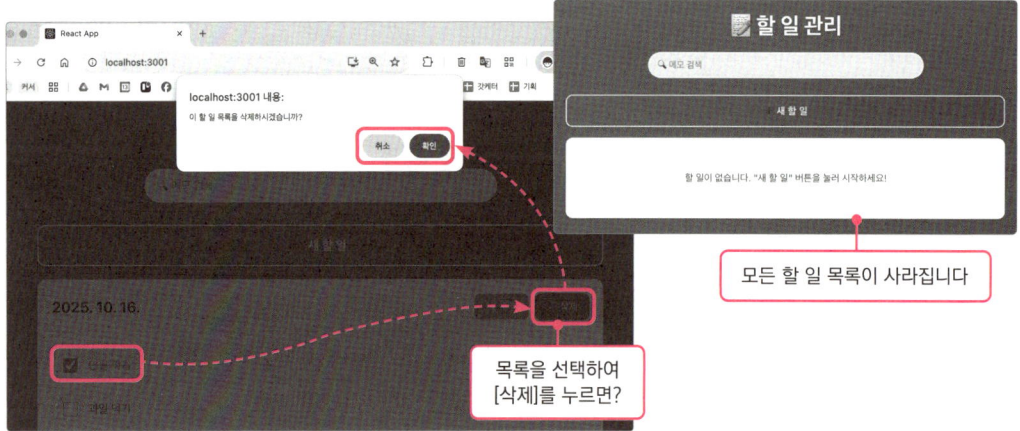

완벽한 앱을 만들 때까지 확인과 수정을 반복해서 진행하세요. 저는 이런 내용을 반복 진행했습니다.

컨테이너 안에 있는 할 일 목록을 하나만 선택하고 삭제를 누르면 컨테이너 내의 모든 할 일 목록이 지워져, 고쳐줘.

삭제를 누르면 '이 할 일 목록을 삭제하시겠습니까?'가 나타나는데 그럴 필요 없이 바로 삭제해줘.

할 일 목록 선택 후 삭제하는 버튼이 보여야 하지만 아예 버튼이 보이지 않아. 버튼을 보이게 해주고 개별 할 일 목록을 삭제할 수 있게 해줘.

바이브 UP! 3초 꿀팁 변경 전으로 되돌아가고 싶어요!

이렇게 수정을 반복하다보면 특정 시점 전의 코드로 돌아가고 싶을 수 있습니다. 채팅 창을 올려보면 지금까지 질문했던 기록이 남아있는데 그 기록이 모두 변경에 대한 저장 시점입니다. 따라서 돌아가고 싶은 시점의 채팅을 클릭하고 '이 상태로 돌아가줘'라고 프롬프트를 수정하면 직전 상태로 복구됩니다. 가장 최근의 요청을 삭제해야 한다거나, 만들어진 파일을 없앨 수도 있다는 안내창이 뜨면 [Yes]를 눌러 진행하세요.

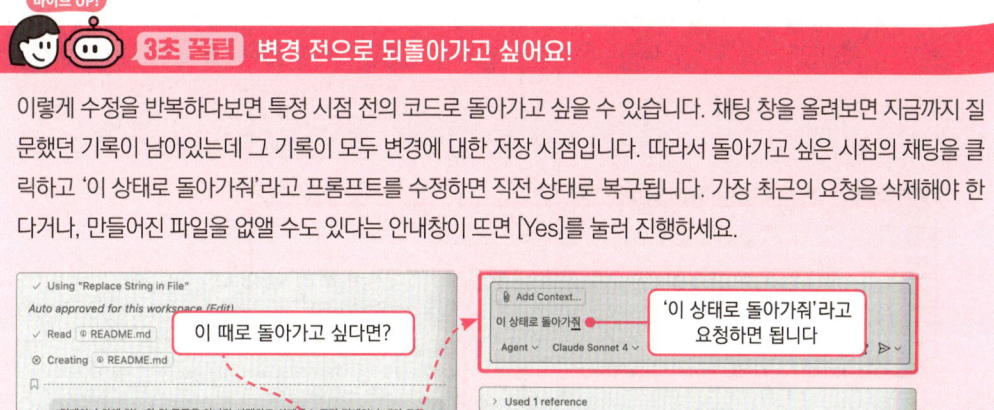

완성한 투두리스트 앱은 다음과 같습니다. 날짜별로 컨테이너가 보이고, 컨테이너 내에 개별 할 일 목록이 보이며 [X]를 누르면 할 일 목록을 삭제하고 [삭제]를 누르면 컨테이너를 삭제합니다.

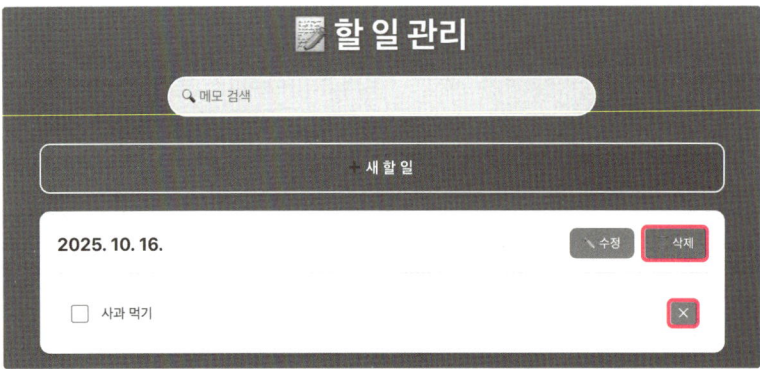

06 만약 오류가 발생하면 오류 메시지를 복사해서 깃허브 코파일럿에 전달하면 됩니다. 다음 그림을 참고해서 오류 메시지를 전달해보세요. 대부분의 오류 메시지에는 문제 상황에 대한 구체적인 원인이 포함되어 있습니다. 이 정보를 전달하여 해결하는 것입니다.

> **NOTE** 이 오류는 npm start 명령어를 잘못된 디렉터리에서 실행했을 때 발생합니다. npm start는 여러분이 만든 리액트 애플리케이션을 실행하는 명령어인데, 이 명령어를 실행한 위치가 지정된 프로젝트 폴더가 아닌 다른 위치에서 실행되어 오류가 발생한 것이죠. 깃허브 코파일럿이 대부분의 상황을 잘 파악하긴 하지만 간혹 이런 실수로 오류가 발생할 수도 있습니다.

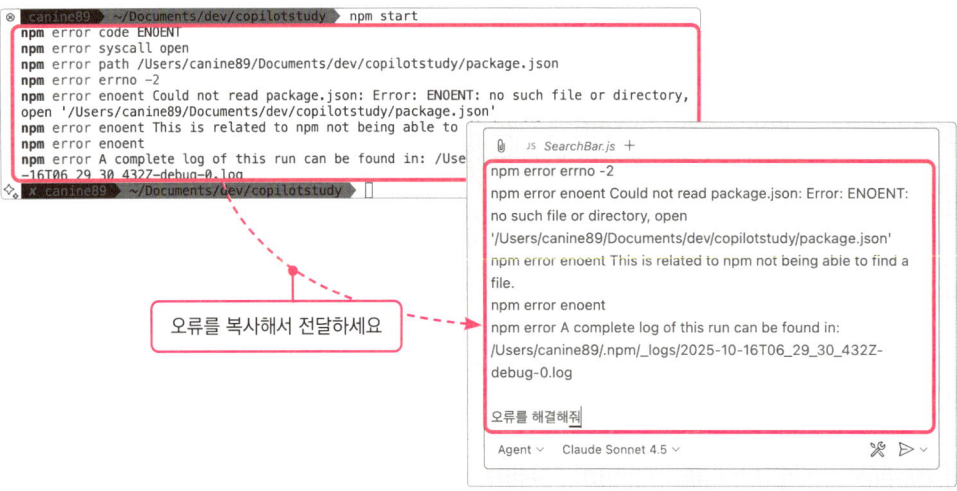

지금까지 유튜브와 비슷한 사이트, 투두리스트 앱을 만들면서 프론트엔드가 무엇인지 알아보았습니다. 그리고 깃허브 코파일럿을 활용해 여러 오류나 예상치 못한 상황에 대처하는 방법도 배워봤습니다. 앞으로 여러분이 실습을 진행할 때도 학습한 내용을 적절히 활용하여 다양한 애플리케이션을 만들어보기 바랍니다.

[챕터 05]

디자인에도 기술이 있다고요? : 라이브러리, 프레임워크

유튜브
bit.ly/4nqVqIP

유튜브 영상으로
더 쉽게 공부하세요!

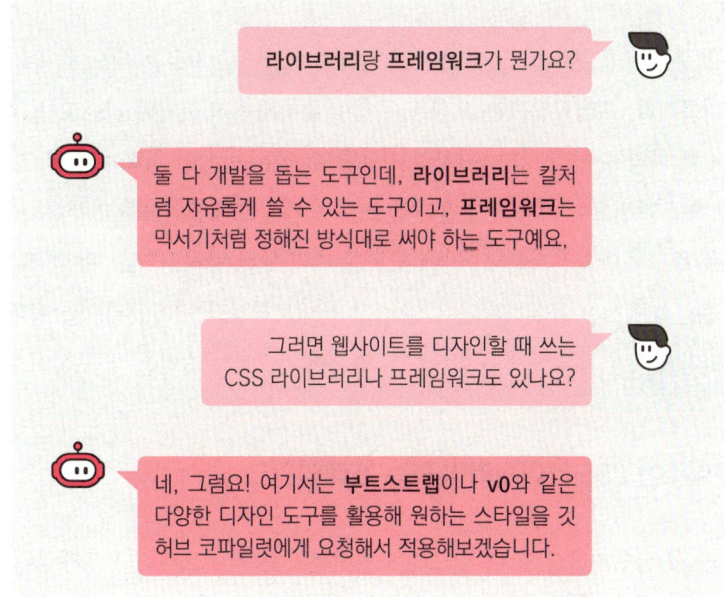

라이브러리랑 프레임워크가 뭔가요?

둘 다 개발을 돕는 도구인데, **라이브러리**는 칼처럼 자유롭게 쓸 수 있는 도구이고, **프레임워크**는 믹서기처럼 정해진 방식대로 써야 하는 도구예요.

그러면 웹사이트를 디자인할 때 쓰는 CSS 라이브러리나 프레임워크도 있나요?

네, 그럼요! 여기서는 **부트스트랩**이나 **v0**와 같은 다양한 디자인 도구를 활용해 원하는 스타일을 깃허브 코파일럿에게 요청해서 적용해보겠습니다.

혹시 '라이브러리'라는 용어를 들어본 적이 있나요? IT 기술에 관심이 있다면 한 번쯤은 들어봤을 용어일 것입니다. 보통 라이브러리는 프레임워크와 함께 이야기하는 개념인데요. 여기서는 이 두 개념을 간단히 정리하면서 알아본 다음 바이브 코딩 07 ▶ 투두리스트 앱 만들어보기에서 만든 메모 앱에 다양한 프런트엔드 라이브러리를 적용하여 디자인을 바꿔보겠습니다.

라이브러리? 프레임워크?

요즘은 라이브러리와 프레임워크를 구분하지 않고 쓰는 경우가 많아졌지만, 그래도 둘 사이에는 분명한 차이가 있습니다. 가장 큰 차이는 바로 '사용자의 제어권이 누구에게 더 있는가?'에 있습니다.

두 도구를 이용하여 이해하기 쉽게 설명해보겠습니다. 라이브러리는 요리 도구로 비교하면 칼, 가위, 도마와 같습니다. 이 도구들의 특징은 사용 목적이 정해져 있지만 어디에 쓸지는 사용자의 의도에 따라 자유롭게 사용할 수 있다는 것입니다. 즉 도구의 제어 권한이 사용자에게 있으므로, 규칙을 지키면서도 쓰고 싶은 대로 자유롭게 쓸 수 있는 거죠.

예를 들어 칼은 보통 재료를 손질하는 데 쓰지만 원하면 포장지를 자르는 데도 쓸 수 있죠. 하지만 프레임워크는 좀 다릅니다. 프레임워크는 요리 도구에 비유하자면 믹서기와 같다고 볼 수 있습니다. 정해진 사용 설명서에 따라 써야 합니다. 이처럼 사용할 수 있는 방식이 정해져 있어 그것을 따라야 하며, 결정된 흐름 속에서 필요한 기능만 연결해서 쓰는 방식을 프레임워크라고 부릅니다. 즉 프레임워크가 전체 구조를 주도하고 사용자는 그 안에 코드를 끼워 넣는 방식인거죠. 물론 두 도구 모두 개발을 편리하게 해주는 점에서는 동일하지만요. 요즘은 라이브러리와 프레임워크를 명확하게 구분하지 않아도 문제가 되지 않지만 기본 개념을 이해하고 있으면 앞으로 실습하는 데 도움이 될 겁니다.

웹사이트를 꾸며주는 CSS 라이브러리 또는 프레임워크

웹사이트의 디자인을 손쉽게 구성할 수 있도록 도와주는 CSS 라이브러리나 프레임워크는 매우 다양하고 저마다의 특징이 있습니다. 그래서 깃허브 코파일럿에게 요청하기 전에 디자인 스타일이나 특징 등 원하는 분위기에 맞는 도구에 대해 미리 알아두면 더 적합한 결과를 얻을 수 있습니다. 예를 들어 부트스트랩Bootstrap이라는 CSS 프레임워크가 있습니다. 이 홈페이지에 접속해보면, 다음과 같이 단순하면서 일관된 스타일의 디자인이 특징이라는 것을 알 수 있습니다. 만약 여러분이 웹사이트에 이런 깔끔하면서도 일관적인 스타일의 디자인을 적용하고 싶다면 깃허브 코파일럿에게 '깔끔하게 해줘'라는 애매한 요청보다는 부트스트랩을 이용하라고 구체적으로 요청하면 됩니다.

- **부트스트랩 홈페이지** : getbootstrap.kr

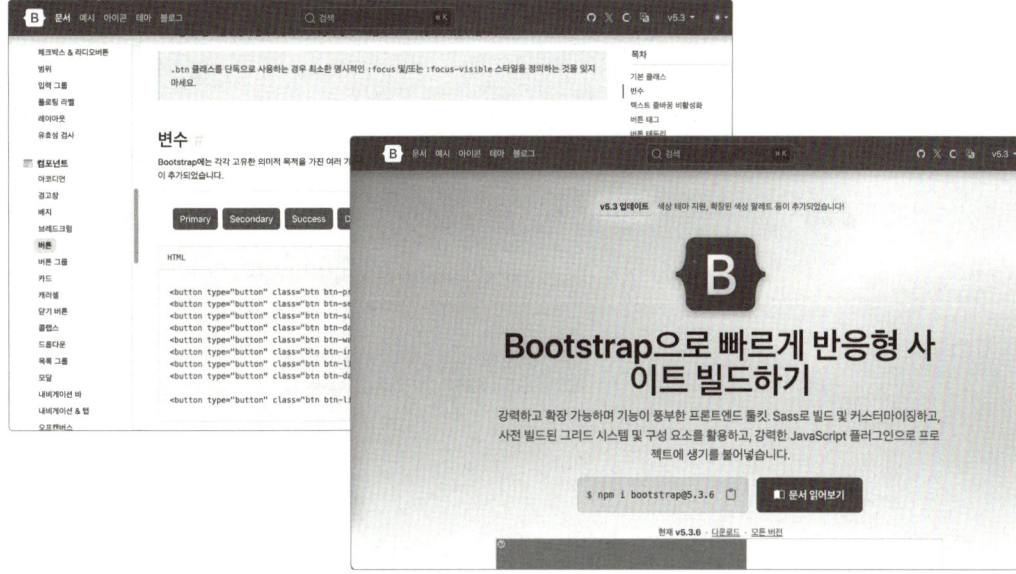

또 다른 예도 살펴볼까요? 테일윈드 CSS^{Tailwind CSS}라는 도구도 있습니다. 이 도구 역시 깔끔한 디자인 측면에서는 부트스트랩과 비슷하다고 느낄 수 있습니다. 다음 홈페이지에 접속해서 스크롤을 내려보면 구성 방식, 디자인 톤, 기능적 다양성 등 부트스트랩과 확연히 다르다는 것을 금방 알 수 있을 겁니다.

- **테일윈드 CSS 홈페이지** : tailwindcss.com

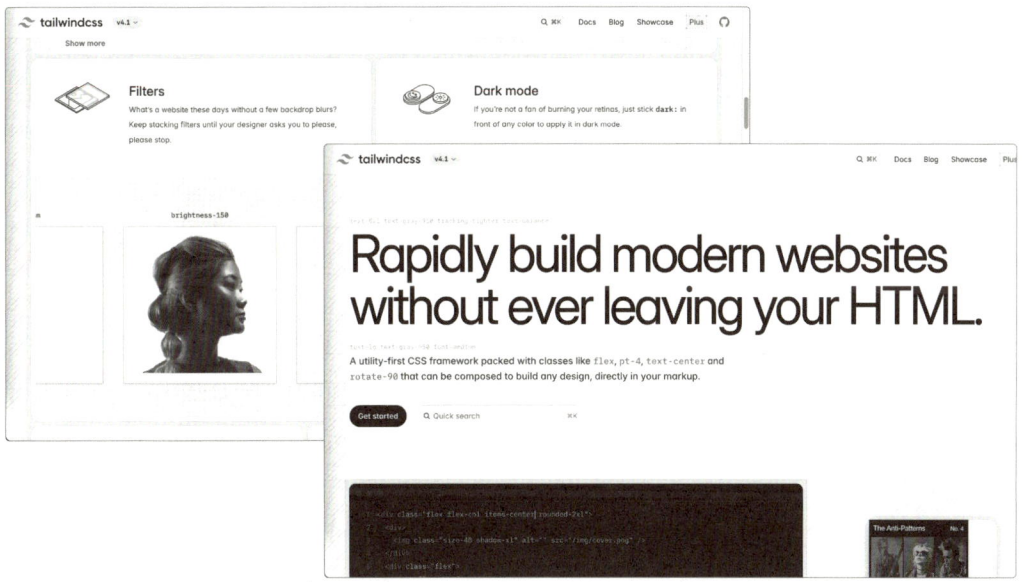

하나만 더 살펴보자면 머티리얼라이즈 CSS^Materialize CSS도 있습니다. 일명 머티리얼 디자인이라고 불리는 것인데 구글에서 안드로이드 스마트폰에 적용하면서 알려진 디자인류입니다. 종이의 입체감을 살리는 느낌의 디자인이라 **훨씬** 깔끔합니다.

- **머티리얼라이즈 홈페이지** : materializecss.com

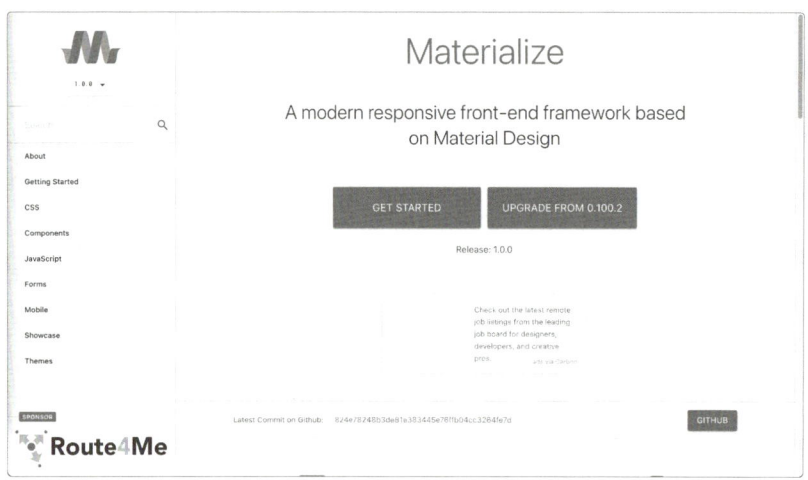

이처럼 디자인 도구도 여러 가지가 있습니다. 원하는 디자인을 골라 여러분이 적용하면 되는 것이라 이번 실습에서는 두 가지 정도만 사용해보면서 같은 메모 앱이라도 어떻게 디자인이 달라질 수 있는지를 확인해보겠습니다.

> **NOTE** 만약 디자인 도구에 대해 더 알고 싶다면 'css library rank' 또는 'css framework rank'를 검색해보세요.

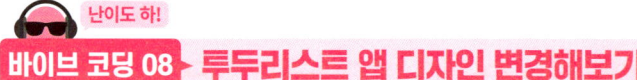

바이브 코딩 08 ▶ 투두리스트 앱 디자인 변경해보기

앞에서 언급한 것처럼 이번에는 단순히 '이런 식으로 바꿔줘'라고 요청하는 대신 디자인에 쓸 수 있는 다양한 도구를 직접 적용해보는 실습을 해봅니다. 같은 요리라도 사용하는 도구나 재료가 달라지면 맛과 퀄리티가 달라지듯이 동일한 요청이더라도 특정 도구를 언급하여 진행하면 완전히 다른 결과가 나올 수 있습니다.

01 가장 먼저 부트스트랩을 투두리스트 앱에 적용해보겠습니다. 앞서 바이브 코딩 08 ▶ 투두리스트 만들어보기에서 만든 투두리스트 앱의 초기 디자인은 다음과 같이 매우 단순한 형태입니다.

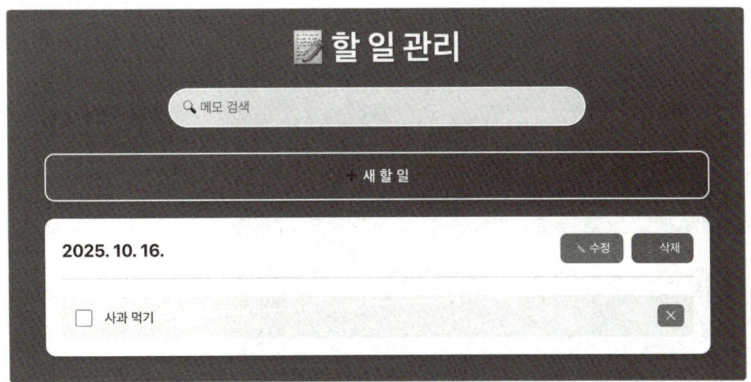

02 이제 이 단순한 투두리스트 앱에 부트스트랩 스타일을 적용하면 어떻게 될까요? 깃허브 코파일럿에게 다음과 같이 부탁해봅니다.

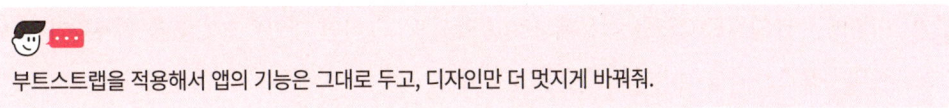

부트스트랩을 적용해서 앱의 기능은 그대로 두고, 디자인만 더 멋지게 바꿔줘.

그러면 깃허브 코파일럿은 부트스트랩 설치에 필요한 명령어를 실행하고 이후 전체 코드에 부트스트랩을 적용하기 시작합니다. 대부분의 작업은 알아서 진행됩니다. 허락을 구하는 [Allow]가 나타나면 허락해주고, 모든 작업이 다 진행되면 [Keep]을 눌러 마무리하세요.

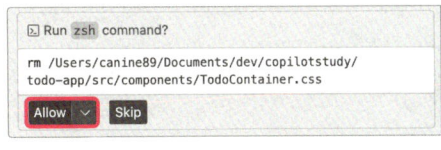
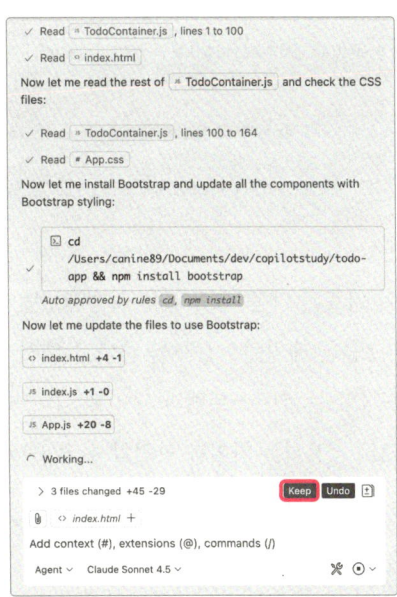

챕터 05 디자인에도 기술이 있다고요? : 라이브러리, 프레임워크

03 변경을 적용하고 실행해보면 전반적으로 깔끔하면서 정돈된 부트스트랩 스타일의 메모 앱으로 바뀐 것을 볼 수 있습니다.

04 이번에는 테일윈드 CSS를 적용해보라고 할까요? 그러면 테일윈드 CSS를 적용함과 동시에 기존의 부트스트랩을 정리하는 모습을 보입니다.

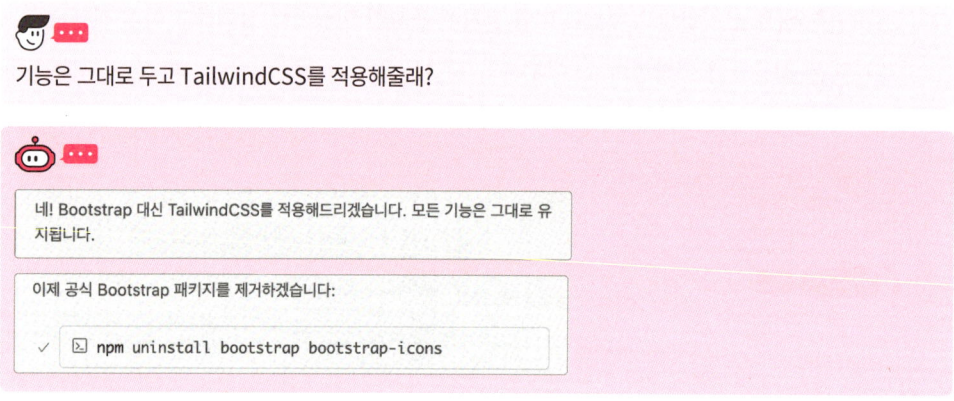

05 변경이 완료된 다음 메모 앱을 실행해보면 테일윈드 CSS 특유의 현대적인 디자인으로 바뀌었습니다. 물론 테일윈드 CSS를 쓴다고 해서 항상 같은 디자인이 나오는 것은 아닙니다. 다만 테일윈드 CSS는 부트스트랩과 달리 깔끔하면서도 그라데이션, 애니메이션 등 다양한 효과를 전반적으로 적용하는 차이를 확인할 수 있습니다.

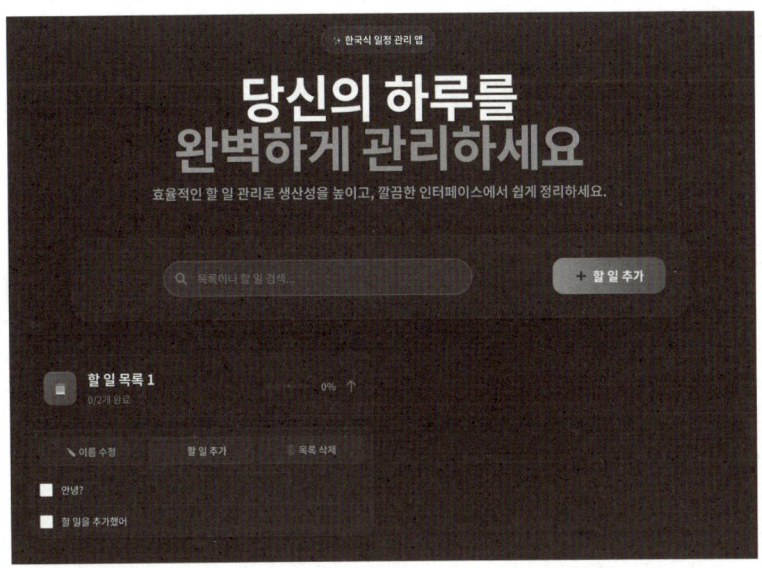

NOTE 디자인이 마음에 들지 않으면 '레이아웃을 포함한 대대적인 디자인 수정을 부탁해'라고 이야기해보세요.

이처럼 같은 앱이라도 사용하는 디자인 도구에 따라 전혀 다르게 연출할 수 있습니다. 예전에는 이런 도구의 사용법을 직접 하나하나 배워서 세세하게 알고 코드에 일일이 적용해야 했지만, 깃허브 코파일럿과 같은 인공지능 도구가 발전하면서 이제는 도구를 잘 선택해서 사용하는 능력이 더 중요해졌습니다. 아마 앞으로는 더 놀라운 변화들이 계속해서 생기겠지만 그때도 변하지 않고 중요한 것은 도구의 선택일 것입니다.

바이브 코딩 09 ▶ v0 서비스로 더 쉽게 웹사이트 만들기

이번에는 v0 서비스를 사용해서 웹사이트를 만들어보겠습니다. v0는 버셀^{vercel}에서 만든 AI 기반 웹페이지 디자인 생성 도구입니다. 무료로 5달러의 크레딧을 제공하므로 간단한 웹사이트를 디자인하는 데 유용합니다. 여기서는 앞에서 만들었던 기업 소개 페이지를 v0를 통해 다시 한 번 구성해보겠습니다.

01 먼저 v0 홈페이지에 접속하여 [Sign Up]을 눌러 회원가입을 한 다음 로그인하세요.

- **v0 홈페이지** : v0.app

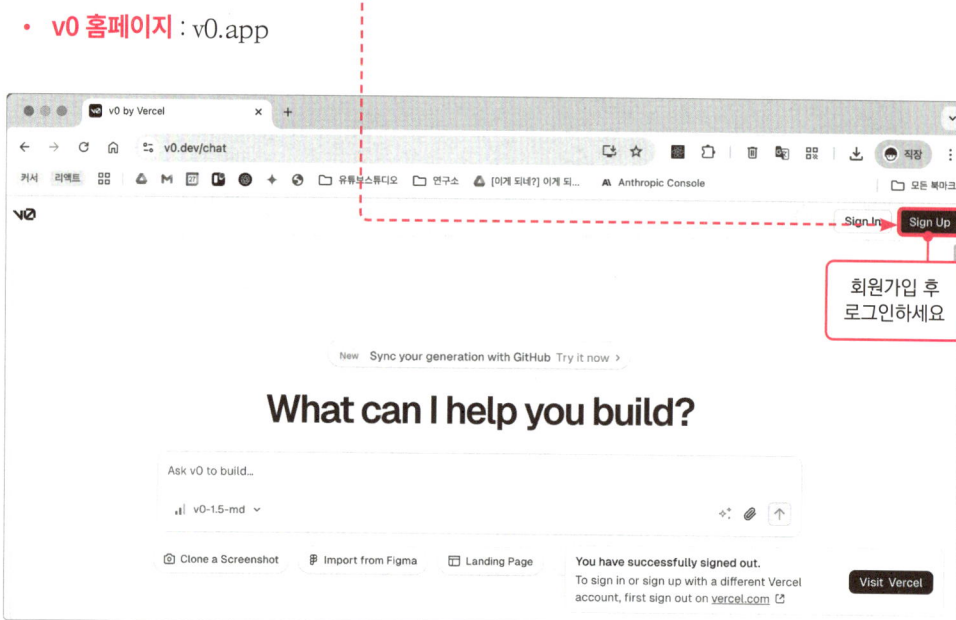

02 로그인하면 챗GPT와 유사한 채팅 화면이 보입니다. 다음과 같이 채팅을 입력해보세요. 그러면 채팅 내용이 왼쪽에 보이고 중앙의 주요 화면에는 [Preview], [Code] 탭이 표시됩니다. 화면이 생성될 때까지 잠시 기다려주세요.

> 기업 소개 웹사이트 화면을 만들고 싶어, 옷을 파는 쇼핑몰 기업에 어울리는 디자인으로 만들어줘.

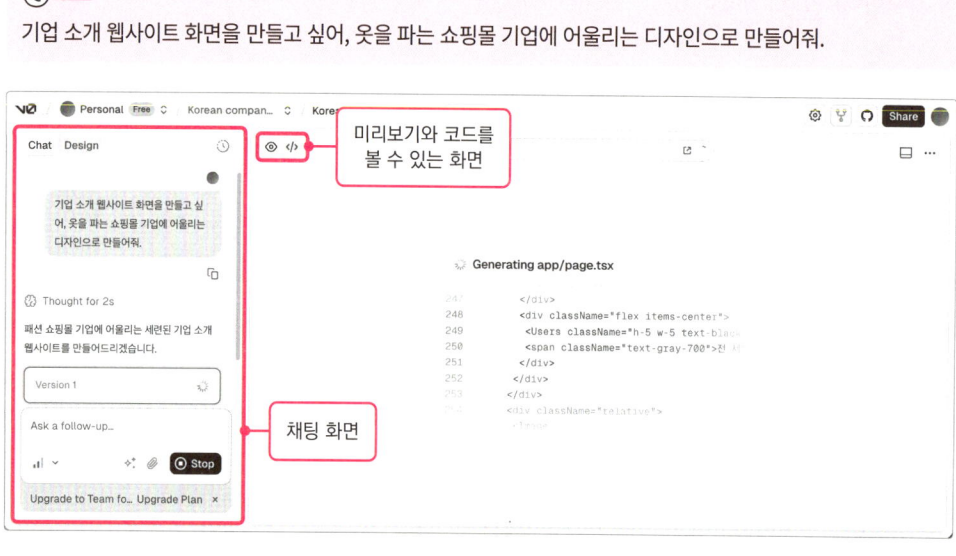

03 화면 생성이 끝나면 오른쪽 미리보기 화면에 디자인 형태의 쇼핑몰 웹사이트 화면이 나타납니다. 스크롤을 내려보면 요청한 기업 소개 사이트의 화면 구성이 잘되어 있음을 확인할 수 있습니다.

04 이제 v0가 만든 화면을 깃허브 코파일럿에서 수정해볼 차례입니다. ❶ 깃허브 코파일럿으로 새 프로젝트 폴더를 연 다음 ❷ v0의 미리보기 화면 오른쪽 위 메뉴의 [Download ZIP]을 눌러 파일을 내려 받으세요. ❸ 그런 다음 압축을 해제한 폴더를 드래그앤드롭으로 옮기세요.

[챕터 05] 디자인에도 기술이 있다고요? : 라이브러리, 프레임워크

05 그런 다음 압축을 해제한 폴더를 채팅창으로 드래그앤드롭하여 컨텍스트로 추가합니다. 이렇게 하면 폴더 위치를 채팅창에서 깃허브 코파일럿이 바로 참조할 수 있습니다.

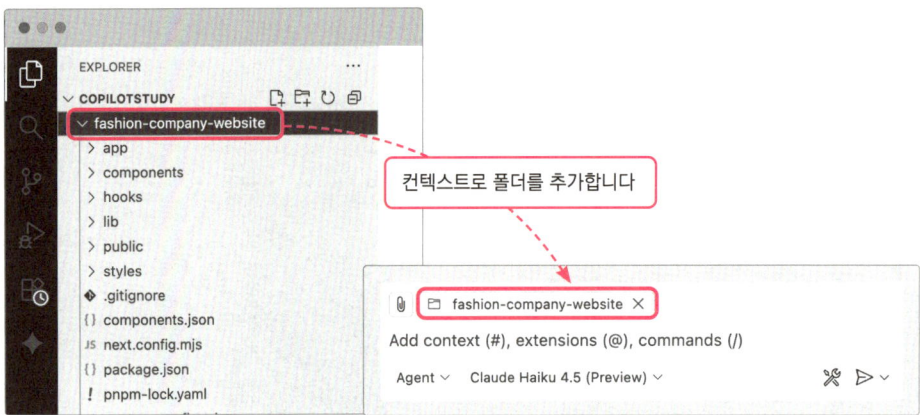

06 이 상태에서 서버를 실행해서 화면을 확인할 수 있게 해달라고 하겠습니다. v0 서비스에서 본 화면을 깃허브 코파일럿에서 계속해서 수정하기 위해 확인하는 작업입니다. 서버 실행 후 웹 브라우저에서 localhost:3000 주소에서 잘 열리면 성공입니다.

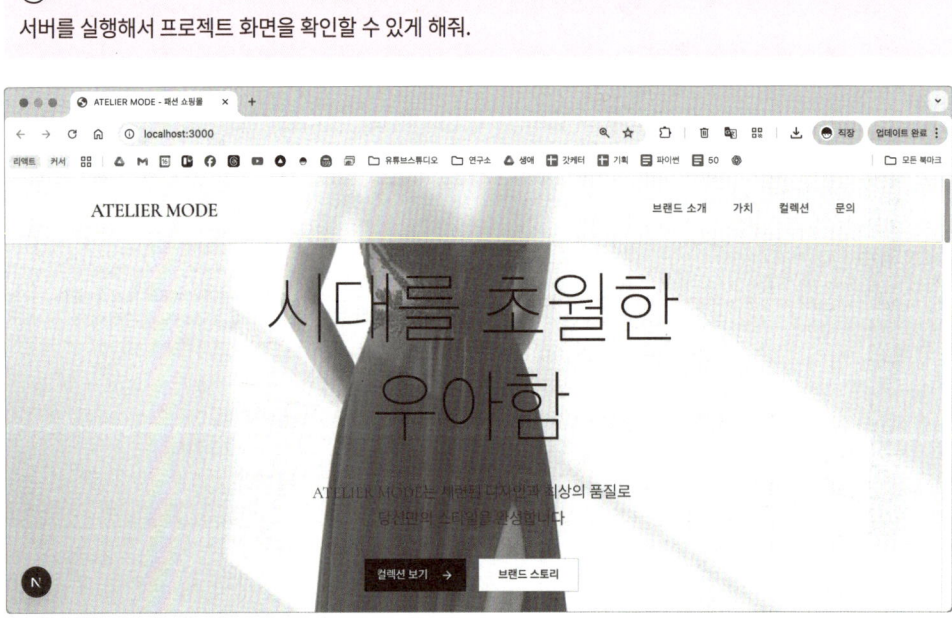

07 화면을 잘 보여주네요! 제대로 가져왔습니다. 이제 깃허브 코파일럿에서 수정 작업을 하기 위해 다음과 같이 부탁해서 프로젝트 상태를 살펴보라고 하겠습니다. 이렇게 대화에 현재 프로젝트 상태를 파악하라고 해야 이후 수정 작업이 매끄러워집니다. [Ask] 모드로 전환하여 다음과 같이 입력해보세요.

> 프로젝트 상태를 살펴봐.

프로젝트 상태를 분석해드리겠습니다.

프로젝트 개요

이 프로젝트는 ATELIER MODE라는 패션 회사 웹사이트입니다.

기술 스택

프레임워크: Next.js 15.2.4 (React 19)

언어: TypeScript

스타일링: Tailwind CSS 4.1.9

UI 컴포넌트: Radix UI + shadcn/ui

아이콘: Lucide React

폰트: Cormorant Garamond

프로젝트 구조

```
fashion-company-website/
├── app/                      # Next.js App Router
│   ├── layout.tsx            # 루트 레이아웃
│   ├── page.tsx              # 홈페이지
│   └── globals.css           # 전역 스타일
├── components/               # 재사용 컴포넌트
│   ├── header.tsx
│   ├── hero-section.tsx
│   ├── about-section.tsx
│   ├── values-section.tsx
│   ├── collection-section.tsx
│   ├── footer.tsx
│   └── ui/                   # shadcn/ui 컴포넌트 (40+ 컴포넌트)
├── hooks/                    # 커스텀 훅
├── lib/                      # 유틸리티 함수
└── public/                   # 정적 파일
```

...생략...

그러면 깃허브 코파일럿이 프로젝트의 상태를 확인합니다. **이 과정은 여러분이 이 내용을 확인하기 위해서도 필요하지만 깃허브 코파일럿 자체에게 프로젝트의 상태를 파악하게 하는 과정이기도 합니다.** 이렇게 대화를 통해 AI에게 역으로 정보를 주입하는 기법은 바이브 코딩 도구를 사용할 때 자주 사용합니다. 이렇게 해두면 AI가 프로젝트의 상태를 구체적으로 파악한 뒤이므로 이후 작업을 시키면 더 잘해주는 경향을 보이기 때문이죠.

08 이렇게 한 다음 페이지를 하나 추가해보겠습니다. v0가 만들어준 쇼핑몰은 페이지 이동이 되지 않을 겁니다. 예를 들어 Spring/Summer 2025의 [자세히 보기 →]와 같은 버튼을 눌러도 해당 옷을 볼 수 있는 페이지로 이동할 수 없습니다. 깃허브 코파일럿에게 부탁하여 페이지를 하나 추가해보겠습니다.

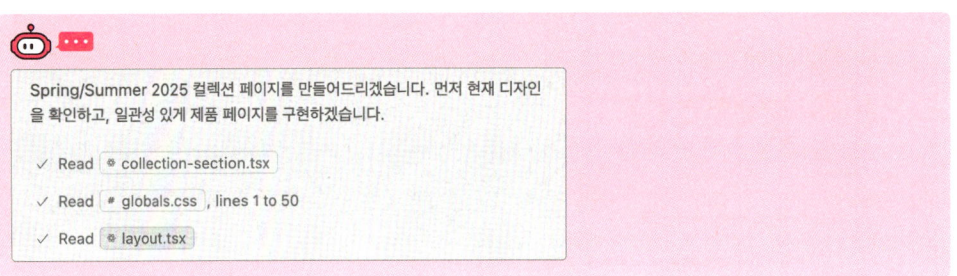

그러면 깃허브 코파일럿이 프로젝트 상세 내용을 확인하고 수정을 진행합니다. 저는 다음과 같은 구체적인 제안을 하였습니다. 보통 사이트의 수정 및 확장을 할 때는 다음을 꼭 넣어 부탁하는 것이 좋습니다.

- **꼭 구현해야 하는 것** : 새 페이지 + 의상 확인 편의 기능(검색 + 필터링)
- **지금 구현할 필요 없는 것** : 구매 기능
- **유지해야 하는 것** : 디자인

09 완성 후 사이트를 다시 열어 Spring/Summer 2025의 [자세히 보기 →]를 누르면 페이지를 잘 추가한 걸 볼 수 있습니다. 디자인도 잘 유지했습니다. 이 모든 과정은 프로젝트를 확인시키고 구현 목표를 명확하게 제시했기 때문입니다. 다만 의상 이미지는 추가하지 못했네요. 왜 그럴까요?

> NOTE 이렇게 해도 잘 되지 않을 수 있는데 그럴 때는 조금 더 구체적인 목표를 제시하여 페이지를 받아보기 바랍니다.

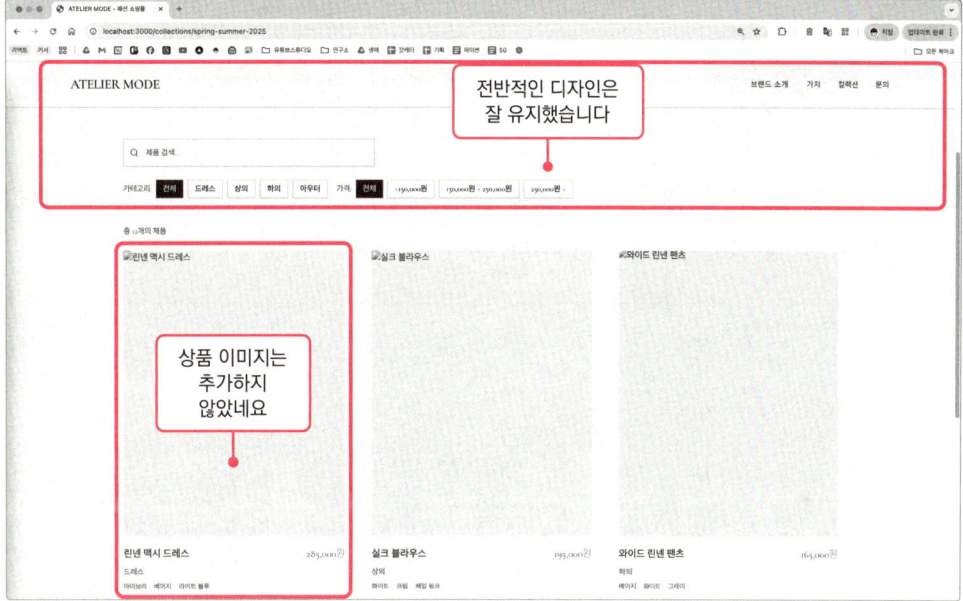

10 그 이유는 v0와 깃허브 코파일럿의 서비스 차이 때문입니다. v0는 빠르게 최대한 완벽한 웹사이트 프로덕트를 제공하는 것을 목표로 하고 있으므로 상품 이미지 등도 그럴듯한 것으로 가져와 채워줍니다. 대신 돈을 더 써야 하죠. 반면 코드 수정이나 개발을 주 목적으로 하는 깃허브 코파일럿은 그런 기능이 없습니다. 이미지는 여러분이 직접 찾아 구성해야 합니다. 저는 샘플로 3개의 의상 이미지를 구해 삽입했습니다. 나노바나나로 모델과 함께 의상 이미지를 만들고 이미지를 다운로드한 뒤 이미지의 위치를 알려주면서 원하는 내용을 구체적으로 설명했습니다.

> NOTE 저는 제미나이에서 나노바나나 모델을 활용해 이미지를 만들었습니다.

> NOTE "Spring/Summer 2025 가벼움과 우아함의 조화를 담은 새로운 시즌 컬렉션입니다. 자연에서 영감을 받은 컬러와 편안한 실루엣이 특징입니다."를 주제로 아름다운 모델이 있는 린넨 맥시 드레스 의상 컷 이미지를 하이퍼퀄리티로 만들어라고 지시했습니다.

/Users/canine89/Downloads 여기에 Spring/Summer 2025의 [자세히 보기 →]에 필요한 의상 이미지 3개를 준비했어. 린넨 맥시 드레스, 실크 블라우스, 와이드 린넨 팬츠에 추가해줘.

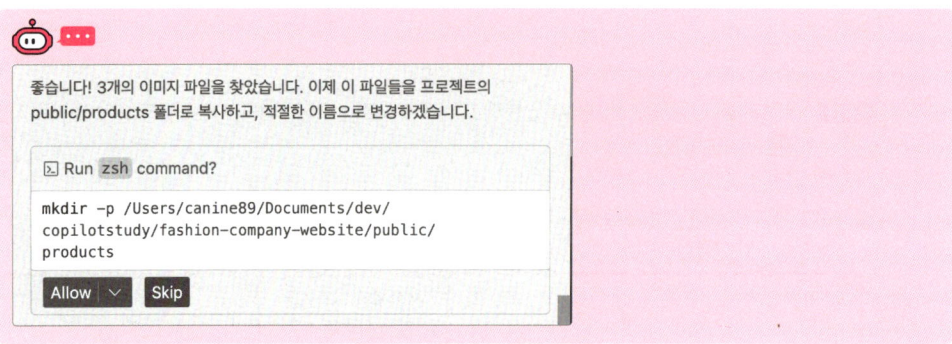

그러면 깃허브 코파일럿이 해당 경로에서 이미지를 스스로 찾고 사이트에 추가하는 과정을 거칩니다. 완성된 화면은 다음과 같습니다.

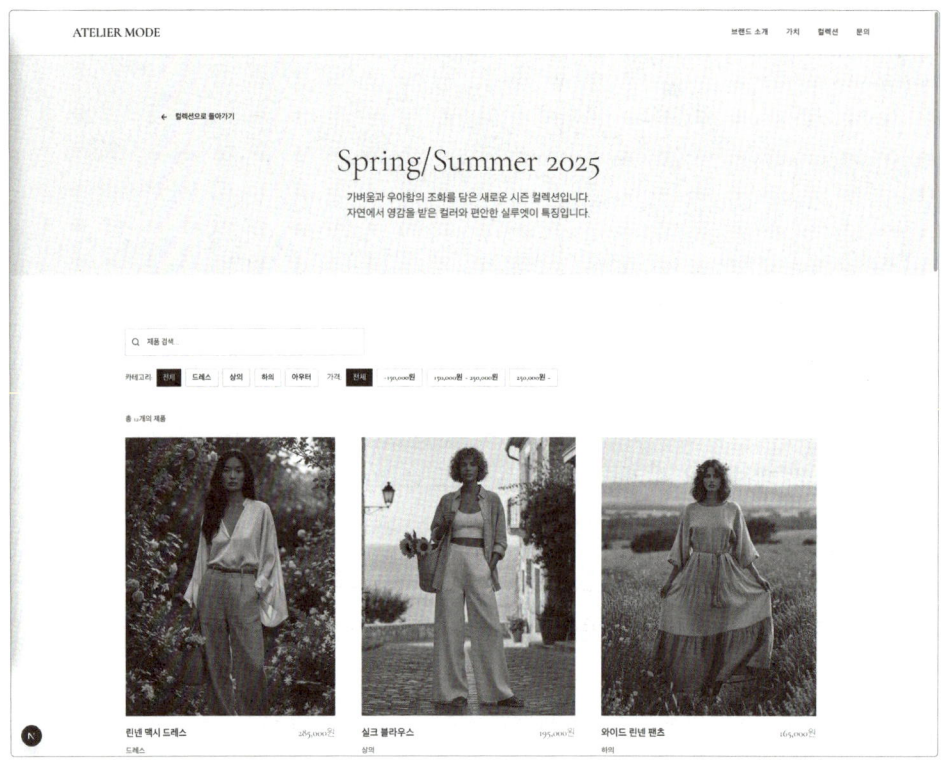

지금까지 v0를 이용해 기본적인 디자인 틀은 아름답게 만들고, 깃허브 코파일럿에 프로젝트를 가져와 원하는 기능을 하나하나 추가하는 방식으로 웹사이트를 구성하는 방법을 배웠습니다. 학습한 내용을 바탕으로 대부분의 사이트 수정 또는 기능 추가 등은 충분히 할 수 있을 것입니다. 다만 회원가입이나 게시판과 같은 데이터베이스가 필요한 기능은 이후에 다룰 배포 및 서버 구축 과정에서 함께 알아보겠습니다. 여기서는 웹사이트 디자인 및 기본 페이지 구성과 기능을 추가하는 것을 중심으로 학습을 마칩니다. [챕터 06] **내가 만든 사이트를 서비스하는 방법 : 서버, 배포**에서 더 다양한 기능을 배워보겠습니다.

[챕터 06]

내가 만든 사이트를 서비스하는 방법 : 서버, 배포

유튜브 영상으로
더 쉽게 공부하세요!

제가 만든 웹사이트를 다른 사람들도
보게 하는 게 배포라고 하던데 맞나요?
그리고 서버는 뭔가요?

네, 맞아요. **다른 사람에게 웹사이트를 공개하는 게 배포고, 서버는 사용자 요청에 항상 응답하는 컴퓨터를 말해요.**

그럼 localhost:3000 이런 주소는 뭐고,
왜 친구는 제 웹사이트를 이걸로 못 봐요?

 localhost는 '내 컴퓨터'를 뜻하고, 3000은 '포트 번호'로 내 컴퓨터 안의 특정 웹 서버를 가리켜요. 친구 컴퓨터에서 이 주소를 입력하면 그 친구의 컴퓨터를 보게 되므로, 모두가 볼 수 있도록 웹사이트를 다른 컴퓨터에 올리는 배포가 필요한 거죠. 여기서는 그 개념을 이해하고, 직접 서버 구동과 배포까지 해보죠.

지금까지 만든 웹사이트는 개인 컴퓨터에서만 확인할 수 있는 상태입니다. 즉 만든 자신만 볼 수 있는 거죠. 하지만 웹사이트는 다른 사람도 볼 수 있어야 그 의미가 있겠죠? 보통 웹사이트를 외부에 공개하는 과정을 '서비스한다' 또는 '배포한다'고 표현합니다.

> NOTE 보통 영어로는 deploy라고 합니다.

지금까지 여러분이 실행한 **npm run dev**나 **npm start**와 같은 명령어 또는 채팅방에 'OOO 프로젝트를 실행해줘'라고 부탁한 작업은 모두 여러분의 컴퓨터를 서버로 삼아 프로젝트를 구동한 것이었습니다. 이제 한 걸음 더 나아가 배포란 무엇인지 알아보고, 내가 만든 웹사이트를 실제 주소로 접속할 수 있도록 만드는 배포 과정을 알아보겠습니다.

24시간 사용자 요청을 기다리는 컴퓨터, 서버

여기서 우리가 알 수 있는 사실은 '서버'가 대단하고 특별한 것이 아니라 그냥 컴퓨터라는 겁니다. 다만 일반 컴퓨터와 다른 점이 있다면 서버는 24시간 켜져 있으며, 대기하면서 사용자의 요청을 기다리고, 요청이 들어오면 그에 맞는 정보를 서브serve하는 역할을 합니다. 즉 **서버란 사용자의 요청에 응답하기 위해 항상 대기 중인 컴퓨터라고 이해하면 됩니다.**

그림을 보면 여러분이 만든 v0 서비스의 쇼핑몰 앱이 컴퓨터 즉, ❶ 서버에서 http://localhost:3000이라는 주소로 요청을 기다리고 있습니다. 웹 브라우저에 ❷ 주소를 입력하면 서버가 입력한 요청에 따라 ❸~❹ 알맞은 화면을 사용자에게 보여주는 것이죠. 그렇다면 localhost:3000이라는 이 주소는 뭘까요? 평소에 우리가 사이트에 접속할 때 입력하는 naver.com이나 google.com과는 주소의 모습이 다르죠? 어떤 것인지 살펴봅시다.

localhost가 무엇이길래

사실 **localhost는 내 컴퓨터 자체를 의미하는 주소입니다.** 일상생활에 비유하면 내 컴퓨터는 내가 살고 있는 아파트 정도가 되겠네요. 그래서 주소 입력창에 localhost만을 입력하면 '내 컴퓨터의…'라고 말하는 것과 같은 느낌입니다. 굳이 비유를 하자면 '너희 집 주소 어디니?'라는 질문에, '서울 아파트…'와 같이 대답하는 것과 같죠.

포트 번호가 무엇이길래

'서울 아파트'라는 주소만으로는 정확하지 않겠죠? 주소를 완전하게 만드는 것이 무엇일까요? 정확한 위치를 알려면 동호수 같은 상세 주소가 필요합니다. 보통 아파트 주소를 물어보면 '서울 아파트 101동 101호'라고 답하죠. 그래야 완전한 주소가 되니까요. 바로 이 상세 주소 역할을 하는 것이 포트 번호입니다. 예를 들어 localhost:3000은 '내 컴퓨터의 포트 번호 3000에서 구동한 웹 서버'를 뜻합니다.

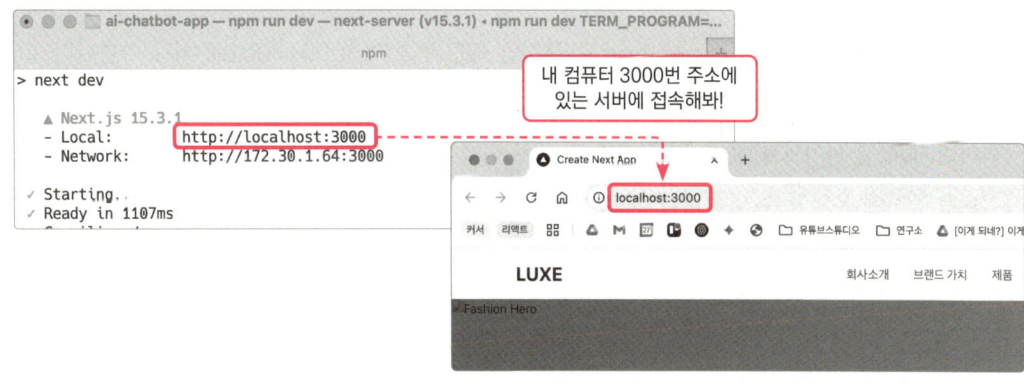

내 컴퓨터에 구동한 웹 서버가 여러 개라면?

조금 더 알아봅시다. 포트 번호가 다르면 하나의 컴퓨터에서도 여러 웹 서버를 동시에 실행할 수 있습니다. 마치 아파트에 여러 집이 사는 것처럼요. 다음은 실제 컴퓨터에서 웹 서버 2개를 구동한 상태로 그림을 통해 좀 더 쉽게 접근해보겠습니다.

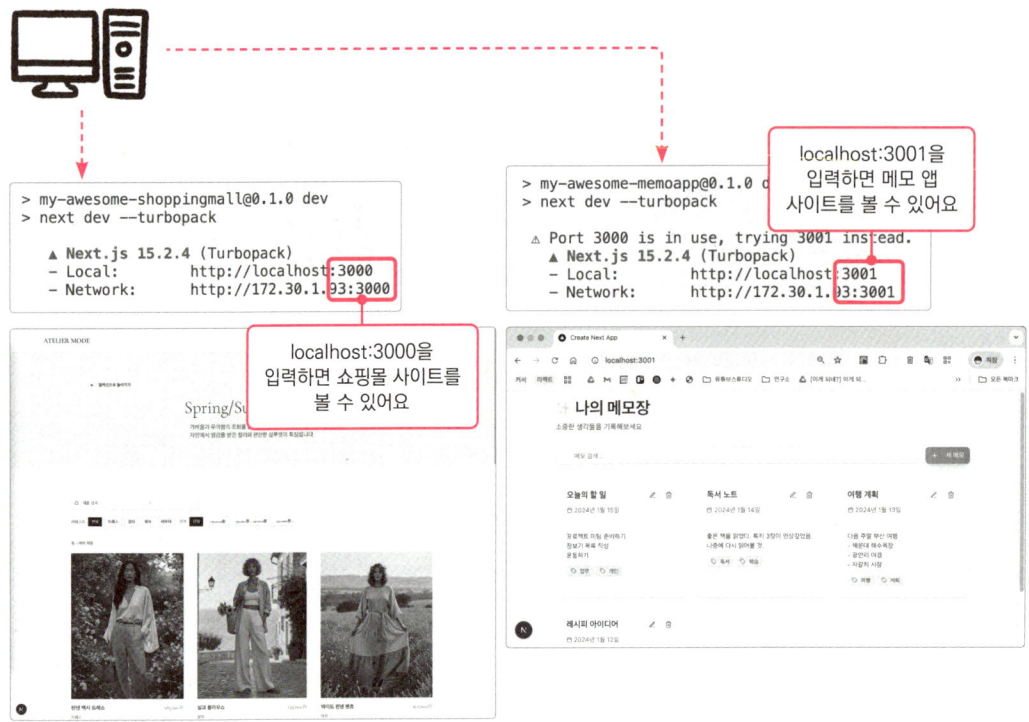

두 웹 서버의 주소 앞쪽은 모두 localhost로 같지만 포트 번호가 3000, 3001로 서로 다릅니다. 그래서 웹 브라우저에 localhost:3000을 입력하면 쇼핑몰 사이트를 볼 수 있고, localhost:3001을 입력하면 메모 앱 사이트를 볼 수 있죠. 이처럼 포트 번호를 달리하면, 한 컴퓨터 안에서 서로 다른 웹 사이트를 동시에 운영할 수 있습니다. 포트 번호는 이렇게 서버 하나에서 여러 서비스를 구분하고 운영하기 위해 만들어진 개념입니다.

내가 만든 웹 서비스를 친구도 보려면?

여기서 중요한 점은 localhost는 나의 컴퓨터를 가리키는 주소라는 것입니다. 따라서 친구가 자신의 컴퓨터에 localhost:3000을 입력하면, 자기 컴퓨터의 3000번 포트를 보게 되는 거죠. 즉 친구는 여러분의 웹사이트가 아닌, 자신의 컴퓨터에 실행 중인 웹 서버에 접근합니다. 그래서 여러분이 만든 웹 서비스를 친구는 볼 수 없습니다. 이때 필요한 것이 바로 **배포**입니다.

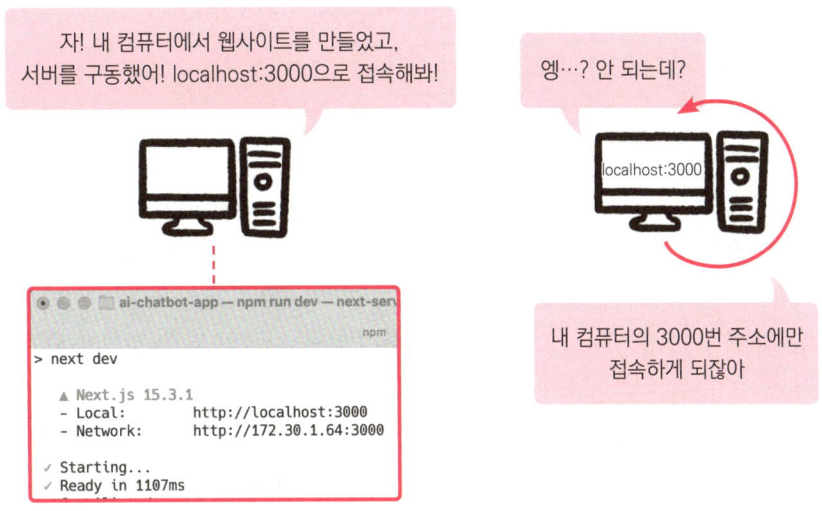

모두가 접속할 수 있는 컴퓨터에 웹 서버 구동하기

친구, 지인 등 다른 사람도 여러분이 만든 웹사이트에 접속하게 하려면 누구나 접근할 수 있는 컴퓨터 즉, 서버에서 실행해야 합니다. 이것을 배포라고 합니다. 모두가 접속할 수 있는 컴퓨터의 주소와 그 컴퓨터에서 구동하고 있는 웹 서버의 포트 번호를 알고 있다면 누구든 웹 브라우저를 통해 여러분의 웹사이트에 접속할 수 있습니다.

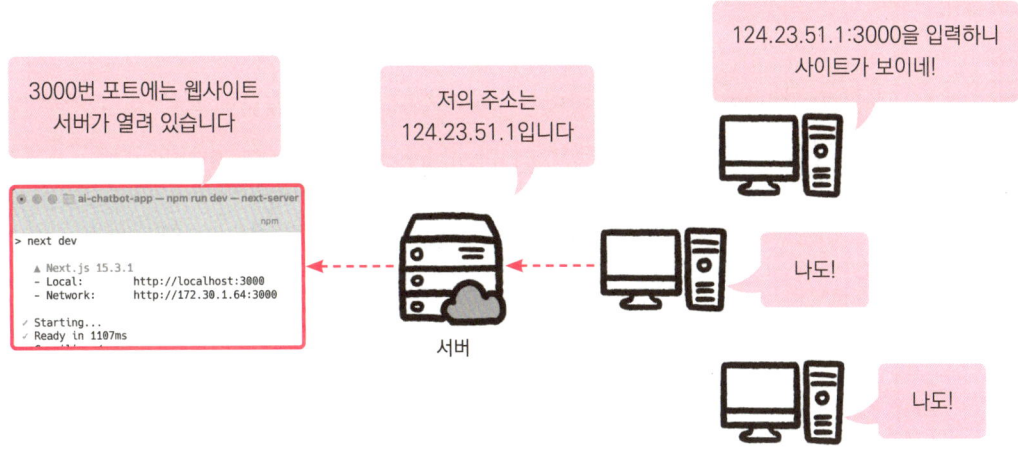

배포라는 개념을 설명하기 위해 조금 돌아왔지만, 이제 왜 배포가 필요한지 확실히 이해했을 겁니다. 배포의 개념 설명과는 별도로 요즘은 배포 과정이 매우 간단합니다. 이제 개념 공부는 이쯤에서 마무리하고  v0 서비스로 더 쉽게 웹사이트 만들기에서 만든 사이트를 아주 쉽게 배포해보는 실습으로 넘어가겠습니다.

바이브 코딩 10 ▶ 버셀 서비스에 내가 만든 쇼핑몰 사이트 배포해보기
난이도 중!

버셀은 여러분의 웹사이트를 누구나 접속할 수 있도록 인터넷상에 배포할 수 있게 도와주는 서비스입니다. 쉽게 말해 언제 어디서든 접속 가능한 컴퓨터(서버)를 빌려주는 플랫폼이라고 생각하면 이해하기 쉬울 겁니다. 버셀에 여러분의 웹사이트를 배포하려면 몇 가지 단계를 거쳐야 하는데 아마 처음 시도하면 다소 생소하고 복잡하게 느껴질 수 있습니다. 다행히 우리에게 깃허브 코파일럿이라는 도우미가 있으니 도움을 받아 배포를 해보겠습니다.

01 먼저 깃허브 코파일럿에서 v0 서비스로 더 쉽게 웹사이트 만들기에서 만든 쇼핑몰 웹사이트 프로젝트를 열고, 현재 프로젝트 상태를 파악하라고 요청하세요.

> **NOTE** 연이어 실습하는 도중이라 깃허브 코파일럿이 프로젝트 파악을 끝낸 상태면 생략해도 됩니다.

현재 프로젝트 상태를 파악해봐

02 이제 깃허브 코파일럿에게 배포하는 방법을 물어보겠습니다. 이때 무료로 배포하는 방법을 물어보면 비용 면에서 효율적인 방법을 알려줍니다. 꼭 [Ask] 모드로 물어보기 바랍니다.

이 프로젝트를 무료로 배포하는 방법이 있어?

🤖 네! 이 Next.js 프로젝트를 무료로 배포할 수 있는 여러 방법이 있습니다. 가장 추천하는 옵션들을 알려드리겠습니다.

무료 배포 플랫폼 추천

1. Vercel (가장 추천)

- 장점: Next.js 개발사가 만든 플랫폼, 최적화된 성능, 자동 배포

- 무료 플랜:

  - 무제한 프로젝트

  - 자동 HTTPS

  - 글로벌 CDN

  - 월 100GB 대역폭

...생략...

03 그러면 대부분의 경우 가장 먼저 버셀을 추천할 것입니다. 이 방법으로 여러분의 프로젝트를 배포하는 방법을 물어보겠습니다.

Vercel로 배포하려면 어떻게 해야 해? 나는 완전 초보라서 차근차근 알려줘.

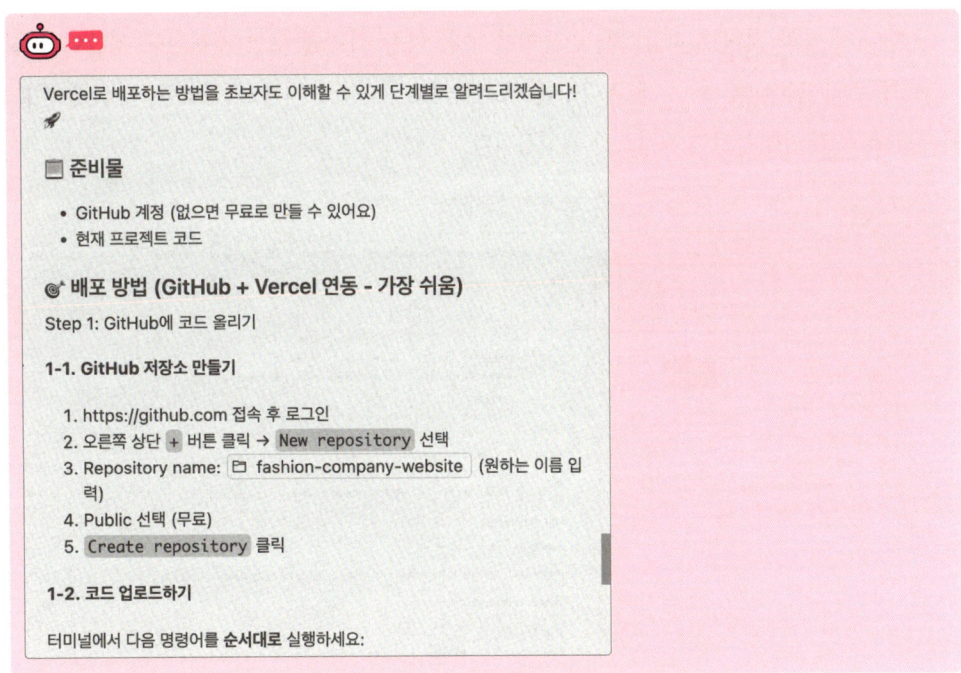

그러면 깃허브 코파일럿은 가장 먼저 깃허브 계정을 준비하라고 할 것입니다. 그리고 프로젝트를 깃허브에 업로드하기 위해 **git init**이라는 명령어를 실행해야 한다고 알려줄 것입니다. 깃허브에 아직 가입하지 않았다면 회원가입을 마친 후 여기로 돌아오세요. 그런 다음 [Run]을 눌러서 **git init**을 허용하세요.

04 **git init** 명령어는 여러분의 프로젝트를 깃허브에 올리기 위한 기초 단계를 준비하는 과정입니다. 이미 프로젝트가 초기화되어 있다면 깃허브 코파일럿은 바로 깃허브에 업로드를 하라고 한 후 다음 안내를 해줄 겁니다.

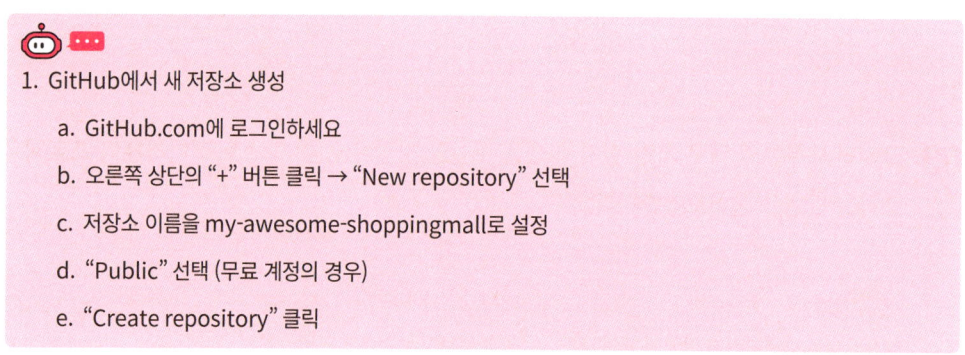

1. GitHub에서 새 저장소 생성
   a. GitHub.com에 로그인하세요
   b. 오른쪽 상단의 "+" 버튼 클릭 → "New repository" 선택
   c. 저장소 이름을 my-awesome-shoppingmall로 설정
   d. "Public" 선택 (무료 계정의 경우)
   e. "Create repository" 클릭

안내에 따라 깃허브 저장소를 만들어봅시다. 다음 화면을 보고 깃허브에 로그인한 뒤 오른쪽 위의 [New]를 눌러 새 저장소를 생성하세요. 저장소 이름을 입력한 후 아래의 [Create repository]를 누르면 저장소가 생성됩니다.

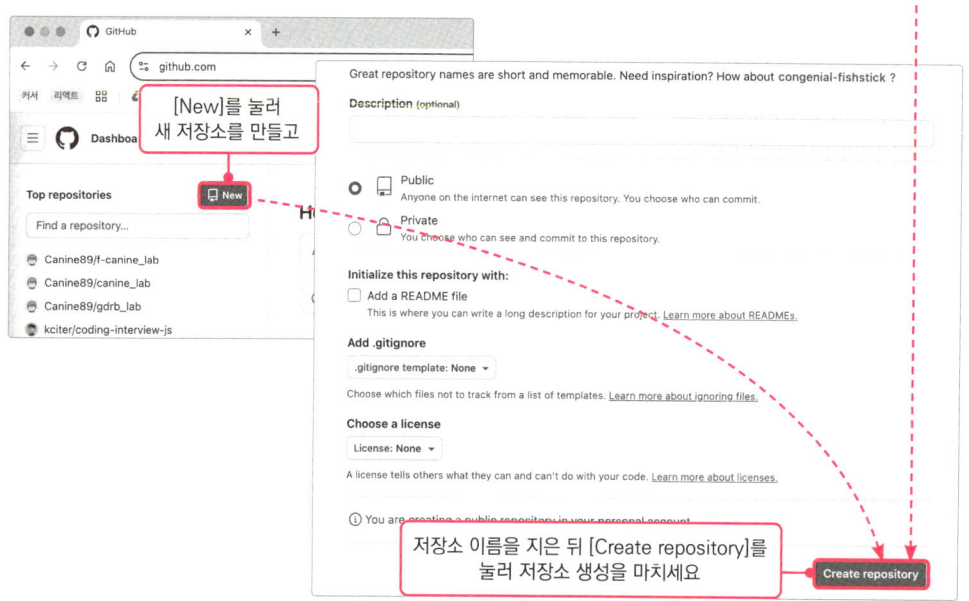

05 저장소 생성을 마치면 깃허브 코파일럿으로 돌아와 깃허브 저장소의 주소를 알려줘야 합니다. 마치 구글 드라이브에 파일을 업로드할 때 폴더 링크가 필요한 것처럼, 여러분이 만든 프로젝트를 깃허브 저장소에 업로드하려면 깃허브 저장소의 링크를 깃허브 코파일럿에게 알려줘야 합니다. 깃허브 코파일럿에게 링크를 알려주면서 다음과 같이 요청합니다.

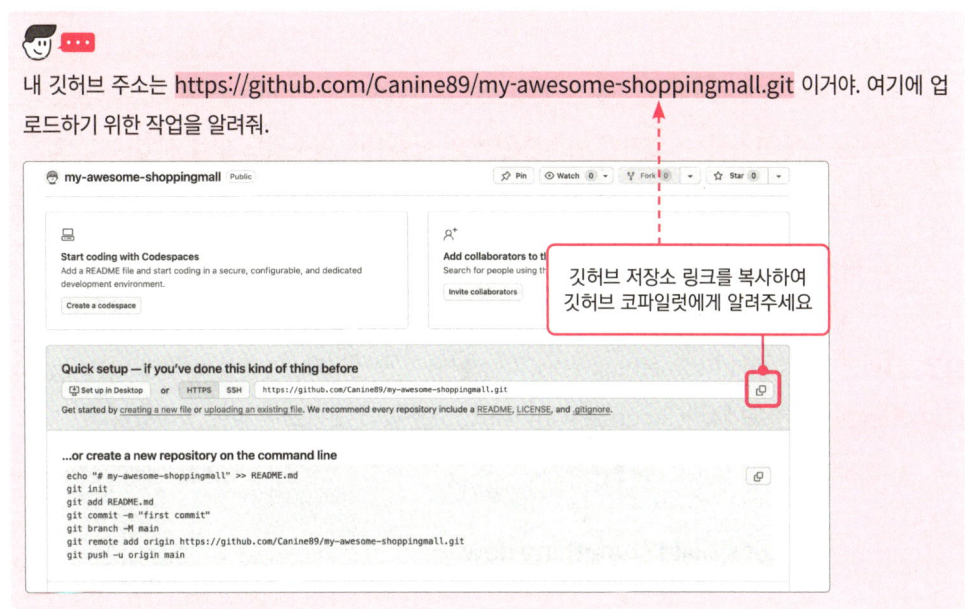

깃허브 코파일럿은 깃허브 주소를 전달받은 후 코드를 업로드하기 위한 작업들을 하나하나 수행합니다. 예를 들어, 최종 단계에서 깃허브에 코드를 업로드하거나 push를 한다는 이야기가 있으면 깃허브에 성공적으로 업로드된 것입니다.

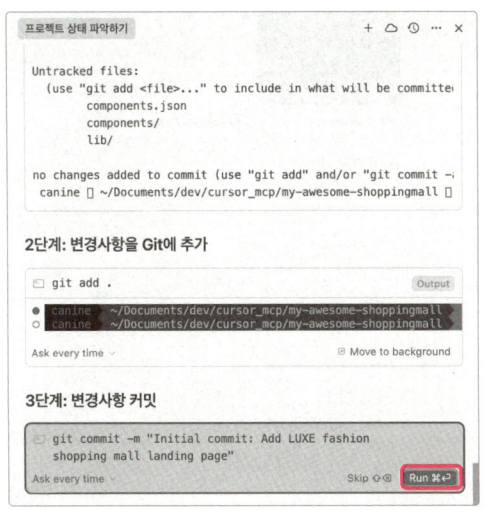
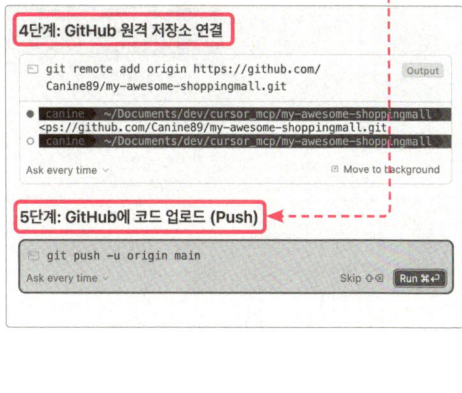

06 계속해서 버셀 배포까지 진행해봅시다. 앞서 깃허브 코파일럿에게 먼저 버셀에서 배포하기 위한 고민을 이야기했으므로 자동으로 명령어를 통해 버셀에 배포하려고 시도할 수도 있습니다. 하지만 처음 배포할 때는 그러한 방법보다 버셀 사이트에 접속해서 직접 진행하는 것이 더 쉽습니다.

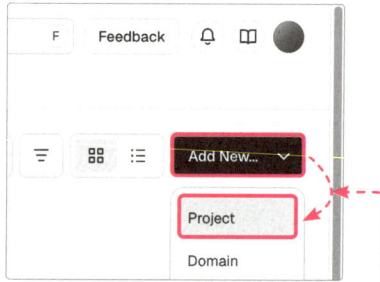

버셀 홈페이지에 접속하여 깃허브 계정으로 로그인합니다. 이미 이전에 배포한 프로젝트가 있다면 목록에 표시될 수 있지만 여러분은 거의 처음이라 아무것도 없을 것입니다. 오른쪽 위의 [Add New… → Project]를 누르세요.

- **버셀 홈페이지** : vercel.com

07 그러면 Let's build something new. 라는 화면이 보입니다. 여기서 왼쪽에 있는 'Import Git Repsitory' 항목에서 [Continue with GitHub]를 눌러 깃허브 계정에 접속합니다.

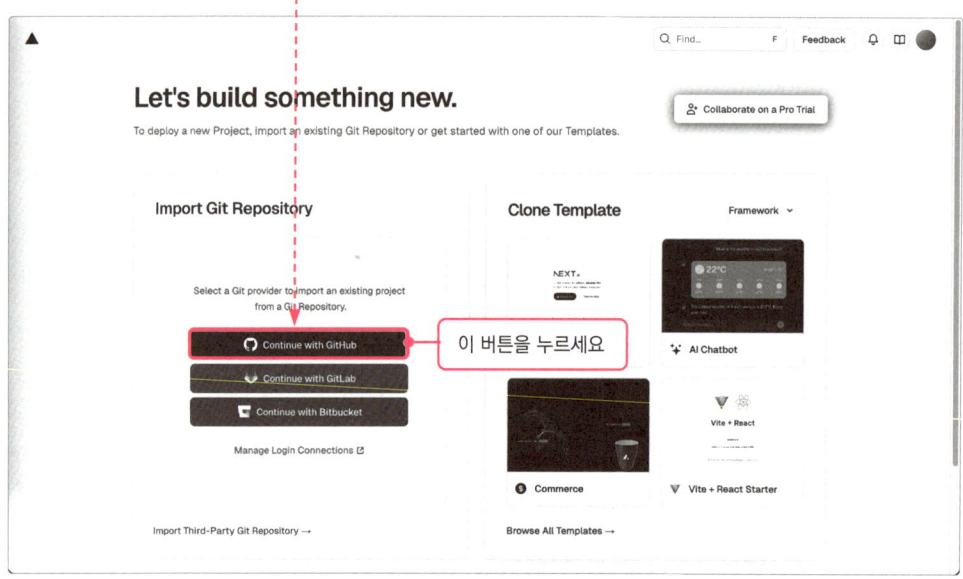

08 이제 조금 전 깃허브 코파일럿이 업로드한 깃허브 저장소가 보일 겁니다. 이 저장소 옆에 있는 [Import]를 누르면 New Project 화면이 나타나며, 여기서 [Deploy]를 누르면 실제 배포가 시작됩니다.

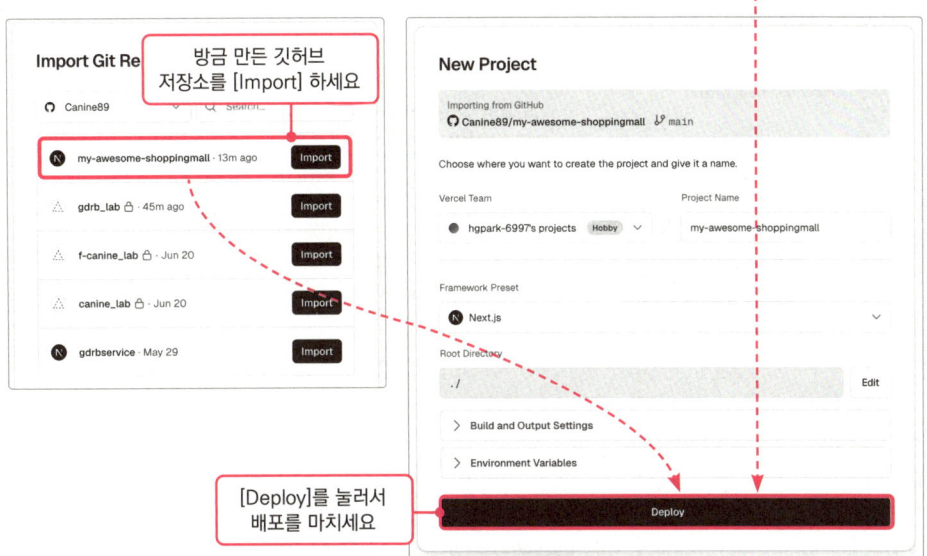

> **NOTE** 여러분의 저장소가 보이지 않으면 [Adjust GitHub App Permissions]를 누른 뒤 Repository access 부분에서 All repositories에 체크되어있는지 확인하고 안 되어 있다면 체크하세요.

09 잠시 기다리면 배포가 완료되고, 완성된 웹사이트의 미리보기 화면과 함께 [Continue to Dashboard] 버튼이 보입니다. 이 버튼을 눌러 프로젝트 대시보드로 이동합니다.

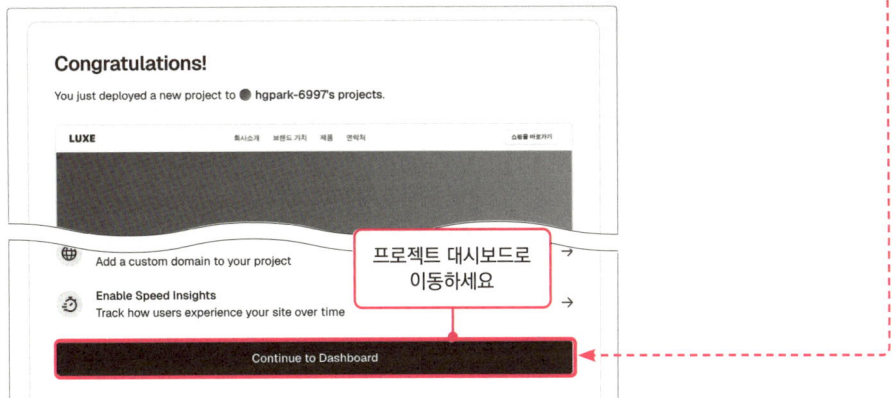

10 대시보드 화면에 'Domains'라는 항목이 있습니다. 여기에는 여러분이 배포한 쇼핑몰 사이트의 주소가 보입니다. 이 주소는 영문으로 구성되어 있는데, 이처럼 영어로 표현된 인터넷 주소를 도메인이라고 합니다. 웹 브라우저에 도메인 주소를 입력하면 버셀이 제공한 컴퓨터(서버)에서 실행 중인 웹사이트에 접근할 수 있는 것이죠!

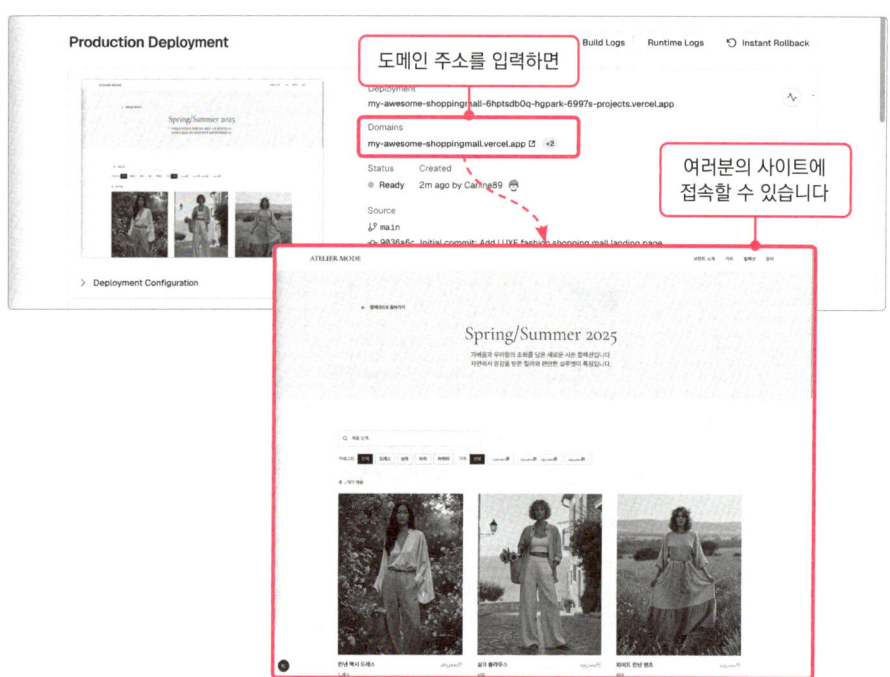

이제 친구에게 이 사이트 주소를 알려주면서 접속해보라고 하세요. 어떤가요? '구슬이 서 말이라도 꿰어야 보배'라는 속담처럼 깃허브 코파일럿으로 쉽고 멋지게 웹사이트를 만들었지만, 배포하지 않으면 혼자만 보는 결과물에 그칩니다. 예전에는 배포가 꽤 어렵고 복잡했지만 이제는 버셀 같은 다양한 서비스의 발달로 누구나 쉽게 배포할 수 있게 되었습니다. 이 과정을 통해 서버가 무엇인지 그리고 포트 번호가 어떤 역할을 하는지, 왜 배포가 필요한지에 대해 잘 이해했기를 바랍니다.

[챕터 07]

회원가입, 게시판을 구현하고 싶어 : 데이터베이스

유튜브
bit.ly/4nqVqIP

유튜브 영상으로
더 쉽게 공부하세요!

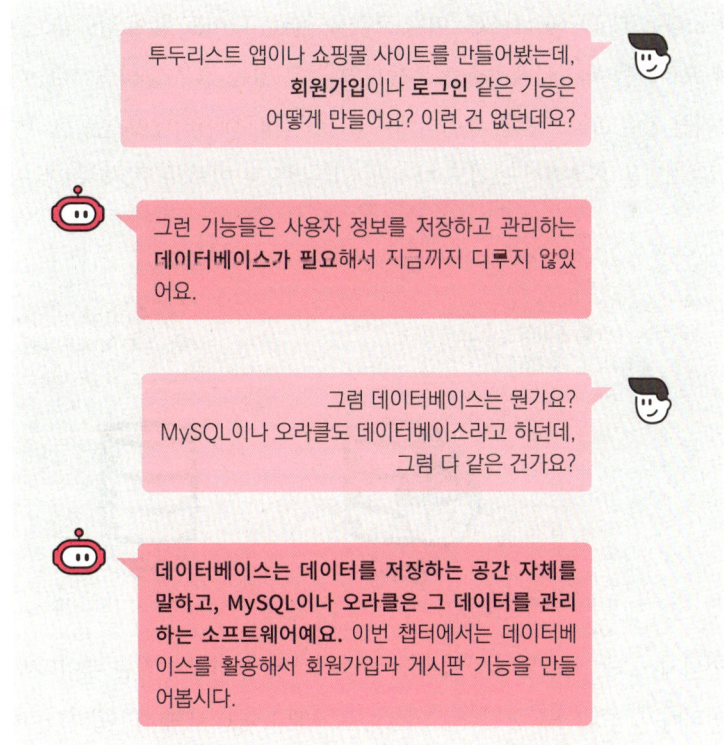

투두리스트 앱이나 쇼핑몰 사이트를 만들어봤는데, **회원가입**이나 **로그인** 같은 기능은 어떻게 만들어요? 이런 건 없던데요?

그런 기능들은 사용자 정보를 저장하고 관리하는 **데이터베이스가 필요**해서 지금까지 다루지 않았어요.

그럼 데이터베이스는 뭔가요? MySQL이나 오라클도 데이터베이스라고 하던데, 그럼 다 같은 건가요?

데이터베이스는 데이터를 저장하는 공간 자체를 말하고, MySQL이나 오라클은 그 데이터를 관리하는 소프트웨어예요. 이번 챕터에서는 데이터베이스를 활용해서 회원가입과 게시판 기능을 만들어봅시다.

지금까지 투두리스트 앱, 쇼핑몰 사이트를 만들어보며, 웹사이트의 대략적인 구조를 이해하고 구성하는 방법을 이해했을 겁니다. 아마 이쯤에서 '회원가입 같은 기능은 어떻게 만드는 거지?'라는 궁금증

이 생길 수 있습니다. 맞습니다. 지금까지는 웹 서버만 다뤘을 뿐 기본적인 회원가입, 로그인 기능은 개발하도록 안내하지 않았습니다. 왜냐고요? 회원가입, 로그인과 같은 기능은 사용자 정보를 저장하고 관리할 공간인 데이터베이스가 필요하기 때문입니다. [챕터 07] **회원가입, 게시판을 구현하고 싶어 : 데이터베이스**에서는 지금까지 만들던 애플리케이션에 회원가입 등 기능을 추가하면서 데이터베이스에 대한 개념과 함께 사이트의 기능을 더 업그레이드해봅시다.

데이터베이스란?

데이터베이스는 크게 2가지 관점에서 이해하는 것이 좋습니다.

- 데이터를 저장하는 공간 그 자체
- 데이터를 관리하는 시스템(MySQL, 오라클, PostgreSQL, MongoDB, …)

보통 데이터베이스라는 키워드와 MySQL이나 오라클이라는 단어도 함께 접했을 겁니다. 그래서 보통 MySQL이나 오라클을 데이터베이스로 혼동하여 알고 있는 경우가 많습니다. 하지만 실제로는 MySQL이나 오라클 같은 프로그램은 데이터베이스가 아니라 데이터베이스를 관리하는 소프트웨어입니다. 요즘은 두 개념을 혼용해서 쓰기도 하지만, 기본적으로 이렇게 구분되는 것으로 알고 있으면 됩니다.

데이터베이스를 관리하는 시스템들 = MySQL, 오라클 등…
관리자

데이터 보관소 = 데이터베이스
DB

그림과 같이 데이터베이스는 내용물이 들어 있는 깡통이라면, 오라클과 같은 데이터베이스 관리 시스템DBMS은 그 데이터베이스(깡통)를 관리하고 저장하는 보관소라고 이해하면 됩니다. 어쨌든 데이터베이스는 어떤 쪽으로 생각해도 크게 틀린 것은 아닙니다. 이 정도의 개념만 이해해도 충분히 실습하고 기능을 구현하는 데 어렵지 않을 것입니다.

바이브 코딩 11 · 노션과 비슷한 사이트 만들어보기

이번에는 회원가입, 로그인, 로그아웃 기능이 있는 노션과 비슷한 사이트를 만들어보겠습니다. 다만 노션 서비스는 상당히 많은 기능을 제공하는 서비스이므로 우리의 목표는 조금 간소하게 잡아 진행하겠습니다. 다음 목표를 향해 나아가봅시다.

1. 회원가입, 로그인, 로그아웃 기능이 있어야 함
2. 노션과 최대한 비슷한 디자인
3. 노션 페이지 CRUD 기능
    a. **Create** : 페이지 생성 후 내용 입력 기능
    b. **Read** : 페이지 읽기 기능
    c. **Update** : 페이지 수정 기능
    d. **Delete** : 페이지 삭제 기능
4. 입력 방식은 마크다운 입력, 렌더링도 지원
5. 이미지 삽입은 미지원

이때 CRUD란 개발자들의 용어입니다. 목록에 써 놓은대로 Create, Read, Update, Delete의 첫 번째 글자만 모아 만든 말입니다. **쉽게 말해 데이터를 만들고, 읽고, 수정하고, 삭제하는 기능을 한 세트로 묶은 표현입니다.** 데이터베이스를 도입한다는 건 CRUD 기능을 추가하겠다는 거겠죠? 개발 용어를 더 잘 알아듣는 깃허브 코파일럿의 인공지능 모델의 특징을 이용해서 CRUD라는 표현도 써보겠습니다.

01 우선 개발을 시작하기 전에 디자인을 더 완벽하게 해주는 v0를 활용해서 사이트의 껍데기를 먼저 만들어보겠습니다. v0에 다음과 같이 부탁해서 마음에 드는 사이트 디자인을 받아봅시다. 이때 노션의 실제 주소를 함께 입력하면 더 확실한 결과를 얻을 수 있습니다. 주소까지 포함해서 부탁해보세요.

> 노션 https://www.notion.com/ko과 가장 비슷한 형태의 사이트를 만들려고 하는데 기능은 노션 페이지 CRUD만 되도록 간단한 사이트를 만들고자 해, CRUD 기능은 구현할 필요가 없고, 노션과 룩앤필이 최대한 비슷해보이도록 사이트 형태를 만들어줘!

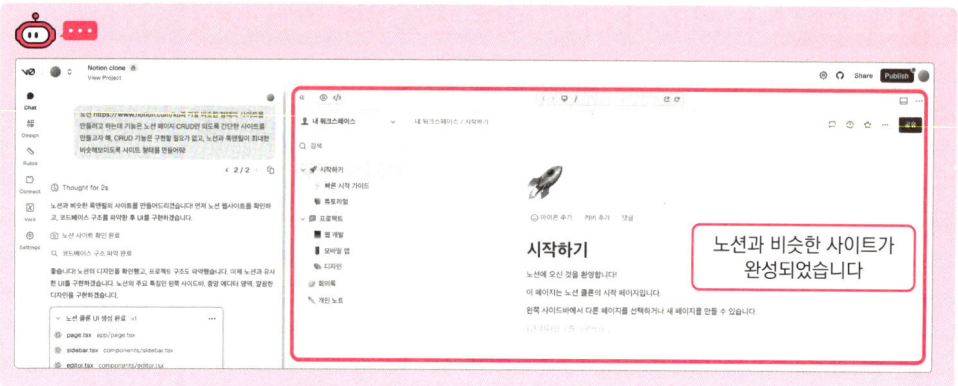

그러면 v0가 놀라울 정도로 노션과 비슷한 형태의 사이트를 만들어줍니다.

02 이것을 다운로드해서 압축을 풀고 비주얼 스튜디오 코드로 열어 작업을 준비합시다. v0에서 오른쪽 위의 [⋯] 버튼을 누른 다음 [Download ZIP]을 눌러 파일을 다운로드하고 압축을 풀고 비주얼 스튜디오 코드로 여세요.

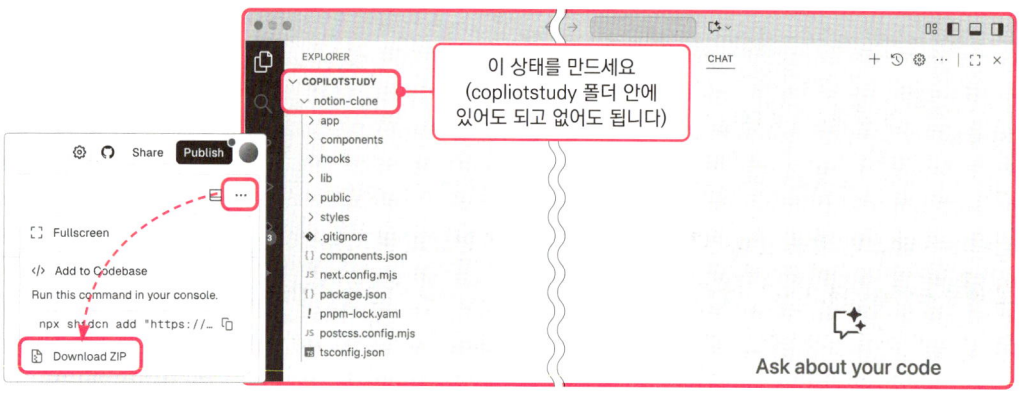

03 채팅으로 notion-clone 폴더의 프로젝트 서버를 실행해달라고 하면 필요한 작업을 마치고 화면을 열 수 있는 주소를 알려줄 것입니다. localhost:3000에 접속해 화면을 확인해보세요.

> **NOTE** 버전 충돌 등의 여러 오류를 수정하는 등의 작업을 진행할 수 있습니다. 깃허브 코파일럿이 해결할 수 있도록 [Allow] 버튼 등을 적절히 눌러 해결할 수 있도록 해줍시다.

notion-clone 프로젝트의 서버를 실행해줘. 화면을 확인하려고 해.

화면이 제대로 보입니다. 이제 깃허브 코파일럿으로 기능을 작업하면 될 것 같습니다. 이제 본격적인 데이터베이스 도입 작업을 시작해봅시다.

04 화면은 완성이 되었으니 우선 깃허브 코파일럿이 프로젝트를 파악할 수 있어야 합니다. [Ask] 모드로 프로젝트를 파악하라고 지시해봅니다. 그러면 깃허브 코파일럿이 프로젝트 상태를 파악하고 이후 작업을 할 수 있는 컨텍스트를 가질 수 있게 됩니다.

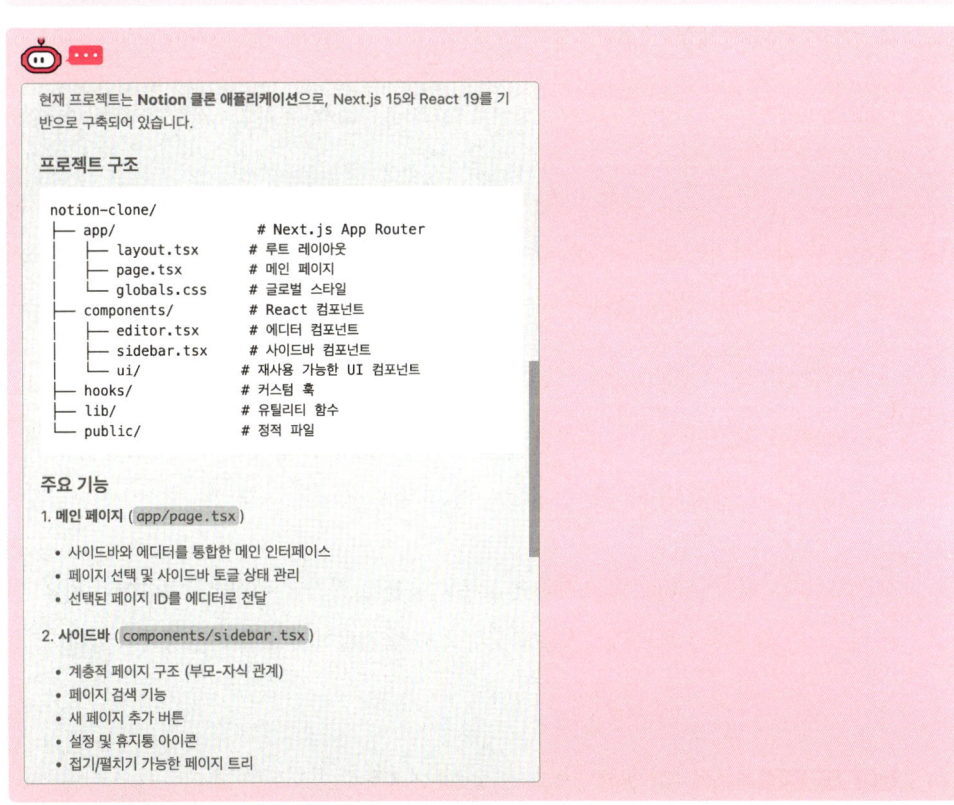

05 이제 회원가입, 로그인, 로그아웃을 구현할 차례입니다. 데이터베이스가 있어야 회원 정보를 저장할 수 있으니 데이터베이스 도입에 대한 이야기를 하면서 다음과 같이 부탁합니다. 이때 데이터베이스는 SQLite를 사용하고, Next.js에서 데이터베이스를 원활하게 사용할 수 있도록 프리즈마를 사용하라고 하겠습니다.

> 현재 프로젝트에 데이터베이스를 추가하고 회원가입, 로그인, 로그아웃을 구현해줘. 데이터베이스는 SQLite를 사용하고 프리즈마를 사용해줘.

> Notion 클론 프로젝트에 데이터베이스와 인증 기능을 추가하겠습니다. SQLite와 Prisma를 사용하여 회원가입, 로그인, 로그아웃을 구현하겠습니다.

프리즈마는 데이터베이스와 여러분의 프로젝트를 연결해주는 중간 매개체 역할을 하는 ORM이라는 도구입니다. 여러분의 프로젝트는 리액트 기반의 Next.js라는 프런트엔드 프레임워크입니다. 그런데 데이터베이스는 프런트엔드가 아닌 백엔드 영역에 해당하기 때문에 Next.js는 데이터베이스를 자체적으로 가지고 있지 않은 거죠. 그래서 여러분의 프로젝트와 데이터베이스가 서로 연결되어 제대로 작동하려면, 그 사이에 연결을 도와주는 중간 매개체가 필요합니다. 그것이 바로 프리즈마입니다.

> **NOTE** ORM에 대한 더 구체적인 설명은 생략하였습니다. ORM에 대해 더 알고 싶다면 따로 검색하여 공부해보세요.

06 개발이 다 되기까지는 짧게는 3분, 길게는 5분 이상 걸릴 수도 있습니다. 개발 과정은 크게 다음 3가지 정도로 나눠 진행될 겁니다.

- 회원가입, 로그인, 로그아웃 기능 개발 진행
- 회원가입, 로그인, 로그아웃 화면 개발 진행
- 서버 실행을 위한 설정 수정 진행

깃허브 코파일럿이 [Allow]를 요청하면 모두 허용을 눌러가면서 개발을 진행해주세요. 만약 오류 메시지가 발생하면 오류 메시지를 복사해서 다시 전달하여 오류도 수정해야 합니다.

저는 서버 실행 후 다음 오류가 발생했습니다. 오류 메시지는 터미널에 있거나 서비스 화면 왼쪽 아래에 [1 Issue]와 같은 알림으로 나타납니다. [복사] 버튼을 눌러 오류 메시지를 복사하세요.

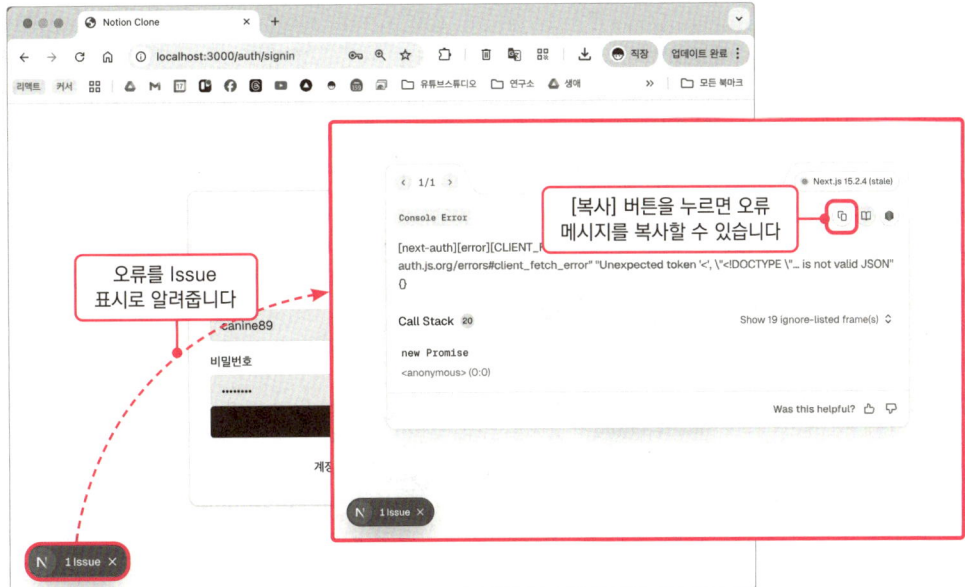

복사한 메시지를 다시 깃허브 코파일럿에 붙여 넣고 [Enter]를 눌러 전송하면 오류를 수정해줍니다.

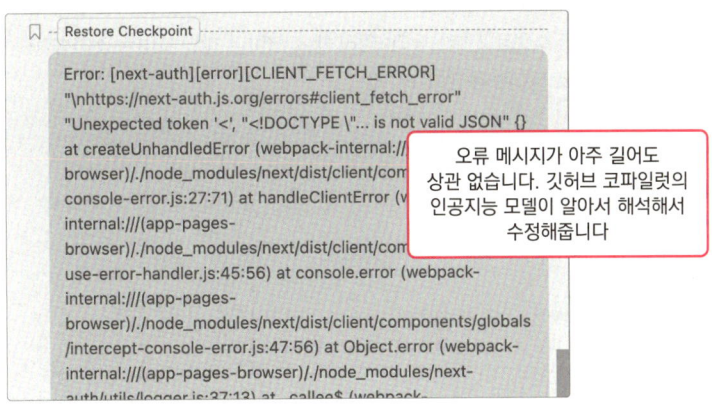

07 수정을 마친 후에 회원가입, 로그인, 로그아웃을 테스트해봅니다. 문제가 없다면 회원가입, 로그인, 로그아웃 기능은 모두 완성된 셈입니다!

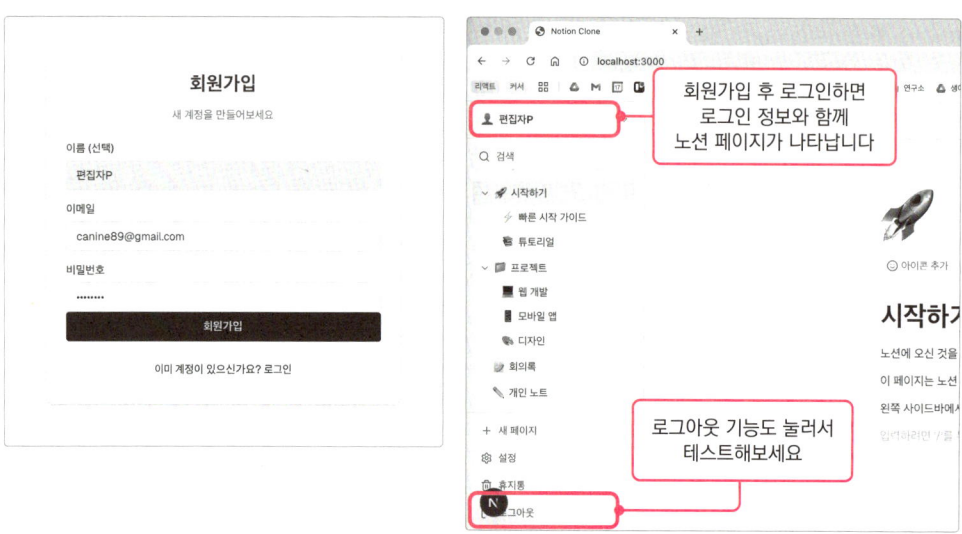

3초 꿀팁 | 터미널에 뭐가 엄청 많아요, 어떻게 해요?

깃허브 코파일럿이 오류를 수정하는 과정에서 터미널에 서버를 띄우는 작업을 매번 새로하느라 창이 여러 개 뜰 수 있습니다. 이 과정은 매우 자연스러운 과정입니다. 실제로 깃허브 코파일럿은 터미널을 스스로 실행하고 터미널에 나타난 다양한 메시지를 확인하며 코드 수정을 진행합니다. 여러 개의 터미널 창이 보이는 것이 부담스럽다면 터미널 목록에 마우스 오버를 하고 하나씩 종료하면 됩니다.

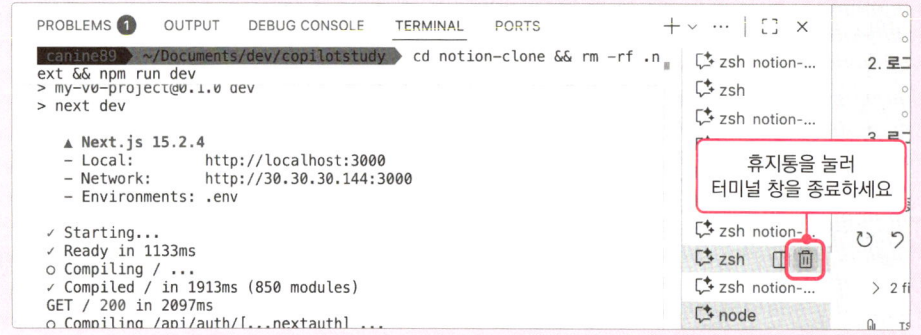

대신 마지막에 실행한 터미널 창은 종료하면 서버가 종료되므로 혹시라도 종료했다면 다시 깃허브 코파일럿에게 '다시 서버를 실행해줘'라고 부탁해서 실행하세요.

08 이제 회원가입, 로그인, 로그아웃 기능을 완성했으니 노션의 기초 기능을 완성하면 됩니다. 여기서 노션의 자연스러운 기능을 완성하기 위해 왼쪽 페이지 항목에 폴더를 생성할 수 있는 기능과 페이지 생성 기능을 만들어달라고 하겠습니다. 여기서 차분한 개발을 위해 한 번에 개발하는 것이 아닌 단계적으로 개발하는 전략을 취해봅시다. 우선은 입력 기능이 없는 폴더만 만들어봅니다.

> 이제 로그인한 사용자가 사용할 수 있는 노션의 기능을 개발해보자. 가장 먼저 페이지를 보관할 폴더 CRUD를 구현해야 해. 페이지 CRUD는 폴더 CRUD가 개발되면 확인하고 그 다음에 개발할게.
> - [+ 새 폴더] 버튼을 왼쪽 아래에 추가하고 그 버튼을 누르면 폴더를 추가하기
> - 폴더에 마우스 오버를 하고 오른쪽 클릭을 하면 [삭제], [이름 변경] 옵션이 나타나고 각 기능을 구현하기
> - 디자인은 현재 틀에서 벗어나지 않게 주의하기

> 폴더 CRUD 기능을 구현하겠습니다. 먼저 데이터베이스 스키마에 Folder 모델을 추가하고, API와 UI를 구현하겠습니다.
>
> 먼저 Prisma 스키마에 Folder 모델을 추가하겠습니다.
>
> ...생략...
>
> 폴더 CRUD 기능 구현 완료 ← 이 메시지가 나오면 성공입니다
> 노션 클론 앱에 폴더 관리 기능을 성공적으로 구현했습니다. 다음은 구현된 내용입니다:
>
> 구현된 기능
>
> ...생략...

그러면 깃허브 코파일럿이 데이터베이스 추가를 위한 프리즈마 스키마를 설정하고 지시한 기능을 개발할 것입니다. 물론 오류가 발생하면 오류 메시지를 다시 전달해서 수정해야겠죠?

09 폴더 추가, 읽기, 수정, 삭제가 잘 되는지 개발 후에 점검하여 살펴보기 바랍니다. 저는 회원가입, 로그인, 로그아웃과 함께 새 폴더를 만드는 기능을 점검했습니다. 로그아웃 후 다시 로그인해도 만들었던 폴더가 남아 있는지도 점검하였습니다.

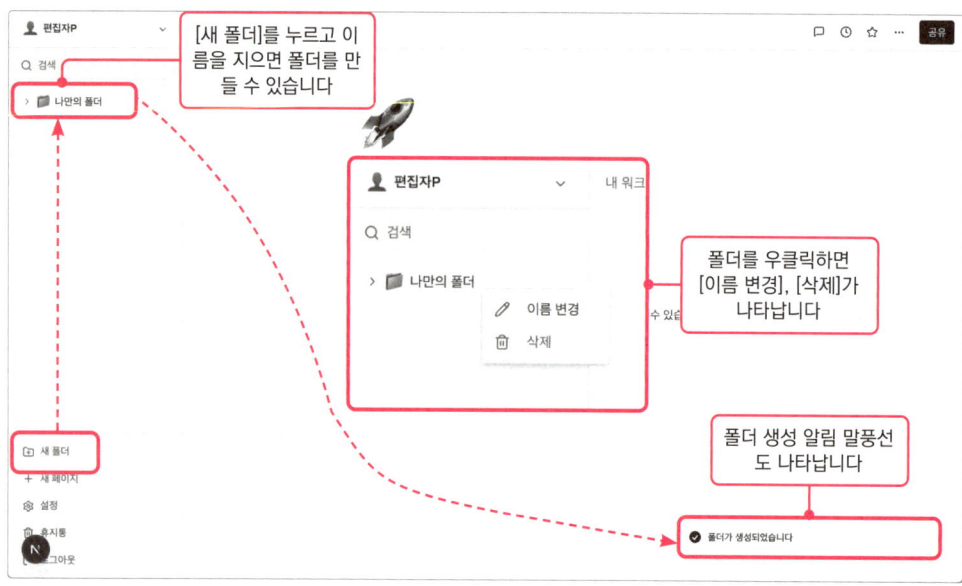

10 페이지 CRUD도 개발을 진행하겠습니다. 다음과 같이 구체적인 요청을 하면 됩니다. 이때 '풀리치텍스트를 지원하라'는 메시지가 중요합니다. 풀리치텍스트는 여러분이 흔하게 사용하던 게시판과 같은 곳에서 다양한 텍스트 스타일을 지원하게 해주는 옵션을 추가해줍니다. H1, H2, H3는 제목을, p는 내용을, quote는 인용구를 말합니다. 다음 그림에 풀리치텍스트를 지원하는 게시판의 예를 확인할 수 있습니다. 여러분이 일반 게시판 서비스에서 흔히 사용하던 메뉴입니다.

로그인한 사용자가 폴더 내에 새 페이지를 만들 수 있도록 페이지 CRUD 기능을 추가해줘. 이때 페이지 생성 후 이 동작도 할 수 있어야 해.

- 페이지 내 제목(H1, H2, H3)과 내용(p), 인용(quote)와 같은 입력 기능을 풀리치텍스트로 지원해야 함
- 페이지 내 텍스트 입력 기능 개발 시 UI를 적절히 추가해서 버튼으로 사용할 수 있어야 함
- 디자인은 현재 틀에서 벗어나지 않게 주의하기

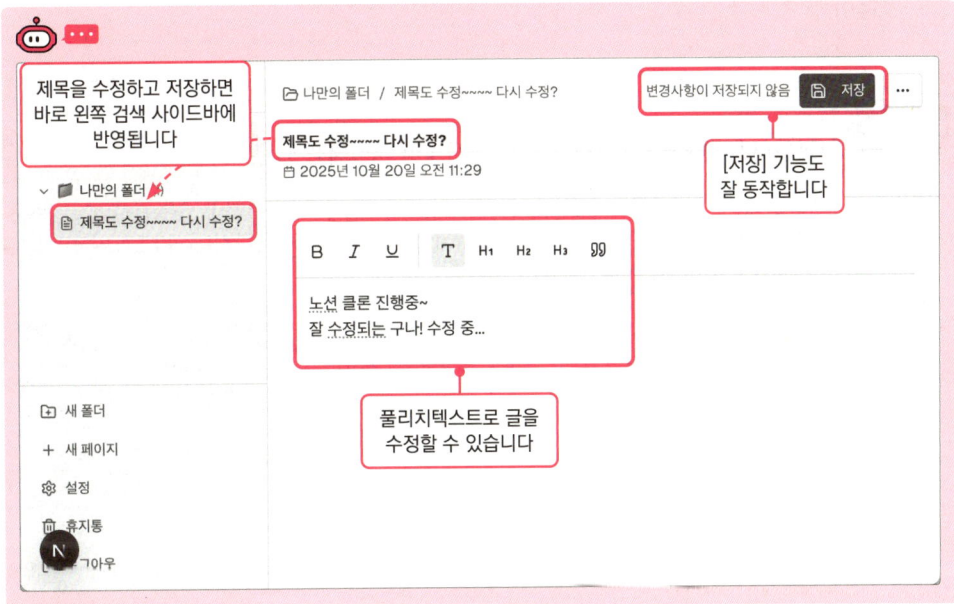

완성 화면을 보면 완벽합니다! [+ 새 페이지]를 눌러 폴더에 페이지를 추가하고 제목과 내용을 풀리치텍스트 기반으로 수정할 수 있게 되었습니다. 마음에 들지 않는 것들은 반복해서 깃허브 코파일럿에게 요청하여 다듬어나가면 됩니다. 저는 이런 요청들을 반복해서 이야기했습니다.

제목을 수정하고 [저장]을 누르면 즉시 왼쪽의 검색 사이드바에도 즉시 제목이 반영되어야 하는데 새로고침을 해야만 수정한 제목이 검색 사이드바에 제목이 반영돼. 고쳐줘.

미리보기 모드는 필요가 없어, 미리보기 모드를 제거해줘.

수정 중에 갑자기 멋대로 저장을 하는데 [저장]을 눌러야만 저장할 수 있도록 해줘.

이렇게 데이터베이스를 결합한 노션과 비슷한 앱을 만들었습니다. 중간중간에 있는 개념 설명이 살짝 어렵게 느껴졌을 수도 있겠지만, 아무 생각 없이 만들기보다는 어떤 배경으로 왜 이런 지시가 가능한지, 어떤 원리로 동작하는지를 함께 이해하는 것이 다음 프로젝트를 만들 때 훨씬 도움이 될 겁니다.

결과물이 매번 다르다고요? 바로 인공지능의 무작위성 때문입니다

여기서 구현한 노션과 비슷한 앱의 디자인이나 기능 개발 상태가 책과 다를 수도 있습니다. 이는 인공지능의 무작위성 특징 때문입니다. 요청할 때마다 결과물이 달라질 수 있습니다. 기능이나 디자인이 마음에 들지 않다면 다시 원하는 스타일로 바꿔 달라고 요청해보세요.

[챕터 08]

크롤링을 하고 싶어 : 파이썬

유튜브 영상으로 더 쉽게 공부하세요!

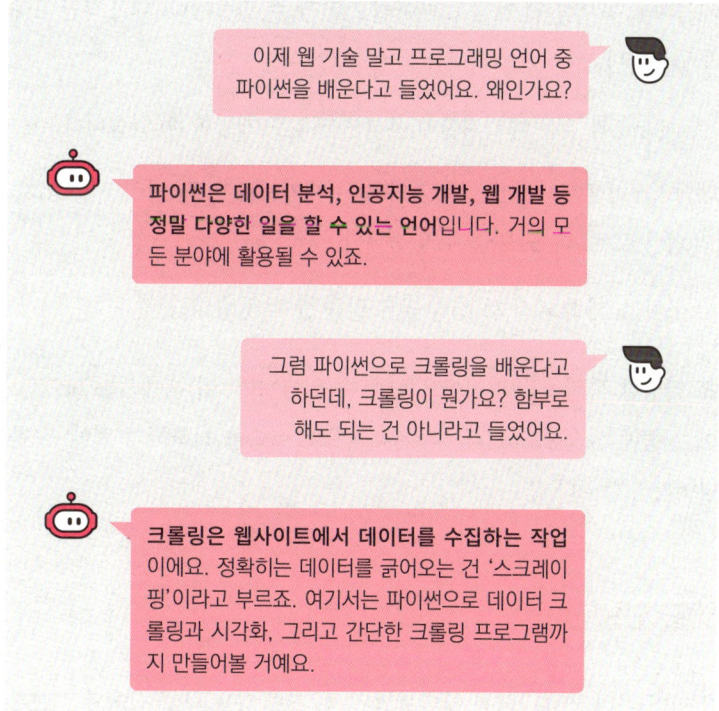

지금까지 웹 관련 기술 중심으로 깃허브 코파일럿을 활용했습니다. 이제는 한 차원 더 깊은 단계로 나아가보겠습니다. 그러기 위해서는 컴퓨터가 직접 실행할 수 있는 프로그램을 작성해볼 차례입니다. 맞습니다. 이제 프로그래밍 언어, 그중 하나인 파이썬을 알아볼 차례가 된 것입니다.

파이썬으로 할 수 있는 일들

파이썬은 현존하는 프로그래밍 언어 중 가장 다양한 일을 할 수 있는 언어입니다. 언뜻 떠오르는 것만 나열해봐도 정말 많은 일을 할 수 있는데요, 약간 과장하자면 파이썬으로는 거의 대부분의 일을 할 수 있습니다. 어떤 것들을 할 수 있는지 살펴보겠습니다.

- **반복 업무 처리** : 텍스트, PDF, 엑셀, QR 코드 제작 등 다양한 반복 업무를 스크립트로 쉽게 처리할 수 있습니다.
- **데이터 분석** : 판다스Pandas라는 파이썬 패키지를 이용하여 데이터를 가공하고 분석을 할 수 있습니다.
- **인공지능 개발** : 이 분야에 관심이 있다면 모두 알고 있죠. 딥러닝을 비롯한 AI 연구는 파이썬을 기반으로 합니다.
- **웹 개발** : 지금까지 공부한 웹 개발도 파이썬으로 할 수 있습니다. 대표적인 프레임워크로 장고, 플라스크가 있습니다.
- **게임 개발** : pygame과 같은 패키지를 이용하면 게임도 개발할 수 있습니다.
- **데스크톱 애플리케이션** : tkinkter, PyQt와 같은 패키지로 버튼, 입력창 등 UI가 있고 실행할 수 있는 형태의 응용 프로그램도 만들 수 있습니다.
- **그 외** : 이미지 처리, 과학 계산 등 정말 많은 일을 할 수 있습니다.

나열한 것 외에도 다양한 작업들을 파이썬으로 할 수 있습니다. 이 책에서는 파이썬으로 할 수 있는 작업 중 크롤링에 집중해 실습해보겠습니다. 본격적으로 실습을 시작하기 전에, 크롤링 관련 중요한 이야기를 짚고 넘어가려 합니다.

크롤링, 막 해도 되는 것일까?

크롤링에 관심이 있어 여러 커뮤니티를 찾아보면 종종 '크롤링을 하고 싶어요', '크롤링은 어떻게 하나요?'와 같은 질문을 자주 볼 수 있습니다. 실제로 크롤링은 잘 활용하면 업무 효율을 크게 높여줍니다. 반복되는 데이터 수집 작업을 자동화할 수 있으니까요.

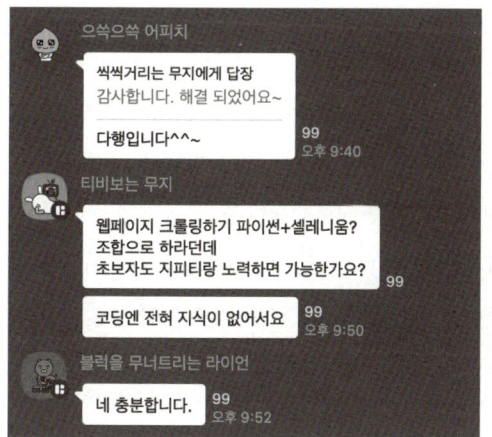
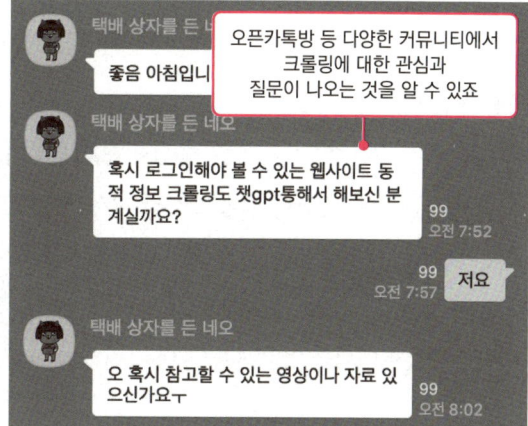

하지만 크롤링하려는 데이터는 누군가의 자산이라는 점을 항상 생각해야 합니다. 예를 들어, 여러분이 공들여 만든 데이터로 웹사이트를 만들어서 서비스를 하는데, 누군가 무단으로 데이터를 크롤링해서 그것으로 장사한다면 얼마나 속상할까요? 그래서 학습 목적이 아닌 크롤링은 대부분 문제가 될 소지가 있습니다. 물론 학습 용도라 하더라도, 크롤링은 행위 자체가 사람이 아닌 **봇**이 서버에 계속 요청을 보내는 행위로 해당 사이트에 부하를 줄 수 있습니다. 즉 크롤링은 유용하지만 데이터를 소유하고 있는 사람에게 피해를 주지 않도록 책임감 있게 사용해야 하는 도구라는 점을 반드시 기억하기 바랍니다.

> **NOTE** 크롤링에서 봇이란 로봇의 줄임말로 사람이 직접 조작하지 않아도 자동으로 작업을 수행하는 것을 말합니다. 크롤링에 관한 구체적인 이야기는 《이게 되네? 챗GPT 미친 크롤링 24제》에 자세히 다뤘으니, 궁금한 점은 참고하기 바랍니다.

바이브 UP!
3초 꿀팁 엄밀히 말하면 여러분이 하고 싶은 건 크롤링이 아닙니다

여러분이 정말 하고 싶은 게 크롤링일까요? 아닙니다. 크롤링은 엄밀히 말해서 사이트를 이동하며 탐색하는 행위를 말합니다. 데이터를 긁어서 수집하는 행위를 스크레이핑Scraping이라고 따로 부릅니다. 예를 들어, 특정 주식 사이트의 오늘의 주식 데이터를 긁어오는 행위는 크롤링이 아니라 스크레이핑입니다. 하지만 대부분의 사람들이 두 개념을 구분하지 않고 데이터를 수집하는 행위에 크롤링이라는 단어를 사용하기 때문에 이 책에서도 편의상 크롤링이라는 표현을 사용하겠습니다.

크롤링 핵심, 태그와 속성

가장 처음 만들어볼 크롤링 프로그램은 금 시세를 가져오는 프로그램입니다. 이 내용은 《이게 되네? 챗GPT 미친 활용법 71제》에도 챗GPT를 활용하여 금 시세를 가져오도록 하는 방법을 다루고 있으며, 여기서는 더욱 정교한 방법으로 금 시세를 크롤링하도록 구현해보겠습니다. 크롤링에서 가장 중요한 것은 HTML 태그와 그 속성을 이해하는 것입니다. 웹사이트는 HTML이라는 언어로 구성되어 있고, 우리는 그 구조를 분석해 필요한 데이터를 추출해서 가져오죠. 여기서는 데이터를 크롤링하고, 이 크롤링한 데이터를 어떻게 해야 더 가치있게 다룰 수 있는지도 알아보겠습니다.

금 시세 사이트에서 데이터를 살펴봅시다

금 시세는 한국금거래소 사이트에 접속하면 쉽게 확인할 수 있습니다. 하지만 금 시세의 1년 치 데이터를 수집해서 추이를 시각화하거나 분석해보려면, 해당 사이트에 표시된 표 형태의 정보만으로는 부족합니다. 그래서 이런 경우 크롤링이 필요한 것이고요.

- **한국금거래소 홈페이지** : koreagoldx.co.kr/price/gold

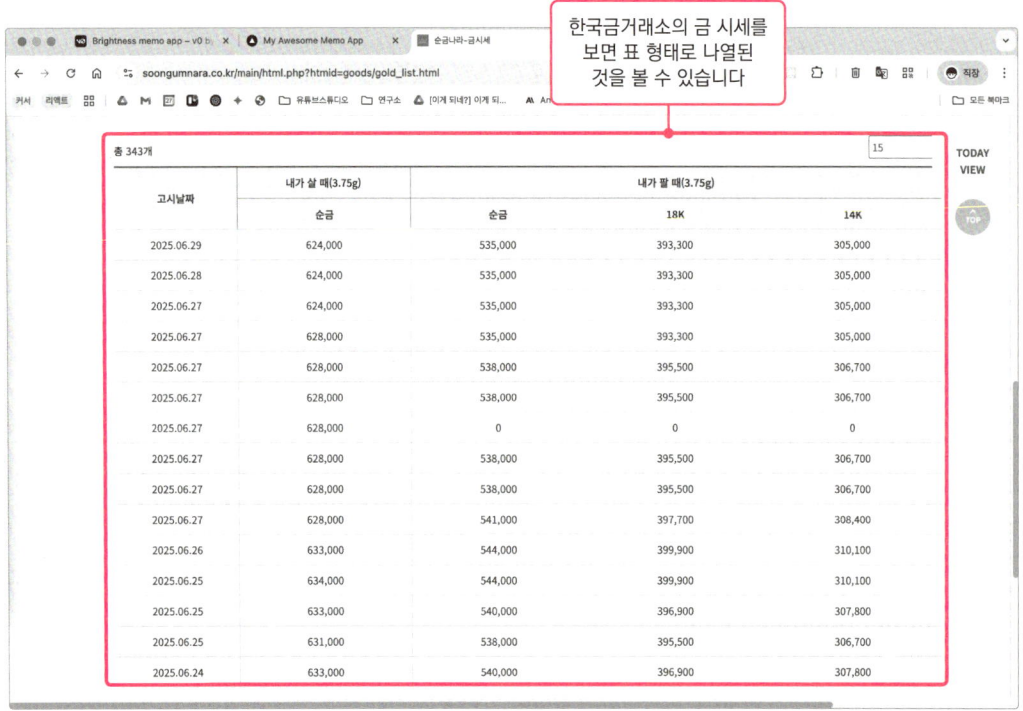

한국금거래소의 금 시세를 보면 표 형태로 나열된 것을 볼 수 있습니다

크롤링은 웹사이트를 구성하는 HTML 코드에서 원하는 데이터의 위치를 알려주고 그 위치의 값을 가져오는 과정을 반복하는 작업입니다. **이때 HTML의 구조를 이해하는 것이 매우 중요하며, 특히 태그와 태그의 속성 개념을 정확히 이해하면 크롤링의 핵심을 다 이해했다고 봐도 좋습니다.** HTML은 기본적으로 다음과 같은 구조를 가집니다.

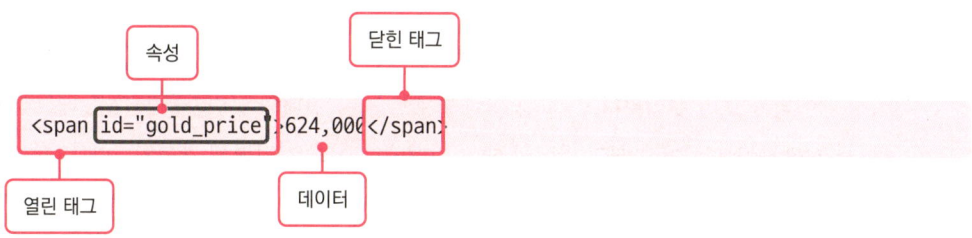

여기서 span은 태그로 열린 태그, 닫힌 태그로 구성되어 있으며, 그 사이에 데이터를 둡니다. 태그 안에 있는 id="gold_price"는 태그에 붙여주는 속성입니다. 속성은 해당 태그를 다른 태그들과 구분해주는 역할을 합니다. 그래서 현재 보이는 태그 사이에 있는 624,000을 가져오고 싶다면 다음과 같이 요청하여 데이터를 가져오면 됩니다.

- id가 "gold_price"인 span 태그에 있는 값을 가져와

이처럼 HTML 구조에서 데이터를 어떻게 찾아내는지 이해하면, 원하는 데이터를 쉽게 가져올 수 있습니다. 이 내용을 잘 기억하면서 실습을 진행해봅시다.

바이브 코딩 12 ▸ 1년 치 금 시세 크롤링하기

이제 본격적으로 1년 치 금 시세 데이터를 크롤링해보겠습니다. 현재 여러분이 사이트에 접속해서 보고 있는 '내가 살 때'의 순금 가격은 실제로 어디에 있을까요? 그걸 알아내기 위해서는 크롬 브라우저의 개발자 도구를 사용해야 합니다. 많은 사람이 이 단계에서 어려움을 느끼고 포기하지만, 크롤링을 하려면 반드시 알고 넘어가야 하는 과정입니다. 이건 더 쉽게 배울 방법이 없습니다.

01 먼저 개발자 도구를 열어 침착하게 데이터를 살펴봅시다. 크롬 브라우저에서 F12 를 누르거나 마우스 오른쪽 클릭을 한 다음 [검사]를 누르면 개발자 도구가 열립니다. 여기 위쪽에 있는 [Elements] 또는 [요소]라는 탭을 찾아 눌러봅니다.

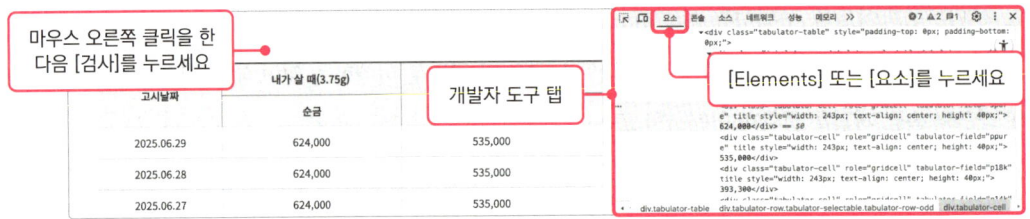

그러면 요소에 〈div class="..."〉나 〈html〉, 〈body class="body-goods..."〉와 같이 꺾쇠 괄호로 감싸진 데이터가 보일 것입니다. 이렇게 꺾쇠 괄호로 가둔 형태의 무언가를 HTML 태그라고 합니다. 보통 웹사이트는 이런 태그 안이나 태그 사이에 데이터를 입력해 구성됩니다.

02 실제로 그런지 확인해봅시다. [요소] 탭을 누른 상태에서 '내가 살 때' 순금 가격 항목 근처를 마우스 오른쪽 클릭을 한 다음 [검사]를 눌러봅니다. 그러면 [요소] 탭에서 해당 값을 감싸고 있는 태그를 표시해줄 것입니다. 이때 금 시세 값으로 보이는 내용이 있는 태그에 마우스 오버를 하면 웹페이지에서도 해당 항목의 위치를 하이라이트로 표시하여 보여줍니다.

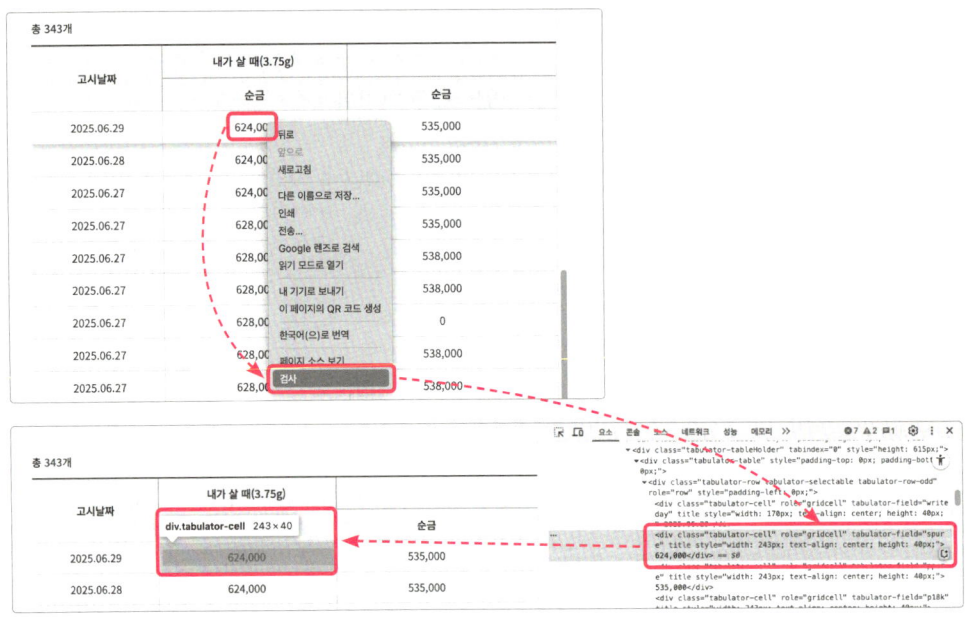

2025년 06월 29일의 내가 살 때의 금 시세는 다음과 같이 태그로 감싼 형태입니다.

```
<div class="tabulator-cell" role="gridcell" tabulator-field="spure" title=""
style="width: 243px; text-align: center; height: 40px;">624,000</div>
```

크롤링은 웹사이트를 구성하는 HTML 코드에서 원하는 데이터의 위치를 알려주고 그 위치의 값을 가져오는 과정을 반복하는 작업입니다. **이때 HTML의 구조를 이해하는 것이 매우 중요하며, 특히 태그와 태그의 속성 개념을 정확히 이해하면 크롤링의 핵심을 다 이해했다고 봐도 좋습니다.** HTML은 기본적으로 다음과 같은 구조를 가집니다.

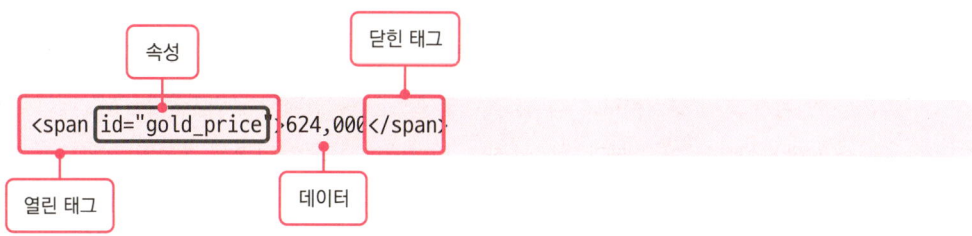

여기서 span은 태그로 열린 태그, 닫힌 태그로 구성되어 있으며, 그 사이에 데이터를 둡니다. 태그 안에 있는 id="gold_price"는 태그에 붙여주는 속성입니다. 속성은 해당 태그를 다른 태그들과 구분해주는 역할을 합니다. 그래서 현재 보이는 태그 사이에 있는 624,000을 가져오고 싶다면 다음과 같이 요청하여 데이터를 가져오면 됩니다.

- id가 "gold_price"인 span 태그에 있는 값을 가져와

이처럼 HTML 구조에서 데이터를 어떻게 찾아내는지 이해하면, 원하는 데이터를 쉽게 가져올 수 있습니다. 이 내용을 잘 기억하면서 실습을 진행해봅시다.

바이브 코딩 12 ▶ 1년 치 금 시세 크롤링하기

이제 본격적으로 1년 치 금 시세 데이터를 크롤링해보겠습니다. 현재 여러분이 사이트에 접속해서 보고 있는 '내가 살 때'의 순금 가격은 실제로 어디에 있을까요? 그걸 알아내기 위해서는 크롬 브라우저의 개발자 도구를 사용해야 합니다. 많은 사람이 이 단계에서 어려움을 느끼고 포기하지만, 크롤링을 하려면 반드시 알고 넘어가야 하는 과정입니다. 이건 더 쉽게 배울 방법이 없습니다.

01 먼저 개발자 도구를 열어 침착하게 데이터를 살펴봅시다. 크롬 브라우저에서 `F12` 를 누르거나 마우스 오른쪽 클릭을 한 다음 [검사]를 누르면 개발자 도구가 열립니다. 여기 위쪽에 있는 [Elements] 또는 [요소]라는 탭을 찾아 눌러봅니다.

그러면 요소에 〈div class="..."〉나 〈html〉, 〈body class="body-goods..."〉와 같이 꺾쇠 괄호로 감싸진 데이터가 보일 것입니다. 이렇게 꺾쇠 괄호로 가둔 형태의 무언가를 HTML 태그라고 합니다. 보통 웹사이트는 이런 태그 안이나 태그 사이에 데이터를 입력해 구성됩니다.

02 실제로 그런지 확인해봅시다. [요소] 탭을 누른 상태에서 '내가 살 때' 순금 가격 항목 근처를 마우스 오른쪽 클릭을 한 다음 [검사]를 눌러봅니다. 그러면 [요소] 탭에서 해당 값을 감싸고 있는 태그를 표시해줄 것입니다. 이때 금 시세 값으로 보이는 내용이 있는 태그에 마우스 오버를 하면 웹페이지에서도 해당 항목의 위치를 하이라이트로 표시하여 보여줍니다.

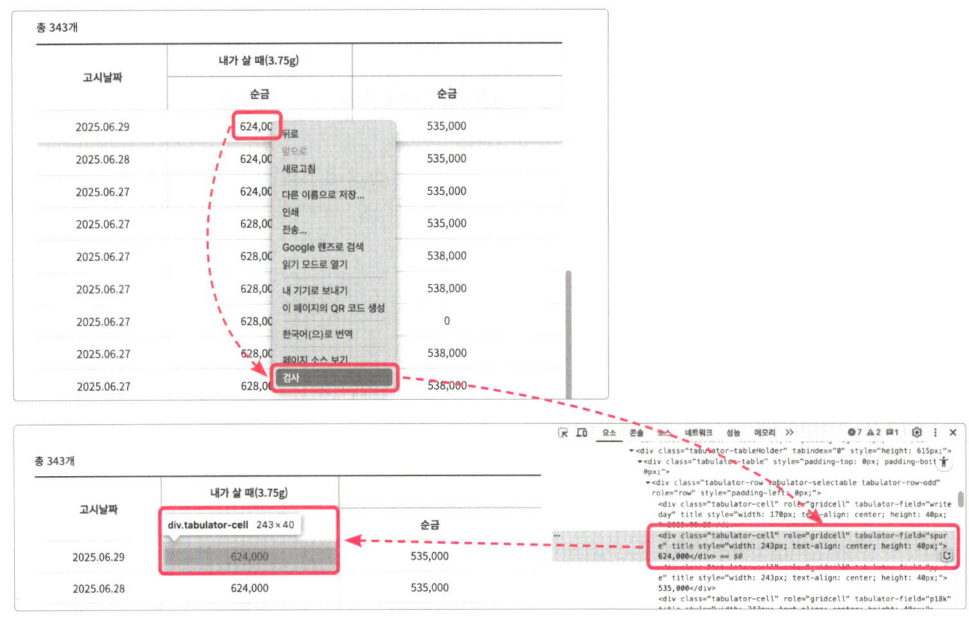

2025년 06월 29일의 내가 살 때의 금 시세는 다음과 같이 태그로 감싼 형태입니다.

```
<div class="tabulator-cell" role="gridcell" tabulator-field="spure" title=""
style="width: 243px; text-align: center; height: 40px;">624,000</div>
```

여기서 <div class=...>와 같이 태그 길이가 길고 복잡해보이더라도 겁먹으면 안 됩니다. 값은 길어보이지만 실제로 구조는 매우 단순합니다. div 태그와 그 안에 class, role, tabulator-field, title, style과 같은 속성이 있는 구조입니다. 대략적인 구조를 파악했다면 나머지는 깃허브 코파일럿에게 분석을 맡기고 크롤링 계획을 세워봅시다.

03 1년 치 금 시세 전체를 크롤링해야 하므로 금 시세가 담긴 표 전체를 감싸고 있는 태그를 정확히 찾아야 합니다. 즉, 금 시세가 모두 있는 태그를 찾아서 깃허브 코파일럿에게 알려주면 됩니다. 개발자 도구의 [요소] 탭에서 금 시세를 모두 감싸고 있는 영역을 기준으로 위쪽 태그들을 하나씩 마우스 오버하면서 올라가며 찾아봅시다. **표 전체가 하이라이트되는 지점을 찾으면 됩니다.**

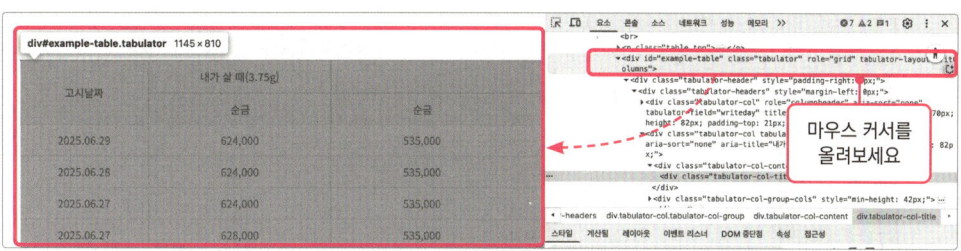

04 이제 해당 태그를 복사해봅시다. [요소] 탭에서 찾은 태그 위에 마우스 커서를 올리고 ❶ [복사 → 요소 복사]를 합니다. 그런 다음 깃허브 코파일럿에게 ❷ 금 시세 사이트 주소와 복사한 요소를 그대로 전달하고, 해당 표의 데이터를 모두 수집하라고 요청해봅시다. 참고로 금 시세를 모두 담고 있는 표의 태그는 매우 길기 때문에 책에서는 태그 내용을 간략하게 표시하였습니다. 또한 실습의 편의를 위해 100개의 데이터만 수집하라고 제한했습니다.

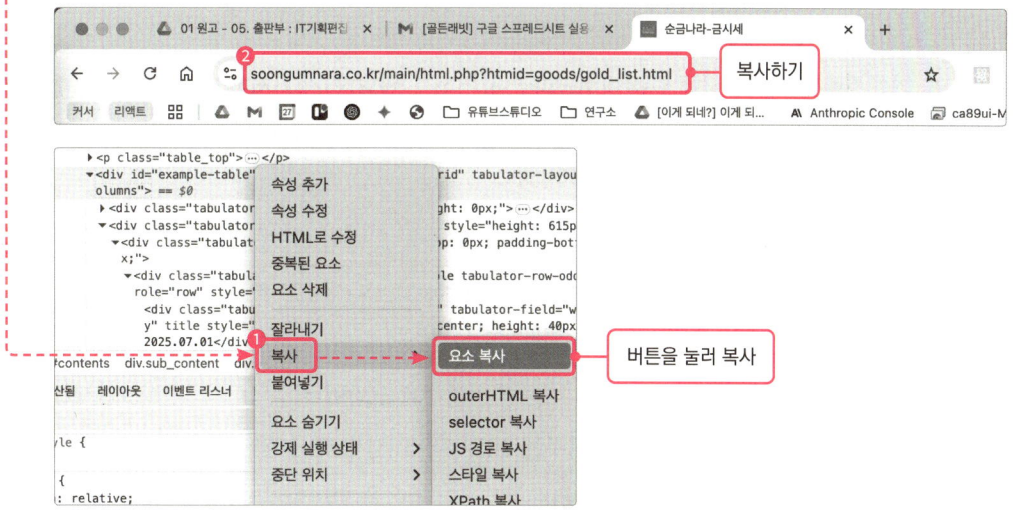

https://www.soongumnara.co.kr/main/html.php?htmid=goods/gold_list.html에서 <div id="example-table" class="tabulator" role="grid" tabulator-layout="fitColumns"><div class="tabulator-header" style="padding-right: 0px;"><div class="tabulator-headers"> …생략…
에 있는 금 시세 데이터를 크롤링해서 엑셀 파일로 저장해줘. 데이터는 100개면 돼.

05 깃허브 코파일럿은 해당 태그의 정보를 참고 삼아서 프로젝트 폴더를 준비하고 코드를 작성합니다. 폴더 생성이나 이동 명령이나 코드 작성 요청은 모두 허용해주세요. 작업이 완료되면 아마 다음과 같은 폴더 구조가 만들어질 것입니다.

NOTE 만약 파이썬 최신 버전인 3.13 이상을 사용하고 있다면 표 형태의 데이터를 처리하기 위해 판다스를 설치하는 과정에서 3.10의 파이썬 구 버전을 설치하라고 할 수 있습니다. 그럴 경우 깃허브 코파일럿에게 '판다스 없이 처리해달라'고 하거나 파이썬 3.10 버전을 설치해서 다시 진행하기 바랍니다.

06 깃허브 코파일럿은 코드가 완성되면 실행하는 방법을 알려줄 것입니다. 실행 방식을 잘 모른다면 그냥 깃허브 코파일럿에게 실행해달라고 요청해도 됩니다. 여기서는 깃허브 코파일럿이 안내하는 방법을 따라 터미널에 직접 명령어를 입력해 실행하겠습니다.

```
> cd gold-crawling
```
← gold-crawling 폴더로 이동

```
> python fetch_gold_to_excel.py
```
← fetch_gold_to_excel.py 파이썬 파일 실행

07 잠시 기다리면 엑셀 파일이 생성됩니다. 어쩌면 깃허브 코파일럿이 알아서 코드를 실행해 엑셀 파일이 이미 생겼을 수도 있습니다. 아무튼 100개의 금 시세 데이터를 3초 만에 수집했습니다. 엑셀 파일을 열어보면 수집된 데이터가 제대로 들어 있음을 확인할 수 있습니다.

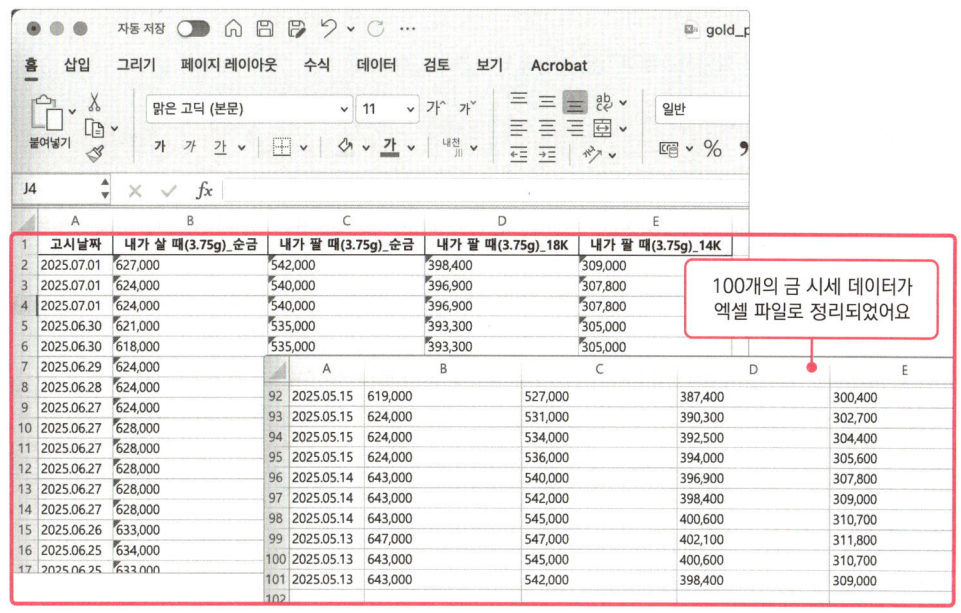

이처럼 정형화된 데이터를 수집할 때는 이 방법을 활용하면 쉽고 빠르게 데이터를 수집할 수 있을 것입니다. 비슷한 웹사이트의 구조에서 크롤링을 할 경우 이 방법을 한 번 활용해보세요.

바이브 코딩 13 ▸ 데이터도 꿰어야 보배, 통계 처리하고 시각화하기

100개의 금 시세 데이터를 수집했지만, 단순히 데이터를 모으는 것만으로는 부족합니다. 깃허브 코파일럿은 데이터를 분석하고 시각화하는 작업에도 굉장히 능합니다. 이번에는 깃허브 코파일럿에게 수집한 데이터를 기반으로 통계 처리와 시각화를 시켜보겠습니다. 실습은 `바이브 코딩 12 ▸ 1년 치 금 시세 크롤링하기`에 이어서 진행해주세요.

01 **통계값 처리를 하려면 먼저 엑셀 파일은 닫힌 상태여야 합니다.** 파일이 열려 있는 상태에서는 데이터에 접근하지 못할 수도 있습니다. 혹시라도 엑셀 파일을 열고 있다면 엑셀 파일을 닫아두기 바랍니다. 이 상태에서 깃허브 코파일럿에게 수집한 데이터로 통계값을 만들어달라고 요청하겠습니다. 그러면 깃허브 코파일럿이 한 번 명령을 내리면 알아서 통계값을 만들어주는 파이썬 코드를 작성해줄 것입니다.

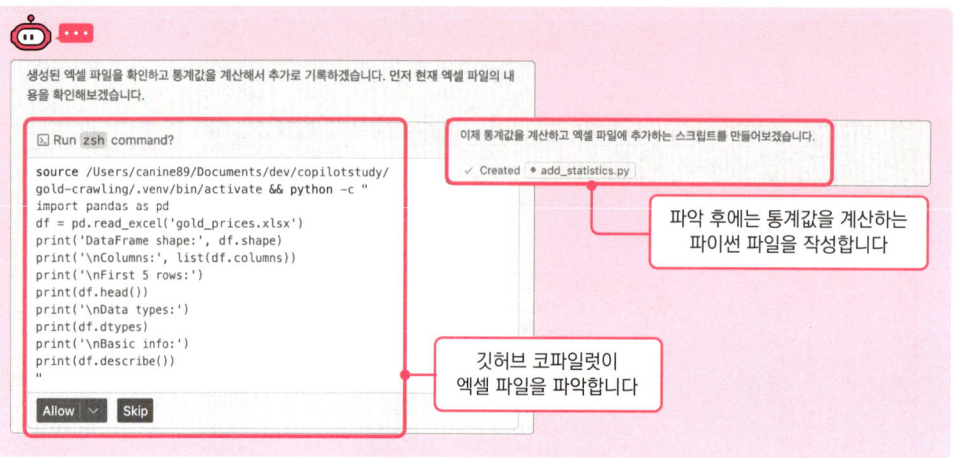

02 이번에 깃허브 코파일럿에게 부탁해서 받은 코드는 전체 통계부터 월별 통계까지 매우 다양한 값을 계산하는 구성으로 작성되었습니다. 깃허브 코파일럿이 안내한 대로 파이썬 코드를 실행하거나 명령어를 실행해달라고 요청하겠습니다. 그러면 분석 내용을 보여줌과 동시에 다음과 같이 **gold_price_with_stats.xlsx**라는 엑셀 파일을 만들어 기록해줄 것입니다.

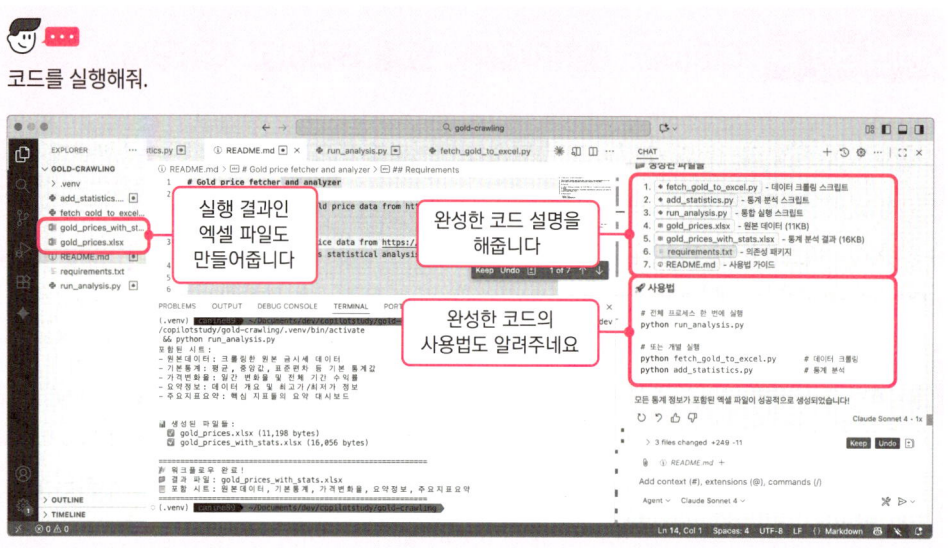

03 파일을 열어보면 통계값을 제대로 만들었습니다.

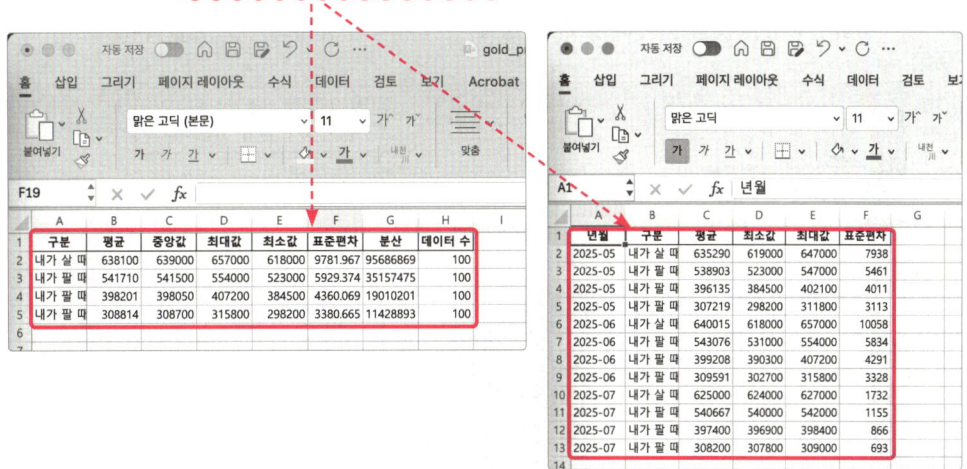

04 이제 수집한 통계값을 이용해서 시각화해보겠습니다. 깃허브 코파일럿에게 통계값 시각화 작업과 함께 파일 확장자는 png로 해달라고 요청하겠습니다. 그러면 깃허브 코파일럿은 통계값을 기반으로 그래프 등 다양한 시각화 이미지를 만드는 코드를 작성하고 실행까지 해줄 것입니다.

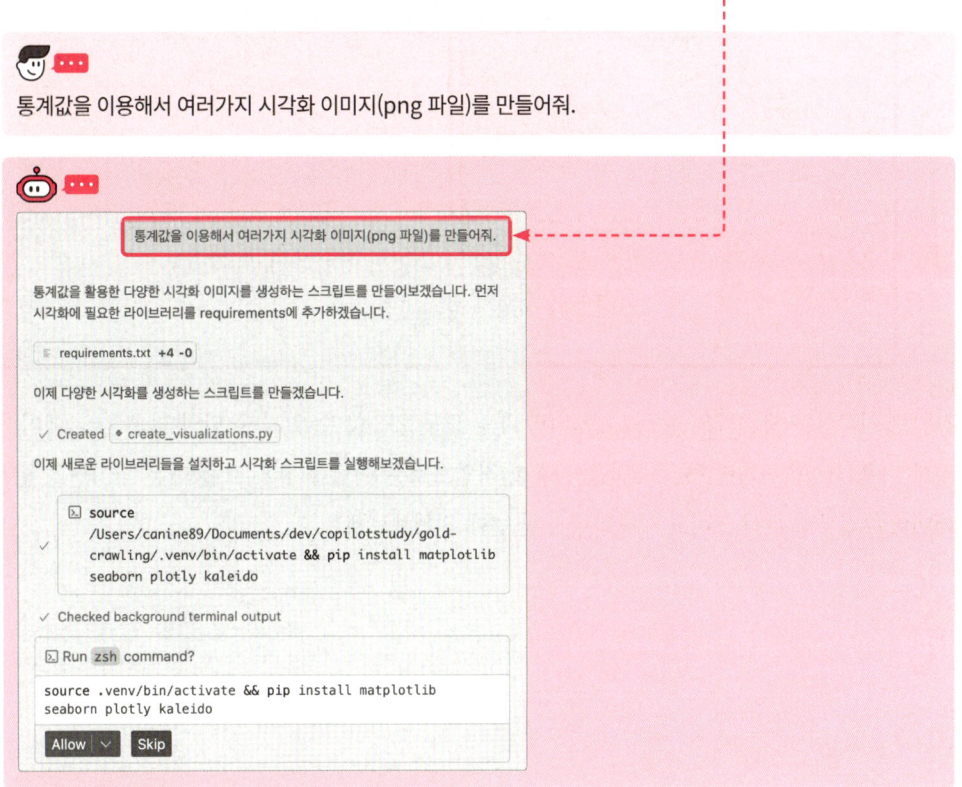

05 작성된 코드를 적용하고 이어서 깃허브 코파일럿에게 코드를 실행해달라고 하면 다양한 시각화 이미지가 생성될 것입니다. 과정 **04**를 통해 이미 실행된 상태일 수도 있습니다.

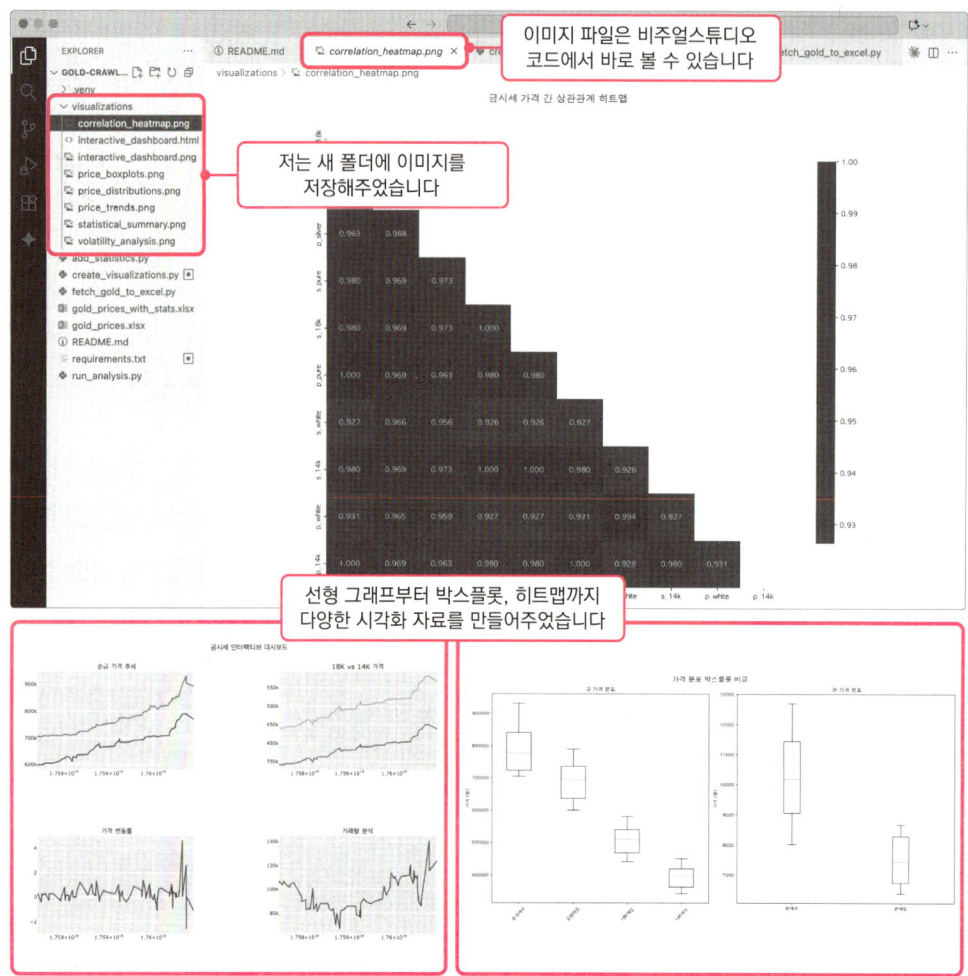

간단한 시각화는 챗GPT와 같은 LLM 기반 채팅 도구로도 할 수 있지만, 만약 많은 양의 데이터를 수집한 다음 시각화하려면 챗GPT만을 이용한 작업으로는 어렵습니다. 그럴 때는 파이썬을 활용해서 데이터 수집부터 분석 그리고 시각화까지 한 번에 진행해보세요.

바이브 코딩 14 ▸ 해외 주식 크롤링 프로그램 만들기

난이도 중!

이제 마지막으로 해외 주식 데이터를 수집하는 크롤링 프로그램을 만들어보겠습니다. 앞에서 배운 내용을 제대로 이해했다면 단 몇 단계 만에 해외 주식 데이터를 크롤링할 수 있을 것입니다.

01 가장 먼저 어떤 사이트에서 데이터를 수집할지 정해야 합니다. 이번에는 야후 파이낸스에서 주가가 가장 많이 오른 주식 데이터를 수집해보겠습니다. 다음 사이트에 접속한 다음 F12 를 눌러 개발자 도구를 열고, 주식 데이터를 포함하고 있는 영역의 태그를 마우스 오버로 찾습니다. 만약 원하는 데이터를 감싸고 있는 태그가 잘 선택되지 않는다면, 화면에서 크롤링하려는 데이터 근처에 마우스를 올리고 오른쪽 클릭을 한 다음 [검사]를 누르면 좀 더 정확하게 찾을 수 있습니다.

- **야후 파이낸스 상위 상승 주식** : finance.yahoo.com/markets/stocks/gainers

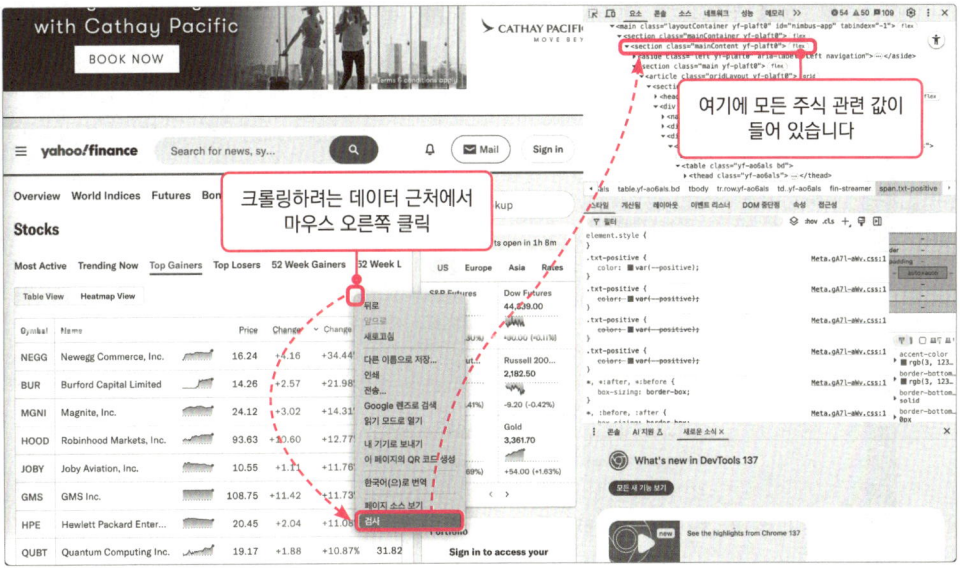

02 이렇게 해서 찾은 주식 데이터를 감싸고 있는 태그는 〈section class="mainContent yf-plaft0"〉입니다. 하지만 주의할 사항이 있습니다. 여기서는 앞서 크롤링할 때 진행한 방법인 태그에서 오른쪽 클릭 [복사 → 요소 복사]하여 크롤링을 시킬 수 없습니다. 왜냐하면 이 태그에는 엄청나게 많은 데이터가 들어 있기 때문에 복사 자체가 불가능할 수 있기 때문이죠. 그래서 깃허브 코파일럿에게 찾은 태그의 정보만 알려주면서 크롤링을 시켜야 합니다. **이때 태그에 있는 yf-plaft0는 무작위 값입니다.** 이 무작위 값은 깃허브 코파일럿이 웹 크롤링을 시도할 때마다 바뀌는

챕터 08 크롤링을 하고 싶어 : 파이썬 **133**

값이므로 이용하지 말라고 해야 합니다. 또한 주식 데이터를 정확하게 수집하려면 깃허브 코파일럿에게 반드시 '표에 있는 주식 데이터'라고 명확하게 알려주어야 합니다.

> **NOTE** 참고로 이 과정은 앞서 **바이브 코딩 13 - 데이터도 꿰어야 보배, 통계 처리하고 시각화하기**에서 진행한 방법과 동일합니다.

finance.yahoo.com/markets/stocks/gainers 사이트에서 <section class="mainContent yf-plaft0">로 시작하는 태그 안에 **표에 있는 주식 데이터**를 크롤링해서 엑셀 파일로 정리해줘. 이때 **yf-plaft0**와 같은 무작위 값은 무시해.

03 프롬프트를 입력하면 깃허브 코파일럿이 다음과 같이 주식 데이터를 수집하기 위한 폴더를 하나 만들고, 크롤링 코드를 작성한 다음, 필요한 라이브러리를 설치하는 작업을 마치고 사용 방법을 설명해줄 것입니다. 모든 과정은 [Allow]를 눌러 진행하면 됩니다. 코드 실행부터 수정까지 작업을 모두 자동으로 수행합니다.

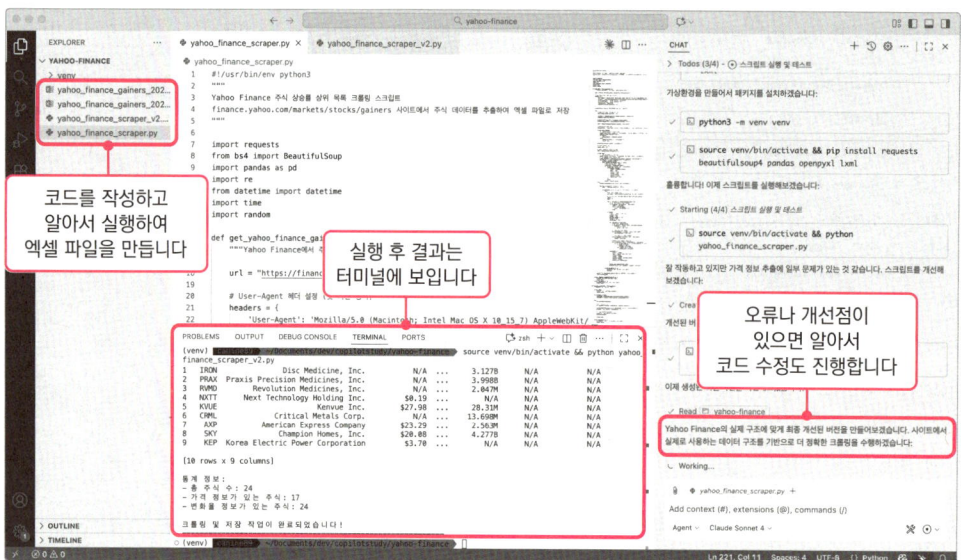

04 만약 깃허브 코파일럿이 코드를 실행하지 않았다면 다음과 같이 코드를 실행하도록 요청해보세요. 이때 프로젝트 이름을 함께 알려주면 더 명확하게 작업을 수행합니다.

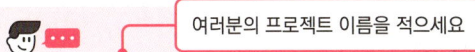

> 여러분의 프로젝트 이름을 적으세요

YAHOO-FINANCE 프로젝트의 코드를 실행해서 주식 데이터를 엑셀 파일로 저장해줘.

05 작업이 완료되면 깃허브 코파일럿은 엑셀 파일의 위치를 알려주고, 수집한 정보도 터미널로 알려줍니다. 아주 짧은 시간에 주요 정보 24개의 데이터를 추출했습니다. 더 많은 양의 데이터가 필요하다면 다시 코드를 수정 요청하여 결과를 받으면 됩니다.

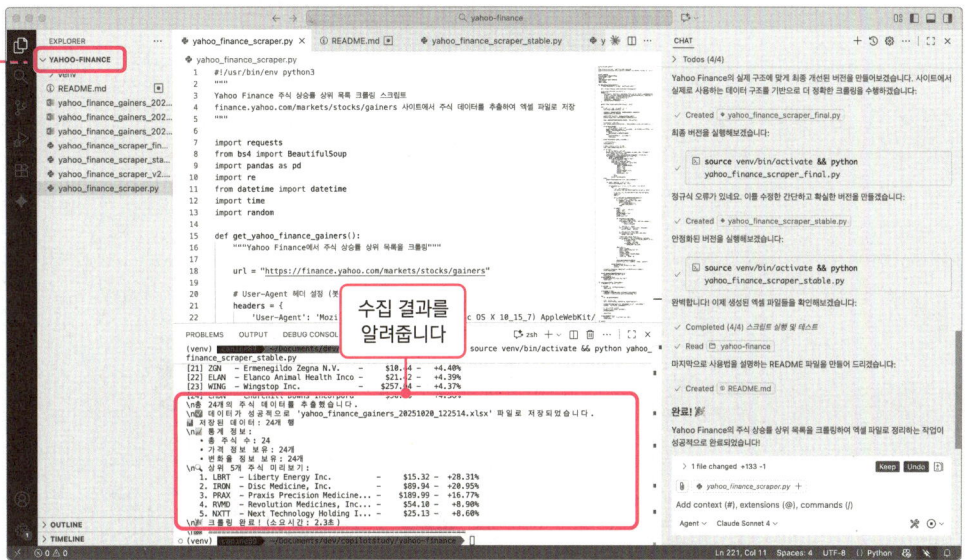

명확한 요청과 몇 번의 클릭만으로 이 모든 과정이 몇 분 안에 이루어졌다는 점에서 자동화의 힘을 실감할 수 있을 것입니다. 이제 여러분은 웹 크롤링의 기본 원리부터 깃허브 코파일럿을 이용한 실제 데이터 수집, 분석, 시각화까지 모두 경험해봤습니다. 지금 익힌 기술로 주식뿐만 아니라 뉴스, 환율, 기후, 제품 정보 등 다양한 분야의 데이터 수집 도구를 만들어 실전에서도 활용해보세요.

[챕터 09]

나만의 프로그램을 만들고 싶어 : 디버그, 바이브 코딩

유튜브 영상으로
더 쉽게 공부하세요!

파이썬으로 프로그램을 만들 때 디버그라는 개념을 알아야 한다는데, 그게 뭔가요?

디버그는 **코드 안에 있는 오류를 찾아내고 해결하는 과정**을 말해요. 예전에는 프로그래머만 할 수 있었는데, 지금은 깃허브 코파일럿이 이 디버깅을 스스로 해줘요. 마치 코드 속 벌레(bug)를 잡는다고 생각하면 돼요.

그럼 깃허브 코파일럿이 알아서 오류를 고쳐준다는건가요? 따로 코딩이나 수정을 다 할 필요가 없다는 말인가요?

네, 맞아요! 깃허브 코파일럿은 오류가 생기면 스스로 감지하고 코드를 고쳐서 다시 실행해요. 여러분은 이미 깃허브 코파일럿이 오류를 고쳐주거나 고쳐달라고 요청했던 경험이 있을 거예요. 이게 바로 바이브 코딩인데, **복잡한 코딩이나 디버깅은 AI에게 맡기고, 우리는 무엇을 만들지 방향만 제시**하면 된답니다. 이제 QR 코드 만드는 프로그램부터 직접 만들어볼 거예요.

이제는 파이썬으로 여러 가지 문제를 해결하는 나만의 프로그램을 만들어볼 차례입니다. 파이썬과 깃허브 코파일럿만 잘 다뤄도 생각보다 많은 일을 할 수 있다는 사실에 놀라게 될 것입니다. PDF에서 필요한 페이지만 추출하려고 인터넷 검색을 통해 광고 투성이의 웹사이트에 파일을 올려서 추출받은 경험, QR 코드나 쇼트 링크를 만들기 위해 사이트에 회원가입하거나 복잡한 절차를 거친 적이 있나요? 이 모든 작업은 파이썬과 깃허브 코파일럿만 있으면 쉽게 해결할 수 있습니다. 여기서 하나, 꼭 알아두면 좋은 개념이 있습니다. 바로 디버그입니다.

스스로 수십 번의 디버그를 하는 깃허브 코파일럿

지금의 깃허브 코파일럿이 여러분의 훌륭한 프로그래밍 도우미가 된 것은 스스로 오류를 감지하고 해결하는 능력, 즉 디버깅 기능을 갖추고 있기 때문입니다. **디버그란 코드 속 오류를 찾아내고 해결하는 과정으로, 깃허브 코파일럿과 같은 도구가 나오기 전에는 프로그래머만이 이 작업을 할 수 있었죠.**

> **NOTE** 디버그Debug라는 용어는 1940년대, 마크 Ⅱ 라는 컴퓨터의 어느 부품에 낀 나방 때문에 접촉 불량이 생겨 오류가 발생한 사건에서 유래했습니다. 분리, 제거 등의 의미를 가진 접두사 De와 벌레 Bug를 합쳐 디버그라는 말이 생겼고, 지금은 프로그램에 발생한 오류를 해결한다는 의미로 통하고 있습니다.

깃허브 코파일럿은 오류가 발생하면 스스로 오류 메시지를 감지하고, 이를 해당 프로젝트 환경에 맞게 코드를 개선하여 재실행합니다. 이 과정을 문제가 없어질 때까지 반복합니다. 물론 아직은 디버깅을 해결하는 데 전문 프로그래머의 손길보다는 모자란 점이 많지만, 그래도 간단한 프로그램을 만들고 수정할 때에는 꽤 유용합니다. 사실 여러분은 이미 깃허브 코파일럿의 디버깅 기능을 이전부터 자연스럽게 사용해왔습니다. 오류가 발생했을 때 깃허브 코파일럿이 알아서 고쳐주거나, 고쳐달라고 요청했던 경험이 모두 디버깅의 사례라고 할 수 있죠.

코딩, 수정은 AI에게 맡기고 나는 방향만 이끄는 바이브 코딩

우리가 바이브 코딩을 할 때 준비해야 할 것은 깃허브 코파일럿과 티키타카를 즐기겠다는 마음가짐뿐입니다. 이제 코드를 일일이 짜거나 어려운 수정, 복잡한 디버깅은 AI에게 맡기고 사람은 무엇을 만들지 그리고 어떤 결과물로 완성해갈지 방향을 이끌어주기만 하면 되는 것이죠.

코드를 수정하기 위해 몇 시간씩 화면만 쳐다보며 기계적인 작업을 반복하는 일 없이 누구나 손쉽게 프로그램을 만들 수 있고, 그런 경험을 가능하게 하는 방식이 바로 '바이브 코딩'입니다. 아직 바이브 코딩에 대한 정의가 명확하게 정립되진 않았지만 어쨌든 프로그래밍과 코딩을 누구나 즐기며 할 수 있는 시대가 된 것은 분명합니다. 이제 본격적으로 나만의 QR 코드를 만드는 프로그램부터 하나씩 만들어보겠습니다.

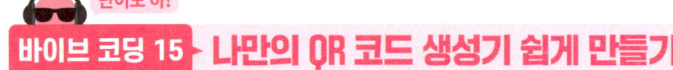

바이브 코딩 15 ▶ 나만의 QR 코드 생성기 쉽게 만들기

만약 자신이 운영하는 카페의 마케팅용 홍보물에 설문 조사 또는 이벤트 페이지를 연결하고 싶을 때 QR 코드를 넣을 겁니다. 고객이 홍보물을 보고 바로 QR 코드를 스캔해 설문 조사나 이벤트 페이지에 접속할 수 있으니 편리하거든요. 이제 이런 방식의 홍보는 누구나 기본적으로 하는 일상이 되었습니다. 하지만 QR 코드를 만들기 위해 별도의 사이트에 접속하고 회원가입을 하거나 광고를 봐야 한다면 그 과정이 썩 유쾌하지는 않을 겁니다.

흔히 볼 수 있는 이벤트 QR 코드

내가 원하는 QR 코드를 만들려면 무료로는 횟수 제한이 있거나 광고를 봐야 하죠

물론 요즘에는 QR 코드를 무료로 만들어주는 사이트도 많습니다. 또한 QR 코드 중앙에 자신의 카페 로고를 넣어 홍보 효과를 노리고 싶지만, 대부분의 사이트에서는 이런 기능을 유료로 제공하고 있을 겁니다. 그런데 놀랍게도 파이썬과 깃허브 코파일럿이 있으면 수백 개의 QR 코드를 무료로, 그것도 쉽게 만들 수 있습니다. 다음 그림의 프로그램은 실제로 만들어 사내에서 사용하는 QR 코드와 쇼트링크 생성기입니다.

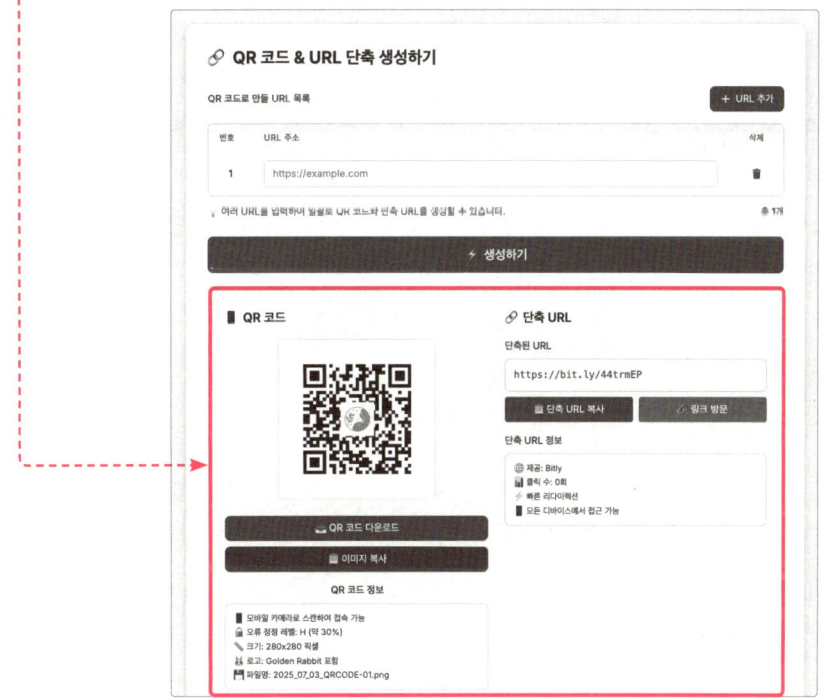

[챕터 09] 나만의 프로그램을 만들고 싶어 : 디버그, 바이브 코딩

이 프로그램은 QR 코드와 쇼트 링크를 한꺼번에 생성해서 보여주고, 각각을 바로 사용할 수 있도록 [다운로드], [복사] 버튼도 있습니다. 여러 개의 URL을 한 번에 입력하면 QR 코드와 쇼트 링크를 일괄 생성하여 받을 수도 있습니다. 또한 QR 코드에는 회사 로고를 삽입해 홍보 효과까지 높였죠. 이처럼 유용한 프로그램도 깃허브 코파일럿을 통해 몇 단계만 거치면 만들 수 있습니다. 우선 간단하게 QR 코드 생성 프로그램을 만들어봅시다.

01 먼저 빈 폴더를 자유롭게 만들고 깃허브 코파일럿으로 엽니다. 그리고 QR 코드에 삽입할 로고 이미지도 준비합니다. 이 이미지는 깃허브 코파일럿이 인식할 수 있도록 깃허브 코파일럿으로 열어둔 폴더 안에 함께 넣어두어야 합니다. 다음과 같은 상태면 준비 완료입니다.

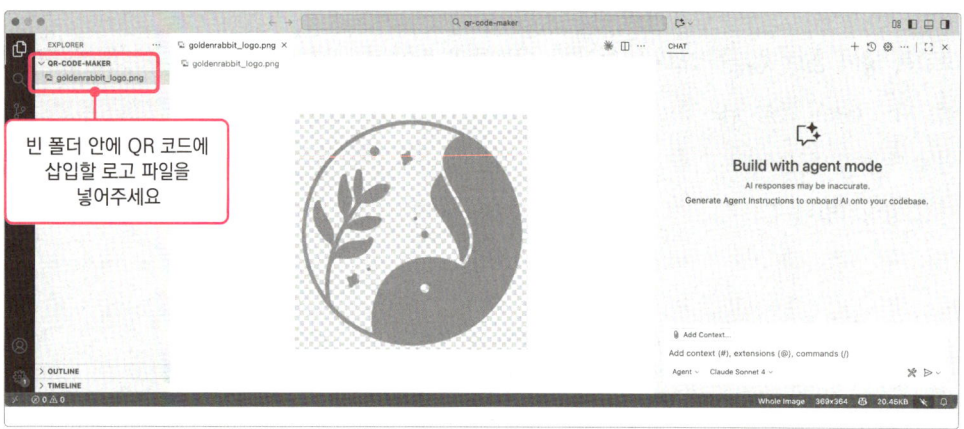

02 이제 본격적으로 QR 코드 생성 프로그램을 만들어봅시다. 어떤 방식으로 만들지 잘 모르겠다면 그냥 깃허브 코파일럿에게 물어봐도 됩니다. [Plan] 모드를 사용하세요.

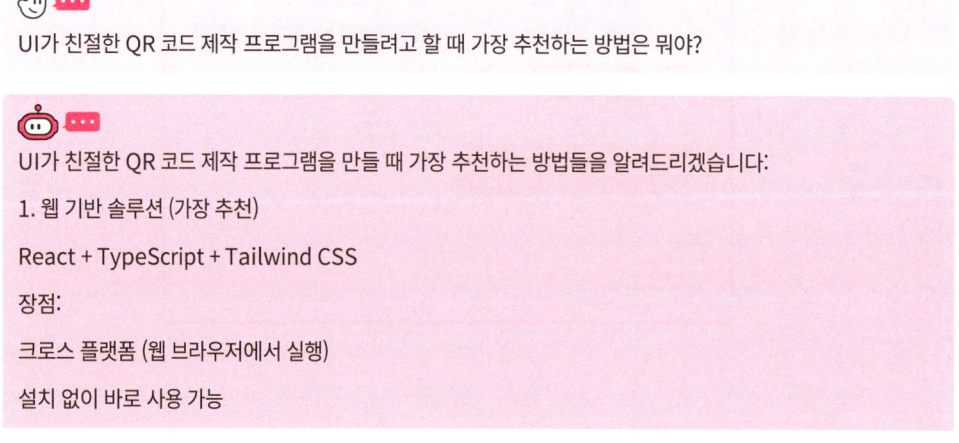

모던하고 반응형 UI 구현 용이

...생략...

최종 추천: React + TypeScript + Tailwind CSS

현재 Python 프로젝트가 있으시니, Streamlit으로 빠르게 시작하거나, React 웹 앱을 만드는 것을 추천합니다.

어떤 방향으로 진행하고 싶으신지 알려주시면, 구체적인 구현 방법을 도와드릴 수 있습니다!

03 깃허브 코파일럿은 여러 개발 방식과 함께 최적의 방법을 추천해줍니다. [Agent] 모드로 전환해서 깃허브 코파일럿이 최종적으로 추천한 기술을 이용해서 개발해보라고 하겠습니다.

최종으로 추천해준 기술로 사용자가 넣은 이미지를 중앙에 배치해서 QR 코드를 생성하는 프로그램을 만들어줘. 이미지는 QR 코드 중앙에 넣고, 뒷 배경에 QR 코드가 보이지 않도록 하얗게 배경 처리를 해줘, 링크는 복붙이 가능해야 하고, 처음에 1개만 입력하는 상태여야 해. [+추가] 버튼을 누르면 최대 10개까지 추가할 수 있고 [생성]을 누르면 한꺼번에 QR 코드를 만들어서 사용자가 지정한 폴더에 저장할 수 있어야 해.

그러면 깃허브 코파일럿은 기본적으로 코드를 작성하면서 불필요한 파일은 삭제하고, 필요한 패키지는 설치해주며 작업에 필요한 설명까지 함께 제공하며 진행합니다.

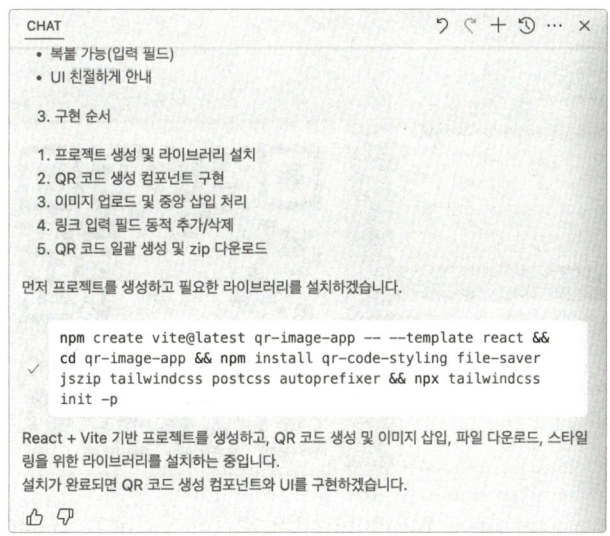

04 프로그램 작성을 마치면, 깃허브 코파일럿에게 프로그램을 실행해달라고 해봅시다. **여러 번 설명했듯이 리액트 기반으로 만든 프로그램은 바로 실행되는 것이 아니라 서버를 구동하고 웹 브라우저를 통해 접속해야 사용할 수 있습니다.** 이 과정이 어렵게 느껴진다면 그냥 깃허브 코파일럿에게 프로그램을 실행해달라고 하면 됩니다. 프로그램을 실행하면 다음과 같은 화면 구성을 가진 QR 코드 제작 프로그램이 보일 것입니다.

05 각 기능을 사용해보면 문제없이 잘 동작하는 것을 확인할 수 있습니다. 로고도 잘 삽입되었고, 생성된 QR 코드를 카메라로 스캔하면 정상적으로 잘 연결됩니다.

이처럼 유료 서비스에서 사용하는 로고 삽입 기능도 이제 깃허브 코파일럿만 있으면 누구나 쉽게 만들 수 있는 시대가 되었습니다.

바이브 코딩 16 ▶ PDF 편집기 만들기 : 페이지 추출 기능

혹시 PDF에서 특정 페이지만 추출하고 싶었던 적 있나요? 또는 반대로 여러 PDF를 하나로 이어 붙이는 작업은요? 많은 사람이 사용하는 무료 버전의 어도비 아크로뱃 리더는 특정 페이지만 추출하는 기능조차 제공하지 않습니다. 사람들이 많이 사용하는 기본적인 기능인데도 불구하고 무료로 제공하지 않고 있죠.

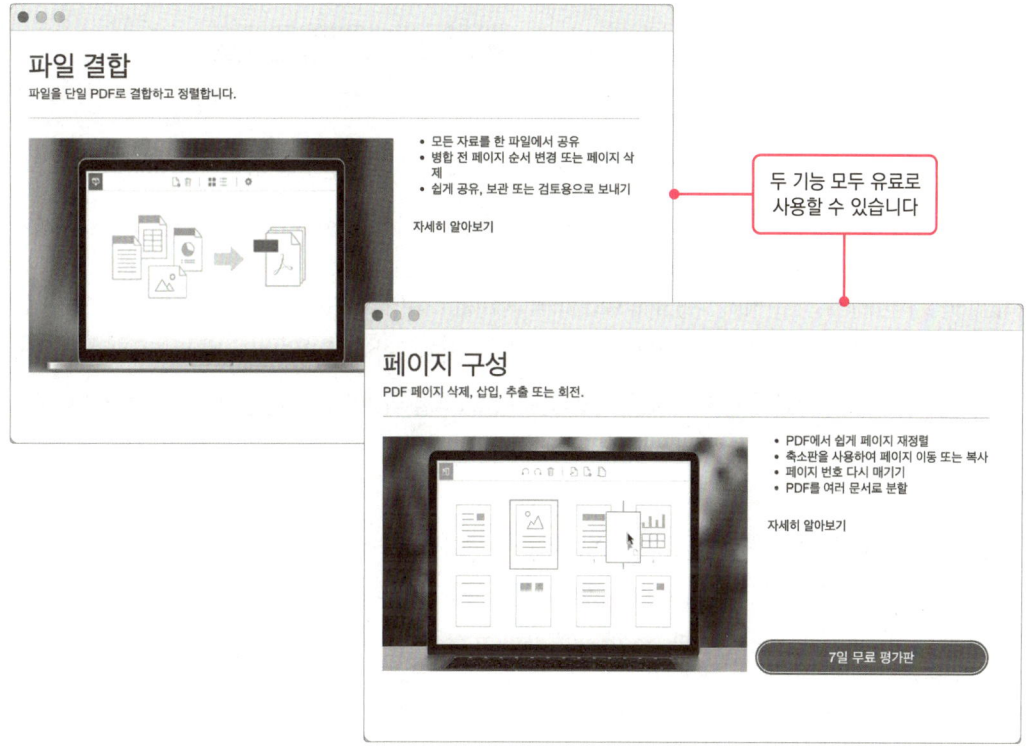

심지어 PDF에 워터마크 하나 넣으려고 해도 유료 기능입니다. 파일을 보는 기능 외에는 할 수 있는 일이 거의 없는 PDF 도구를 쓰다 보면 답답할 때가 많습니다. 그렇다고 무료로 사용하기 위해 인터넷에 검색하면 온갖 광고와 회원가입을 유도하는 페이지가 쏟아져 나와 한숨부터 나옵니다. PDF 파일에서 3~5쪽만 추출하거나 이어 붙이는 일이 이렇게나 번거로운 일인가라는 생각이 절로 들죠.

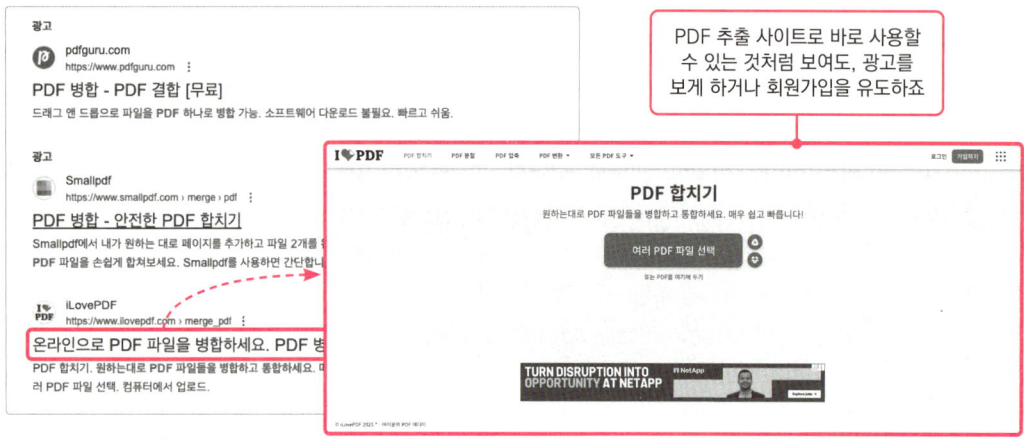

하지만 깃허브 코파일럿이 있다면 어떨까요? 지금부터 깃허브 코파일럿을 활용하여 PDF 파일을 추출하거나 이어 붙이고, 워터마크를 쉽게 넣는 프로그램을 만들어보겠습니다.

01 우선 PDF에서 특정 페이지만 추출하는 프로그램을 만들어봅시다. 적당한 이름으로 폴더를 만든 다음 해당 폴더를 깃허브 코파일럿으로 엽니다. 그러고 나서 깃허브 코파일럿에게 사용자가 페이지 범위를 입력하면 해당 페이지만 추출하는 프로그램을 파이썬으로 만들어보라고 하겠습니다.

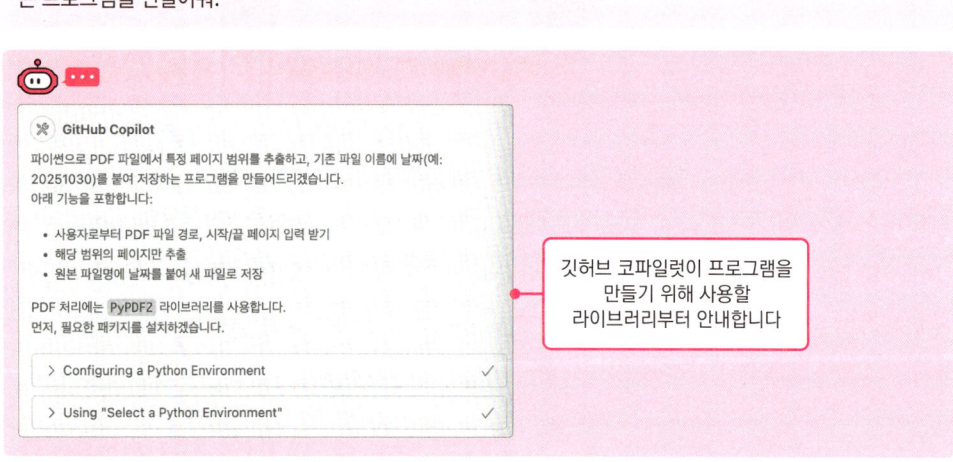

깃허브 코파일럿은 여러분의 디렉터리를 확인한 뒤 프로그램을 작성해주고 실행 방법도 알려줍니다. 대부분의 경우, 깃허브 코파일럿은 프로그램을 작성하면 실행 방법까지 알려줍니다.

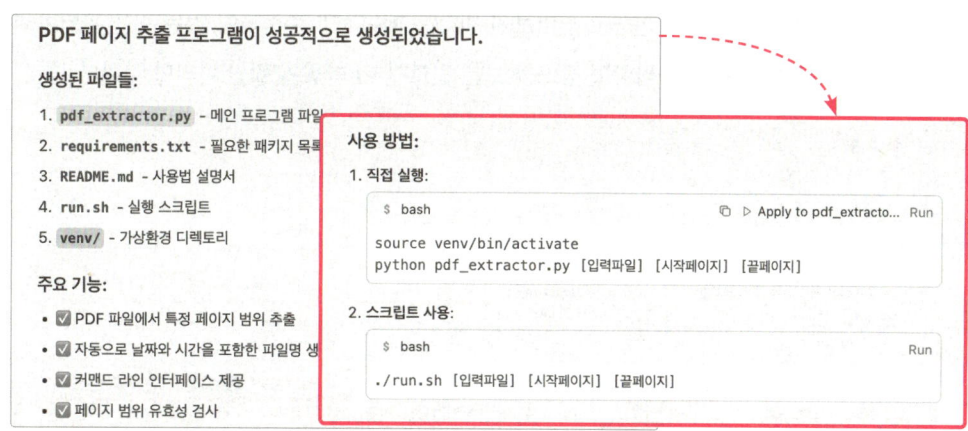

02 만약 깃허브 코파일럿이 실행 방법을 알려주지 않았다면 #컨텍스트를 이용해서 해당 프로그램을 어떻게 실행하면 되는지 물어보면 됩니다.

#pdf_extractor.py는 어떻게 실행해야 해?

03 물론 여러분이 직접 실행하지 않고 깃허브 코파일럿에게 알아서 실행해달라고 해도 됩니다. 단, PDF 파일은 작성한 프로그램과 동일한 폴더에 있어야 합니다. 다음과 같이 PDF 파일을 동일한 폴더에 두고 여러분이 원하는 대로 프로그램을 실행해보세요. 여기서는 깃허브 코파일럿에게 알아서 실행해보라고 하겠습니다.

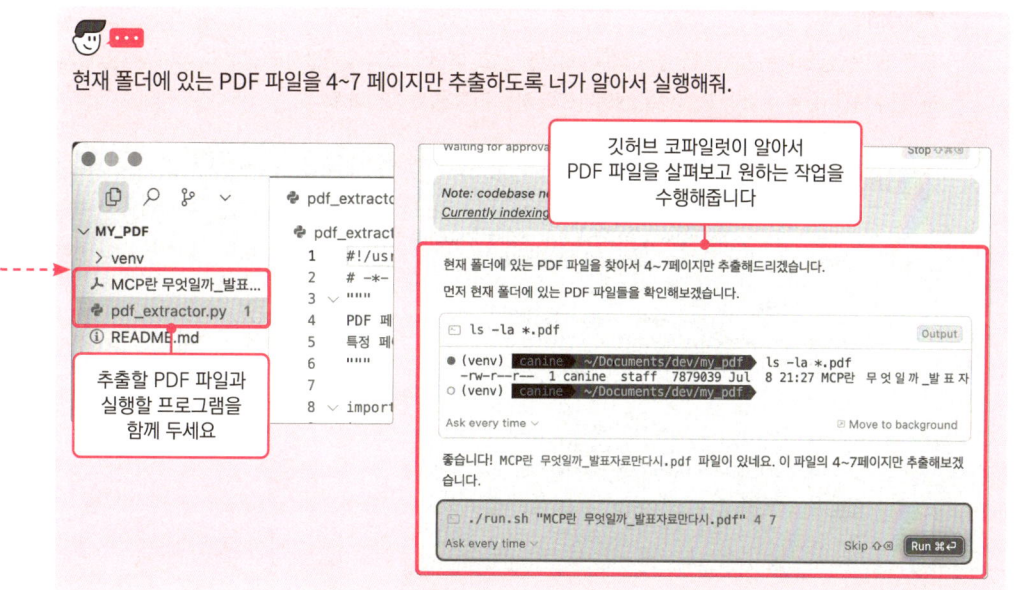

현재 폴더에 있는 PDF 파일을 4~7 페이지만 추출하도록 너가 알아서 실행해줘.

04 잠시 후 실행된 파일을 확인하고 열어보면 원하는 페이지만 추출되어 있는 것을 확인할 수 있습니다. 사이트에 접속해 가입하고 광고를 보는 것보다 이 방법이 훨씬 편리할 겁니다.

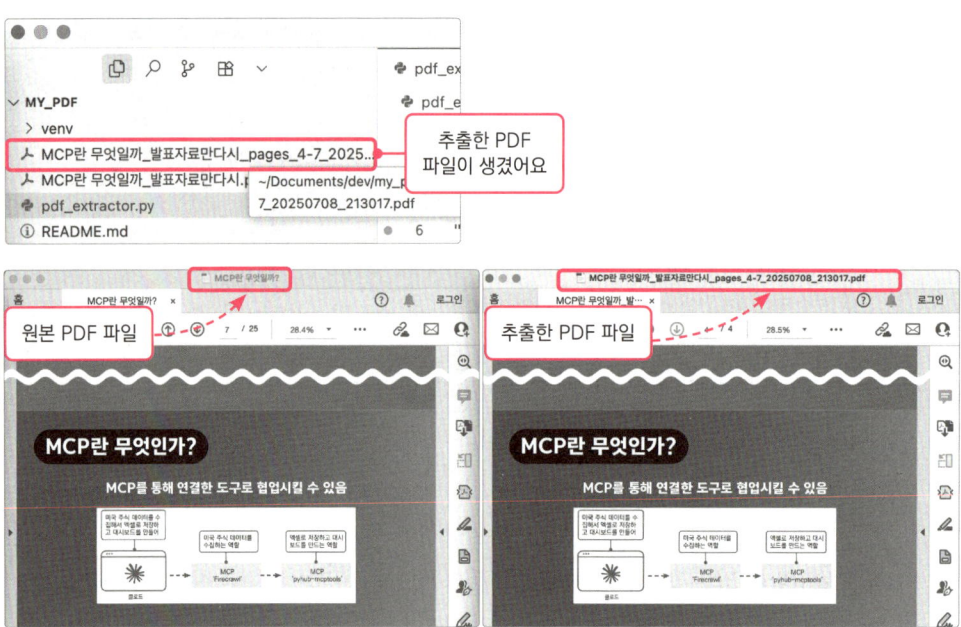

05 하지만 이것마저 귀찮게 느껴질 수도 있습니다. 왜냐고요? 매번 깃허브 코파일럿에게 코드를 실행해달라고 요청해야 하기 때문이죠. 그래서 우리는 이것을 응용 프로그램으로 개선할 겁니다. 이 역시도 깃허브 코파일럿에게 요청해봅시다.

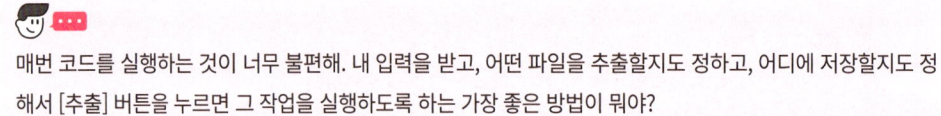

매번 코드를 실행하는 것이 너무 불편해. 내 입력을 받고, 어떤 파일을 추출할지도 정하고, 어디에 저장할지도 정해서 [추출] 버튼을 누르면 그 작업을 실행하도록 하는 가장 좋은 방법이 뭐야?

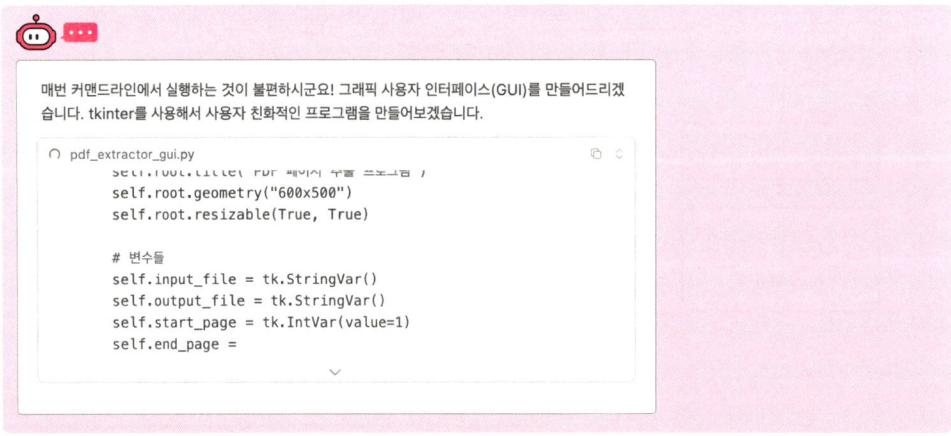

그러면 깃허브 코파일럿은 입력창이나 버튼이 있는 GUI 프로그램을 만들어주겠다고 합니다.

06 "이게 뭐야?" 하는 순간 깃허브 코파일럿은 이미 그 작업을 끝냅니다. 그리고 프로그램 실행까지 알아서 진행합니다.

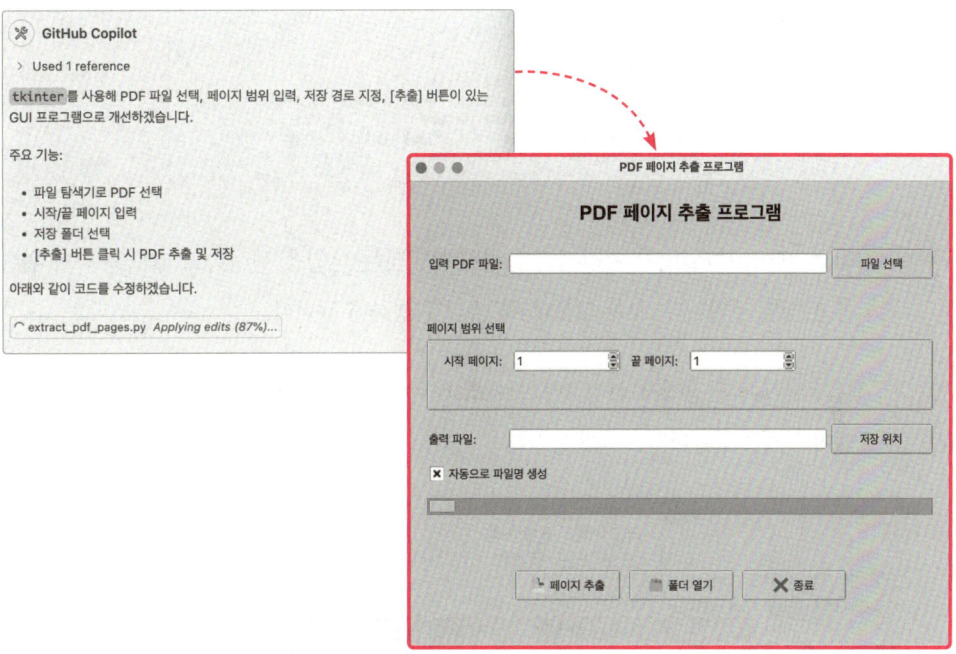

QR 코드 생성기와 마찬가지로 깃허브 코파일럿이 PDF 추출 프로그램도 몇 초 만에 만들어주었습니다. 프로그램을 사용하여 원하는 부분의 PDF 페이지를 추출하면 잘 동작하는 걸 알 수 있습니다.

07 하지만 아직 완벽하지 않습니다. 왜냐하면 프로그램을 실행하려면 여전히 GUI 기반의 실행 명령어를 입력해야 하기 때문이죠. 진짜 응용 프로그램처럼 아이콘을 더블클릭해서 실행하려면 어떻게 해야 할까요? 그러려면 응용 프로그램으로 빌드해야 합니다. 쉽게 말해 더블클릭으로 실행할 수 있는 형태의 프로그램으로 매듭을 짓는 것을 빌드한다고 합니다. 이 역시 깃허브 코파일럿에게 빌드해달라는 요청을 통해 실행해봅시다.

이 프로그램을 빌드해서 더블클릭으로 실행할 수 있게 해줘.

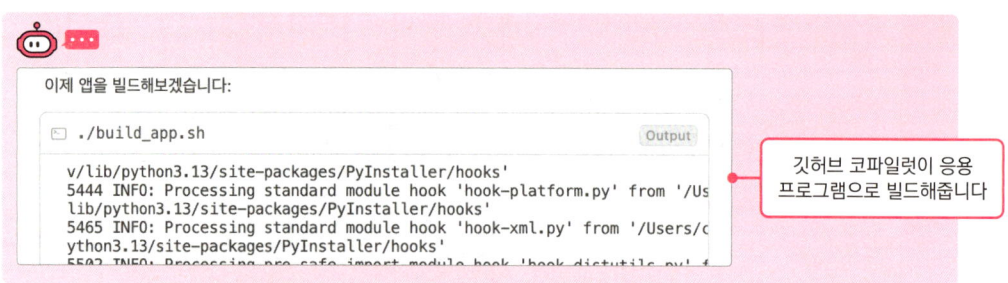

깃허브 코파일럿이 응용 프로그램으로 빌드해줍니다

그러면 깃허브 코파일럿이 여러분의 운영체제에 맞는 파일을 생성하고 빌드를 하기 위한 여러 작업을 진행할 것입니다. 모두 [Allow]를 눌러 진행하면 됩니다.

08 이 책은 macOS 환경에서 진행했으므로 **dist**라는 폴더 안에 **PDF 페이지 추출기.app**이라는 프로그램이 만들어졌습니다.

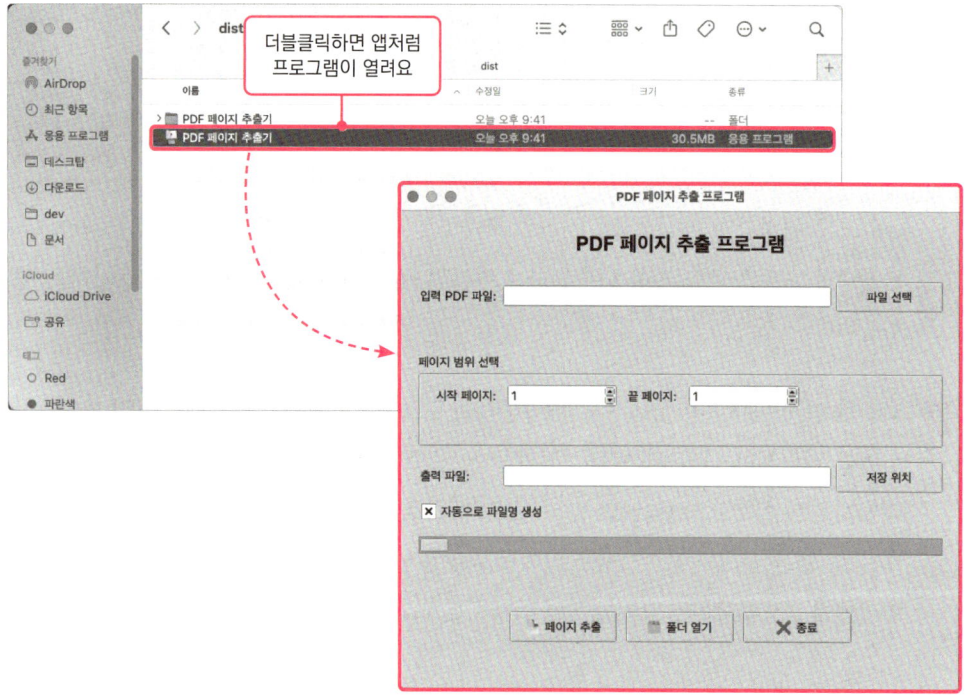

여러분이 평소에 사용하는 응용 프로그램들도 대부분 이런 과정으로 만들어진 것이죠. 개발 단계에서는 코드를 수정해가며 테스트한 다음 완성이 되었다고 생각하는 시점에 빌드하여 마무리하는 것입니다.

바이브 코딩 17 → PDF 편집기 완성하기 : 페이지 이어 붙이기 기능

이렇게 PDF 페이지 추출 프로그램을 만들었지만 여기에 기능을 추가하고 싶을 수도 있습니다. 그럴 때는 프로그램을 수정해서 다시 빌드하면 됩니다. 완성된 프로그램은 친구들에게 공유하거나 배포할 수도 있겠죠. 이번에는 바이브 코딩 16 → PDF 편집기 만들기 : 페이지 추출 기능 에서 만든 프로그램을 수정하여 페이지 이어 붙이기 기능까지 추가하여 다시 빌드해보겠습니다.

01 우선 깃허브 코파일럿에게 페이지 이어 붙이기 기능을 프로그램에 추가하고 싶다고 하면서 상세하게 요청하겠습니다.

> PDF 페이지 추출기 프로그램이 만족스럽긴 하지만, 두 파일을 이어 붙일 수 있는 기능도 있으면 좋겠어. 파일을 순서대로 첨부하면 첨부한 순서대로 이어 붙인 새 파일을 내가 지정한 위치에 저장해주는 프로그램으로 개선해줘.

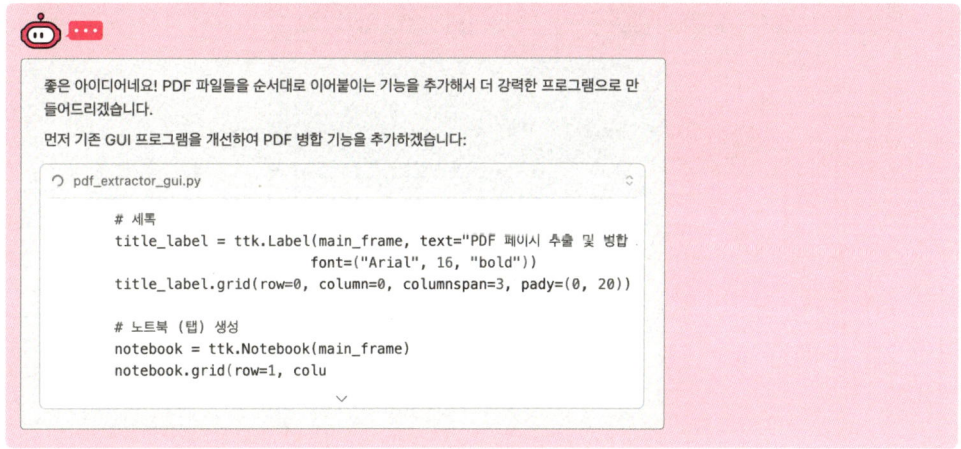

그러면 깃허브 코파일럿은 기존 프로그램에 기능을 추가하고, 알아서 빌드까지 마칩니다. 이미 빌드를 한 번 했기 때문에 깃허브 코파일럿은 여러분이 다시 빌드를 요청할 것이라고 짐작하고 동작하는 것이죠.

02 그 결과, 새로 빌드한 프로그램이 곧바로 완성되었습니다. 이제 여러분은 원하는 기능을 쉽게 추가하고 원하는 형태로 프로그램을 만들 수 있을 겁니다. 앞으로는 어떤 프로그램을 만들고 싶은가요? 회원가입 기능이 있는 웹사이트 만들기? 아니면 깃허브 코파일럿으로 나만의 데스크톱 애플리케이션 만들기? 이제 무엇이든 깃허브 코파일럿과 함께 자유롭게 만들며 즐겨보세요!

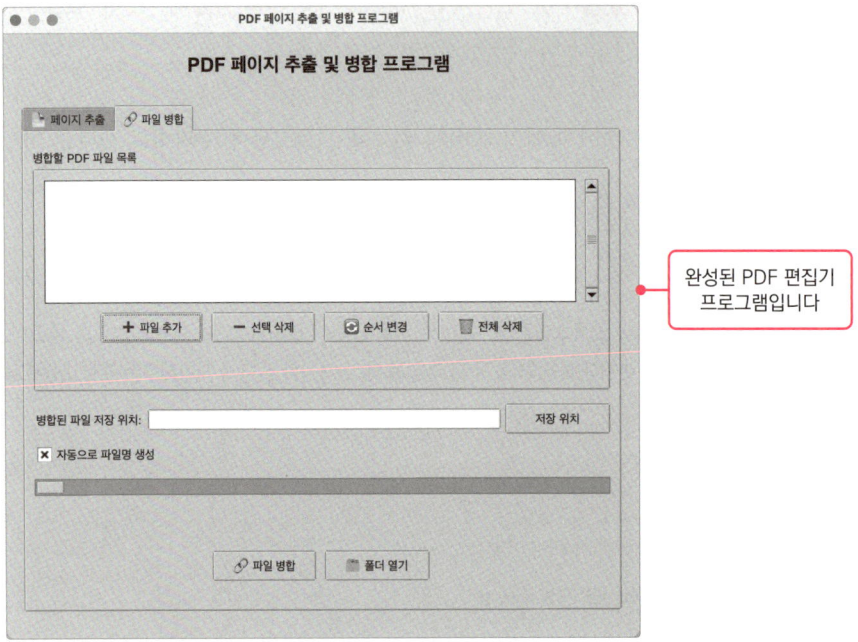

완성된 PDF 편집기 프로그램입니다

[챕터 10]

데이터를 이용하고 싶어 : API

유튜브
bit.ly/4nqVqIP

유튜브 영상으로
더 쉽게 공부하세요!

이제 마지막 주제로 API를 배운다고 하는데,
그게 뭔가요? 개발자들이 쓰는 거라고 해서
어렵게 느껴져요.

API는 프로그램이나 서비스에서 특정 기능이나 정보를 서로 주고받을 수 있도록 만든 약속 같은 거예요. 우리가 엘리베이터 버튼을 누르면 내부 작동 방식을 몰라도 원하는 층에 가는 것처럼, API도 정해진 요청을 보내면 원하는 결과를 얻을 수 있도록 해주는 거죠. 이번 챕터에서는 API에 대한 이해와 함께 API를 활용하여 다양한 프로그램을 만들어봅시다.

이제 **파트 01** 처음 만나는 깃허브 코파일럿과 **CS 지식**의 마지막 주제, 대망의 API에 대해 알아볼 차례입니다. 여러분은 API를 사용해본 적이 있나요? 아마 대부분의 사람이 없다고 답할 것입니다. 그도 그럴 수밖에 없는 것이 API는 보통 개발자들이 사용하는 도구로, 프로그램 영역에서 이용되어 일반 사용자는 직접 접할 일이 거의 없거든요. 이번 챕터에서는 바로 그 API가 도대체 무엇인지, 그리고 얼마나 무궁무진하고 실용적인 방식으로 활용되는지 알아보겠습니다.

API가 뭐예요?

API를 검색하거나 깃허브 코파일럿에게 물어보면 이해하기 어렵거나 종종 더 알 수 없는 설명을 해줄 때가 있습니다. 때문에 우리는 API를 사용해보기도 전에 겁을 먹고 포기하는 경우가 있을 겁니다. 개념부터 제대로 이해하지 못하는데 API를 어떻게 활용할 수 있을까요? 다음은 AI에게 API란 무엇인지 이해할 수 있도록 설명을 요청한 것입니다.

> API는 **Application Programming Interface**의 약자로, 애플리케이션 프로그래밍 인터페이스를 의미합니다.
>
> **API란?**
> API는 서로 다른 소프트웨어 애플리케이션이 서로 통신할 수 있도록 해주는 규칙과 프로토콜의 집합입니다.
>
> **API의 주요 역할**
> 1. 데이터 교환: 서로 다른 시스템 간에 데이터를 주고받을 수 있게 해줍니다
> 2. 기능 공유: 한 애플리케이션의 기능을 다른 애플리케이션에서 사용할 수 있게 해줍니다
> 3. 표준화: 일관된 방식으로 서로 다른 시스템들이 상호작용할 수 있게 해줍니다
>
> **API의 종류**
> 1. 웹 API (REST API)
> - HTTP 프로토콜을 사용하여 웹을 통해 데이터를 주고받는 API
> - 예: Google Maps API, Twitter API, 날씨 API
>
> 2. 라이브러리 API
> - 프로그래밍 언어에서 제공하는 함수나 클래스들의 집합
> - 예: Python의 `requests` 라이브러리, JavaScript의 `fetch` API
>
> 3. 운영체제 API
> - 운영체제가 제공하는 시스템 기능들
> - 예: 파일 읽기/쓰기, 네트워크 통신, 메모리 관리

설명 속에서 반복되는 단어들을 유심히 들여다보면 API가 대략 무슨 뜻인지 알아챌 수 있습니다. 다음과 같이 자주 등장하는 단어들을 한 번 살펴보세요.

- 통신, 교환, 주고받을, 사용, 상호작용, 주고받는, 제공

이런 단어를 보면 API는 결국 무언가를 주고받는 즉, 서로 교환하는 것이 주된 목적인 것 같습니다. 실제로도 그렇습니다. API는 누군가가 이미 개발해둔 프로그램이나 서비스로, 그 프로그램이나 서비스의 목적은 기능이나 어떤 무언가를 제공하는 것에 있습니다. 실생활에서 API를 이해할 수 있는

좋은 비유는 바로 엘리베이터입니다. 엘리베이터는 어떤 방식으로 작동할까요?

엘리베이터로 API 이해하기

여러분은 엘리베이터를 이용할 때, 그 안에 어떤 기술로 인해 엘리베이터가 동작하는지 알고 있진 않을 겁니다. 예를 들어, '위로 올라가는 버튼을 누르면 OOO 알고리즘에 따라 엘리베이터가 현재 있는 위치를 파악한 다음, 사용자의 요청을 분석해 최적의 경로를 선택하여…'와 같은 생각을 하며 탑승하는 사람은 없습니다. 우리는 ❶ 그저 [▲] 또는 [▼] 버튼을 눌러서 엘리베이터가 오면 탑승하고, 원하는 층을 눌러 이동할 뿐입니다. ❷ 이때 중간 과정은 몰라도 됩니다. ❸ 우리가 알아야 하는 건 엘리베이터의 버튼을 누르면 원하는 층에 도착한다는 '약속된 동작'입니다. 이것만 알면 충분하죠.

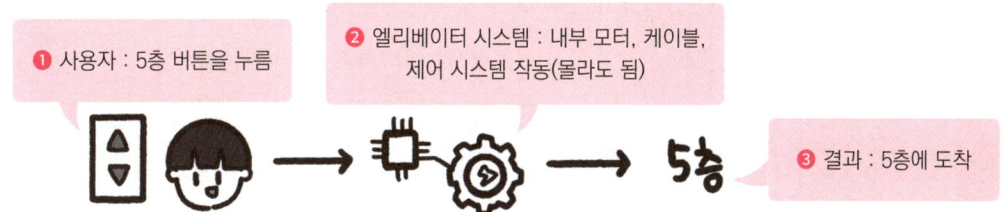

이것이 바로 API의 개념입니다. API는 정해진 약속에 따라 요청을 보내면 사용자는 중간 과정이나 복잡한 내부 구조를 몰라도 원하는 결과를 얻을 수 있도록 설계된 구조로 되어 있습니다. 마치 엘리베이터의 버튼만 누르면 누구든 원하는 층으로 데려다주는 것과 같은 원리입니다.

리모컨으로 API 이해하기

또 다른 예로 에어컨 리모컨을 생각해봅시다. 무더운 여름, 에어컨을 켜기 위해 리모컨을 들었을 때, 그 리모컨이 내부적으로 어떻게 작동하고 에어컨에게 신호를 보내는지 아는 사람은 많지 않습니다. 고민 없이 전원 버튼을 한 번 딸깍 누르면 바로 작동하며 온도가 너무 높을 땐 [온도 내리기] 버튼을, 바람의 방향을 바꾸고 싶을 땐 [바람 전환] 버튼을 눌러 에어컨을 조작만 하면 되니까요. 이처럼 어떻게 작동하는지 몰라도 약속된 버튼만 누르면 원하는 결과를 얻을 수 있는 점에서 리모컨 역시 API와 유사한 구조입니다.

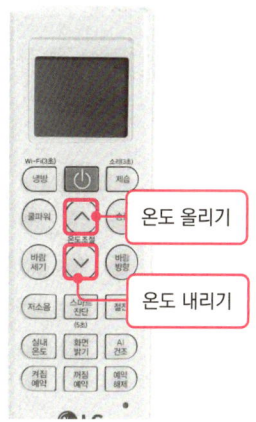

이 정도면 API의 개념과 이해가 어느 정도 와닿을 것입니다. 기억하세요. API는 누군가가 미리 설계하여 만든 것으로, 사용자는 그것이 어떻게 만들어졌는지 내부 구조나 제작 방식 등을 몰라도, 약속된 입력만 하면 약속된 결과를 얻을 수 있습니다. 이 원리를 이해했다면 어떤 API든 충분히 다룰 수 있습니다. 그럼 간단하면서도 다양한 예제를 만들어보며 API 사용 감각을 익혀봅시다.

바이브 코딩 18 ▶ 랜덤 이미지를 주는 API로 미술관 사이트 만들기

처음으로 연습해볼 API는 아주 간단한 기능을 가진 Lorem Picsum입니다. 이 API는 이름에서 느껴지듯이 말 그대로 어떤 입력값을 주면 그에 맞는 랜덤 이미지를 주는 간단한 API입니다. 보통 API는 사용법이 정리된 문서를 제공합니다. 따라서 우리가 리모컨을 사용할 때 설명서를 참고하는 것처럼, API도 사용하기 위해서는 해당 API의 문서나 설명서를 확인하는 것이 기본입니다.

> **NOTE** 물론 리모컨은 사용법이 거기서 거기이므로 실제로 설명서를 읽어보는 사람은 거의 없습니다.

01 다음 사이트에 접속하면 랜덤 이미지 API를 사용하는 설명서가 있습니다. 이 문서는 비교적 친절하게도 요청 방식과 응답 결과를 그림으로 보여주기 때문에 처음 접하는 사람도 쉽게 이해할 수 있습니다. 다음 사이트에 접속하여 어떤 구성으로 되어 있는지 살펴보세요.

- **Lorem Picsum 홈페이지** : picsum.photos

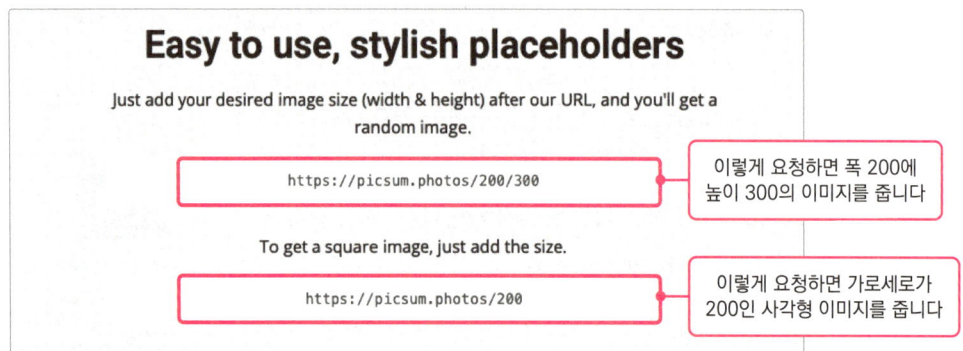

02 리모컨처럼 버튼을 누르면 어떤 동작이 실행되는 것과 비슷하게 동작할 겁니다. API 설명서를 보면 웹 브라우저에 주소를 입력하라는 것처럼 보이네요. 실제로 주소를 입력해보겠습니다. 웹 브라우저에 picsum.photos/300를 입력해 접속해보세요. 그러면 가로세로 300인 사각형 형태의 랜덤 이미지가 나타납니다.

가로세로 300인 사각형 이미지가 보이네요

중간 과정은 알 수 없지만 약속한 이미지를 얻었습니다. 그런데 이걸로 뭘 할 수 있을까요? API는 '어떻게 활용하느냐'에 따라 그 가치가 달라집니다. 예를 들어, 누군가가 랜덤 이미지로 가상의 사진 전시회 사이트를 만들어 제공하고 싶다면, 그 사람에게는 랜덤 이미지를 주는 API가 꽤 유용한 자원이 되겠죠? 이처럼 API를 만드는 사람은 자신이 수집해 API로 제공하는 데이터가 유용하다고 여긴다면 돈을 받고 팔 수도 있습니다. 실시간으로 시세가 변동하는 부동산 데이터를 싹 다 모아서 제공하는 API를 만들었다고 가정해봅시다. 이 부동산 API를 제공하는 사람은 부동산 애플리케이션을 만드는 사람에게 API 사용권을 팔 수 있겠죠. 물론 Lorem Picsum의 랜덤 이미지 API를 만든 사람은 '랜덤 이미지를 무료로 주는 API를 만들어봤어. 어떻게 쓸지는 너희가 알아서 해.'라는 의도였겠지만요. API의 세계는 그렇게 돌아갑니다.

03 자, 이제 깃허브 코파일럿을 이용하여 실제로 가상의 랜덤 사진 전시회 사이트를 만들어보겠습니다. 깃허브 코파일럿을 열고 빈 폴더를 준비한 다음 이 API를 알려주면서 가상의 사진 전시회처럼 보이는 웹사이트를 만들어보라고 하겠습니다. Lorem Picsum은 한 번 요청에 랜덤 이미지 1장만 주니까, 깃허브 코파일럿에게 30번 요청해서 30개의 이미지를 받으라고 하면 됩니다.

https://picsum.photos/300과 같이 요청하면 300x300 크기의 랜덤 이미지를 주는 API가 있는데, 이를 이용해서 가상의 사진 전시회처럼 보이는 웹사이트를 만들어봐. 이미지는 30개 정도만 요청해서 보여주면 돼.

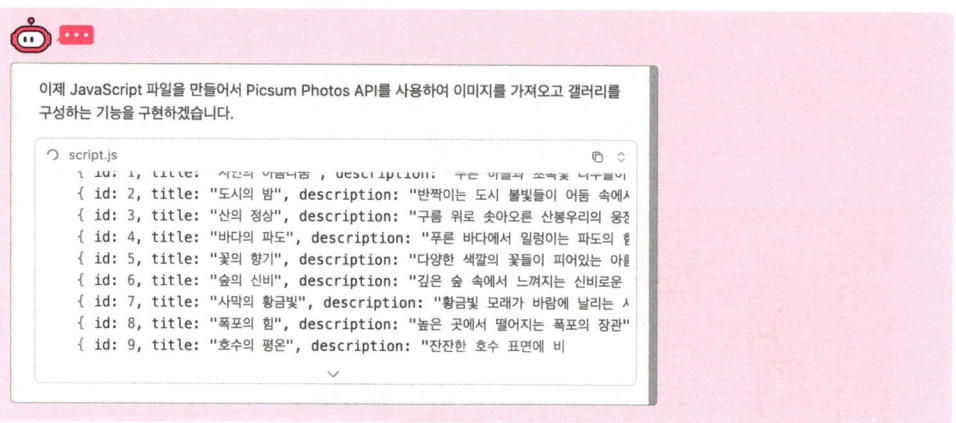

깃허브 코파일럿으로 작업을 진행하는 중간에 'API를 이용하여 이미지를 가져오고…'라는 메시지가 보일 겁니다. 바로 이 부분이 API를 호출하는 핵심 코드가 들어 있는 작업입니다. 이처럼 API 요청은 웹 브라우저에 주소를 입력하는 방식만 있는 것은 아닙니다. 코드를 통해서도 얼마든지 API를 호출할 수 있습니다.

04 이제 만들어진 사이트를 한 번 열어보세요. 놀랍게도 진짜 사진 전시회 사이트와 비슷하게 만들어진 것을 확인할 수 있습니다. 페이지를 여는 순간 API 호출을 통해서 이미지를 가져오고 로딩하는 것도 눈에 보입니다.

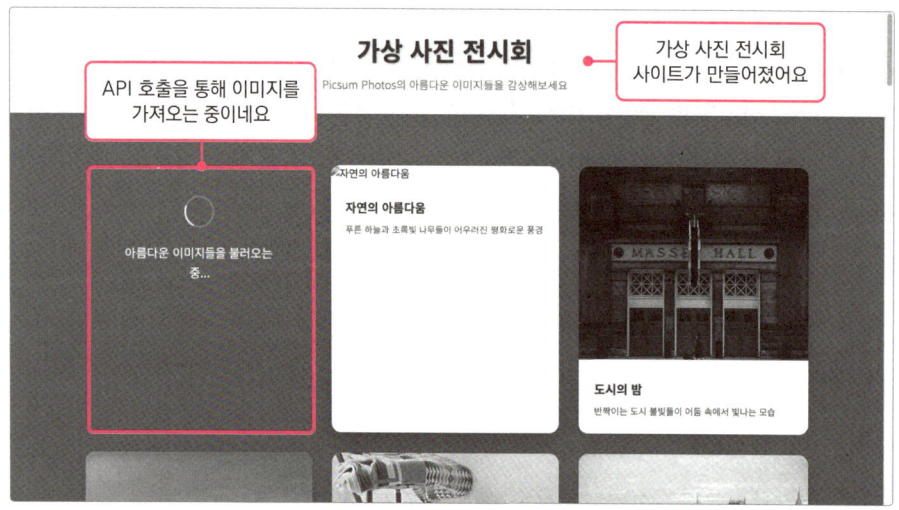

물론 이번에 깃허브 코파일럿에게 요청해서 만든 전시회 사이트에는 이미지와 함께 설명이 들어가 있는 것을 볼 수 있습니다. 실제로 랜덤한 이미지로 구성된 전시회 사이트라 그 설명과는 잘 맞지 않을 겁니다. 이럴 땐 깃허브 코파일럿에게 설명을 지워달라고 요청하면 간단히 해결할 수 있겠죠?

이번 실습에서의 핵심은 여러분이 직접 이미지를 찾거나, 내려받거나, 사이트에 업로드하지 않아도 API를 통해 이미지를 얻을 수 있다는 점입니다. 여러분의 사이트에는 30개나 되는 이미지가 사용되었지만, 그 이미지들을 하나하나 찾거나 일일이 저장하여 서버에 올리는 작업이 필요 없습니다. https://picsum.photos/300과 같이 API를 통해 필요한 데이터를 요청해서 가져온 다음 그냥 사이트에 적용하기만 하면 되는 거죠. 이처럼 API는 여러분의 개발에 필요한 리소스를 쉽고 빠르게 얻게 하며 편리하게 활용할 수 있도록 해줍니다.

여러분은 실제 예제를 통해 API를 어떻게 활용하는지 직접 체험했습니다. 이를 통해 번거로운 과정은 생략하고 간단한 요청만으로 원하는 데이터를 쉽게 가져오는 API의 장점을 확인했을 겁니다. 다음 실습에서는 유튜브 API를 활용하여 데이터를 가져오고 나만의 대시보드를 만들며 API 활용에 더 익숙해져 봅시다.

바이브 코딩 19 ─ 유튜브 API로 유튜브 정보 수집 프로그램 만들기

전작인 《이게 되네? 챗GPT 미친 크롤링 24제》를 출간한 이후 독자들에게 가장 많이 받은 질문은 유튜브 영상 댓글 크롤링에 대한 것이었습니다. 사실 유튜브 영상 댓글은 크롤링을 하지 않아도 API만 사용할 줄 알면 훨씬 더 정확하고 안정적으로 가져올 수 있습니다. 이번에는 구글 API를 활용해서 유튜브 영상 댓글을 수집해보겠습니다. 구글 API를 사용하는 방법은 Lorem Picsum 사이트보다는 조금 더 절차가 있는데 전반적인 절차는 다음과 같습니다.

1. 구글 개발자 콘솔에 접속해서 프로젝트를 만든다.
2. 프로젝트 안에서 API 활용 신청을 한다.
3. 신청 후 API 키를 발급 받는다.
4. 발급한 API 키로 데이터를 요청한다.

복잡하게 보이는 일도 겁먹을 필요 없이 이렇게 단계별로 나누어 생각하면 쉽게 느껴질 겁니다. 우리는 필요한 API 키를 신청한 후에 그 키로 데이터 요청만 제대로 해주면 됩니다.

01 검색 창에 google developer console이라고 검색하세요. 여러분이 구글 개발자 콘솔을 사용한 적이 있다면 아마 프로젝트가 있을 수도 있습니다. 어쨌든 왼쪽 위의 [프로젝트 선택]을 누르고 [새 프로젝트]를 눌러 프로젝트를 생성하세요. 프로젝트의 이름은 youtube-study 정도로 적당히 지으면 됩니다.

> **NOTE** 프로젝트 이름을 짓는 화면은 너무 쉬워서 생략했습니다.

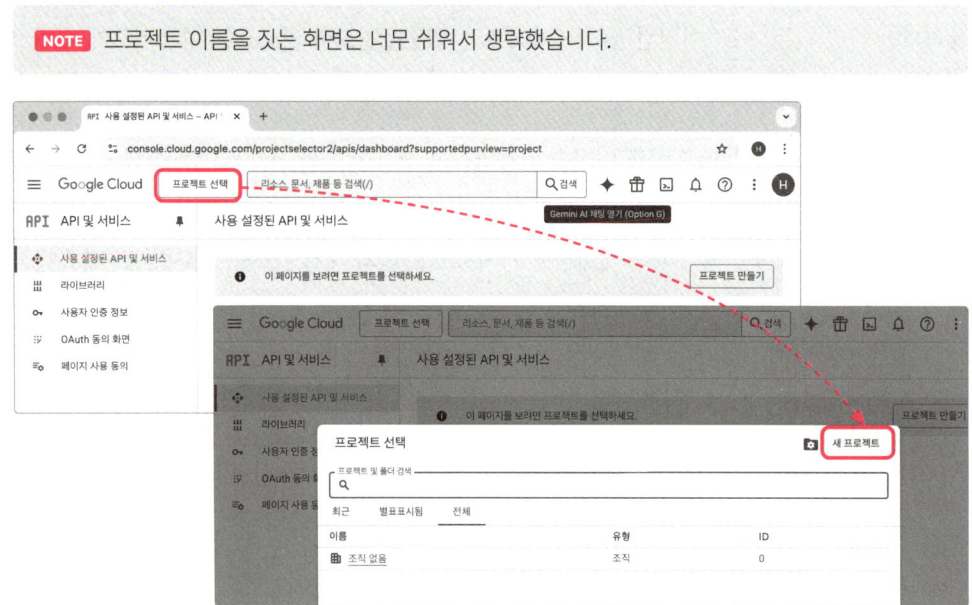

02 그러면 아주 복잡한 대시보드가 나타납니다. 여기서는 프로젝트에서 허가한 API들의 사용 이력을 볼 수 있습니다. 유튜브 API 설정을 해봅시다. 왼쪽에 [사용 설정된 API 및 서비스]가 선택되어 있는지 확인하고 가운데 위 쯤에 있는 [+ API 및 서비스 사용 설정]을 누릅니다.

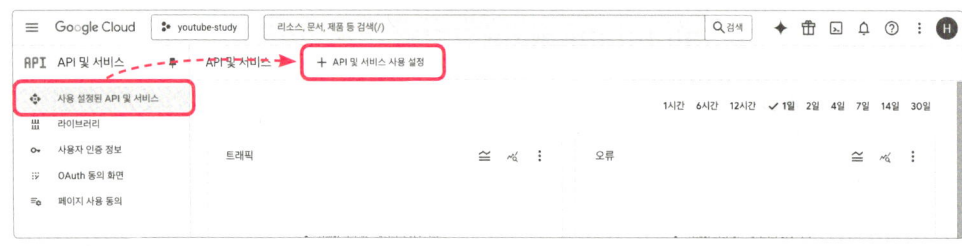

03 API 라이브러리 검색 창이 열립니다. 여기서 youtube api를 검색합니다. 검색 결과가 다양합니다. 그 중에 우리가 쓰려는 API는 [YouTube Data API v3]입니다. 이것을 선택하고 [사용]을 눌러 마무리합니다.

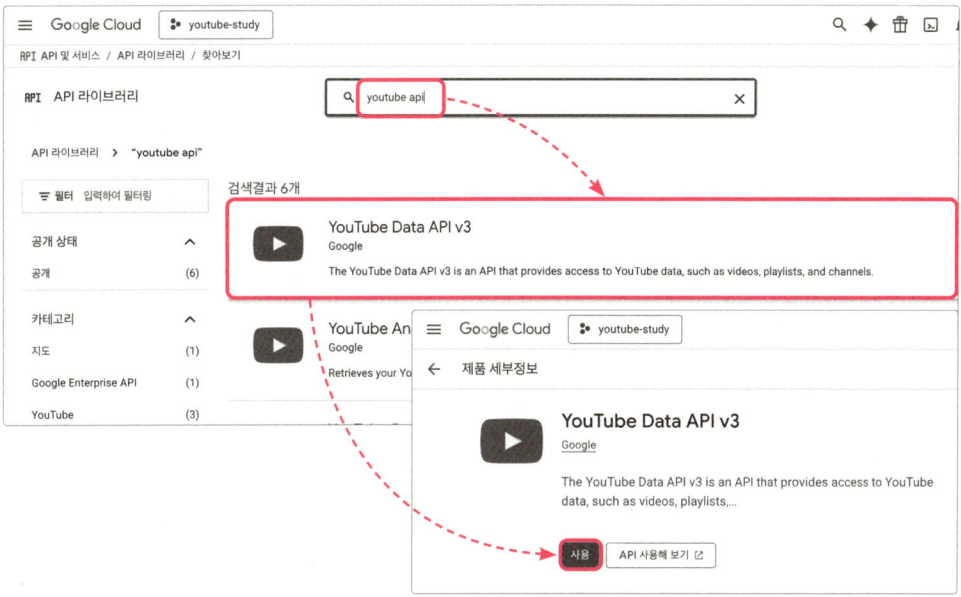

이 과정을 마무리하면 여러분이 만든 프로젝트에서 유튜브 api를 쓸 수 있는 권한을 획득한 것입니다. 이제 이것을 코드에서 사용할 수 있도록 키를 받아야 합니다.

04 왼쪽 메뉴에서 [사용자 인증 정보]를 누릅니다. 그런 다음 가운데 위쯤에 있는 [+ 사용자 인증 정보 만들기 → API 키]를 누르세요.

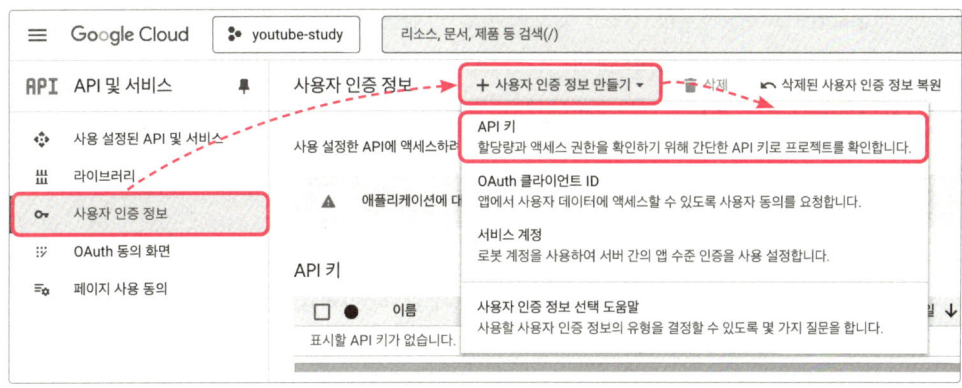

05 API 키 만들기 창이 열리면 다음 화면을 참고해서 값을 입력하거나 선택하고 [만들기]를 눌러 API 키를 만듭니다. 그러면 'API 키 생성 완료'라는 창이 열리면서 API 키를 보여줄 것입니다. 이 값이 프로젝트에 설정한 유튜브 API를 사용할 수 있게 해주는 인증서 같은 것입니다! 이 값을 복사해서 코드에 사용하면 됩니다.

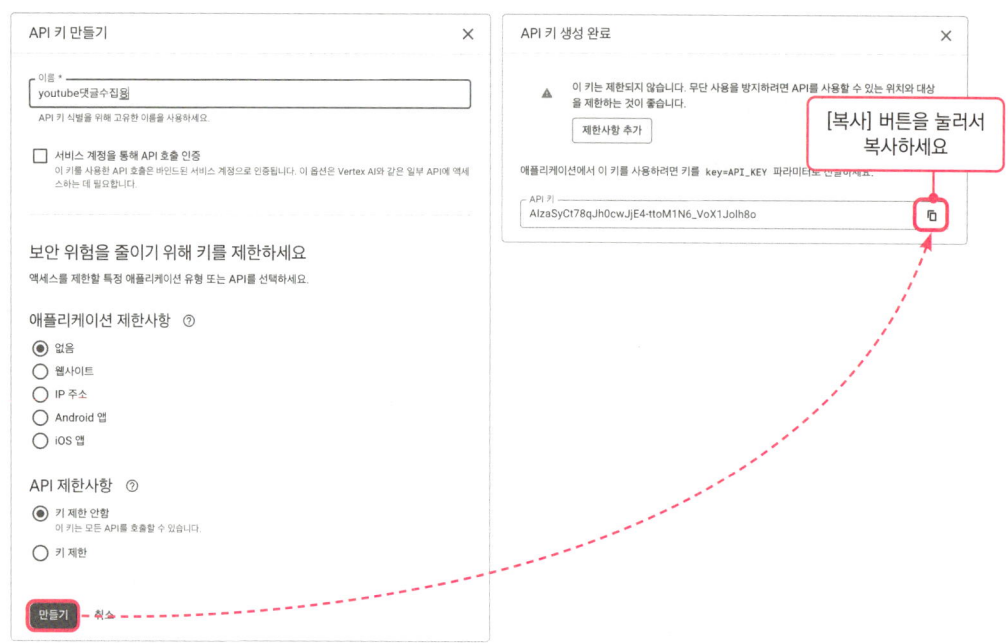

06 이제 비주얼 스튜디오 코드로 돌아옵니다. 폴더를 새로 만들어 빈 프로젝트를 준비합니다. 깃허브 코파일럿 채팅창을 열고 다음과 같이 부탁합니다. 이때 저는 엑셀 파일로 저장하는 것이 아니라 CSV 파일로 저장하라고 했습니다. CSV 파일은 comma separated values라는 뜻인데 말 그대로 콤마로 구분한 값이라는 뜻으로 파일 자체는 콤마만으로 구분한 텍스트 파일이지만 엑셀로도 열 수 있는 경량화된 파일입니다. AI는 엑셀 파일과 같은 프로그램을 거쳐야 하는 파일을 좋아하지 않으므로 이렇게 부탁해서 다른 작업으로 쉽게 전환할 수 있게 했습니다.

https://www.youtube.com/watch?v=wxg5vAbLQjM의 유튜브 댓글을 수집하고 싶어. api키 AIza...8o를 사용해서 파이썬 코드를 작성하고 유튜브 댓글을 수집한 후 csv 파일로 저장해줘.

유튜브 댓글을 수집하는 Python 코드를 작성해서 CSV 파일로 저장해드리겠습니다. 먼저 현재 워크스페이스를 살펴보고 필요한 파일들을 만들어보겠습니다.

...생략...

07 그러면 깃허브 코파일럿이 다양한 작업을 마무리한 다음 코드를 실행해서 링크에 있는 유튜브 댓글을 수집하고 CSV 파일을 만들어 줍니다. 파일을 확인해봅시다.

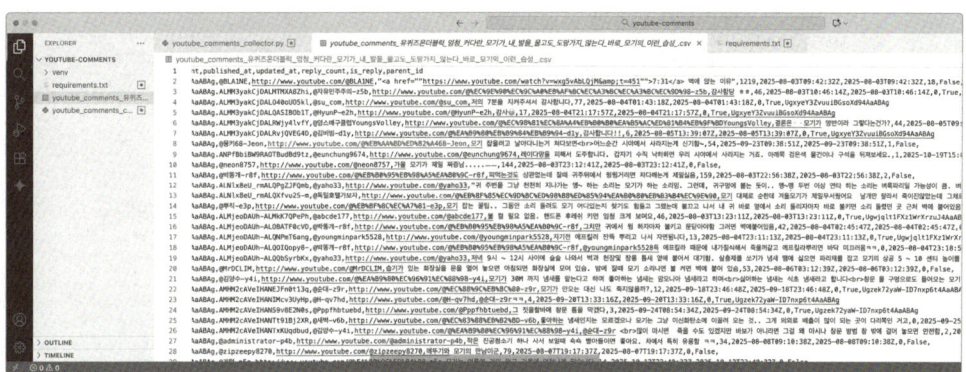

결과를 보면 실제로 쉼표로 구분한 값이 가득차 있습니다. 엄청나게 많은 댓글을 순식간에 수집했네요. 여기서부터는 여러분의 선택입니다. 엑셀로 파일을 열어서 값을 분석할 수도 있고 계속해서 코드를 통해 데이터를 분석해볼 수도 있습니다.

> **NOTE** 엑셀로 파일을 열고 싶다면 왼쪽 파일 탐색기에서 파일을 오른쪽 클릭하고 [Reveal in explorer]를 누르면 파일 위치를 탐색기로 열어줍니다.

08 CSV 파일로 만든 장점을 알아보기 위해 간단한 분석을 시켜보겠습니다. 해당 파일을 컨텍스트로 추가해서 댓글의 감정 분석을 시켜보겠습니다.

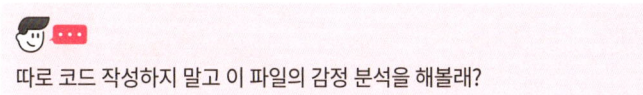
따로 코드 작성하지 말고 이 파일의 감정 분석을 해볼래?

네, 생성된 CSV 파일의 댓글들을 분석해서 감정 분석을 해보겠습니다. 먼저 파일의 내용을 자세히 살펴보겠습니다.

...생략...

유튜브 댓글 감정 분석 결과 📊

수집된 100개의 댓글을 분석한 결과, 다음과 같은 감정 패턴을 발견할 수 있습니다:

1. 전체적인 감정 분포

긍정적 감정 (30-40%)

"감사합니다", "감사😊", "좋은 정보 감사합니다"

"신기함", "재밌다", "유익한 정보"

웃음 표현: "ㅋㅋㅋ", "😂", "개웃기다"

호기심과 흥미: "궁금하다", "알게 되었다"

중립적/정보 공유 (40-50%)

실질적인 팁 공유: "모기 잡는 꿀팁", "선풍기 켜는 것도 방법"

개인 경험담: "나는 이렇게 해본다", "내 경험으로는"

사실 정보 전달: 모기의 습성, 퇴치법 등

...생략...

그러면 바로 감정 분석을 해줍니다. 이렇게 데이터를 수집한 다음에는 깃허브 코파일럿을 활용해서 감정 분석도 빠르게 진행해볼 수 있습니다.

09 마지막으로 이것을 GUI 프로그램으로 만들어보겠습니다. 유튜브 링크를 입력하고 CSV 파일을 저장할 위치를 지정하면 해당 위치에 수집 파일을 저장해주는 GUI 프로그램입니다.

이제 이 프로그램을 GUI로 만들어줘. 유튜브 링크를 입력하고 CSV 파일을 저장할 위치를 지정할 수 있게 해줘.

유튜브 댓글 수집기를 GUI로 만들어드리겠습니다. tkinter를 사용해서 사용자 친화적인 인터페이스를 만들어 보겠습니다.

...생략...

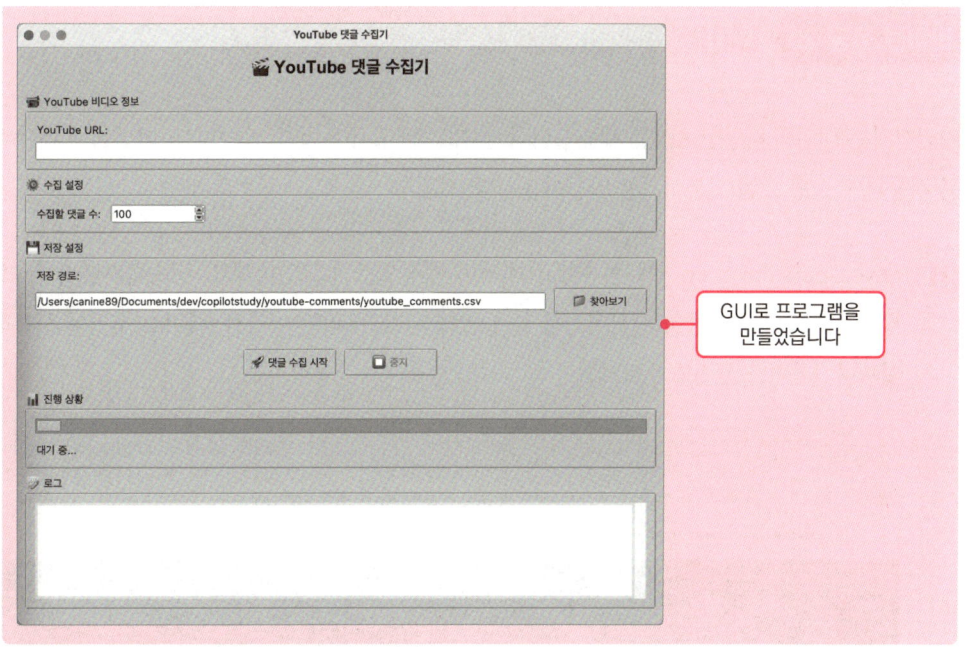

GUI로 프로그램을 만들었습니다

10 만든 프로그램을 배포하고 싶다면 다음과 같이 빌드를 해달라고 하면 됩니다. 그러면 dist 폴더에 빌드한 결과물을 남겨줍니다. 이것을 동료에게 나눠주면 유튜브 댓글 수집기를 쉽게 배포할 수 있겠죠?

> NOTE 물론 동료가 배포 받은 프로그램을 실행하면 여러분의 유튜브 계정 API 키를 사용하는 것이므로 사용량은 따로 관리해야 합니다.

이것을 배포할 수 있게 빌드해줘.

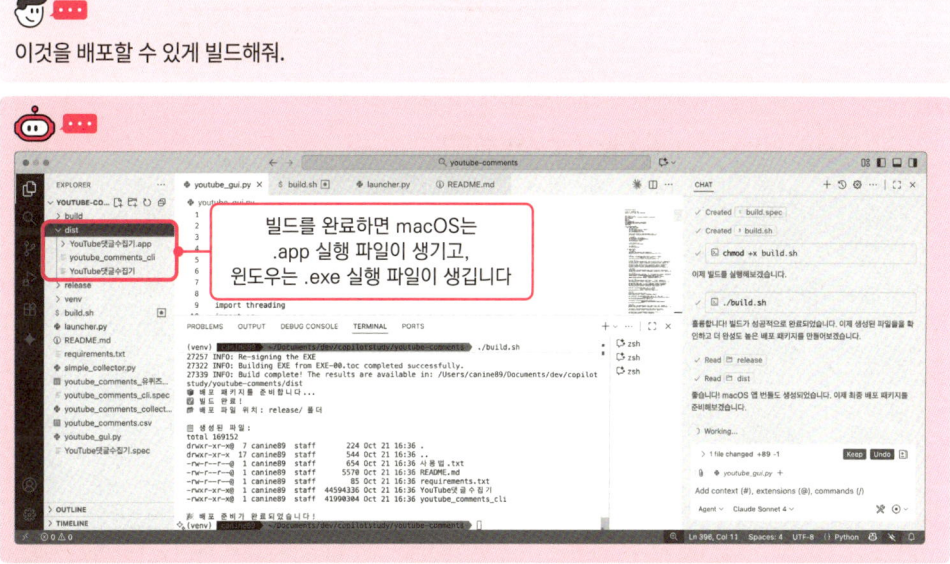

빌드를 완료하면 macOS는 .app 실행 파일이 생기고, 윈도우는 .exe 실행 파일이 생깁니다

[챕터 10] 데이터를 이용하고 싶어 : API

바이브 코딩 20 ▶ 네이버 API로 쇼핑 트렌드 분석기 만들기

지금까지는 해외의 다양한 API를 써봤습니다. 국내 API도 좋은 것이 많습니다. 이번에는 네이버 API를 사용하여 쇼핑 트렌드 분석기를 만들어봅니다.

01 developers.naver.com에 접속하고 네이버 계정으로 로그인하세요. 접속하자마자 네이버 개발자 사이트에서 제공하는 서비스를 볼 수 있습니다. 우리는 여기서 [서비스 API]를 사용하려고 합니다. [서비스 API]를 누르세요.

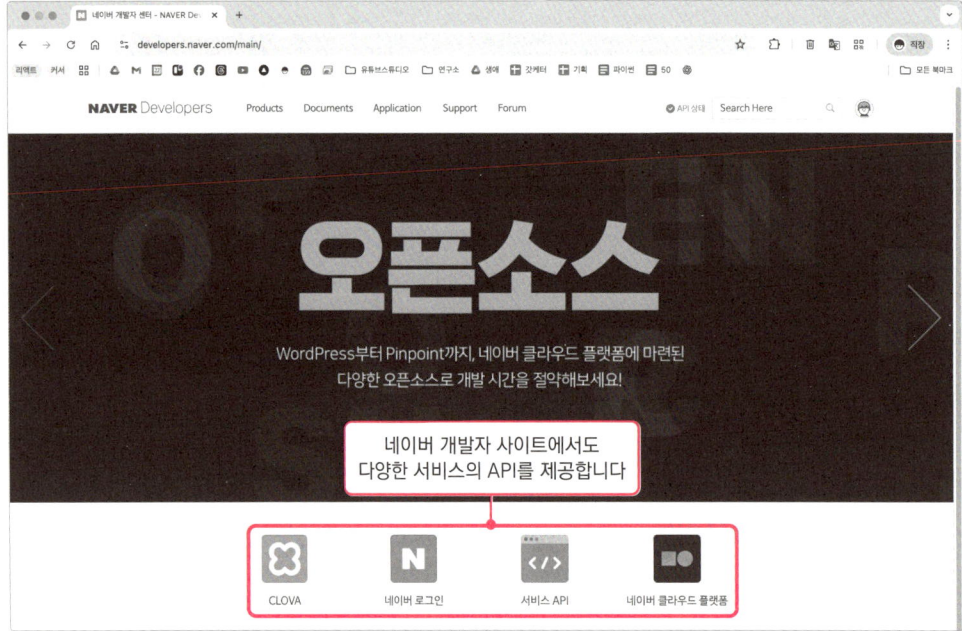

02 그러면 네이버에서 제공하는 데이터랩 데이터, 검색 데이터 등 다양한 서비스를 볼 수 있습니다. 여기서 데이터랩과 검색을 주로 사용합니다.

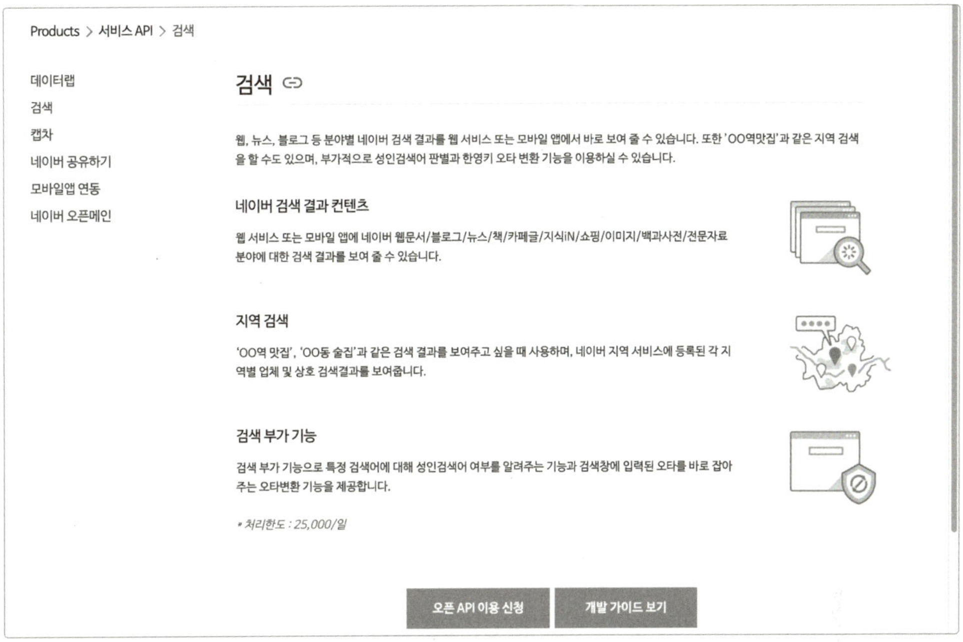

- **데이터랩** : 네이버에서 제공하는 분석 서비스

  ◦ **통합검색어 트렌드** : 상대적으로 검색 횟수가 많은 주제 분석

  ◦ **쇼핑인사이트** : 사용자가 쇼핑에서 검색한 것이 무엇인지, 검색한 뒤 클릭한 데이터가 무엇인지 분석

- **검색** : 검색 관련 서비스

  ◦ **네이버 검색 결과 컨텐츠** : 말 그대로 네이버에서 검색한 결과를 보여주기

  ◦ **지역 검색** : OO 맛집과 같은 지역이 포함된 검색을 할 때 검색한 결과만 보여주기

  ◦ **검색 부가 기능** : 검색 키워드 검열, 오타 수정 기능

서비스를 자세히 보면 어떻게 사용하면 좋겠다라는 아이디어가 생깁니다. 저는 이 서비스를 보고 이런 계획을 세워봤습니다.

1. 데이터랩에서 쇼핑인사이트를 활용해 쇼핑에서 가장 많이 검색한 키워드 TOP 20을 뽑기

2. 어떤 것을 가장 많이 클릭했는지 세부 TOP 3를 다시 뽑기

3. 1~2를 통해 인기 키워드 60개 뽑기

4. 앞에서 얻은 인기 키워드 60개를 검색 API로 검색하여 네이버에서 가장 상위에 노출되어 있는 웹페이지가 무엇인지 분석

정리하자면 사람들이 네이버 쇼핑에서 무엇을 가장 많이 검색했고 그 중 가장 많이 클릭한 것은 무엇인지를 알아낸 다음 그 키워드로 실제 검색을 했을 때는 네이버에서 무엇이 가장 상위에 노출되어 있는지를 알아보는 것입니다. 이렇게 하면 사람들이 최근 어떤 물건을 좋아하며, 실제 어떤 사이트에서 물건이 판매되고 있거나 소개되는지를 알아볼 수 있습니다.

03 네이버 API를 쓰려면 네이버 개발자 사이트에서 애플리케이션을 만들어야 합니다. [Application → 내 애플리케이션]을 눌러 애플리케이션 만들기로 이동합니다.

> **NOTE** 여기서 애플리케이션이란 모바일 애플리케이션, 앱과는 다릅니다. 지금은 API를 쓰기 위한 프로젝트 정도로 이해하고 넘어가세요.

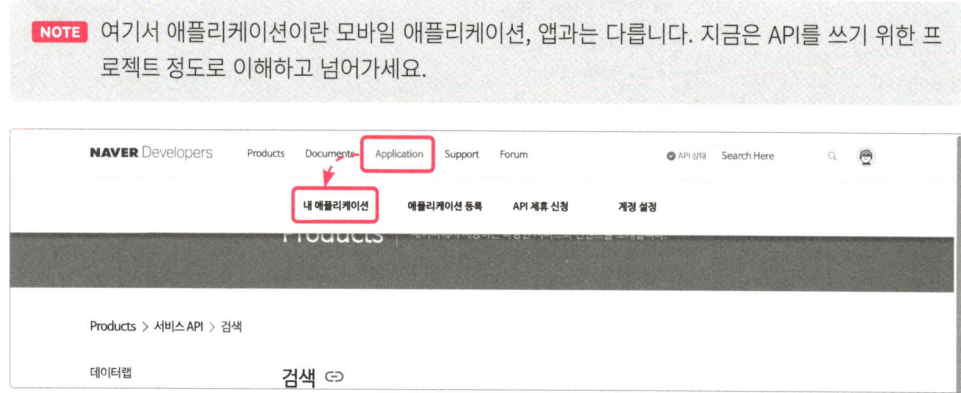

04 그러면 현재 네이버 개발자에 만든 애플리케이션 목록을 확인할 수 있는 화면이 나타납니다. 저는 이전에 만든 것들이 있네요. [Application 등록]을 눌러 애플리케이션 등록으로 이동합니다.

05 애플리케이션 이름을 짓고 사용할 API를 골라줍니다. 화면을 참고해서 메뉴를 선택해주세요. 사용 API에서는 [검색], [데이터랩 (검색어트렌드)], [데이터랩 (쇼핑인사이트)]를 선택하세요. 그리고 비로그인 오픈 API 서비스 환경의 환경 추가에서 [WEB 설정]을 누른 다음 https://localhost까지 잘 입력한 후 [등록하기]를 눌러 등록을 마칩니다.

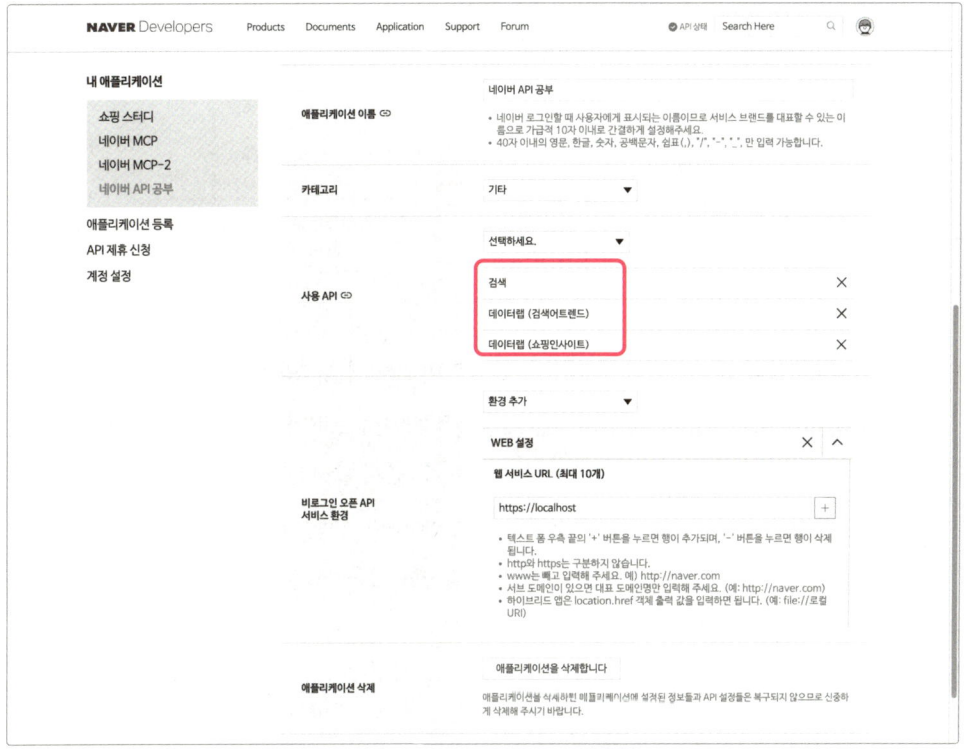

06 그러면 애플리케이션 정보가 보입니다. Client ID와 Client Secret이 네이버 API를 쓰기 위한 열쇠입니다. Client Secret 값은 [보기]를 눌러야 나타납니다. 이 두 값을 복사해두기 바랍니다. 그 아래에는 API의 사용량도 볼 수 있습니다.

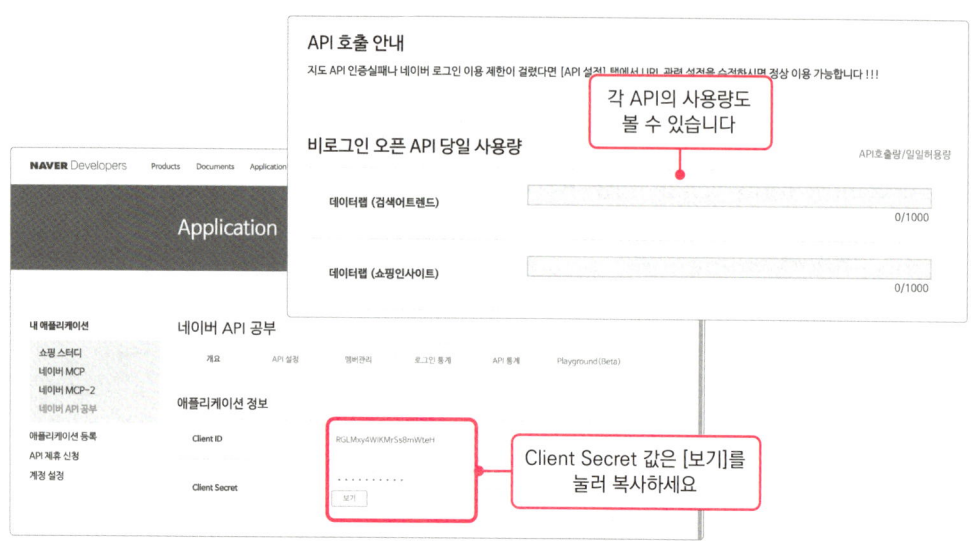

07 이제 API를 써볼 차례입니다. 깃허브 코파일럿이 네이버 API의 사용법을 모르고 있을 수 있으므로 [Documents] 메뉴에 있는 [검색]과 [데이터랩]에서 우리가 필요한 내용을 전체 복사 붙여넣기하여 깃허브 코파일럿이 API 문서를 파악할 수 있게 합시다. [Ask] 모드로 API 사용법을 파악해보라고 하겠습니다. 예를 들어 https://developers.naver.com/docs/serviceapi/datalab/shopping/shopping.md#쇼핑인사이트에 접속한 다음 보이는 내용을 모두 Ctrl + C 를 눌러 복사해 채팅에 붙여 넣으면 됩니다.

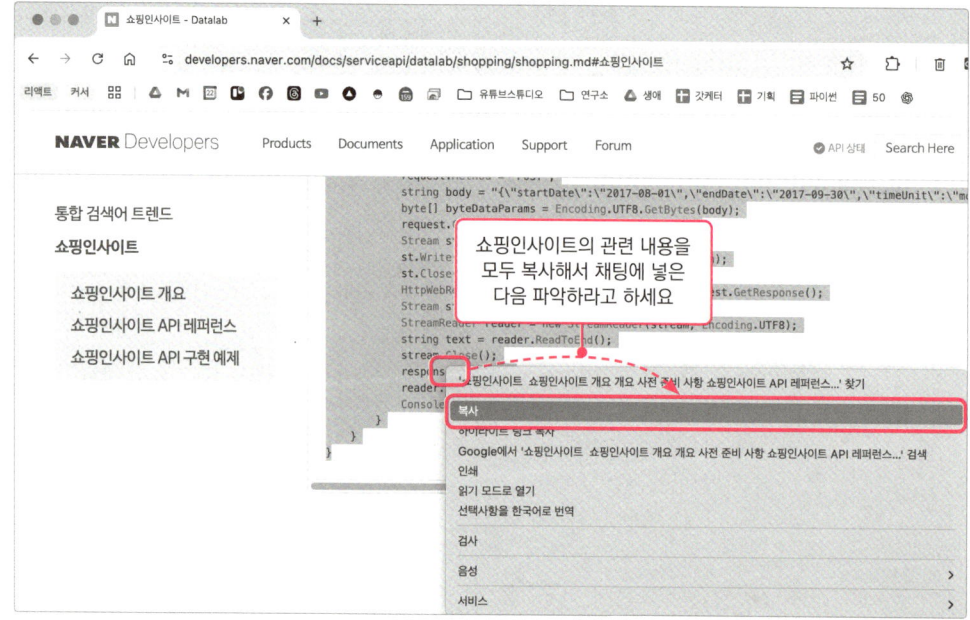

<붙여 넣은 텍스트> 이 내용을 파악해볼래?

네, 이 문서는 네이버 쇼핑인사이트 API에 대한 공식 가이드입니다. 주요 내용을 정리해드리겠습니다.

쇼핑인사이트 API 개요

네이버 데이터랩의 쇼핑인사이트를 RESTful API로 제공하는 서비스입니다.

주요 특징

비로그인 방식 오픈 API

네이버 통합검색 쇼핑 영역 및 네이버쇼핑의 검색 클릭 추이 데이터 제공

하루 호출 한도: 1,000회

데이터 제공 시작일: 2017년 8월 1일부터

사전 준비

네이버 개발자 센터에서 애플리케이션 등록

...생략...

🔧 제공되는 API 엔드포인트

1. 분야별 조회

분야별 트렌드: /v1/datalab/shopping/categories

분야 내 기기별: /v1/datalab/shopping/category/device

분야 내 성별: /v1/datalab/shopping/category/gender

분야 내 연령별: /v1/datalab/shopping/category/age

2. 키워드별 조회

키워드별 트렌드: /v1/datalab/shopping/category/keywords

키워드 기기별: /v1/datalab/shopping/category/keyword/device

...생략...

이 API를 활용하면 네이버 쇼핑의 트렌드 데이터를 분석하여 마케팅, 상품 기획 등에 활용할 수 있습니다.

여러분이 이 내용을 파악할 필요는 없습니다. 중요한 건 네이버 API의 사용법을 깃허브 코파일럿이 파악하는 것입니다.

08 같은 방식으로 쇼핑도 파악하게 합니다.

09 이제 깃허브 코파일럿 컨텍스트에 네이버 API의 트렌드 데이터, 검색의 사용법이 들어갔습니다. 혹시 모르니 이것들을 이제 프로젝트 폴더에 문서로 남기라고 하겠습니다. [Agent] 모드로 바꾸고 부탁하면 마크다운 문서를 만들어줍니다.

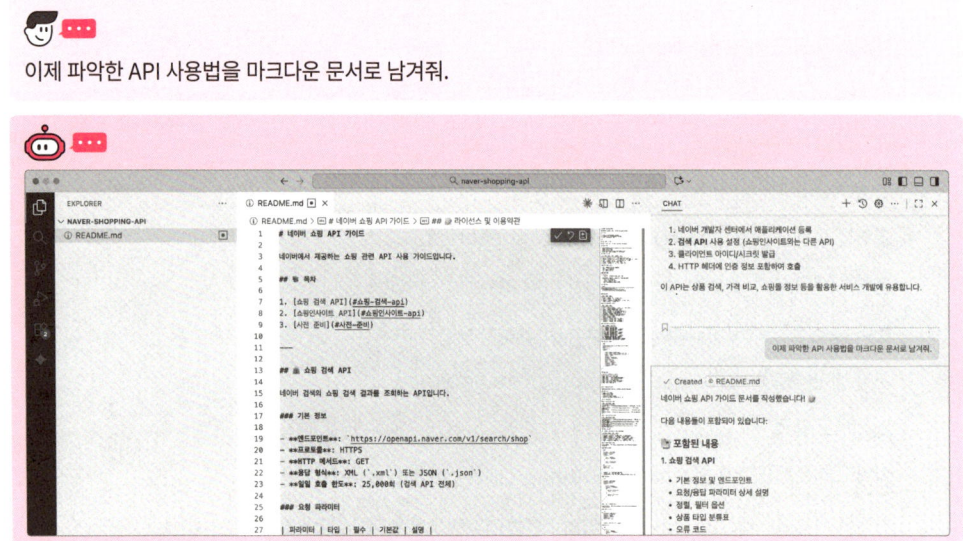

그러면 깃허브 코파일럿이 파악한 내용을 문서로 남겨줍니다. 이후에는 API 기능으로 뭔가를 부탁할 때 이 문서를 참고하게 하면 됩니다.

10 긴 시간이 걸렸네요. 이제 본격적인 프로젝트를 시작해봅시다. 과정 **02**에서 세운 계획을 이야기하면서 개발에 쓸 도구를 설명하면 됩니다. 그리고 반드시 과정 **06**에서 복사한 Client ID와 Client Secret을 넣어야 합니다.

Next.js와 네이버 API를 활용해서 사람들이 가장 많이 검색한 쇼핑 키워드를 조사하고 이것을 대시보드로 보여줘서 분석할 수 있는 원페이지 사이트를 만들고 싶어. 이런 내용이 있어야 해.

- 데이터랩에서 쇼핑인사이트를 활용해 쇼핑에서 가장 많이 검색한 키워드 TOP 20을 뽑기
- 어떤 것을 가장 많이 클릭했는지 세부 TOP 3를 다시 뽑기
- 1~2를 통해 인기 키워드 60개 뽑기
- 3에서 얻은 인기 키워드 60개를 검색 API로 검색하여 네이버에서 가장 상위에 노출되어 있는 웹페이지가 무엇인지 분석
- client id는 RGLMxy4WIKMrSs8mWteH
- client secret은 hIEiJhydwf

네이버 쇼핑 키워드 분석 대시보드 프로젝트를 설계해드리겠습니다!

먼저 프로젝트 구조와 설계 문서를 작성하겠습니다.

Created PROJECT_PLAN.md

이제 실제 구현을 위한 코드 파일들을 생성하겠습니다

...생략...

🚀 다음 단계

실제 프로젝트를 시작하려면:

```
# 1. 프로젝트 생성
npx create-next-app@latest naver-shopping-dashboard

# 2. 프로젝트 디렉토리로 이동
cd naver-shopping-dashboard

# 3. 필요한 패키지 설치
npm install @tanstack/react-query axios recharts date-fns cl

# 4. 환경 변수 설정
echo "NAVER_CLIENT_ID=your_id" > .env.local
echo "NAVER_CLIENT_SECRET=your_secret" >> .env.local

# 5. 개발 서버 실행
npm run dev
```

필요하신 부분이 더 있으신가요? 예를 들면:

1. **전체 소스 코드 생성** (TypeScript 파일들)
2. **API 라우트 상세 구현**
3. **React 컴포넌트 전체 코드**
4. **배포 가이드** (Vercel)
5. **데이터베이스 연동** (선택사항)

어떤 부분을 더 진행해드릴까요? 😊

프로젝트의 구성이 크다고 생각했는지 바로 작업을 시작하지 않고 계획을 말해주었습니다. **여기서 절대 부탁하거나 진행되어서는 안 되는 작업은 데이터베이스 작업입니다. API를 호출해서 데이터를 보는 것이 목적이므로 데이터베이스 연동은 필요하지 않습니다.** 혹시라도 데이터베이스 작업을 하려고 하면 그 작업은 제외하게 해주세요.

11 경우에 따라 바로 프로그램을 실행해서 보여주기도 하고 npm install 후 npm run dev를 실행하라고 할 수도 있습니다. 이런 것도 깃허브 코파일럿에게 부탁해서 실행하도록 만드세요.

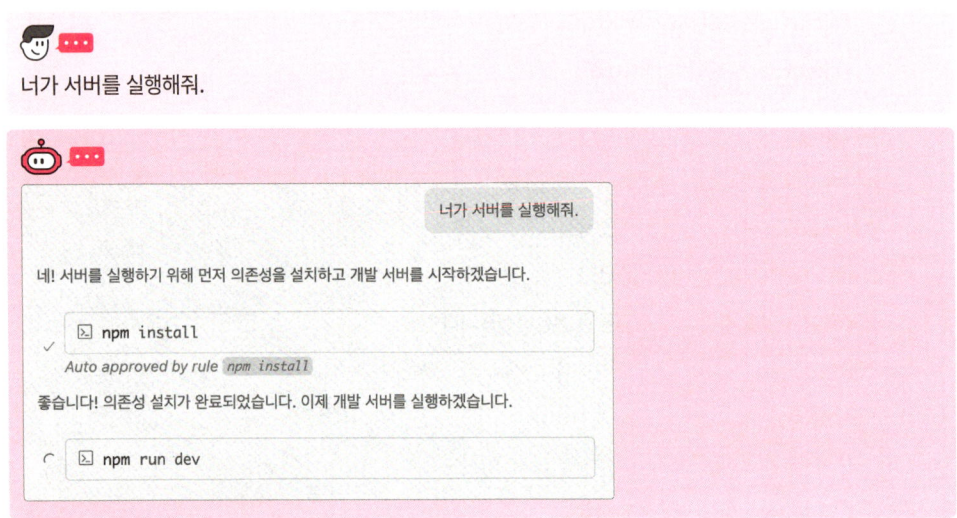

12 실행을 하면 localhost:3000에 접속하여 대시보드를 확인할 수 있을 겁니다. 오류 메시지가 발생하면 복사해서 붙여 넣어 반복하여 수정을 요청하세요.

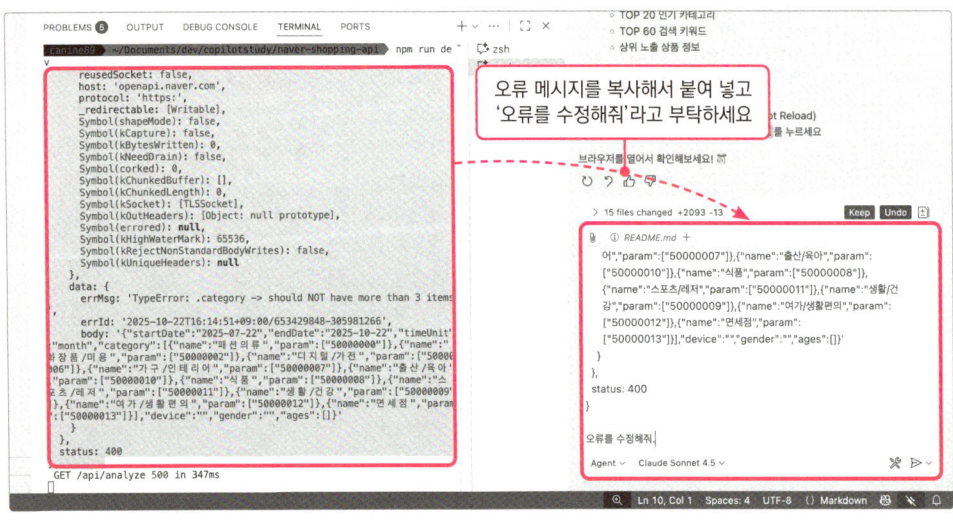

13 완성한 사이트를 살펴볼까요? 네이버 쇼핑의 카테고리를 나열한 후 각 카테고리의 인기 키워드 60개를 선정하여 검색 후 상위 검색 상품을 보여주는 사이트가 완성되었습니다. 서버에서 나타나는 로그도 인상적입니다.

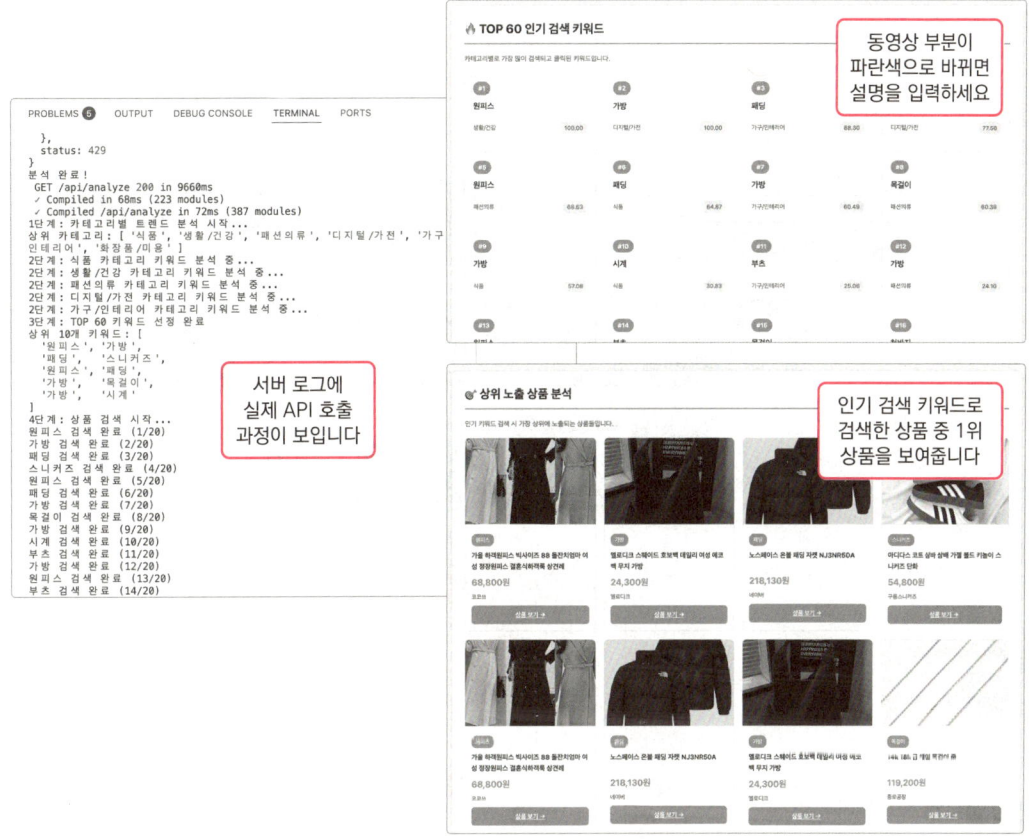

이렇게 네이버 API를 활용해서 주요 쇼핑 카테고리의 인기 검색 키워드를 추출하고 상품까지 검색하는 프로젝트를 진행해봤습니다. API의 활용 용도를 이해하고 있고, 어떤 프로그램을 만들어야겠다는 구체적인 계획이 있다면 생각보다 복잡한 프로그램도 쉽게 만들 수 있습니다.

요즘 바이브 코딩

파트
02

깃허브 코파일럿으로 유용한 프로그램 만들어보기

미리 보는 한 줄 설명

 # SMTP
이메일을 다른 서버로 보내는 데 사용되는 표준 통신 규칙

 # 챗GPT API
오픈AI의 챗GPT를 외부 프로그램에서 사용할 수 있게 해주는 연결 도구

 # 스트림릿
파이썬으로 웹 애플리케이션을 쉽고 빠르게 만들 수 있는 라이브러리

 # MCP
AI가 데이터베이스, 파일 등의 외부 도구와 안전하게 연결될 수 있게 해주는 일종의 규칙

 # 수파베이스
구글의 파이어베이스처럼 데이터베이스와 인증을 쉽게 사용할 수 있는 오픈 소스 서비스

 # 정적 페이지 필드
웹페이지에서 내용이 고정되어 있고 사용자 상호작용 없이 보여지는 영역

 # 마크다운
간단한 기호로 텍스트 서식을 만들 수 있는 문서 작성 방식

[챕터 11] 업무에 유용한 6가지 프로그램 만들기

[챕터 12] MCP로 더 수준 높은 프로그램 만들기

[챕터 11]

업무에 유용한 6가지 프로그램 만들기

유튜브
bit.ly/4nqVqIP

유튜브 영상으로
더 쉽게 공부하세요!

이제 본격적으로 업무에 유용한 프로그램 6가지를 하나씩 만들어보겠습니다. 여기서 만들어볼 실전 업무 프로그램은 다음과 같습니다.

- **바이브 코딩 21** ▶ 메일 발송 자동화 프로그램 만들기
- **바이브 코딩 22** ▶ 챗GPT API로 PDF 요약 프로그램 만들기
- **바이브 코딩 23** ▶ 블로그 최적화 글 생성 프로그램 만들기
- **바이브 코딩 24** ▶ 고객 리뷰 분석하여 보고서 생성하는 프로그램 만들기
- **바이브 코딩 25** ▶ 유튜브 자막 추출 후 맞춤법 검사하는 프로그램 만들기
- **바이브 코딩 26** ▶ 가계부 대시보드 만들기

난이도 중!

바이브 코딩 21 ▶ 메일 발송 자동화 프로그램 만들기

메일을 자주 보내야 하는 사람이라면 '메일을 일일이 작성하지 않고 자동으로 보낼 수 있으면 얼마나 편할까?' 하고 한 번쯤은 생각해봤을 겁니다. 메일 발송 자동화 프로그램은 업무 효율을 크게 높여주는 대표적인 자동화 도구로, 굉장히 다양한 방식으로 만들 수 있습니다. 이번 실습에서는 엑셀에 있는 고객 정보를 기반으로 각 고객에게 메일을 한꺼번에 발송하는 프로그램을 만들어보겠습니다.

01 우선은 실습을 위해 가상의 고객 데이터 시트가 필요합니다. 시트에는 50명의 고객 정보와 함께 고객에게 발송할 내용을 미리 입력하여 준비합니다. 이 데이터를 기반으로 각 고객에게 알맞은 메일을 자동으로 발송하는 과정을 실습하겠습니다. 다음의 **축산메일실습용.xlsx** 파일을 다운로드해서 실습을 준비하세요.

- **축산메일실습 파일 데이터** : bit.ly/433He1d

02 깃허브 코파일럿에 새로운 빈 폴더를 하나 만들고 그 안에 다운로드한 엑셀 파일을 넣어줍니다. 그런 다음 깃허브 코파일럿에게 엑셀 파일의 내용을 확인해달라고 부탁해보겠습니다. 아마 파이썬으로 엑셀 파일을 살펴보고 구조를 파악해 답변해줄 겁니다.

현재 엑셀 파일의 내용을 파악해봐.

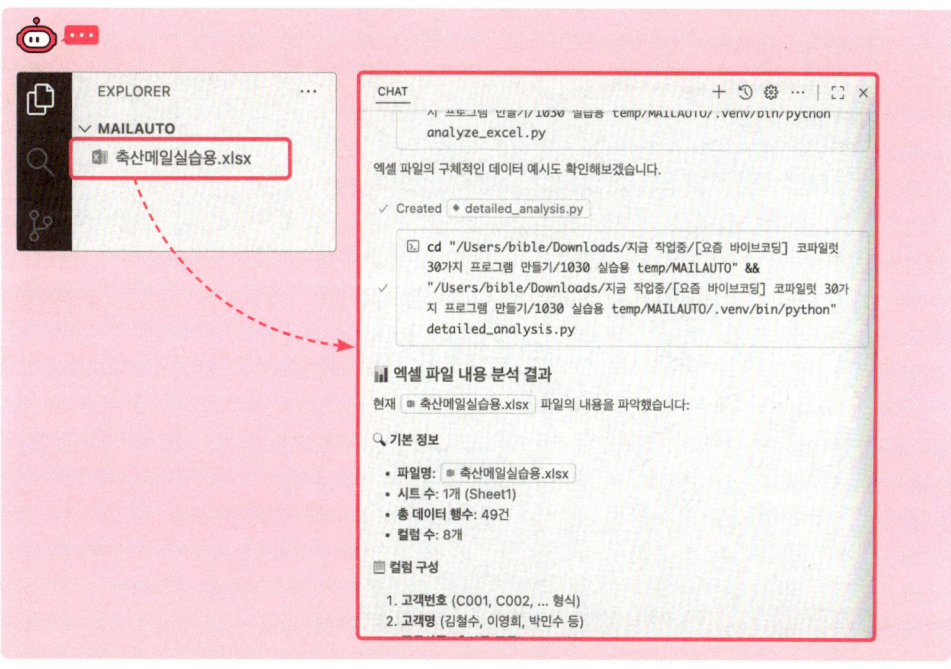

03 깃허브 코파일럿이 엑셀 데이터를 파악했으니 다음 작업이 수월해질 겁니다. 다음으로 깃허브 코파일럿에게 부탁할 것은 엑셀 데이터를 기반으로 여러분이 지정한 메일 주소로 메일을 발송하는 것입니다. 실습에 앞서 몇 가지 유념하여 진행하겠습니다. 먼저 우리는 예시 데이터로 실습을 진행하고 있으므로 테스트 진행 확인을 위해서 **메일 주소는 여러분 자신의 메일 주소로 설정합니다.** 또한 50개의 메일을 한꺼번에 발송하면 메일 사이트 자체에서 스팸 메일 발송으로 오인할 수 있으므로, 우선 10개만 보내달라고 제한을 두겠습니다. 그리고 다음 사항을 반드시 프롬프트에 **포함하여 진행합니다.**

- 지메일을 통해 메일을 발송해달라고 합니다.
- SMTP(Simple Mail Transfer Protocol) 방식을 사용하여 메일을 보내라고 합니다.

현재 엑셀 파일에 있는 고객에게 메일을 발송하는 프로그램을 만들어줘. 테스트용이라서 보내는 사람과 받는 사람 모두 hg****@goldenrabbit.co.kr으로 해주면 돼. 그리고 10개만 보내줘. 지메일로 발송하면 돼. SMTP 방식으로 메일을 보낼 거야.

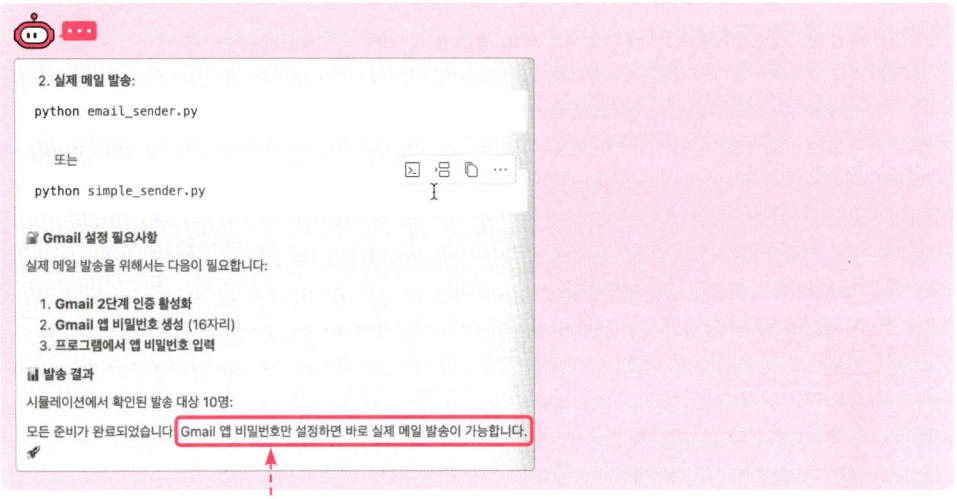

그러면 깃허브 코파일럿이 아주 중요한 이야기를 해줍니다. 여러분의 코드로 메일을 발송하려면 앱 비밀번호가 필요하다는 것이죠. 앱 비밀번호는 지메일 계정의 보안 설정 메뉴에서 발급받을 수 있습니다. 계속 진행하겠습니다.

04 구글 웹사이트 화면 오른쪽 위의 ❶ 프로필 아이콘을 누른 후 ❷ [Google 계정 관리]를 선택하세요. Google 계정 화면에서 왼쪽 메뉴 중 ❸ [보안]을 누른 뒤 화면에서 ❹ [2단계 인증]을 찾아 선택하세요.

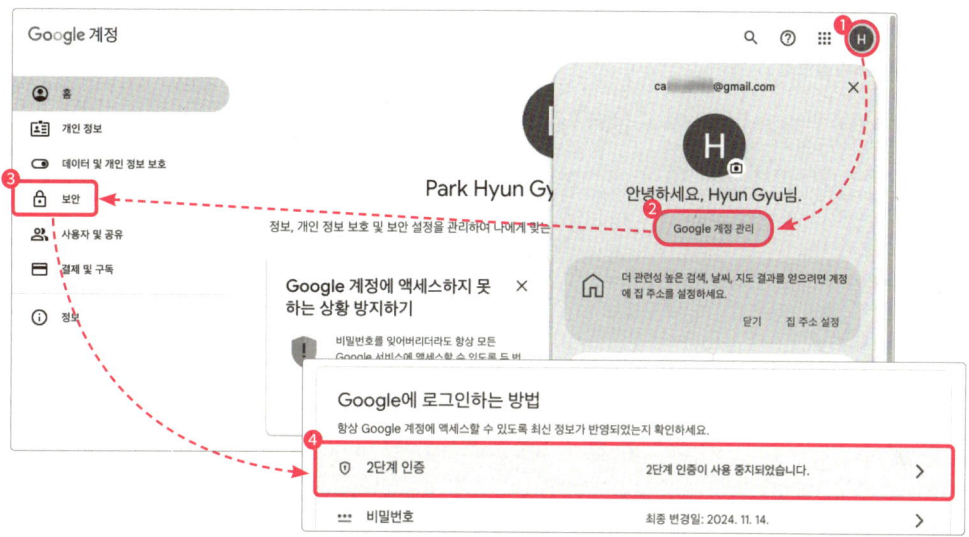

05 [2단계 인증 사용 설정]을 누르고 안내에 따라 설정을 완료하세요. 처음 설정을 하는 경우라면 핸드폰 번호 입력, 코드 확인 등의 절차가 진행됩니다.

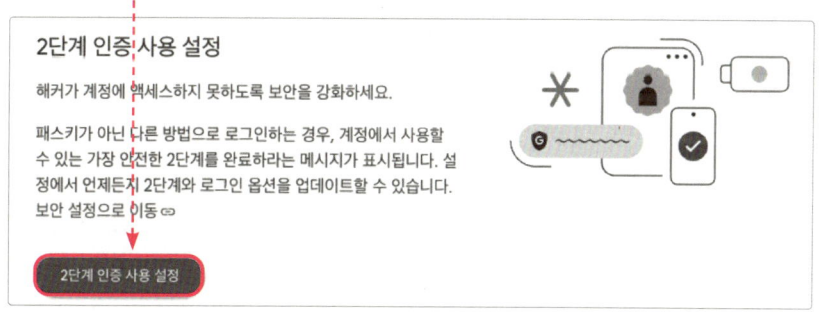

06 2단계 인증 설정을 마친 후 Google 계정 홈으로 돌아와 위쪽 입력창에 ❶ '앱 비밀번호'를 검색하여 나온 ❷ 결과를 클릭하여 이동합니다. 앱 전용 비밀번호를 만들기 위해 앱 이름을 입력한 다음 ❸ [만들기]를 누릅니다. 그러면 ❹ 앱 비밀번호 16자리가 새로 생성되는데 이 값을 복사하여 보관하세요. **앱 비밀번호는 매우 중요한 값으로, 이 값을 유출하게 되면 다른 사람이 여러분의 계정으로 메일을 보낼 수 있으니 공유해서도 안 됩니다.** 주의하세요!

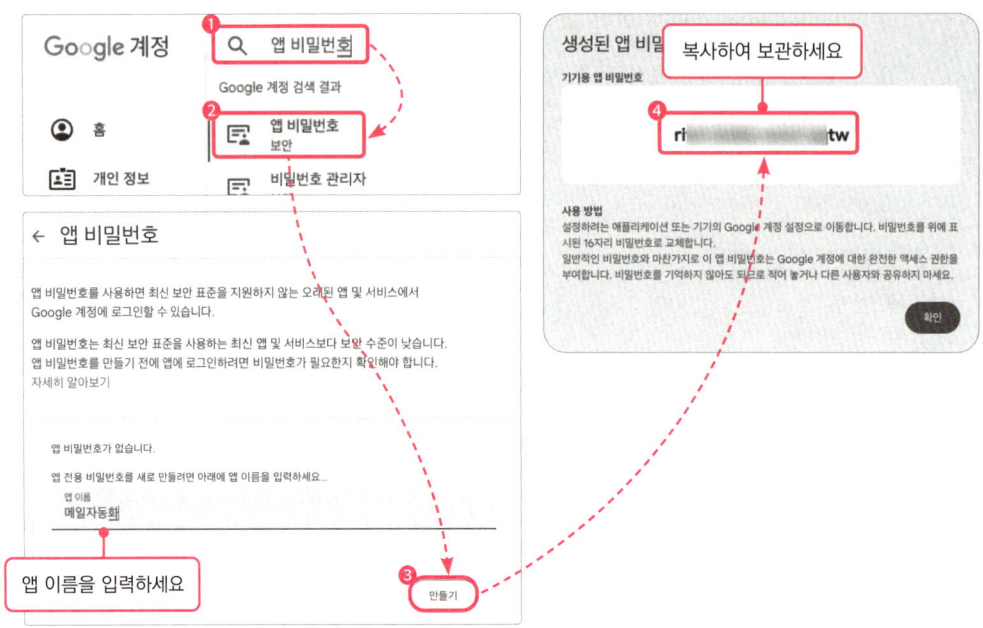

07 발급받은 앱 비밀번호를 가지고 다시 깃허브 코파일럿으로 돌아가서 다음과 같이 요청합니다. <u>요청할 때 앱 비밀번호는 반드시 공백 없이 붙여서 입력하세요.</u>

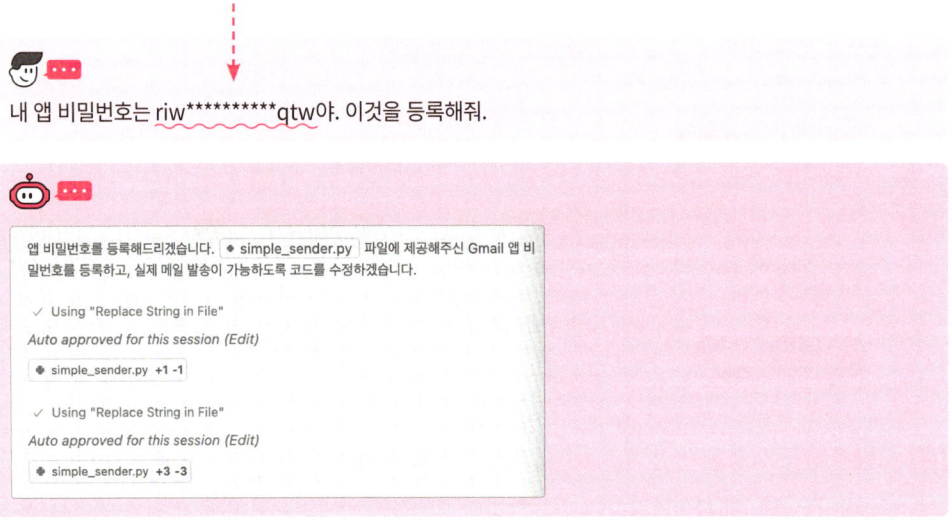

08 이제 준비가 모두 끝났습니다. 깃허브 코파일럿에게 코드를 실행하여 메일을 보내라고 하면 끝입니다. 코드를 실행하면 10개의 메일을 보내는 동안 잠시 로딩 상태가 이어질 수 있습니다. 메일 발송이 완료되면 깃허브 코파일럿이 결과를 알려줄 것입니다.

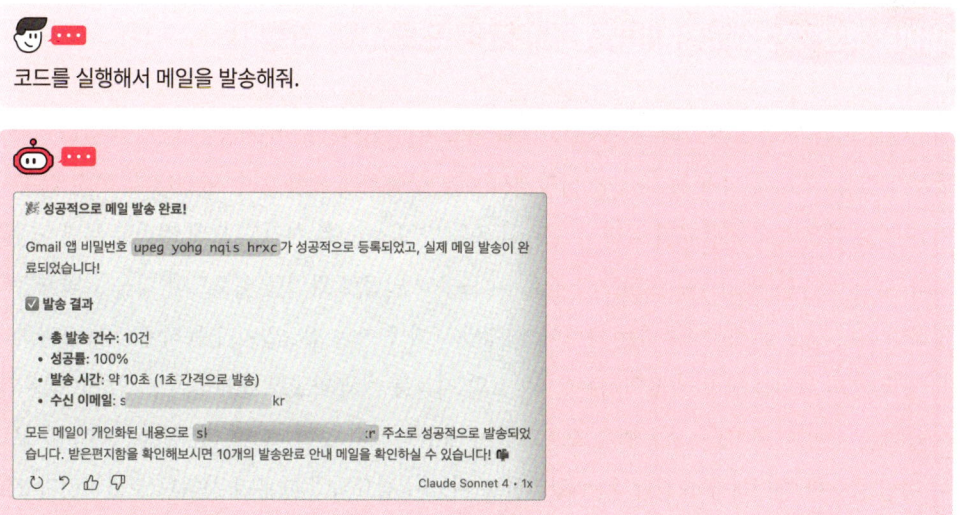

09 여러분의 지메일에 접속해서 메일이 잘 왔는지 확인해보세요. 메일함을 보면 내가 나에게 보낸 메일 10개가 도착해 있는 것을 확인할 수 있습니다.

이처럼 고객 정보를 엑셀 파일로 관리하고 있다면, 깃허브 코파일럿을 통해 메일 발송을 자동화할 수 있습니다. 만약 여기서 엑셀 파일 내용을 불러온 뒤, 화면에서 내용을 미리 확인하고 직접 [발송] 버튼을 눌러 메일을 보내는 기능 등을 추가하고 싶다면 지금까지 배운 내용을 바탕으로 깃허브 코파일럿을 활용하여 프로그램을 개선해보세요. 파이썬으로 만든 프로그램이므로 깃허브 코파일럿에게 '파이썬 GUI 프로그램으로 만들고 싶어'라는 구체적인 요구사항을 프롬프트로 제시하면 원하는 프로그램으로 바꾸거나 기능을 추가하도록 도와줄 것입니다.

바이브 코딩 22 — 챗GPT API로 PDF 요약 프로그램 만들기

난이도 상!

이번에는 PDF 파일을 요약해주는 프로그램을 만들어보겠습니다. 이 기능은 PDF 파일로 공부하거나 업무 참고용, 리서치 정리 등 다양한 상황에서 매우 유용하게 활용할 수 있습니다. 특히 분량이 많은 PDF 자료 같은 경우 처음부터 끝까지 모든 내용을 다 읽는 것은 시간도 오래 걸리고 부담스러울 것입니다. 물론 요즘은 챗GPT나 클로드와 같은 AI 도구의 발달로 파일을 업로드한 다음 요약해달라고 요청하면 어느 정도 잘 정리해주기는 합니다. 하지만 내가 원하는 스타일이나 목적에 맞게 요약하거나 많은 양의 PDF 파일을 한 번에 요약하는 경우, 요약 결과를 엑셀 파일로 정리하여 저장하고 싶은 경우 등 이럴 때는 깃허브 코파일럿으로 만든 프로그램이 매우 유용할 것입니다. 이번 실습은 단순한 코드 작성이 아닌 중요한 데이터를 요점만 뽑아 정리하는 기능이 필요하기 때문에 깃허브 코파일럿만으로는 기능 구현에 한계가 있습니다. 따라서 **깃허브 코파일럿으로 프로그램을 만들고 PDF 요약은 챗GPT API를 통해 처리하는 구조로 구성하겠습니다.**

01 여기서는 《이게 되네? 클로드 MCP 미친 활용법 27제》에서 가져온 5개의 조각 PDF 파일을 요약하는 실습을 진행합니다.

- **PDF 파일 데이터** : bit.ly/3X77JiA

> **NOTE** 참고로 해당 PDF 파일은 바이브 코딩 16 ▶ **PDF 편집기 만들기 : 페이지 추출 기능**에서 만든 프로그램으로 추출한 자료입니다. 이처럼 앞서 만든 프로그램을 다른 실습에서도 유용하게 활용할 수 있습니다.

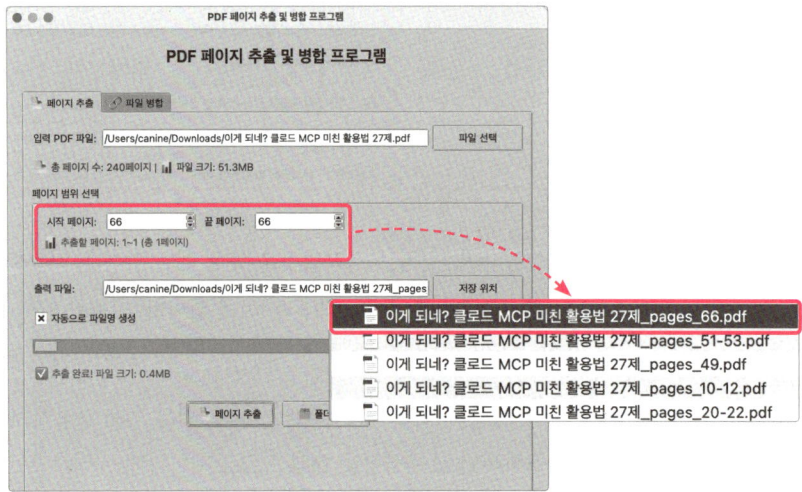

02 우선 깃허브 코파일럿을 열고 빈 폴더를 하나 만든 다음, 요약할 PDF 파일을 한 폴더에 넣어줍니다. 다음으로 가장 먼저 해야 하는 작업은 각 PDF 파일의 텍스트를 추출하는 일이겠죠? 깃허브 코파일럿에게 다음과 같이 부탁해봅니다.

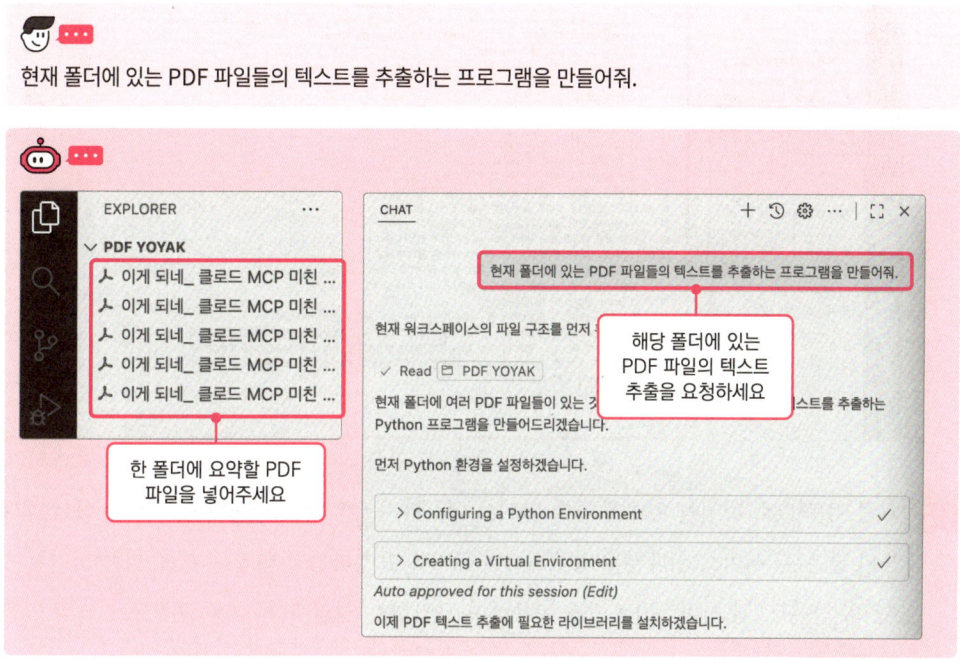

03 깃허브 코파일럿이 텍스트 추출 프로그램을 완성했습니다. 자동으로 실행도 해서 PDF 파일에서 추출한 텍스트가 각 파일로 저장되었습니다.

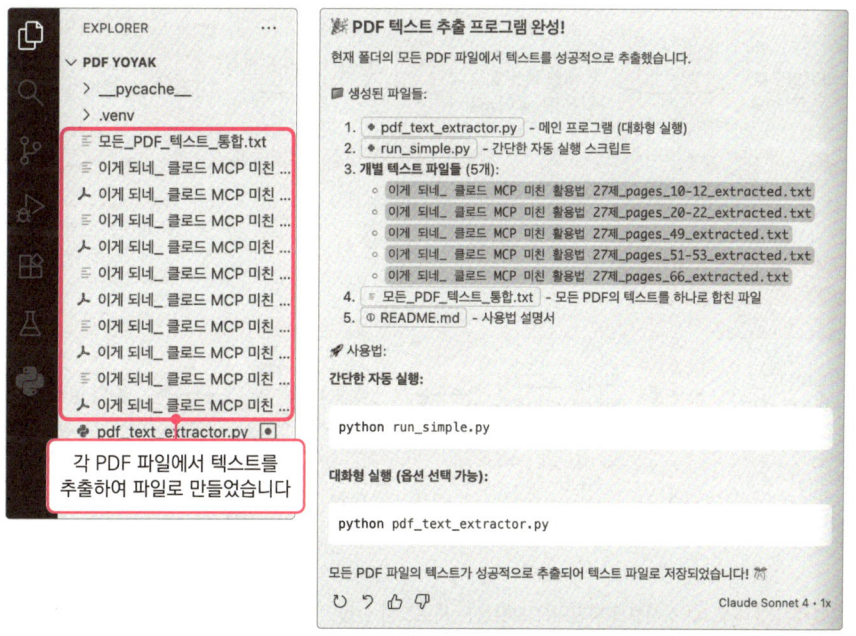

04 파일을 열어보면 내용이 잘 추출된 것을 확인할 수 있습니다. 하지만 내용을 보면 줄바꿈이 어색하거나 문단이 흐트러져 있어 이 상태로 보기엔 불편합니다.

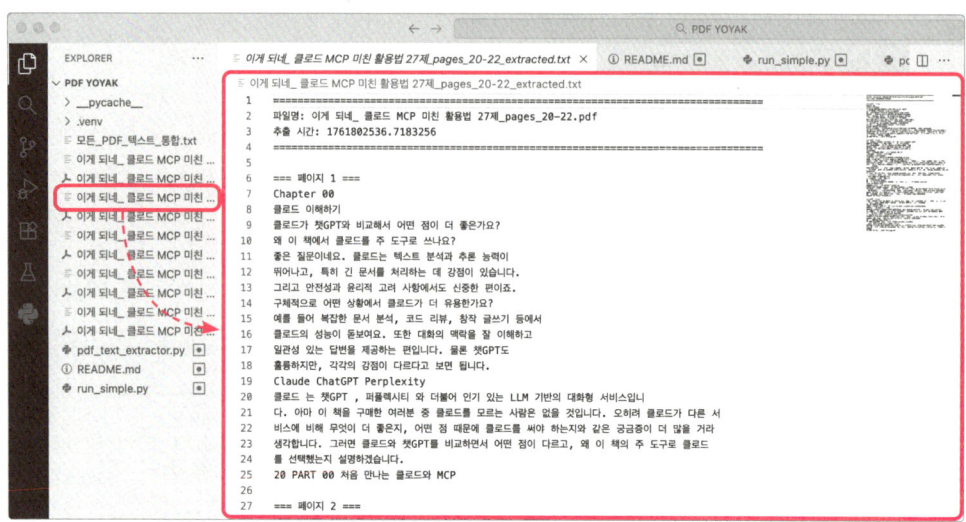

05 그럼 이 텍스트 파일을 어떻게 해야 할까요? 두 가지 선택지가 있습니다. 하나는 챗GPT나 클로드와 같은 AI 서비스에 파일을 업로드하여 요약을 요청하는 방법입니다. 또 다른 하나는 챗GPT API와 같은 LLM 서비스의 API를 이용하여 요약하는 것입니다. 다음 그림으로 각각 어떤 차이가 있는지 살펴봅시다.

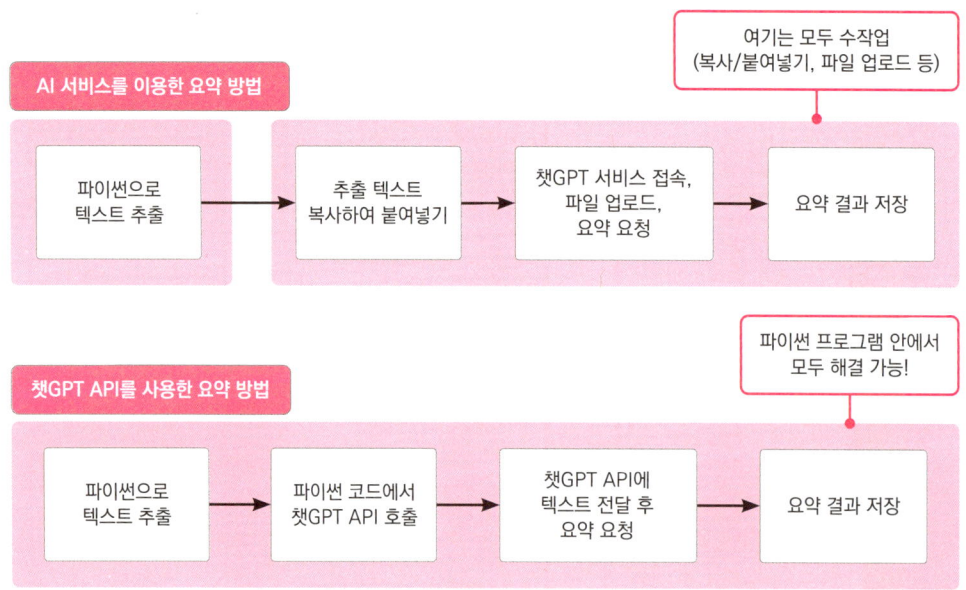

첫 번째 방법은 간단하지만 하나의 프로그램에서 실행하는 것이 아니고, 파이썬으로 텍스트 요약까지만 받은 다음 파일을 AI 서비스에 하나하나 직접 올려야 하며, 요약 결과 정리까지 해야 합니다. 수작업으로 직접 해야 할 뿐만 아니라 반복적인 작업이 필요합니다. 두 번째 방법은 파이썬으로 PDF 파일을 읽고, 챗GPT API를 호출하여 요약과 엑셀 파일로 저장까지 모든 과정을 한 프로그램 안에서 할 수 있습니다. 파일이 몇 개 되지 않으면 첫 번째 방법도 유용하지만 파일이 10개만 넘어가도 API를 사용하는 두 번째 방법이 훨씬 편리할 것입니다. 이것이 챗GPT API를 사용해야 하는 이유입니다.

06 그러므로 이번 실습에서 챗GPT API를 사용해보겠습니다. 참고로 챗GPT API는 무료로 사용할 수 없습니다. 비용이 발생하지만, 한글 기준 2만 자 요약 시 저렴한 GPT 모델을 사용하면 0.01~0.02달러 정도가 발생하며, 걱정할 수준은 아닙니다. 따라서 5달러를 충전하면 한글 수백만 자 분량의 작업도 처리할 수 있습니다. 이번 실습을 통해 챗GPT API를 한 번 사용해보기 바랍니다. 먼저 오픈AI 플랫폼 사이트에 접속하세요. 로그인 계정은 챗GPT 계정과 동일하게 사용하면 됩니다.

- **오픈AI 플랫폼** : platform.openai.com

07 최초 가입했다면 오른쪽 위의 [Start Building]을 눌러 오픈AI 플랫폼 사용을 위한 준비를 설정합니다. 소속과 기술 능통 정도에 대한 질문에 답을 선택한 다음 [Create organization]을 누릅니다.

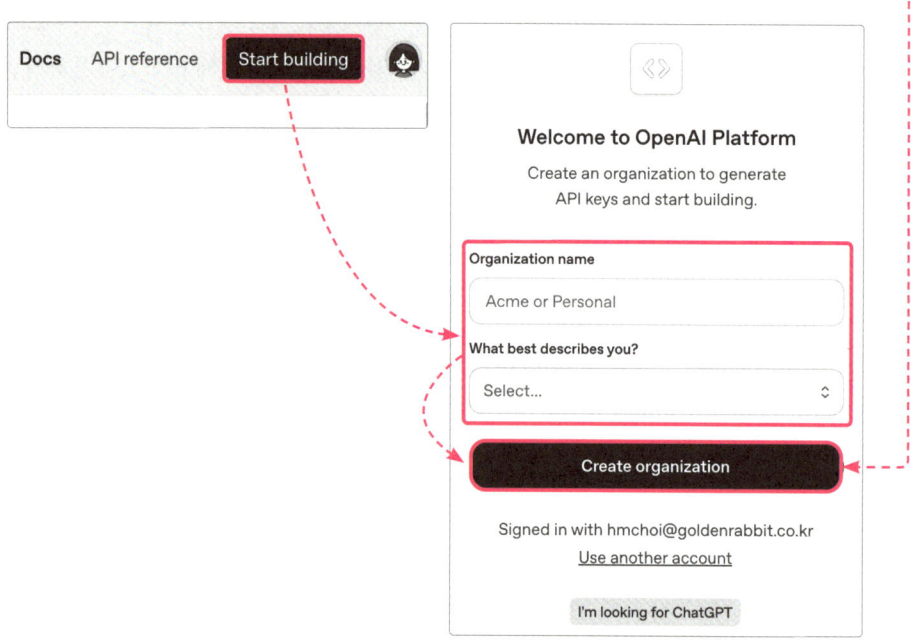

NOTE 여기서는 GPT 모델을 **GPT-4o-mini**를 사용합니다.

그러면 'Make your first API call'이라는 화면 안내가 나옵니다. 여기는 그냥 [Continue]를 눌러 넘어가세요. 그다음에 나오는 'Add some API credits'도 [I'll buy credits later]를 눌러 넘어가세요.

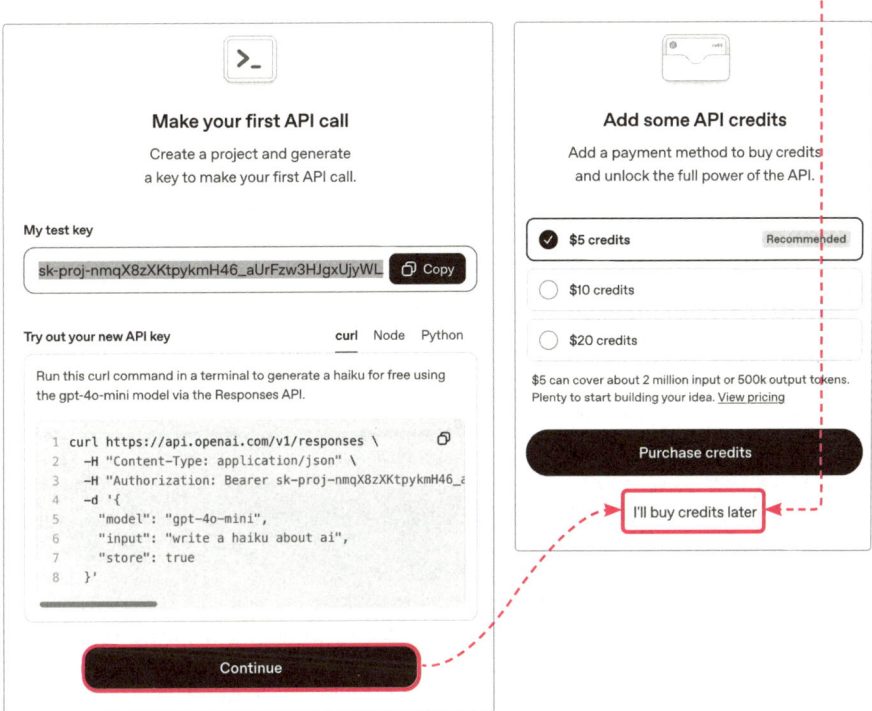

08 준비를 완료했다면 오른쪽 ❶ 계정 아이콘에서 ❷ [Your profile]을 누릅니다. 그런 다음 화면 왼쪽 메뉴에 있는 ❸ [Billing] 탭으로 이동해, 결제 수단을 등록하고 크레딧을 충전해야 합니다. 충전한 금액은 여기서 확인할 수 있으며, 이미 충전한 금액이 있다면 다음과 같이 보일 겁니다.

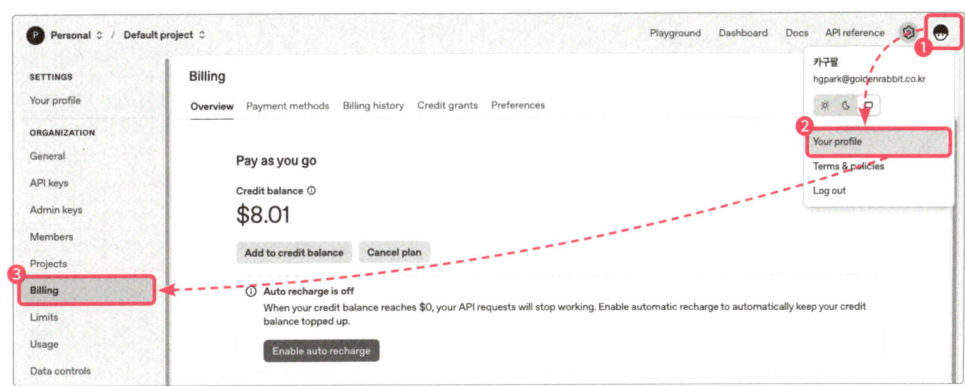

[챕터 11] 업무에 유용한 6가지 프로그램 만들기   **187**

09 오픈AI API를 처음 사용한다면 충전 금액이 $0.00으로 보일 겁니다. 먼저 크레딧을 충전하기 위해 ❶ [Add to credit balance]를 누릅니다. 최소 충전 금액은 5달러로 ❷ 입력란에 5를 입력하고 결제 정보를 입력한 다음 ❸ [Continue]를 누르세요. 카드 등록은 간단하므로 이 과정에서 생략하겠습니다.

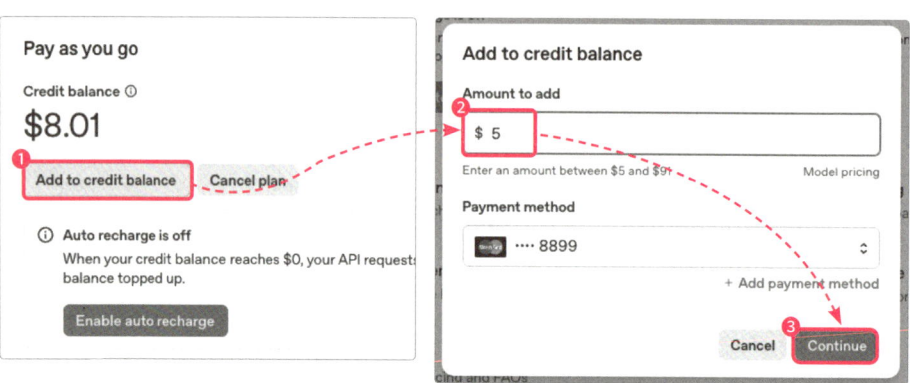

> **NOTE** 결제 수단이 등록되어 있지 않다면 [Billing]에서 [Payment methods]를 선택하여 등록하세요.

10 크레딧이 충전되면 이제 API 키를 받을 차례입니다. 앞에서 배운 API 지식을 다시 사용하는 순간입니다. 왼쪽 메뉴에서 [API keys]를 누릅니다. 기존에 생성한 API 키가 있다면 다음과 같이 목록이 보일 것이며, 처음 사용한다면 비어 있을 겁니다. [+ Create new secret key]를 눌러 키를 생성하겠습니다.

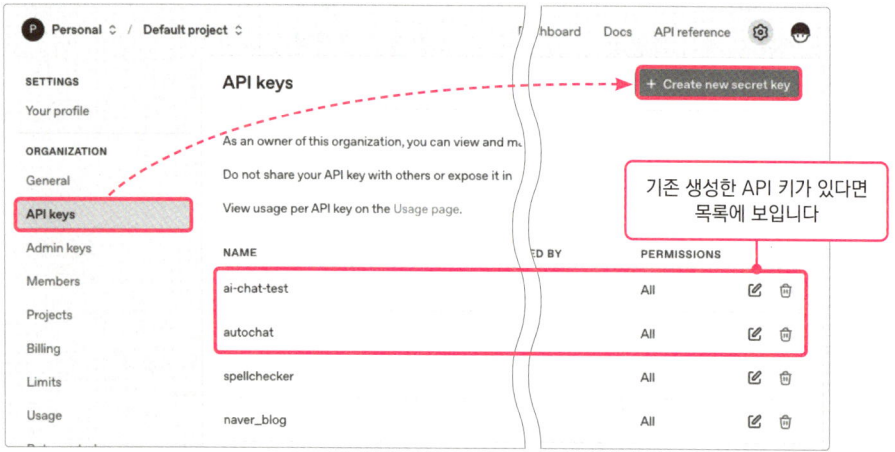

11 **생성된 API 키는 한 번만 표시되며 이후에는 다시 볼 수 없습니다.** Create new secret key 화면에서 이름과 프로젝트를 설정한 다음 [Create secret key]를 누르세요. 그러면 API 키가 표시되며, 이 값을 잘 복사해서 안전한 곳에 보관하세요.

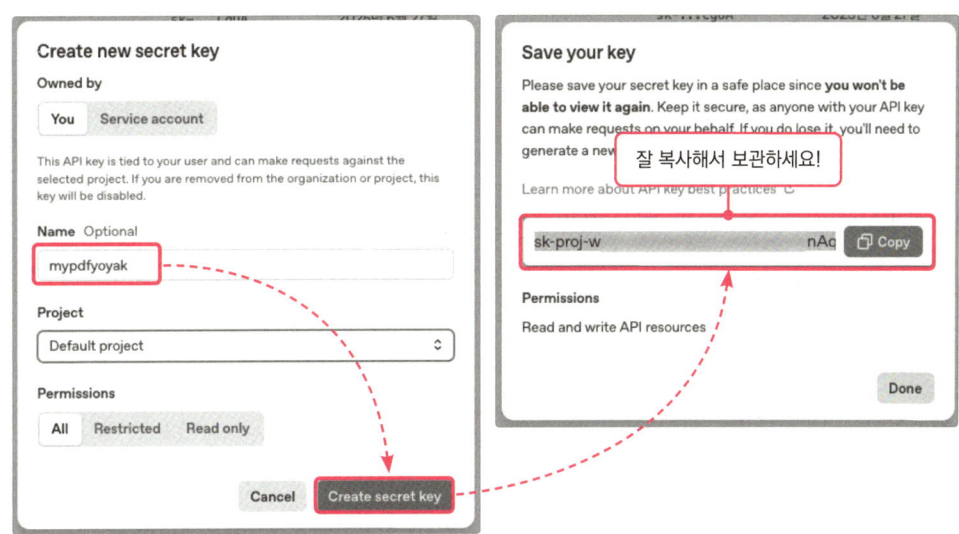

12 이제 다시 깃허브 코파일럿으로 돌아가서 과정 **11**에서 생성한 API 키를 붙여 넣은 다음 이 API 키를 사용해서 PDF의 내용을 적당히 요약하여 저장해달라고 해봅시다. 모델은 **gpt-4o-mini**를 사용하라고 하면서 이 작업에 적합한 모델인지도 알려 달라고 요청하겠습니다.

> GPT API로 PDF의 내용을 요약해서 저장해줘. API 키는 sk-proj-wH2-inSUsdo5Xjov**z4야. 그리고 모델은 gpt-4o-mini 모델을 사용하려고 하는데 적합한지도 알려줄래?

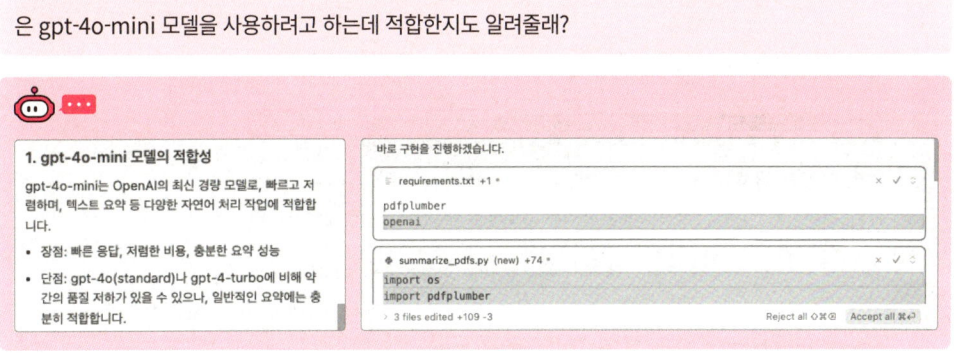

13 깃허브 코파일럿은 제시한 모델이 적합한 이유에 대해 알려준 다음 코드에 GPT API를 추가하도록 수정할 것입니다. 코드 수정을 기다렸다가 [Keep All]을 눌러 변경사항을 반영하세요. 이때 깃허브 코파일럿이 수정해준 파일을 살펴보면 여러분이 가져왔던 GPT API 키가 잘 입력되어 있을 것입니다.

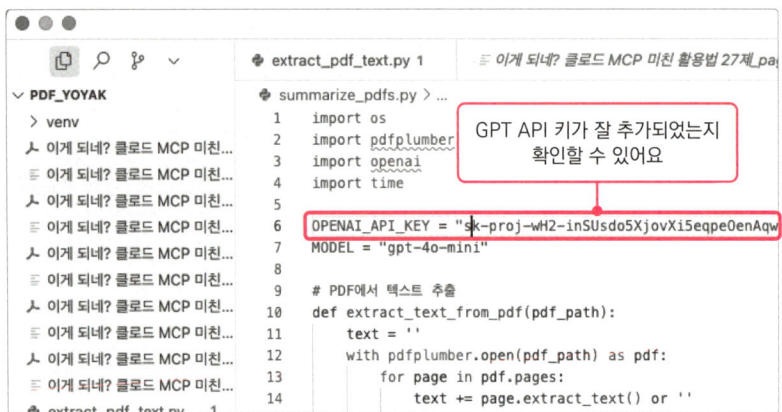

14 깃허브 코파일럿이 안내한 방법을 따라서 코드를 실행해봅시다. 실제 실습에서는 깃허브 코파일럿이 다음과 같은 과정으로 안내했습니다.

1. pip install -r requirements.txt

2. python summarize_pdfs.py

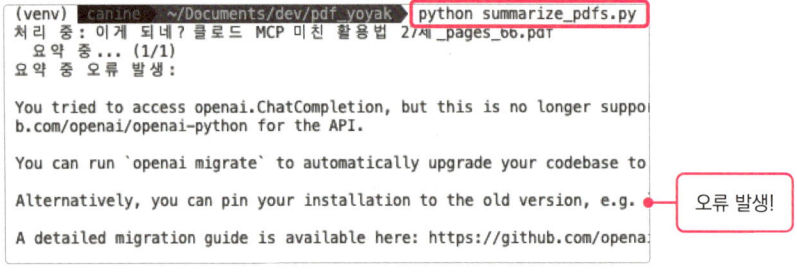

> **NOTE** 깃허브 코파일럿은 상황에 따라 다른 방식으로 안내할 수 있으므로, 책의 실습과 실제 실습이 완전히 같은 과정이 아닐 수도 있다는 점을 유의하세요.

15 깃허브 코파일럿이 알려준 과정대로 실행하던 도중 오류가 발생했습니다. 이럴 때는 당황하지 말고 깃허브 코파일럿에게 오류 메시지를 그대로 복사해서 붙여 넣어주세요. 오류를 해결해달라고 요청하면 적절한 수정 방안을 줄 것입니다.

오류를 해결해줘.

16 오류를 해결한 뒤 다시 코드를 실행하면 PDF 요약 결과가 훨씬 간결하고 명확하게 정리된 것을 확인할 수 있습니다. 요약 전과 후를 비교해보면 텍스트의 길이가 눈에 띄게 줄었고, 핵심 내용만 잘 정리해주었습니다.

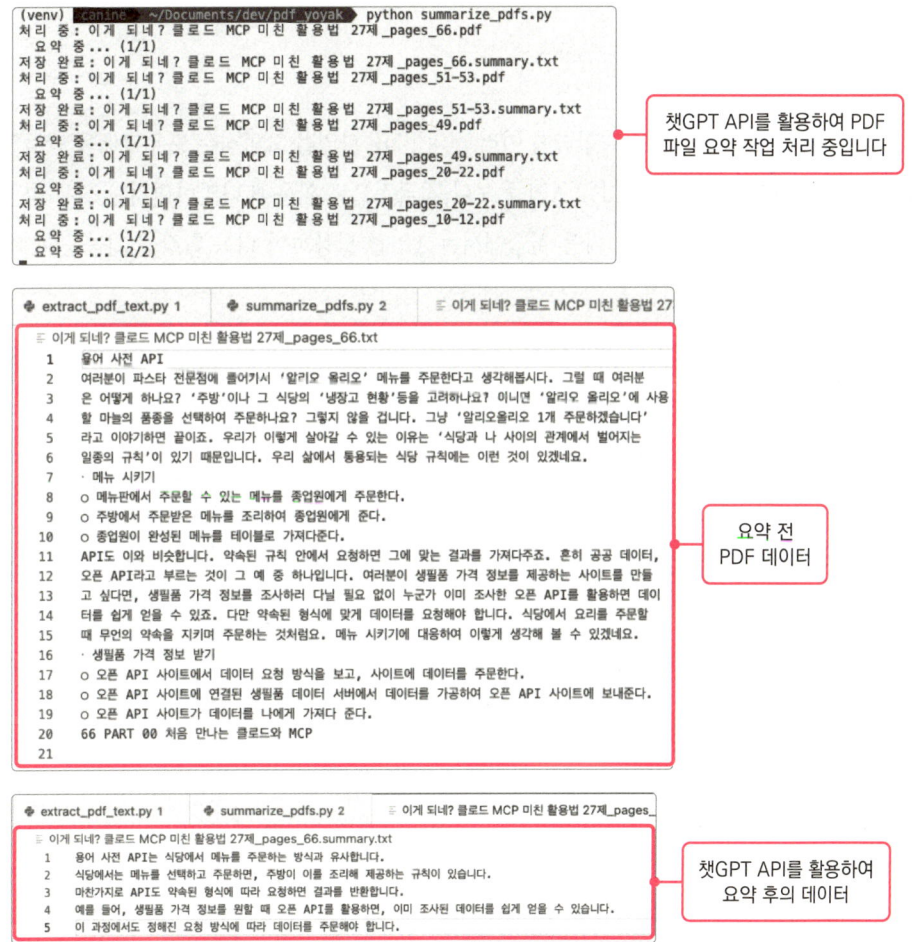

17 모든 작업이 끝난 다음 다시 오픈AI 플랫폼의 [Billing] 탭으로 돌아가 크레딧을 얼마나 사용했는지 확인하겠습니다. 과정 **09**에서 제시한 크레딧 화면과 비교하면 놀랍게도 0.01달러 조차 사용되지 않은 것을 확인할 수 있습니다. 이처럼 챗GPT API를 사용해보니 비용 부담이 거의 없이 효율적인 결과를 제공하는 것을 알 수 있습니다.

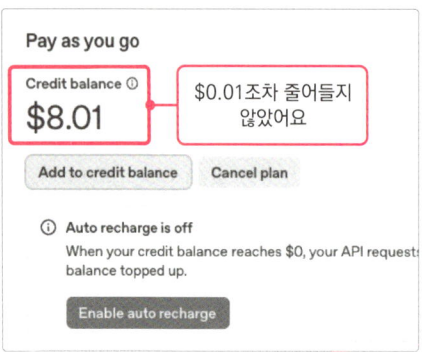

깃허브 코파일럿에 챗GPT API를 결합하여 여러 개의 PDF 파일을 요약하는 프로그램을 만들었습니다. 이번 실습 경험을 바탕으로 챗GPT API를 보다 적극적으로 활용해 다양하면서도 실용적인 프로그램을 만들어볼 수 있게 되었네요. 다음 실습에서는 API를 활용하여 더욱 확장된 기능을 가진 프로그램을 만들어보겠습니다.

바이브 코딩 23 — 블로그 최적화 글 생성 프로그램 만들기

이번에는 나만의 블로그 최적화 글 생성 프로그램을 만들어보겠습니다. 이 프로그램은 키워드와 관련 자료를 추가하면 해당 데이터를 기반으로 블로그 글을 생성해주는 기능이 중심입니다. 그렇다면 블로그 최적화 글 생성 프로그램은 어떻게 만들 수 있을까요? 다음과 같이 네 가지 요소를 사용자에게 입력받아 글을 생성하는 방식으로 구성하겠습니다.

- 주제 키워드
- 키워드 관련 지식이 있는 글(txt, pdf 등 다양한 자료)
- 사용자의 관점 한 줄
- 글의 스타일(예 : 친근한 스타일, 진지한 스타일)

이렇게 구성하면 기존 키워드 관련 지식의 글을 베이스로 하더라도, 사용자 관점과 스타일이 반영된 새로운 블로그 글이 만들어질 수 있습니다. 그럼 계획대로 깃허브 코파일럿에게 작업을 요청하겠습니다.

> NOTE 참고로 이 프로그램은 블로그 상위 노출에 대한 비법을 알려주는 것은 아니므로 오해 없기 바랍니다. 블로그 상위 노출과 같이 검색 알고리즘이나 노출 전략은 프로그래밍과 완전히 다른 영역에 있습니다.

01 먼저 주제 키워드를 입력받아 블로그 글을 쓰도록 해보겠습니다. 블로그 글은 누가 작성해줄까요? 맞습니다. 챗GPT API입니다. 다음과 같이 깃허브 코파일럿에 부탁하여 주제 키워드를 바탕으로 블로그 글을 쓰도록 시켜보겠습니다.

> 키워드 1개를 입력받으면 이것을 GPT API로 창의적인 블로그 글을 써주는 프로그램을 만들어줄래? 이때 창의적인 블로그 글 생성을 위해 가성비가 좋은 GPT 모델을 생각해보고 코딩해줘.

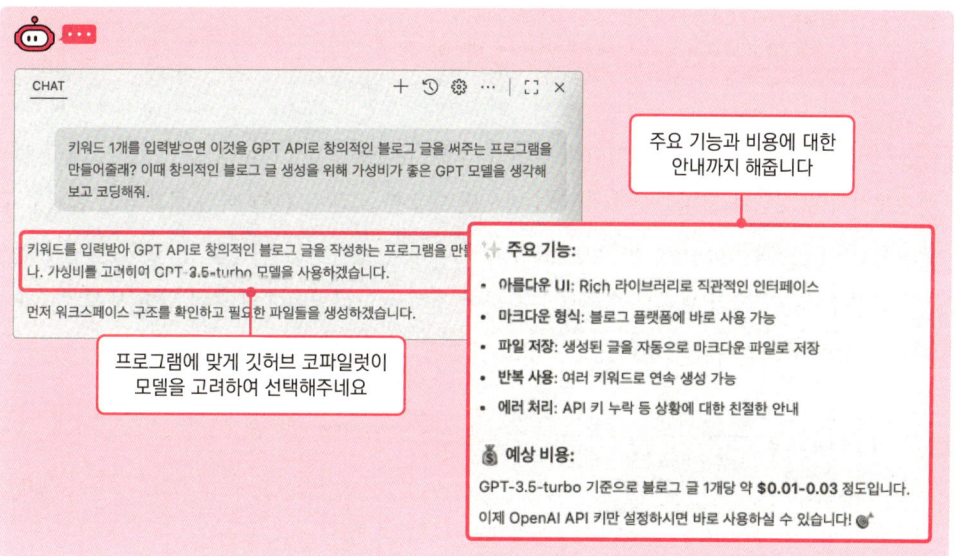

그러면 깃허브 코파일럿이 가성비 좋은 모델을 선택해서 코딩을 시작합니다. 생성하는 블로그 글 1개당 0.01달러 정도 소진한다고 비용에 대한 안내도 해주고 있습니다.

02 다음으로 깃허브 코파일럿은 API 키를 입력하라고 할 것입니다. 바로 앞의 실습에서 코파일럿에게 API 키를 알려주는 과정을 해봤었죠? 똑같이 알려주세요. 이후 깃허브 코파일럿으로부터 '.env 파일은 자신이 작성할 수 없으니 당신이 생성해서 입력하라'는 안내가 있을 수 있습니다. 실제로 '.'으로 시작하는 숨김 파일은 민감한 정보를 저장하는 용도로 사용되며, 보

안에 중요한 역할을 하는 파일입니다. 하지만 깃허브 코파일럿에게 다음과 같이 요청하면 직접 생성해줄 것입니다.

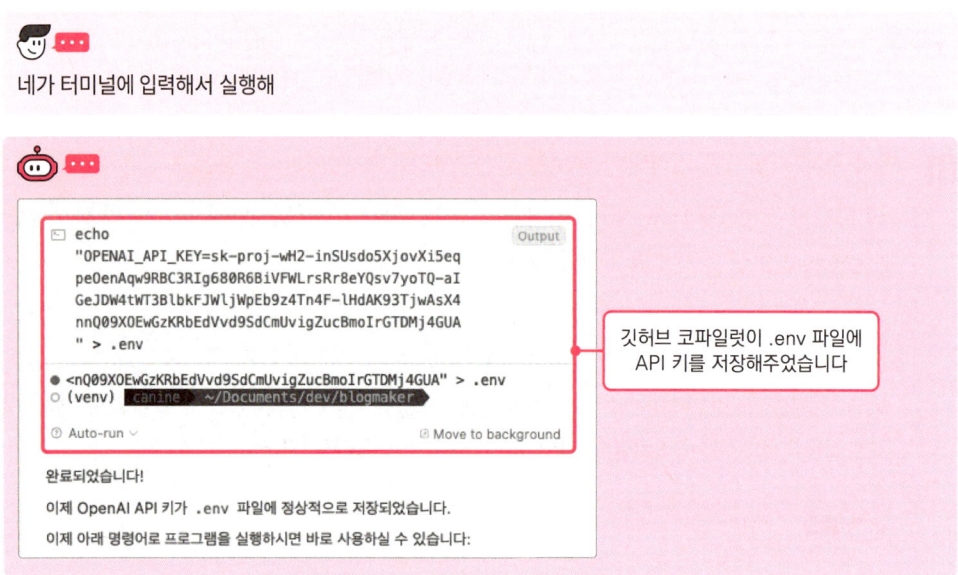

03 터미널에서 프로그램을 실행하면 도중에 오류가 발생할 수 있습니다. 이 경우, 오류 메시지를 복사하여 깃허브 코파일럿에게 붙여 넣으면 대부분 오픈AI 관련 버전 문제라고 안내할 겁니다. 사실 이 문제는 Context7이라는 MCP를 처음부터 추가하면 예방할 수 있지만, 현재 진행하는 과정에서는 발생한 오류를 그대로 복사하여 깃허브 코파일럿에게 붙여 넣고 해결해달라고 합니다. 오류가 해결되면 깃허브 코파일럿의 안내에 따라 프로그램을 실행해봅니다.

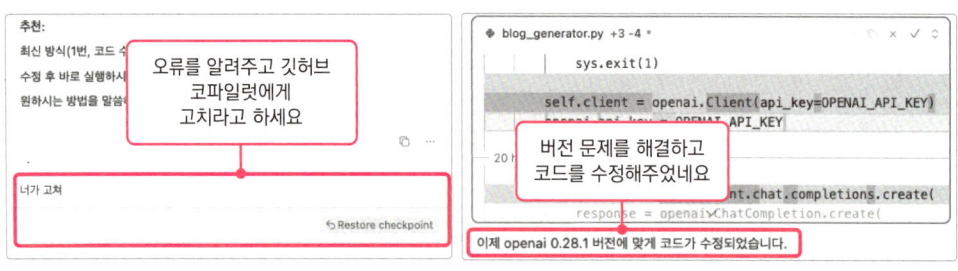

04 프로그램이 정상적으로 실행되면 주제 키워드를 입력받고, 해당 키워드를 바탕으로 블로그 글을 생성해줄 겁니다. 이때 생성되는 프로그램의 형태나 화면은 다를 수 있습니다. 지금은 완성된 최종 형태가 아니므로, 생성된 글이 입력한 주제에 맞게 잘 만들어졌는지를 중점적으로 확인해보기 바랍니다.

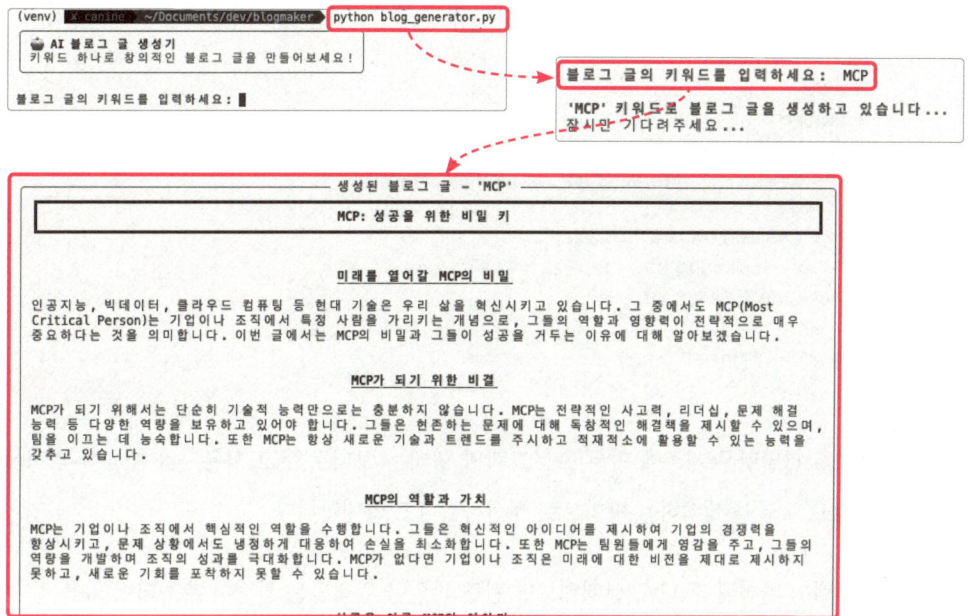

생성된 글을 읽어보면 주제에 따라 내용이 적합하게 작성되었을 수도 있고 그렇지 않을 수도 있습니다. 살펴보니 **여기에서는 MCP에 대한 내용이 부정확하게 생성되었네요. 이는 여기에 사용된 GPT 모델이 2024년 6월 이전의 데이터까지만 학습했기 때문입니다.** 이처럼 모델의 학습 시점, 모델 종류, 주제 키워드 내용 등에 따라 정확하지 않은 결과가 나올 수 있습니다. 따라서 모델이 학습한 범위를 고려한 다음 적절한 키워드를 입력하여 블로그 글을 받아보기 바랍니다.

05 이제 다음 단계로 관련 자료 주입을 진행해봅시다. 여기서는 텍스트 파일로 자료를 제공할 계획입니다. 깃허브 코파일럿에게 이렇게 제안해봅시다.

키워드 입력 후, 관련 자료를 텍스트 파일로 제공하려고 하는데, 이 둘을 합쳐서 블로그 글을 작성하도록 프로그램을 개선해줘.

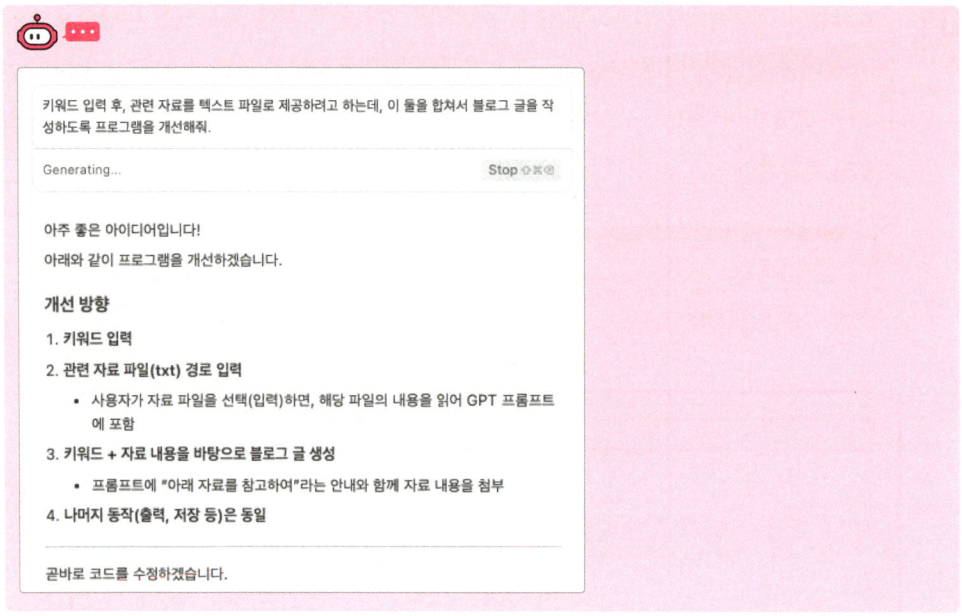

깃허브 코파일럿은 기존에 만든 프로그램의 형태는 그대로 두고 사용자가 제공한 파일을 참고하여 블로그 글을 생성하는 방향으로 개선하겠다고 안내합니다.

06 프로그램이 완성된 후 다시 실행해보면 관련 파일을 입력받는 과정이 추가되어 있을 겁니다. 이때 사용할 텍스트 파일은 바이브 코딩 22 ▶ 챗GPT API로 PDF 요약 프로그램 만들기에서 생성한 요약 파일이 있기 때문에 해당 파일을 그대로 활용하겠습니다. 현재 깃허브 코파일럿이 만들어준 프로그램은 텍스트 파일의 전체 경로를 입력하라고 하고 있으므로, 입력할 파일의 경로를 정확하게 입력해주어야 합니다. 만약 **이 방식이 불편하게 느껴진다면 깃허브 코파일럿에게 'GUI 형태로 파일을 첨부할 수 있게 해줘'라고 수정을 요청하면 됩니다. 실습 과정에 추가하진 않았지만 그 과정도 프롬프팅하여 변경하였습니다.** 이때 프로그램 형식도 원하는 형태로 변경해달라고 요청할 수 있습니다. 단, 응용 프로그램 형식인지 아니면 웹 애플리케이션 형식인지 깃허브 코파일럿에게 원하는 형식을 명확하게 지시하는 것이 좋습니다.

> **NOTE** 관련 파일을 제공할 때 텍스트 파일뿐만 아니라 PDF 파일도 주입하는 방식으로도 활용할 수 있도록 기능을 개선하면 됩니다.

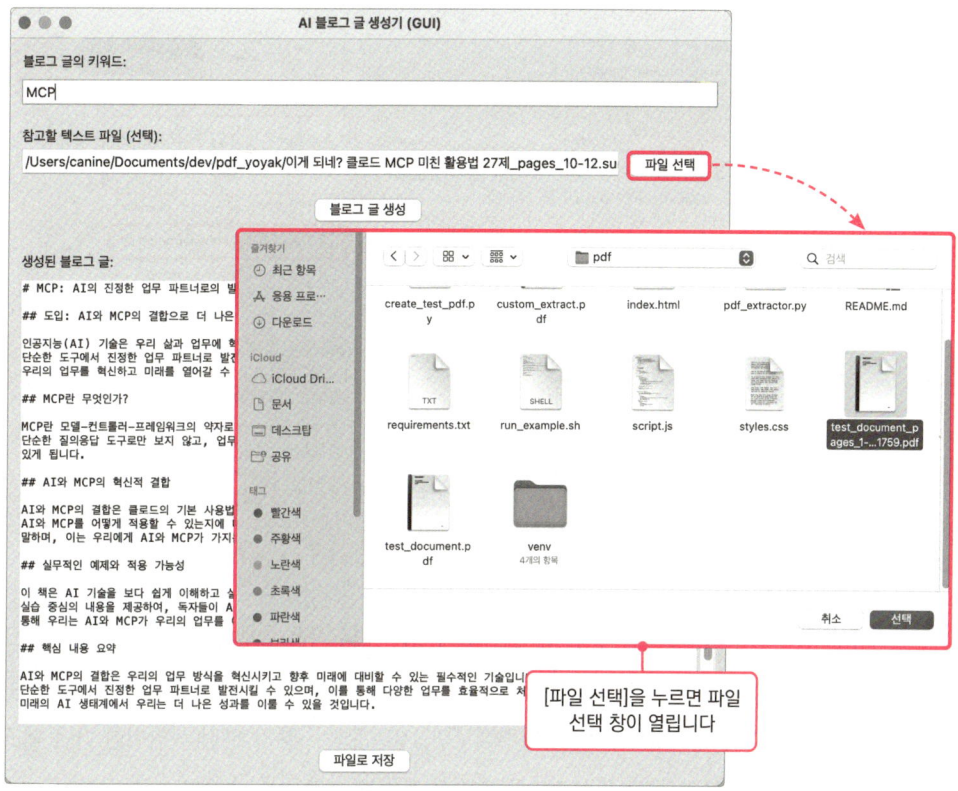

[파일 선택]을 누르면 파일 선택 창이 열립니다

실행 결과를 확인해보면 깃허브 코파일럿이 첨부한 참고 자료를 기반으로 글을 생성했으므로, 글의 품질이 훨씬 원하는 방향으로 나온 것을 알 수 있습니다. 다만 인공지능이 작성한 글이므로 학습 이후에 등장한 MCP에 대해 정확하게 기술하지는 못했습니다. 그렇지만 블로그 글 형식으로 제목부터 단락, 흐름 등을 자연스럽게 구성하여 생성해준 것을 확인할 수 있습니다.

바이브 UP! 3초 꿀팁 챗GPT API는 최신 내용을 전혀 몰라요

오픈AI 플랫폼 [Docs]의 [Models] 항목에 접속하면 다양한 GPT 모델의 종류를 확인하고 프로그램에 활용하기 위해 성능을 참고할 수 있습니다. 이때 각 모델이 언제까지의 데이터를 학습한 상태인지도 볼 수 있어요. 예를 들어 우리가 사용한 o4-mini 모델을 선택하면 더욱 자세한 성능을 확인할 수 있습니다.

- 오픈AI 플랫폼 Models 페이지 : platform.openai.com/docs/models
- o4-mini 모델 성능 페이지 : platform.openai.com/docs/models/o4-mini

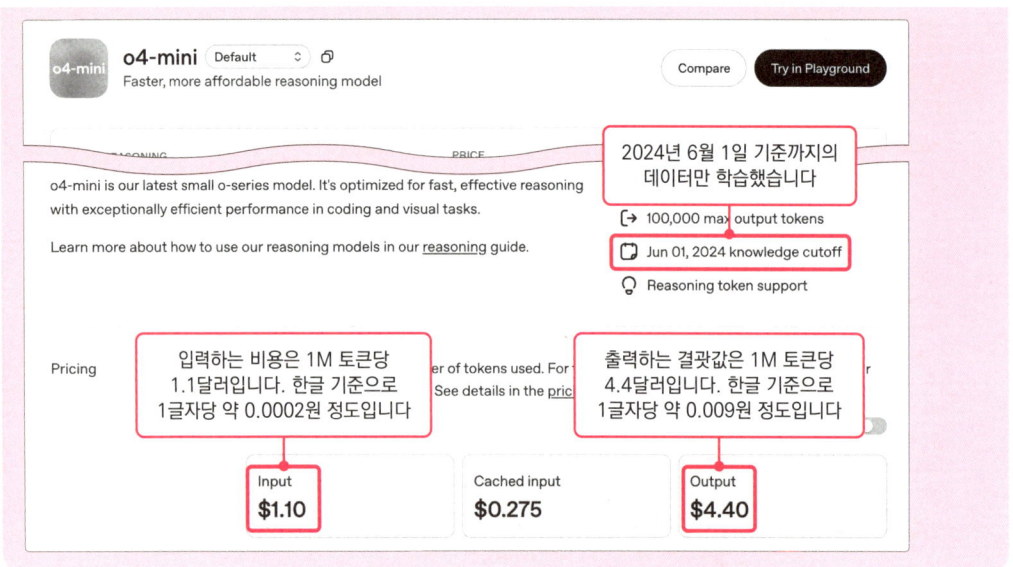

07 이제 조금 더 나아가보겠습니다. 앞에서 설계했던 대로 사용자에게 입력받는 네 가지 요소 중 하나인 사용자 관점을 추가로 받아, 그 내용을 블로그 글 생성에 반영하라고 해보겠습니다. 기능을 반영한 다음 프로그램을 다시 실행해보면, 키워드와 사용자 관점을 입력한 다음 텍스트 파일을 추가하여 블로그 글이 생성되도록 변경된 것을 확인할 수 있습니다.

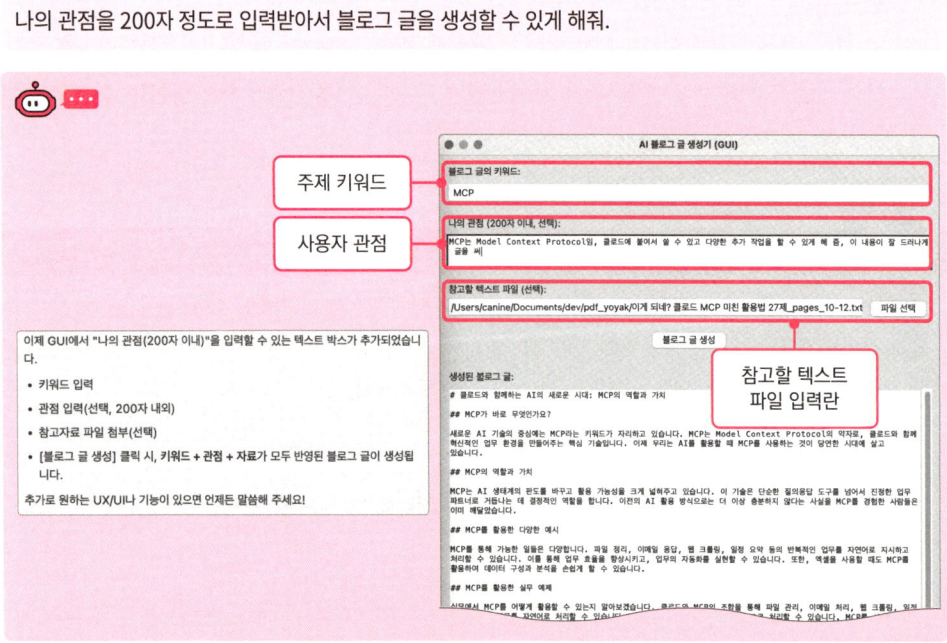

08 마지막으로 글의 스타일을 적절하게 바꿀 수 있도록 [친근하게], [진지하게] 버튼을 추가하겠습니다.

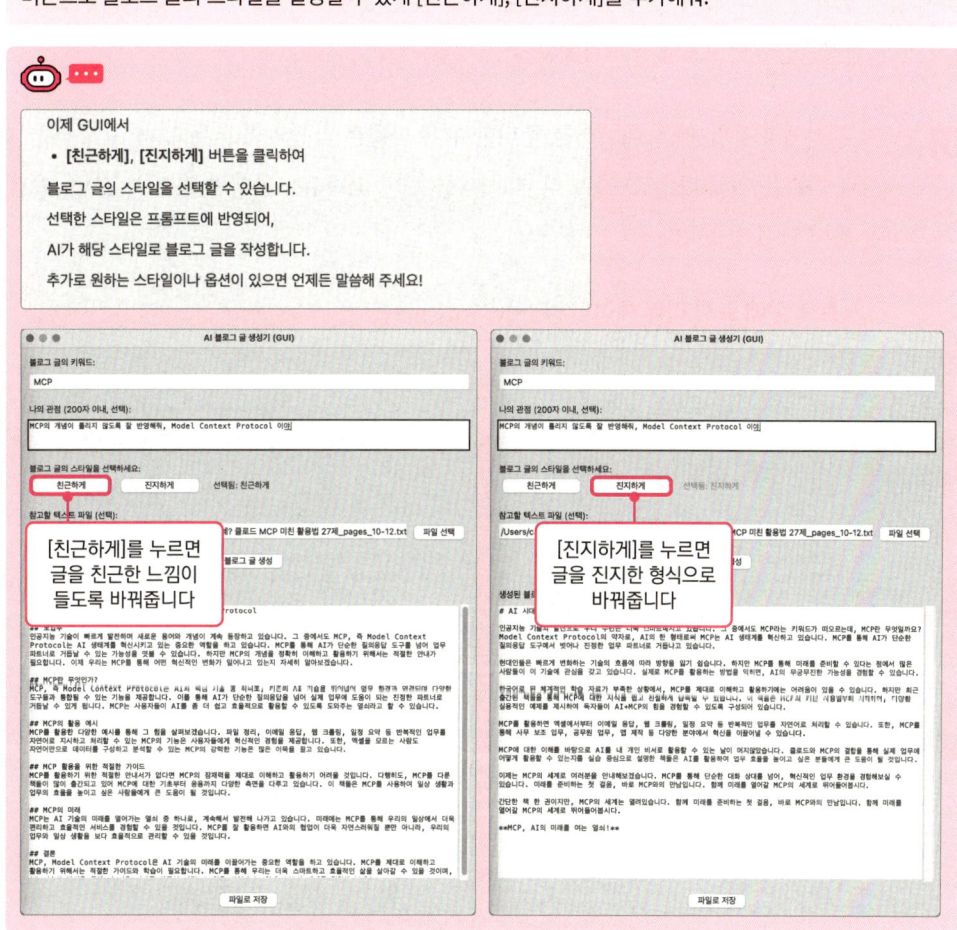

원하는 글의 스타일이 있다면 깃허브 코파일럿에게 기능을 추가하도록 설정할 수 있게 변경되었습니다. 이처럼 깃허브 코파일럿에게 명확한 지시를 하고 다양한 질문을 통해 프로그램을 개선하면 여러분이 만들고 싶은 기능을 구현하고 충분히 원하는 결과물을 얻을 수 있을 것입니다.

바이브 코딩 24 → 고객 리뷰 분석하여 보고서 생성하는 프로그램 만들기

이번에는 고객 리뷰 파일을 분석해서 보고서를 생성하는 프로그램을 만들어보겠습니다. 이 프로그램은 엑셀 파일로 저장되어 있는 데이터를 받아서 이를 바탕으로 리뷰, 평점 등을 분석한 뒤 보고서 형식에 맞게 결과를 출력하는 기능을 구현하겠습니다. 물론 실제로 내 회사에 맞춘 완벽한 보고서를 만들기는 어렵겠지만 초안으로 활용하기에는 좋을 것입니다.

01 먼저 분석에 사용할 엑셀 데이터를 준비합니다. 다음은 가상의 노트북 구매 고객 리뷰 데이터 시트로 실습을 위해 다운로드합니다. 데이터를 보면 고객 ID, 고객명, 노트북 모델, 평점, 리뷰 내용 등이 들어 있습니다.

- **노트북 구매 고객 리뷰 데이터** : bit.ly/4oUsN84

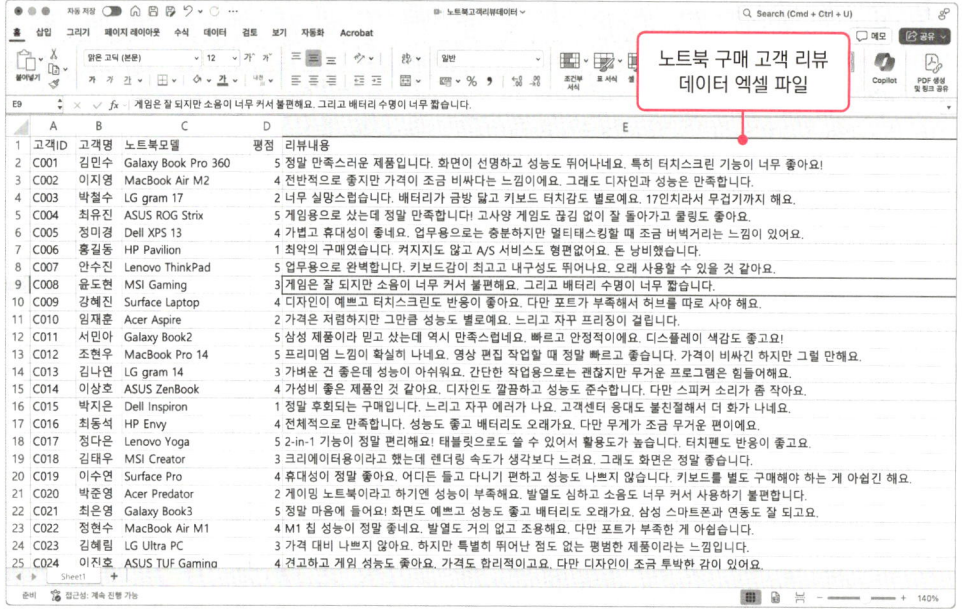

노트북 구매 고객 리뷰 데이터 엑셀 파일

02 새 폴더를 만든 후 깃허브 코파일럿에서 해당 프로젝트 폴더를 연 다음 다운로드한 엑셀 파일을 그 안에 위치시킵니다. 그런 다음 깃허브 코파일럿에게 이 엑셀 파일을 살펴보라고 하겠습니다. 그러면 깃허브 코파일럿은 엑셀 파일을 분석하는 방법을 선택하여 결과를 알려줄 겁니다. 예를 들어 데이터를 요약해서 보여주거나 또는 파이썬 코드를 만들어서 분석하고, 그 결과를 보여줄 수도 있습니다. 여기서는 깃허브 코파일럿이 명령어를 통해 해결하려다가 잘 실행되지 않으니,

코드를 작성해서 실행한 후 결과를 말해줬습니다. **데이터의 양에 따라 깃허브 코파일럿이 실행하는 방법과 과정이 달라질 수 있으니 참고하기 바랍니다.**

현재 폴더에 있는 엑셀 파일을 살펴봐줄래?

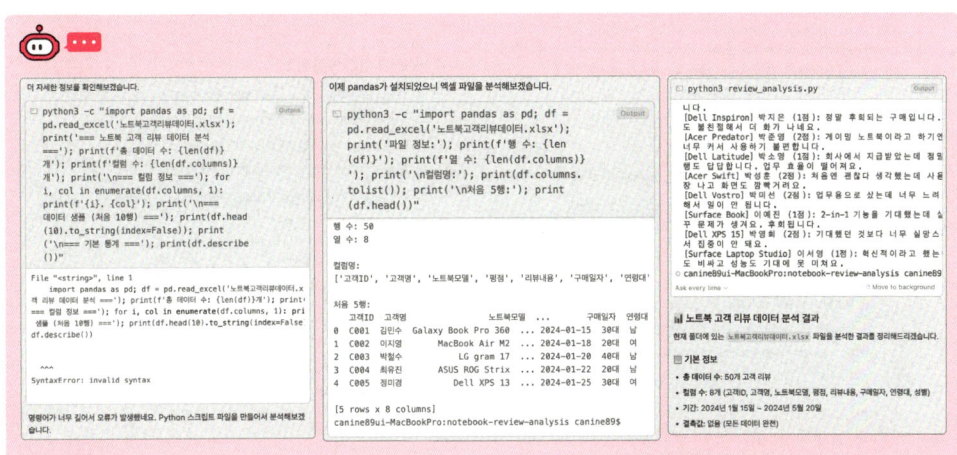

03 깃허브 코파일럿에게 엑셀 데이터를 주입해주었으니 본격적으로 프로그램을 작성하라고 하면 될 것 같네요. 다만, 이 단계에서 프로그램에 대한 고민이 생길 수 있습니다. 바로 고객 리뷰 데이터가 항상 같은 형식이 아닐 수 있다는 점입니다. 예를 들어 'E열에 있는 리뷰를 분석하라'는 계획으로 프로그램을 만든다면 이와 같지 않은 형식의 엑셀 파일에서는 프로그램이 제 기능을 못할 수도 있습니다. 이럴 때는 컬럼의 위치보다는 컬럼 이름을 기반으로 기능을 수행하도록 하는 것이 안정적인 방법이겠죠? 우선 다양한 가능성이 있는 고민들을 깃허브 코파일럿에게 함께 설명해봅시다.

이제 고객 리뷰 데이터를 분석한 결과를 보고서로 만드는 프로그램을 만들고 싶은데, 고객 리뷰의 내용이 항상 E열에 있지 않을 수도 있어서 이것을 어떻게 처리할지가 고민이 돼. 프로그램을 만들기 전에 고민을 해봐줄래?

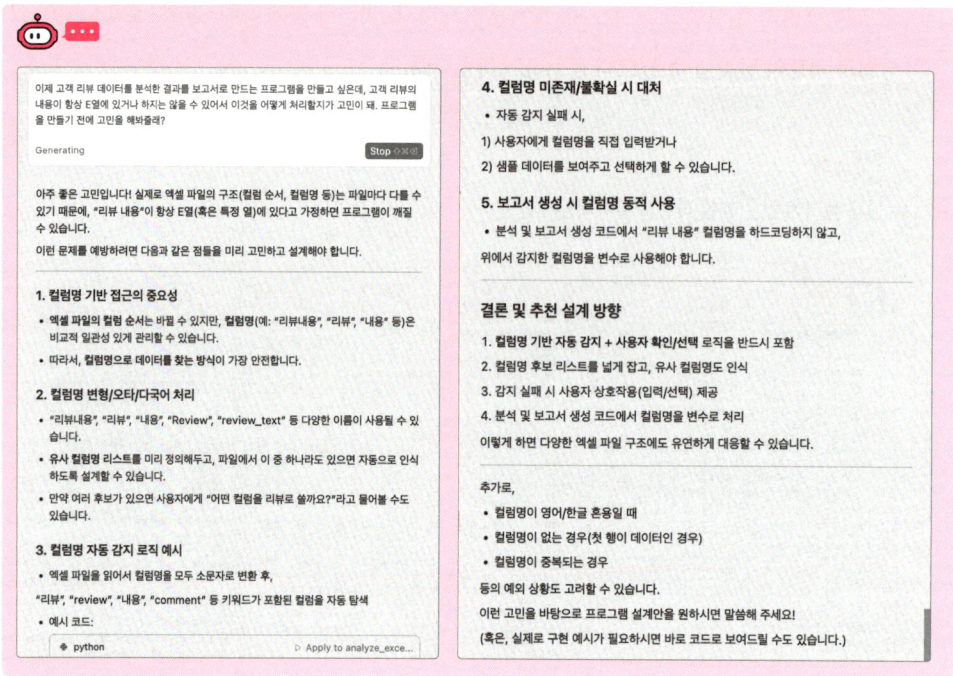

그러면 깃허브 코파일럿이 프로그래밍에 대한 다양한 계획을 제시해줄 겁니다. 이 중에서 원하는 방식을 하나 선택하면 될 것 같습니다. 여기서는 **컬럼명을 리뷰내용으로 고정하는 것을 가정한 1번 계획**을 사용해보겠습니다.

04 선택한 계획대로 깃허브 코파일럿에게 프로그램을 만들어달라고 하겠습니다. 고객 리뷰 데이터는 대부분 텍스트로 이루어져 있기 때문에 이를 분석하기 위해서는 앞서 바이브 코딩 22 챗GPT API로 PDF 요약 프로그램 만들기에서 활용했던 인공지능이 필요합니다. 해당 실습에서 챗GPT API를 활용하면서 5달러를 충전했었죠? 여기서도 깃허브 코파일럿에게 챗GPT API를 활용하여 고객 리뷰 데이터를 분석할 수 있게 해달라고 하겠습니다.

컬럼명 기반으로 접근하겠어. 주요 컬럼은 다음과 같아. 그외 컬럼도 적절히 참고해서 보고서를 만들 수 있게 해줘. 챗GPT API는 보고서에 적합한 모델을 선택해줘. API 키는 sk-proj-nADc**A야.

- 고객 리뷰 : 리뷰내용
- 평점 : 평점

> 챗GPT API 키를 꼭 알려주세요

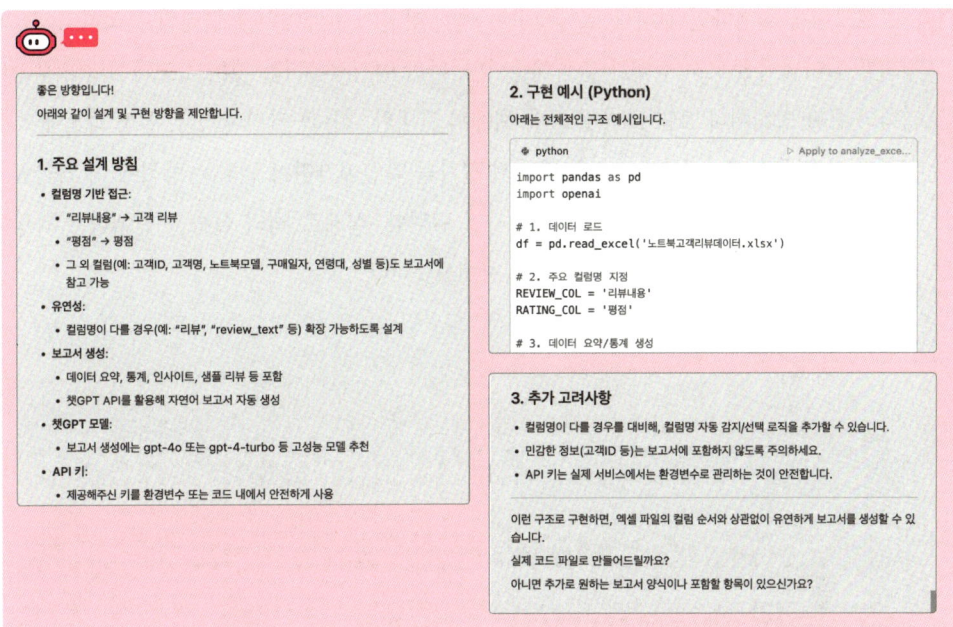

05 그러면 깃허브 코파일럿은 아직 계획 단계라고 생각하여 코드를 바로 작성하지 않고 전체적인 설계와 실행 흐름에 대한 안내부터 해줍니다. 이때 그 내용을 읽어보고 깃허브 코파일럿이 설계해준 방향이 여러분이 계획한 프로그램과 일치한다고 판단되면 실행하라고 요청하면 됩니다.

> **NOTE** 깃허브 코파일럿이 따로 계획에 대한 설명 없이 바로 프로그램을 제작하는 경우도 있지만 문제가 되진 않습니다.

그렇게 해서 프로그램을 작성해줘.

generate_report.py 파일을 생성했습니다. 이 프로그램은 다음과 같이 동작합니다:

1. 엑셀 파일에서 컬럼명(리뷰내용, 평점 등) 기반으로 데이터를 읽어 요약 정보를 만듭니다.
2. 샘플 리뷰 5개를 추출합니다.
3. 요약 정보와 샘플 리뷰를 프롬프트로 만들어 ChatGPT(gpt-4o) API에 보고서 생성을 요청합니다.
4. 생성된 보고서를 출력합니다.

이제 python generate_report.py 명령어로 실행하면 자동으로 보고서가 생성됩니다. 추가로 원하는 보고서 양식이나, 컬럼명 자동 감지 등 더 필요한 기능이 있으면 말씀해 주세요!

[챕터 11] 업무에 유용한 6가지 프로그램 만들기

06 프로그램을 실행하면 깃허브 코파일럿이 엑셀 파일에서 데이터를 불러와 분석하고, 요약한 결과를 터미널에 보고서 형태로 출력해줍니다. 다만 여기서부터는 깃허브 코파일럿의 무작위성에 따라 응답 방식이나 요약 스타일 등이 책에서 안내한 내용과 달라지거나, 실행 과정에서 상황에 따라 다르게 진행될 수 있습니다. 따라서 결과를 확인해가면서 원하는 방식에 더 가까워지도록 추가로 프롬프트를 조정하며 보완해나가면 됩니다. 실제로 책의 실습을 진행하는 과정에서도 샘플 결과를 확인하며 추가 프롬프팅을 진행했습니다.

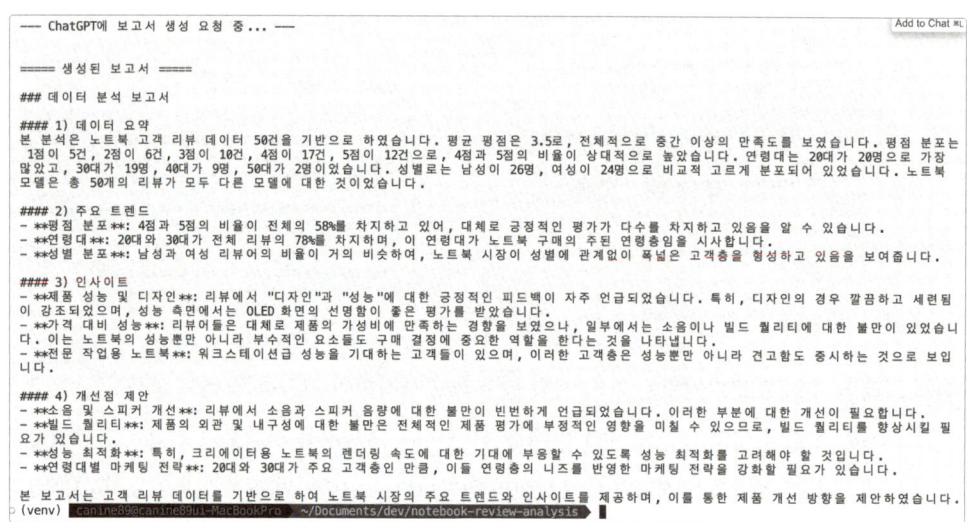

07 생성된 보고서의 형태가 기대보다 만족스럽지 못하네요. 글이 너무 짧고, 구성이 단순합니다. 깃허브 코파일럿에게 보고서 요청 방식 자체를 보완하도록 프롬프팅을 개선하라고 요청하겠습니다.

보고서가 너무 짧은 것 같은데? 높은 사람에게 보고할 내용이므로 이렇게 줄글이어도 안 돼. 데이터를 일목요연하게 요약하도록 표, 목록 형식 등 다양한 구성으로 잘 써야 해.

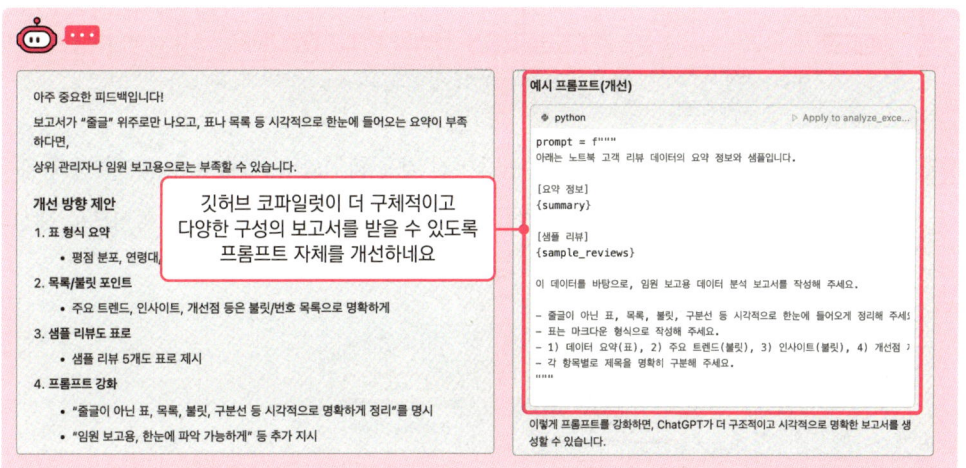

08 그러면 깃허브 코파일럿이 기존 프롬프트를 분석하여 다양한 구성과 구체적인 내용을 포함하도록 프롬프트를 수정해줍니다. 이후 프로그램을 다시 실행해보면 훨씬 나은 구성과 품질의 보고서가 생성된 것을 확인할 수 있습니다.

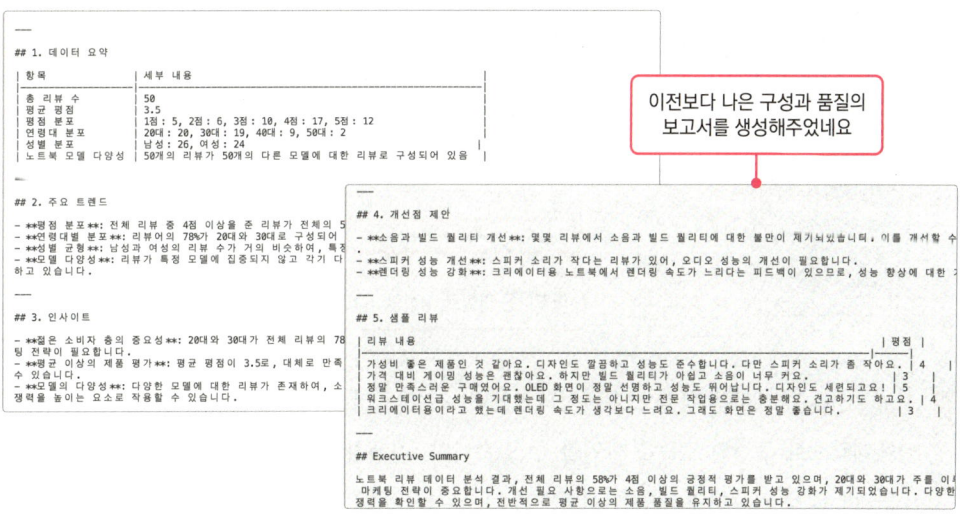

09 지금까지는 터미널상에서만 보고서를 확인했지만, 이제는 보고서를 마크다운 파일로 저장할 수 있도록 프로그램을 개선해보겠습니다. 또한, GUI 형태로 만들어 엑셀 파일을 첨부하면 보고서를 생성하는 방식으로 바꿔보겠습니다.

이제 GUI 형태로 엑셀 파일을 첨부하면 보고서를 생성하게 해주고, 보고서는 마크다운 파일로 저장하도록 해줘.

> **NOTE** 마크다운에 대한 설명은 **바이브 코딩 29 나만의 블로그 만들기**에 자세히 설명되어 있습니다. 지금은 깊게 이해하지 않고 넘어가도 좋습니다.

10 프로그램을 실행하면 GUI 형태로 잘 만들어진 것을 확인할 수 있습니다. [파일 선택]에서 파일 첨부 후 [보고서 생성 및 저장]을 눌렀을 때, 파일 저장 형식이 마크다운 형식으로 생성되었으며, [Save]를 눌러 저장합니다.

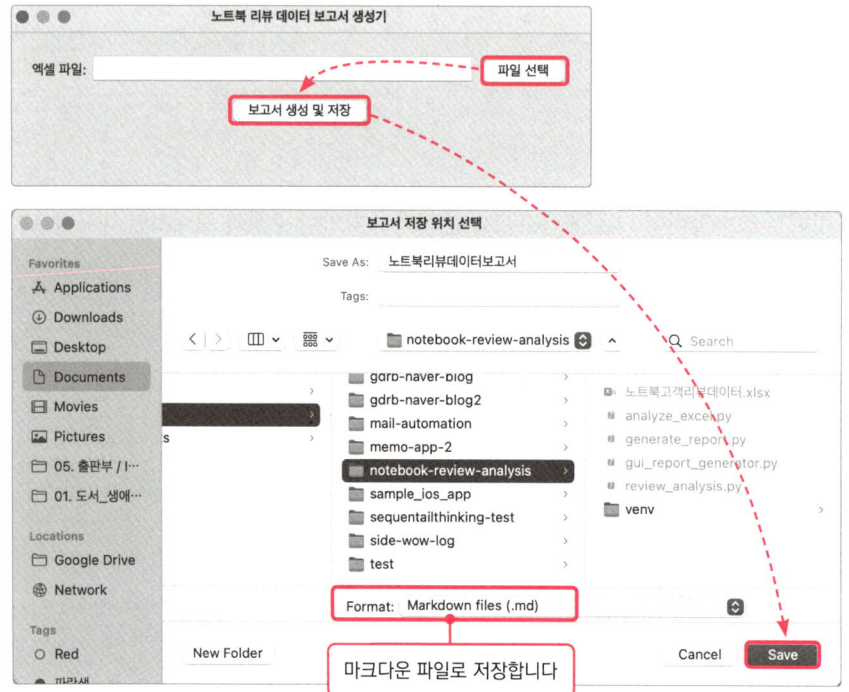

11 보고서는 마크다운 형식으로 작성되었으며, 전용 프리뷰 사이트를 통해 열람하면 더욱 멋지고 체계적으로 구성된 모습을 확인할 수 있습니다. 검색창에 '마크다운 프리뷰' 또는 'Markdown Preview'를 검색하면 다양한 서비스가 나오니 직접 확인해보세요. 보통 다음과 같이 왼쪽에 마크다운 문서를 붙여놓으면 오른쪽에 미리보기로 나타나는 형태일 겁니다.

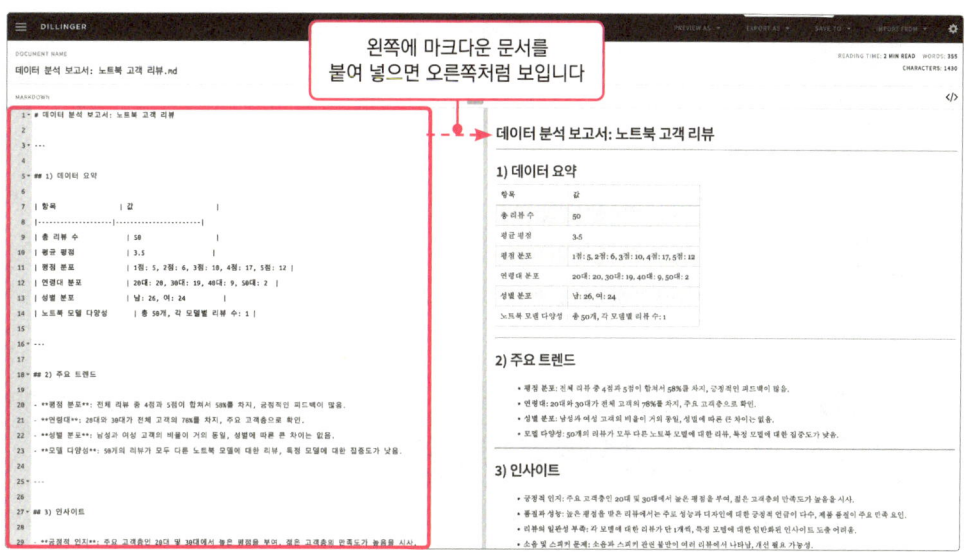

이처럼 깃허브 코파일럿으로 고객 리뷰 데이터를 기반으로 보고서를 작성하는 프로그램도 만들어보았습니다. 물론 엑셀 데이터를 챗GPT나 클로드와 같은 LLM 서비스에 직접 넣어 요약해도 되지만, 특별히 내가 원하는 형식과 구조를 가진 보고서를 만들고 싶다면 이 방법이 매우 유용할 것입니다.

바이브 코딩 25 - 유튜브 자막 추출 후 맞춤법 검사하는 프로그램 만들기

이번에는 유튜브 링크를 입력하면 자막을 추출해서 정리해주는 프로그램을 만들어보겠습니다. **이 프로그램의 핵심은 단순 자막 추출이 아니라, 추출한 자막의 맞춤법까지 개선하여 더 완성도 높은 결과물을 만드는 것입니다.** 유튜브에도 이미 자체적인 자막(CC) 기능이 있어서 자막 추출은 어렵지 않지만, 추출한 자막의 맞춤법 등 품질이 썩 좋지 않은 것을 알 수 있을 것입니다. 다음은 유튜브 영상에서 자막 기능을 켠 상태에서 재생한 화면입니다. 자막을 주목하여 살펴보세요.

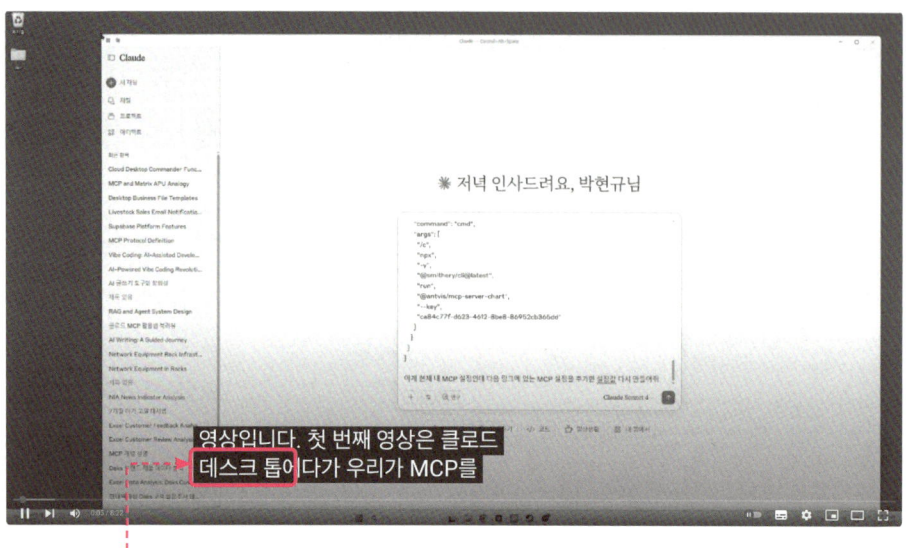

자막을 보면 '데스크 톱'이라고 부적절하게 띄어 쓰고 있습니다. 이처럼 맞춤법이나 띄어쓰기 오류가 있는 자막을 그대로 사용한다면 콘텐츠의 품질이 떨어짐은 물론이고, 다른 콘텐츠에 화면 캡처 등으로 재사용할 때 거슬릴 수 있습니다. 따라서 이번 실습에서는 유튜브 링크를 입력해 자막을 추출하고, **GPT API**로 맞춤법을 개선한 뒤 원하는 형식으로 결과물을 만드는 프로그램을 만들어보겠습니다.

실습을 시작하기 전에

유튜브 자막은 다음 조건을 충족해야만 추출할 수 있습니다.

- **자동 생성 자막은 불가** : 유튜브에서 자동으로 생성한 자막은 API를 통해 다운로드할 수 없습니다.
- **업로더가 제공한 자막만 접근 가능** : 영상 업로더가 직접 업로드한 자막 파일만 접근할 수 있습니다.
- **OAuth 인증 필요** : 자막 다운로드에는 OAuth 2.0 인증이 필요한 경우가 많습니다.

하지만 이런 제약을 우회할 수 있는 방법이 있습니다. 바로 **youtube-transcript-api**라는 라이브러리를 사용하는 것입니다. 이 라이브러리를 사용하면 자동 생성 자막까지 쉽게 추출할 수 있습니다. 단, 유튜브 정책상 특정 IP에서의 요청은 차단될 수 있기 때문에 이를 우회하기 위해 중간에 프록시 서버Proxy server라는 것을 활용하겠습니다.

우리가 편지를 발송할 때 직접 보내는 대신, 중간에 '우체국'을 거쳐 전달하는 것처럼, 프록시 서버는 사용자의 요청을 중계하여 유튜브와 직접 통신하지 않도록 도와주는 중간 서버입니다. 즉, 자막 추출 명령을 다른 곳을 통해 내리도록 하는 역할을 하죠.

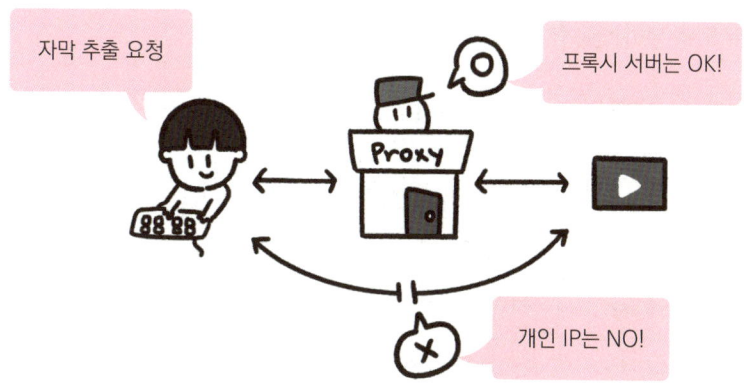

이렇게 하면 유튜브가 차단한 IP가 아닌 다른 IP를 통해 자막을 요청하기 때문에 자막 추출을 보다 확실하게 할 수 있습니다. 단, 중간에 프록시 서버를 거치기 때문에 처리 시간이 조금 더 걸릴 수 있습니다.

01 먼저 프록시 서버 설정을 위해 youtube-transcript-api의 개발자가 추천하는 서비스인 WEBSHARE에 회원가입을 하겠습니다. 다음 사이트에 접속한 후 메인 화면에서 [Sign Up]을 누르고 구글 계정 또는 이메일을 사용해 회원가입하세요.

- **WEBSHERE 홈페이지** : www.webshare.io/proxy-server

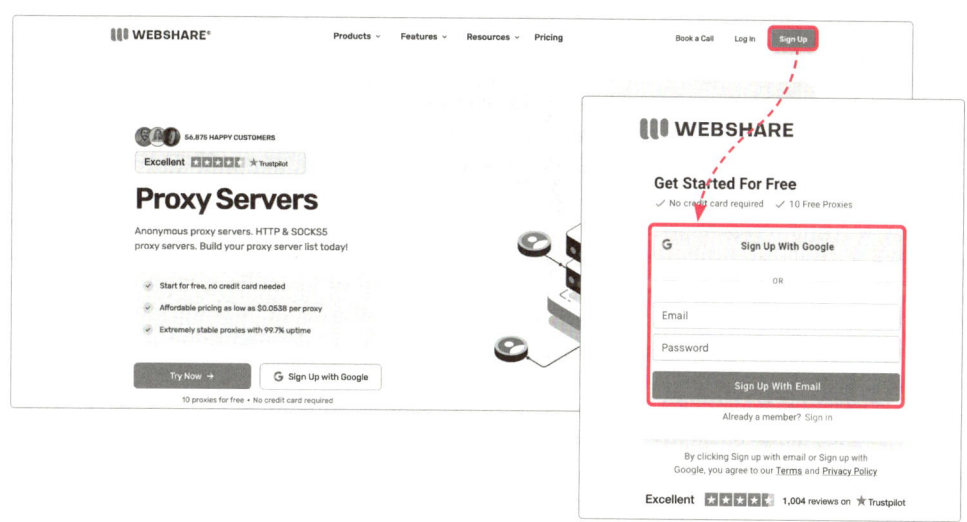

회원가입 후 다음 링크에 접속하면, 대시보드의 사용량 항목에 1 GB bandwidth/month라고 표시되어 있습니다. 이 정도 용량이면 웹페이지 기준 약 3,000~4,000 페이지를, 유튜브 동영상 기준으로는 480p 화질로 약 2~3시간 정도 재생할 수 있는 수준입니다. 즉, 전문적으로 유튜브 자막을 대량으로 추출하는 것이 아니라면 몇백 개 정도의 자막 추출은 문제없이 할 수 있습니다. 무료로도 충분히 활용할 수 있으니 이용해보기 바랍니다.

- **WEBSHARE 대시보드** : dashboard.webshare.io/dashboard

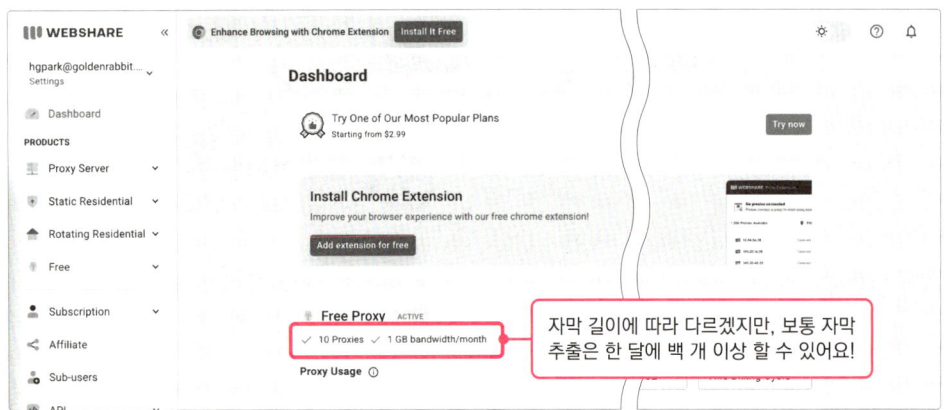

02 대시보드에서 [Free → Proxy Settings]로 이동하면 프록시 서버 사용에 필요한 Username과 Password가 보입니다. 이것을 코드에 포함해야 유튜브 자막을 추출할 수 있습니다. 해당 값을 미리 복사하여 추후 코드에 사용할 수 있도록 저장해두세요.

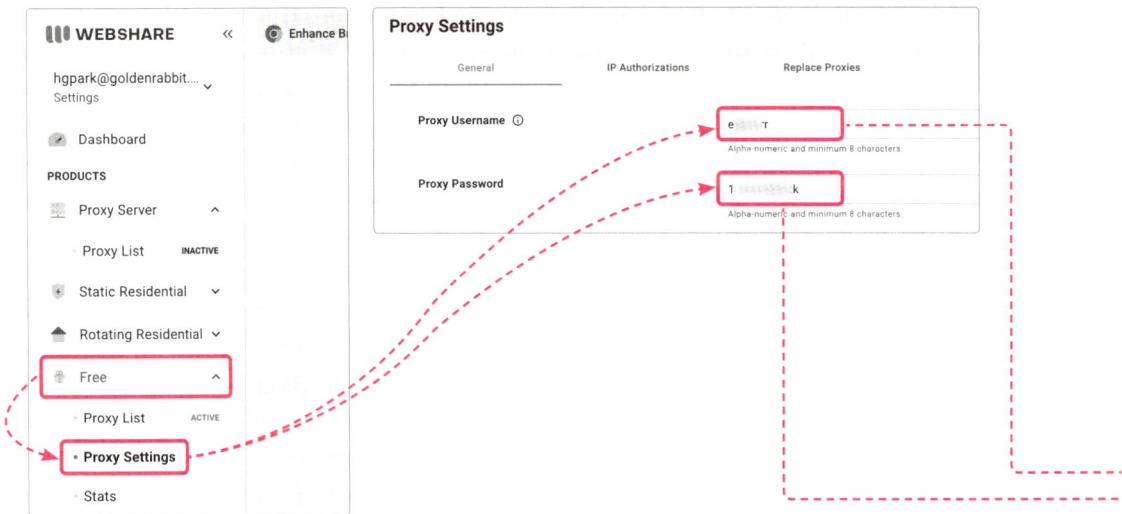

03 이제 깃허브 코파일럿으로 돌아가 유튜브 자막 추출 프로그램을 만들어보겠습니다. 자막을 추출하기 위해 깃허브 코파일럿에게 다음의 youtube-transcript-api 개발자 안내 문서의 링크와 함께 추천된 코드를 전달해야 합니다.

- **youtube-transcript-api 개발자 안내 문서** : bit.ly/3TQFB1K

개발자 안내 문서에 접속한 뒤, 아래로 스크롤하여 'Working around IP bans (RequestBlocked or IpBlocked exception)' 항목을 찾습니다. ❶ 제목 왼쪽에 있는 링크 아이콘을 눌러 주솟값이 변하면 해당 주소를 복사합니다. ❷ 이어서 **같은 항목에 있는 코드도 복사**합니다. 이제 앞에서 복사해두었던 Username과 Password를 함께 입력하여 깃허브 코파일럿에게 다음과 같이 요청해보세요. 프롬프트에서 문서에는 ❶ 주솟값을, 코드에는 ❷의 코드를 그대로 붙여 넣으면 됩니다.

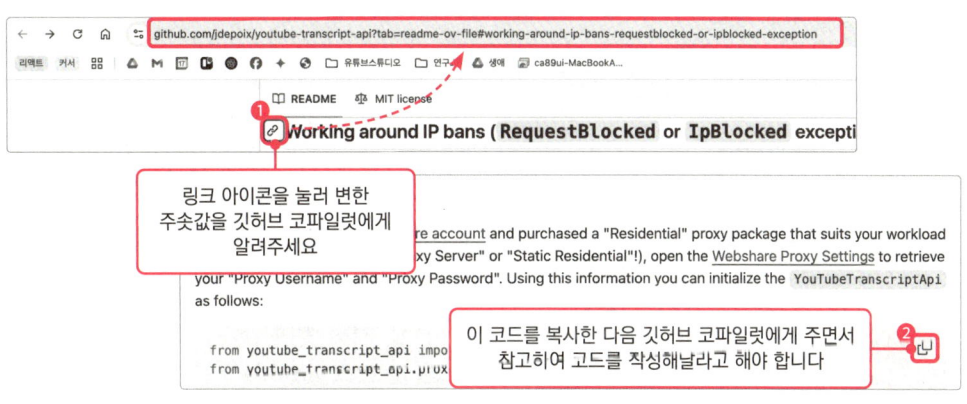

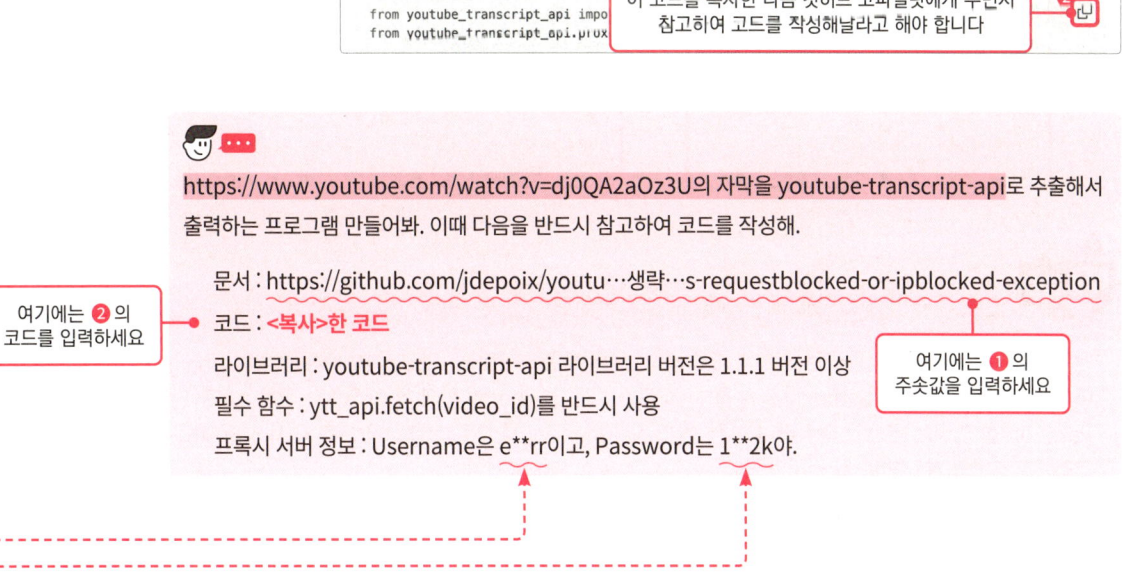

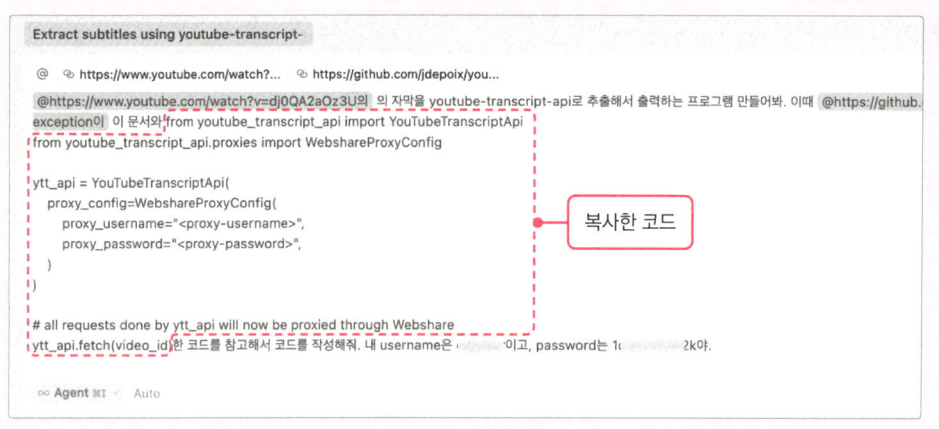

04 코드를 작성을 마친 뒤 실행해보면 원하는 결과가 잘 나옵니다. 프록시 서버를 거치느라 시간이 조금 걸릴 수 있지만 많은 양의 자막도 쉽게 추출해주었습니다. 이로써 자막 추출 과정은 마무리되었습니다.

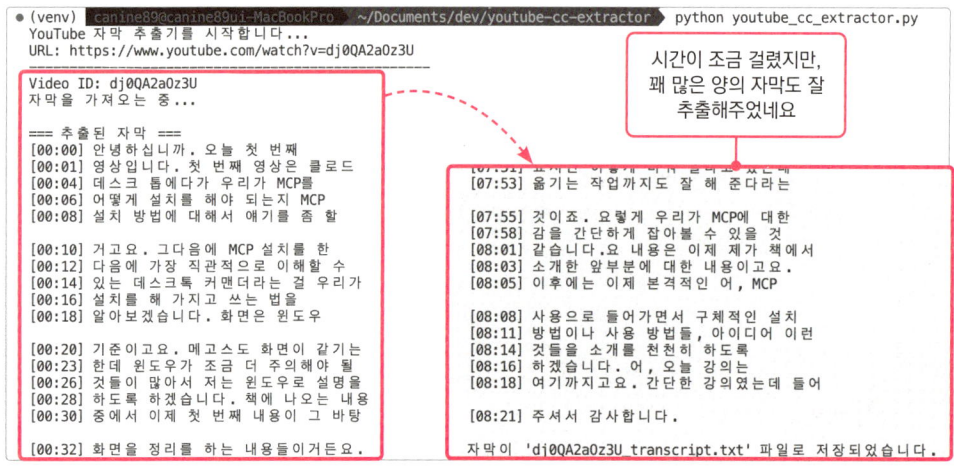

프록시 서버가 차단될 때는 이렇게 해결하세요

간혹 프록시 서버마저 차단되는 경우가 있습니다. 그럴 때는 WEBSHARE 대시보드에 접속한 다음 왼쪽 메뉴의 [Free → Proxy Settings]를 누릅니다. 그런 다음 [General] 탭에서 Proxy Username과 Proxy Password를 임의의 값으로 입력하여 설정 후 [Save Changes]를 누르고 해당 값으로 다시 시도해보세요. 그러면 2~3번의 시도 안에 될 겁니다.

05 이제 남은 작업은 자막 데이터를 우리가 원하는 형태로 바꾸는 것이네요. 현재 자막은 시간 표시와 함께 여러 줄로 나뉘어 있습니다. 이를 시간 표시 없이, 하나의 긴 문장 형태로 만드는 것이 필요합니다. 깃허브 코파일럿에게 프로그램을 수정하도록 다음과 같이 요청합니다.

> 앞에 있는 시간 표시를 없애고, 텍스트를 한 덩이로 만들어줘.

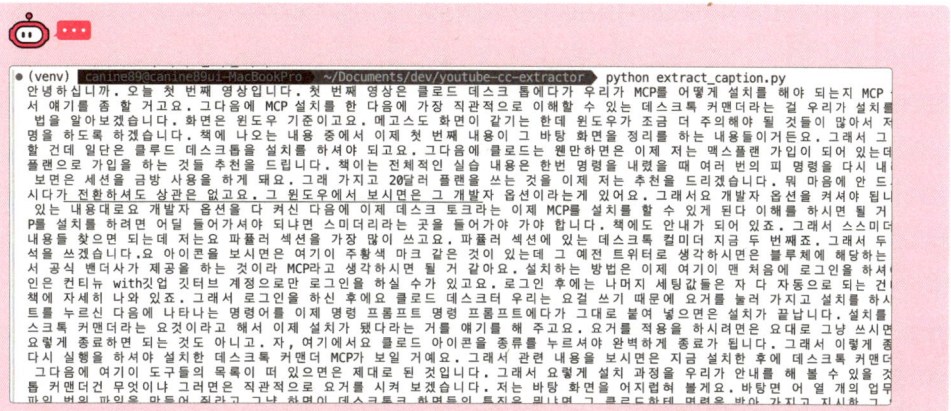

06 텍스트가 한 덩이로 정리되었습니다. 이제 GPT API를 이용해서 맞춤법 검사를 진행해보겠습니다. 이때 두 가지 전략을 선택할 수 있습니다.

- **전략 1** : 한 덩이의 전체 텍스트를 한 번에 맞춤법 검사하기 → API 한 번만 호출
- **전략 2** : 마침표를 기준으로 문장을 나눠 맞춤법 검사하기 → API 여러 번 호출

여기서는 **전략 1**을 선택해서 프로그램을 수정해보겠습니다. API를 여러 번 호출할 경우 호출 횟수만큼 비용이 더 나올 수도 있기 때문입니다. 또한 요즘 영상은 대부분 짧기 때문에 웬만하면 한 번의 호출로 전체 텍스트 맞춤법을 검사할 수 있습니다.

> 한 덩이로 만든 텍스트를 적절한 GPT 모델을 사용해서 맞춤법 검사를 해줄래? 맞춤법 프롬프트는 네가 적당히 알아서 작성하면 되고, 내 **GPT API** 키는 sk-proj-nAD**A야.

그냥 추출해서 한 덩이로 만든 텍스트	맞춤법 검사를 한 텍스트
안녕하십니까. 오늘 첫 번째 영상입니다. 첫 번째 영상은 클로드 데스크 톱에다가 우리가 MCP를 어떻게 설치를 해야 되는지 MCP 설치 방법에 대해서 얘기를 좀 할 거고요. 그 다음에 MCP 설치를 한 다음에 가장 직관적으로 이해할 수 있는 데스크톡 커맨더라는 걸 우리가 설치를 해 가지고 쓰는 법을 알아보겠습니다. 화면은 윈도우 기준이고요. 메고스도 화면이 같기는 한…생략…	안녕하세요. 오늘 첫 번째 영상입니다. 첫 번째 영상은 클로드 데스크톱에다가 우리가 MCP를 어떻게 설치해야 하는지 MCP 설치 방법에 대해서 얘기를 좀 할 거고요. 그다음에 MCP 설치를 한 다음에 가장 직관적으로 이해할 수 있는 데스크톱 커맨더라는 걸 우리가 설치해서 사용하는 법을 알아보겠습니다. 화면은 윈도우 기준이고요. 메고스도 화면이 같기는 한…생략…

결과는 꽤 괜찮습니다. '데스크 톱'은 올바른 표현인 '데스크톱'으로, '설치를 해야'는 '설치해야'로 수정해주었습니다. 물론 'macOS'를 '메고스'로 잘못 처리한 점은 아쉽지만 대부분의 자잘한 오타나 띄어쓰기 오류는 잘 잡아낸 상태입니다.

07 이러한 맞춤법 검사 방식은 실제로 코드 내의 GPT API에 전달한 프롬프트에 따라 결정됩니다. 지금까지는 실제 코드를 따로 확인하지 않고 진행했지만, 어떤 방식으로 지시가 이루어졌고 어떻게 수정되었는지 확인하기 위해 코드를 한 번 살펴봅시다.

> **NOTE** 생성된 프로젝트마다 다르겠지만 보통 주요 실행하는 파이썬 파일에서 prompt라고 적힌 값을 찾아보면 됩니다.

```
7   try:
8       transcript = YouTubeTranscriptApi.get_transcript(video_id, languages=['ko', 'en'])
9       all_text = " ".join([entry['text'] for entry in transcript])
10
11      prompt = f"""
12      아래의 한국어 텍스트의 맞춤법, 띄어쓰기, 문장부호를 자연스럽게 교정해 주세요. 의미가 바뀌지 않도록 주의해 주세요.
```

맞춤법 검사를 위해 사용한 프롬프트는 단순히 '**아래의 한국어 텍스트의 맞춤법, 띄어쓰기, 문장부호를 자연스럽게 교정해 주세요. 의미가 바뀌지 않도록 주의해 주세요.**'였네요. 만약 맞춤법 규칙을 더 세밀하게 수정하고 싶다면 깃허브 코파일럿에게 구체적으로 어떤 부분을 어떻게 고쳐달라고 요청하면 됩니다.

08 예를 들어 '메고스', '맥오스'와 같은 표현은 'macOS'를 뜻한다고 명시하면서 프롬프트를 수정해달라고 해보세요.

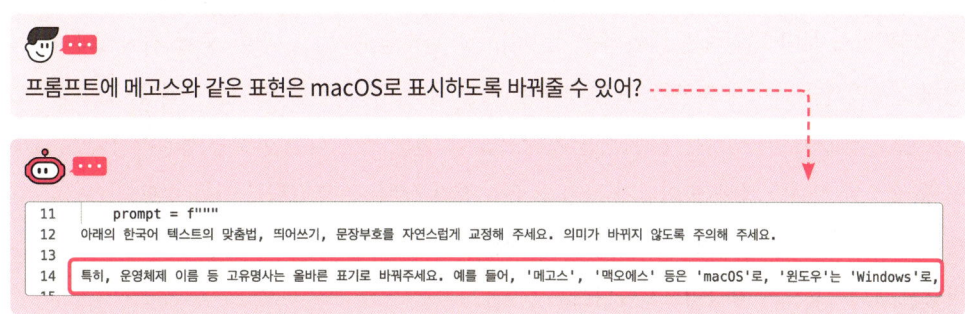

그러면 코드의 프롬프트를 수정해준 것을 확인할 수 있습니다. 이렇게 프롬프트를 수정한 상태에서 다시 맞춤법 검사를 포함한 유튜브 자막 추출기를 실행하면 어떻게 될까요?

09 실행 결과를 보면 맞춤법이 훨씬 더 정확하게 수정된 것을 확인할 수 있습니다. 이번에는 문장 단위로 줄 바꿈도 적용해주었네요.

그냥 추출해서 한 덩이로 만든 텍스트	맞춤법 검사를 한 텍스트	프롬프트를 수정해서 맞춤법 검사를 한 텍스트
안녕하십니까. 오늘 첫 번째 영상입니다. 첫 번째 영상은 클로드 데스크 톱에다가 우리가 MCP를 어떻게 설치를 해야 되는지 MCP 설치 방법에 대해서 얘기를 좀 할 거고요. 그 다음에 MCP 설치를 한 다음에 가장 직관적으로 이해할 수 있는 데스크톱 커맨더라는 걸 우리가 설치를 해 가지고 쓰는 법을 알아보겠습니다. 화면은 윈도우 기준이고요. 메고스도 화면이 같기는 한…생략…	안녕하세요. 오늘 첫 번째 영상입니다. 첫 번째 영상은 클로드 데스크톱에다가 우리가 MCP를 어떻게 설치해야 하는지 MCP 설치 방법에 대해서 얘기를 좀 할 거고요. 그다음에 MCP 설치를 한 다음에 가장 직관적으로 이해할 수 있는 데스크톱 커맨더라는 걸 우리가 설치해서 사용하는 법을 알아보겠습니다. 화면은 윈도우 기준이고요. 메고스도 화면이 같기는 한…생략…	안녕하세요. 오늘 첫 번째 영상입니다. 첫 번째 영상은 클로드 데스크톱에 우리가 MCP를 어떻게 설치해야 하는지 MCP 설치 방법에 대해 얘기하겠고요. 그다음에 MCP 설치를 한 후 가장 직관적으로 이해할 수 있는 데스크톱 커맨더를 설치하고 사용하는 방법을 알아보겠습니다. 화면은 윈도우 기준이고, macOS도 화면은 같지…생략…

이처럼 유튜브 자막 추출기를 그냥 사용하는 것보다 나만의 맞춤법 기준에 따라 결과를 받을 수 있도록 프로그램으로 만들면 훨씬 더 유용할 거라 생각합니다. 요즘은 워낙 좋은 학습 내용을 담고 있는 유튜브 영상이 많기 때문에 텍스트로 추출해서 공부하는 것도 좋은 방법이겠네요.

바이브 코딩 26 ▶ 가계부 대시보드 만들기

이번에는 스프레드시트를 데이터베이스로 사용하는 프로그램을 만들어보겠습니다. 스프레드시트를 데이터베이스 삼아 작업하면 데이터를 직관적으로 관리할 수 있고, 다른 구글 서비스와 연동하기도 편해 실무에서 유용하게 활용할 수 있습니다. 예를 들어, 고객 설문 조사를 구글 폼으로 받으면 자동으로 스프레드시트가 생기는데, 이것을 가지고 고객 설문 조사 신청 현황을 정리하거나, 주소와 연락처 등 필요한 정보만 복사/붙여넣기 하기 쉽도록 정리해주는 프로그램을 만들 수도 있습니다. 이번 실습에서는 구글 개발자 사이트를 이용해 스프레드시트를 데이터베이스로 활용하고, 가계부 데이터를 바탕으로 대시보드를 만들어보겠습니다.

01 먼저 대시보드를 만들기 위해서는 데이터가 있는 가상의 가계부가 필요하겠죠? 다음 링크에서 가계부 실습을 위한 스프레드시트를 복사하겠습니다. ❶ [파일 → 사본 만들기]를 누르고 ❷ 저장 위치를 '내 드라이브'로 선택한 후 ❸ [사본 만들기]를 눌러 준비하세요.

- **가계부 실습 데이터** : bit.ly/47s23Gf

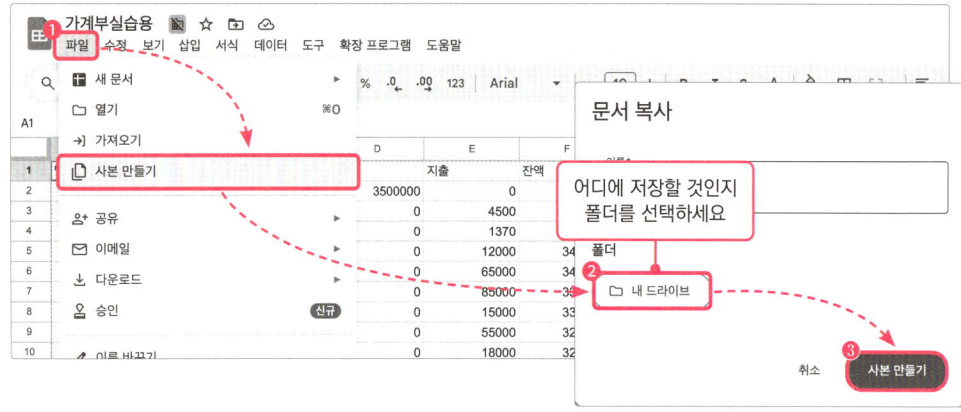

파일을 열어보면 날짜, 항목, 분류, 수입, 지출, 잔액 등의 정보가 잘 정리되어 있습니다. 이 파일을 데이터베이스 삼아서 대시보드 형태로 만들어 현황을 파악할 수 있다면 자산 관리에 정말 유용하겠죠.

	A	B	C	D	E	F	G	H	I	J
1	날짜	항목	분류	수입	지출	잔액	결제방법	메모		
2	2024.1.1	월급	수입	3500000	0	3500000	은행이체	정규직 월급		
3	2024.1.2	커피	식비	0	4500	3495500	카드	스타벅스 아메리카노		
4	2024.1.3	대중교통	교통비	0	1370	3494130	교통카드	지하철 왕복		
5	2024.1.4	점심식사	식비	0	12000	3482130	카드	회사 근처 식당		
6	2024.1.5	주유비	교통비	0	65000	3417130	카드	셀프 주유소		
7	2024.1.6	마트장보기	생활용품	0	85000	3332130	카드	이마트 주간 장보기		
8	2024.1.7	영화관람	문화생활	0	15000	3317130	카드	CGV 영화 티켓		
9	2024.1.8	휴대폰요금	통신비	0	55000	3262130	자동이체	KT 월 요금		
10	2024.1.9	저녁식사	식비	0	18000	3244130	현금	동네 치킨집		
11	2024.1.10	책구입	교육비	0	25000	3219130	온라인결제	YES24 도서		
12	2024.1.11	헬스장회비	건강관리	0	70000	3149130	카드	월 회원권		
13	2024.1.12	택시	교통비	0	8500	3140630	카드	늦은 귀가		
14	2024.1.13	미용실	미용비	0	35000	3105630	현금	커트 및 스타일링		
15	2024.1.14	아르바이트	수입	150000	0	3255630	현금	주말 알바		
16	2024.1.15	렌트비	주거비	0	850000	2405630	계좌이체	월세		
17	2024.1.16	전기요금	공과금	0	45000	2360630	자동이체	한전 요금		

02 그러면 깃허브 코파일럿에게 어떻게 질문해야 원하는 프로그램을 만들 수 있을까요? 여러 방법이 있겠지만 여기서는 핵심인 데이터를 중심으로 개발 계획부터 물어보며 시작하겠습니다. 깃허브 코파일럿으로 빈 폴더를 열고, 복사한 스프레드시트 파일의 링크를 알려주며 다음과 같이 질문하세요.

> **NOTE** 계획은 Plan 모드, 개발은 Agent 모드로 진행하는 것 기억하죠?

스프레드시트 https://docs.google.com/spreadsheets/d/1Edf**dit?gid=0#gid=0에 있는 가계부 데이터를 읽어서 대시보드 형태로 보여주는 앱을 만든다고 할 때 가장 쉽고 빠르게 개발할 수 있는 방법은 뭐야?

빈 프로젝트네요! 가장 쉽고 빠르게 개발할 수 있는 방법은 Streamlit을 사용하는 것입니다. Streamlit은 Python 기반의 웹 앱 프레임워크로, 데이터 시각화와 대시보드 개발에 최적화되어 있습니다.

추천 개발 방법: Streamlit + Google Sheets API

장점:

1. 빠른 개발: 몇 줄의 코드로 대시보드 완성
2. 실시간 데이터: 스프레드시트 변경사항 실시간 반영
3. 풍부한 차트: Plotly, Matplotlib 등 다양한 시각화 라이브러리 지원
4. 반응형 UI: 자동으로 모바일 친화적 인터페이스 생성

필요한 기술 스택:

- Python + Streamlit (웹 앱)
- gspread (구글 스프레드시트 API)
- pandas (데이터 처리)

[챕터 11] 업무에 유용한 6가지 프로그램 만들기

> - plotly (인터랙티브 차트)
>
> 지금 바로 프로젝트를 설정해드릴까요? 다음과 같은 기능을 포함한 대시보드를 만들 수 있습니다:
>
> …생략…

결과를 보면 깃허브 코파일럿이 스트림릿이라는 파이썬 라이브러리와 구글 스프레드시트 API를 사용해야 한다고 알려줍니다. 여러분에게는 다른 방식을 추천했을 수도 있습니다. 만약 깃허브 코파일럿이 다른 라이브러리나 방식으로 안내했다면, **이후 진행하는 실습의 편의를 위해 프롬프트에 '스트림릿으로 만들어줘'라고 덧붙여주세요.** 그러면 스트림릿을 기반으로 똑같이 실습을 진행할 수 있습니다.

03 스트림릿으로 대시보드를 만들기 전에 먼저 스프레드시트의 API 사용 방법부터 알아야 합니다. 그래야 여러분이 만들 대시보드에 스프레드시트의 값을 불러와서 보여줄 수 있으니까요. 물론 깃허브 코파일럿에 물어보고 진행해도 되지만 이번에는 직접 순서대로 안내하겠습니다. 구글 스프레드시트와 같은 파일의 데이터를 다른 곳에서 사용하려면 구글 API를 신청하고, 이 API에 접근하기 위한 서비스 계정과 인증 키 파일을 받아야 합니다. 과정 설명이 길게 느껴지겠지만, 그렇게 어려운 과정은 아니므로 차근차근 따라 하면 쉽게 할 수 있을 겁니다. 우선 구글 클라우드에 접속하여 화면 위쪽의 [+ 프로젝트 만들기]를 누르세요. 프로젝트 이름을 적절히 정한 다음 [만들기]를 눌러 프로젝트를 만드세요.

> **NOTE** **바이브 코딩 19** **유튜브 API로 유튜브 정보 수집 프로그램 만들기**에서 만든 프로젝트를 사용해도 됩니다.

- **구글 클라우드 홈페이지** : console.cloud.google.com

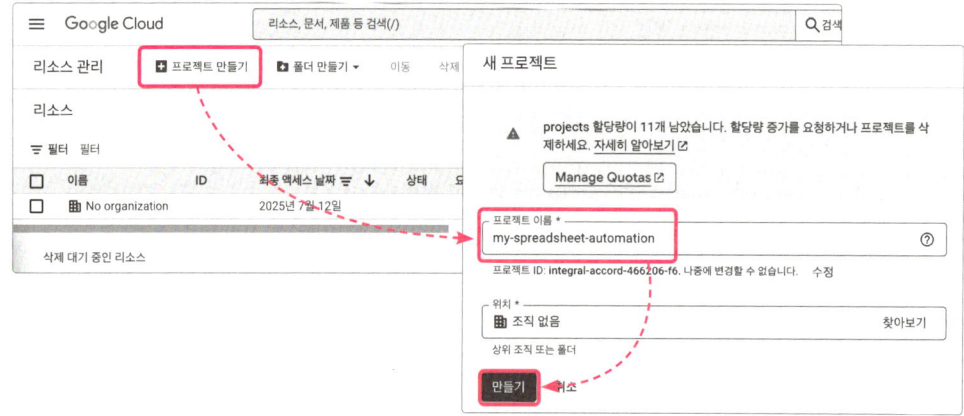

04 이렇게 만든 프로젝트 내에서 구글 스프레드시트에 대한 API 권한을 추가하고, 스프레드시트에 접근할 때 필요한 서비스 계정을 만들면 됩니다. **서비스 계정이란 구글 스프레드시트에 접근할 수 있는 봇 계정이라고 생각하면 됩니다.** 프로젝트를 생성한 뒤 다음 화면이 보입니다. 여기서 왼쪽 위에 있는 [☰ 메뉴] 버튼을 누르고 [API 및 서비스]를 선택하세요.

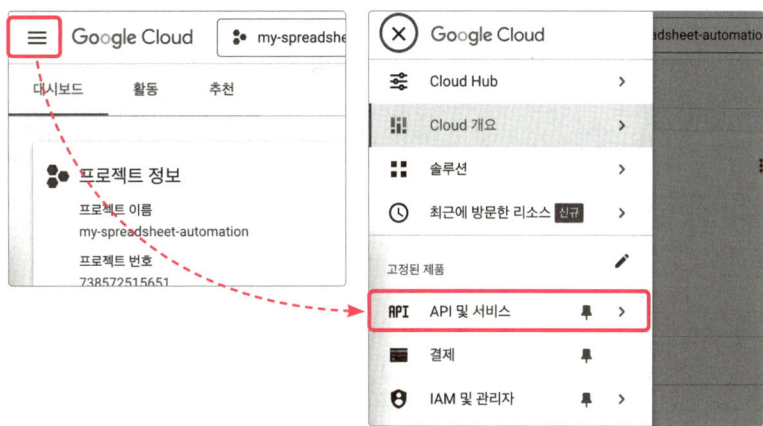

05 이제 API를 추가해보겠습니다. ❶ [+ API 및 서비스 사용 설정]을 누르고 ❷ spreadsheet를 검색하면 API 항목이 나타납니다. ❸ 목록에 나오는 [Google Sheets API]를 선택한 다음 ❹ [사용]을 누르면 해당 프로젝트에 스프레드시트에 대한 접근 권한이 생깁니다.

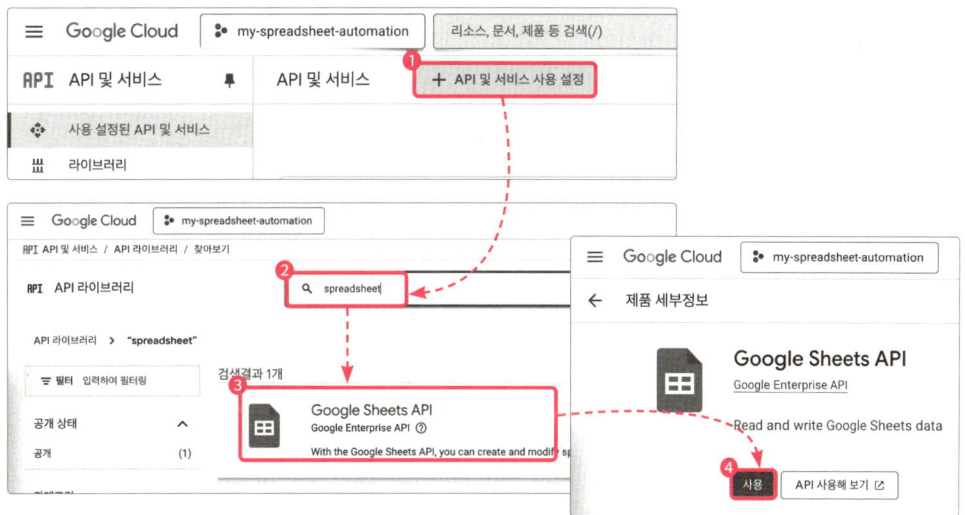

06 그런 다음 다시 ❶ [사용자 인증 정보]로 돌아옵니다. ❷ 위쪽에 [동의 화면 구성] 버튼이 나타나면 버튼을 눌러 이동하세요. 이 과정을 처음 진행한다면 'Google 인증 플랫폼이 아직 구성되지 않음'이라는 화면이 나타납니다. ❸ [시작하기]를 누른 다음 화면에 나오는 항목에 값을 적절히 입력하고 ❹ [만들기]를 누르세요.

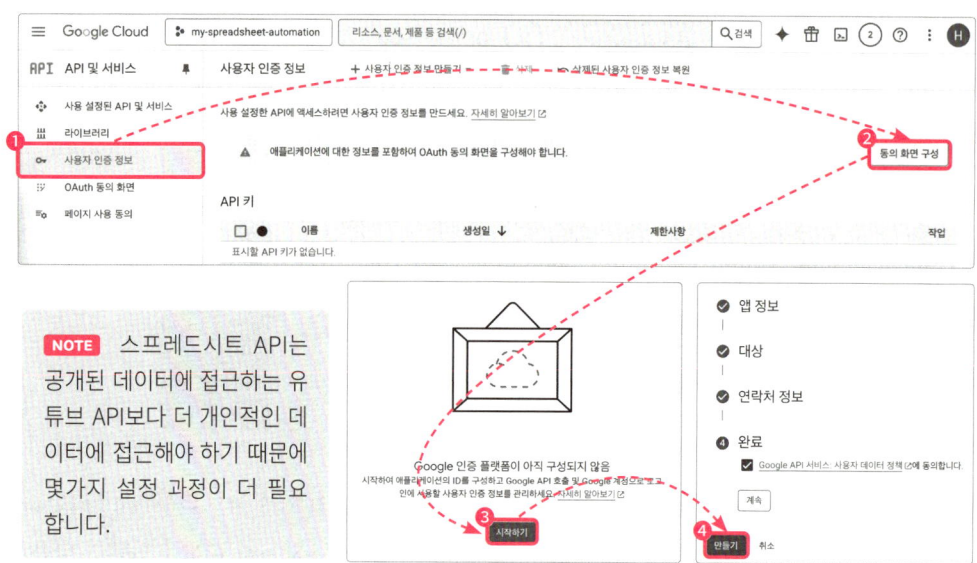

NOTE 스프레드시트 API는 공개된 데이터에 접근하는 유튜브 API보다 더 개인적인 데이터에 접근해야 하기 때문에 몇 가지 설정 과정이 더 필요합니다.

07 다시 [사용자 인증 정보]로 돌아와서 '서비스 계정' 항목의 [서비스 계정 관리]를 눌러 서비스 계정을 추가합니다. 이제 이 서비스 계정을 통해 여러분의 가계부 데이터에 접근할 수 있도록 권한을 주면 됩니다.

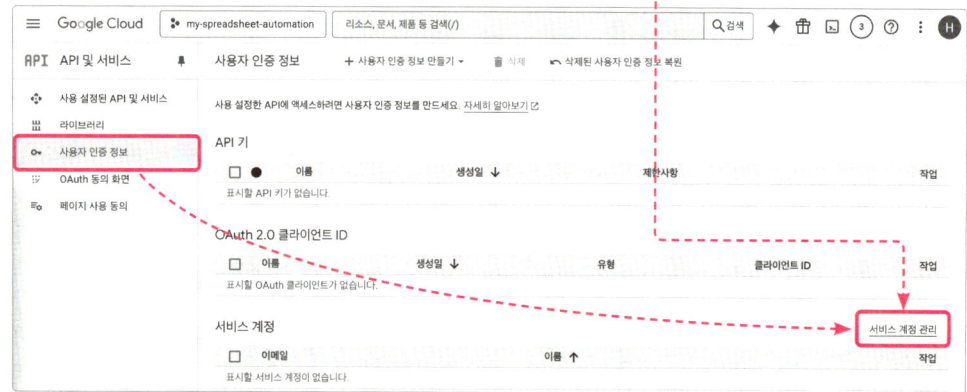

08 ❶ [+ 서비스 계정 만들기]를 눌러 봇 계정을 추가합니다. 서비스 계정 이름, ID를 적절히 입력하고 ❷ [만들고 계속하기]를 누르세요. 이때 권한에서 ❸ 역할을 반드시 [소유자]로 설정해야 합니다. 나머지는 기본값으로 두고 ❹ [완료]를 누르세요.

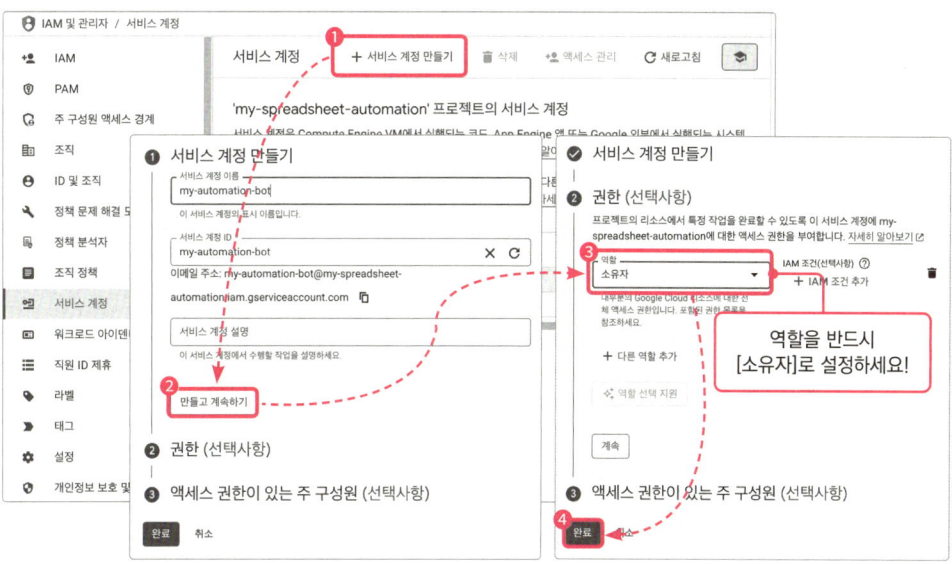

서비스 계정이 추가된 것을 확인했다면, 이제 이 계정의 이메일을 복사하세요. 이 이메일은 봇이 스프레드시트에 접근할 수 있도록 권한을 부여할 때 사용됩니다.

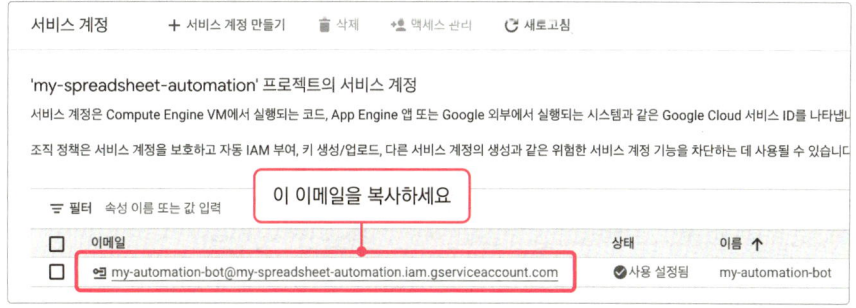

09 이제 다시 가계부로 사용할 구글 스프레드시트로 돌아갑니다. 오른쪽 위의 ❶ [공유]를 누르면 작은 창이 뜹니다. 여기서 위쪽 네모 칸에 ❷ 서비스 계정 이메일 값을 붙여 넣으세요. 권한은 반드시 ❸ [편집자]로 설정하며, ❹ [전송]을 누릅니다. 그래야 이 계정을 통해 스프레드시트의 데이터를 읽고 쓸 수 있습니다. 이렇게 설정해두면 직접 만든 프로그램에서 이 스프레드시트를 데이터베이스처럼 자유롭게 사용할 수 있습니다.

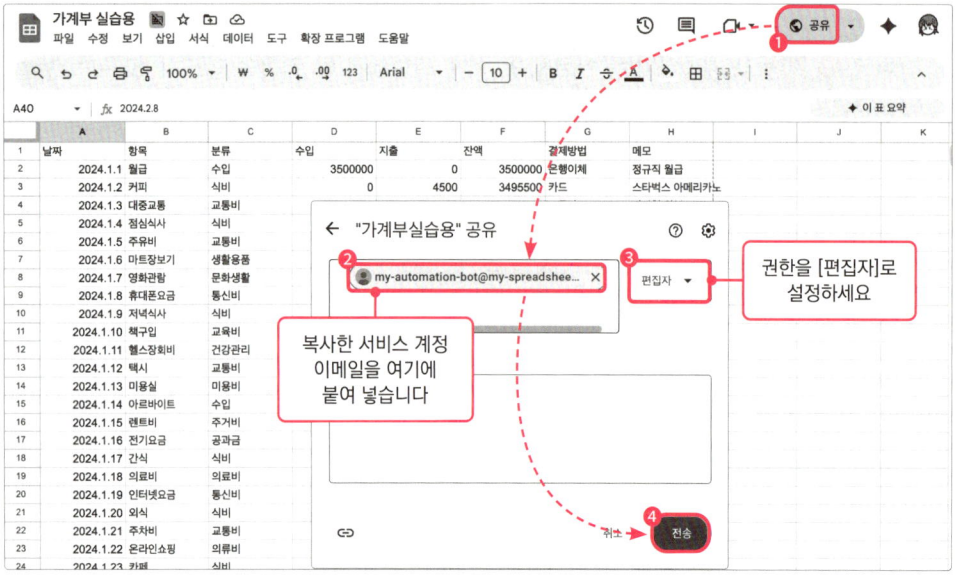

10 마지막으로 방금 만든 ❶ 서비스 계정의 이메일을 눌러서 ❷ [키] 항목으로 이동한 다음 ❸ [키 추가 → 새 키 만들기]를 누릅니다. 그러면 생성한 서비스 계정을 파일 형태로 인증할 수 있는 인증 파일을 다운로드할 수 있습니다. 이 파일이 있어야 추가한 서비스 계정을 이용해서 스프레드시트 내용에 접근할 수 있는 것입니다. 키는 ❹ JSON 형식으로 옵션을 선택한 다음 ❺ [만들기]를 누릅니다.

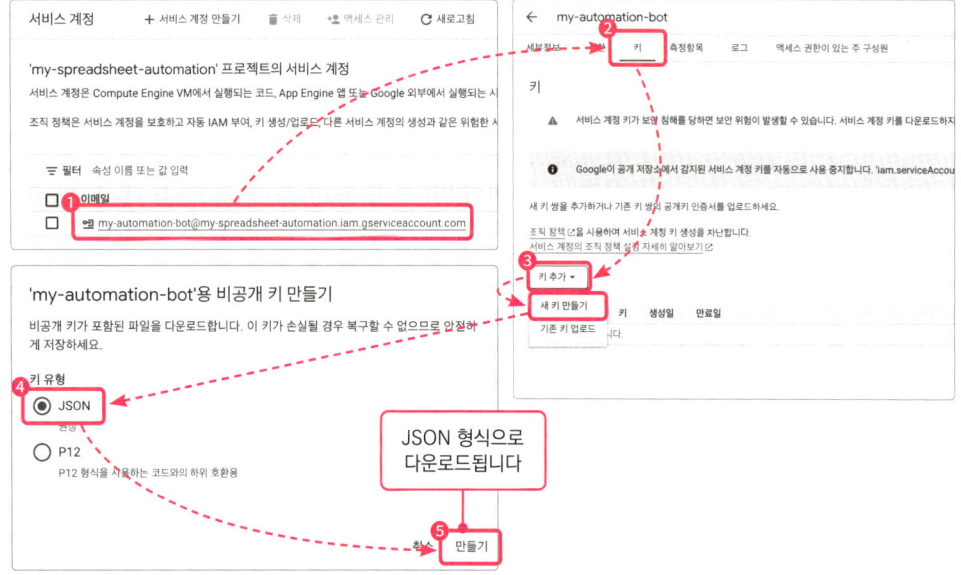

11 그러면 json 파일이 생성되며 다운로드됩니다. 이 파일은 지금 한 번만 다운로드할 수 있습니다. 파일 자체가 서비스 계정을 대신하는 역할을 하므로 보안에도 유의해야 합니다. 다운로드가 완료되면, 파일 이름 뒤에 있는 무작위 값을 지우고 깃허브 코파일럿 프로젝트 폴더에 잘 보관하세요.

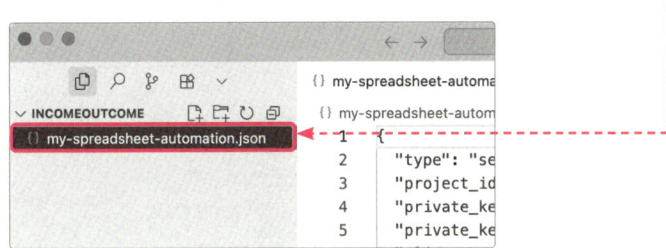

12 이제 남은 일은 과정 02에서 계획한 작업을 깃허브 코파일럿에게 이어서 시키는 것입니다. 앞서 계획한 설계에서는 스트림릿으로 대시보드를 만들기로 했으니, 깃허브 코파일럿에게 인증 파일이 현재 폴더에 있다고 알려주기만 하면 됩니다. 일단 스프레드시트에 있는 값을 읽을 수 있는지 확인해보겠습니다.

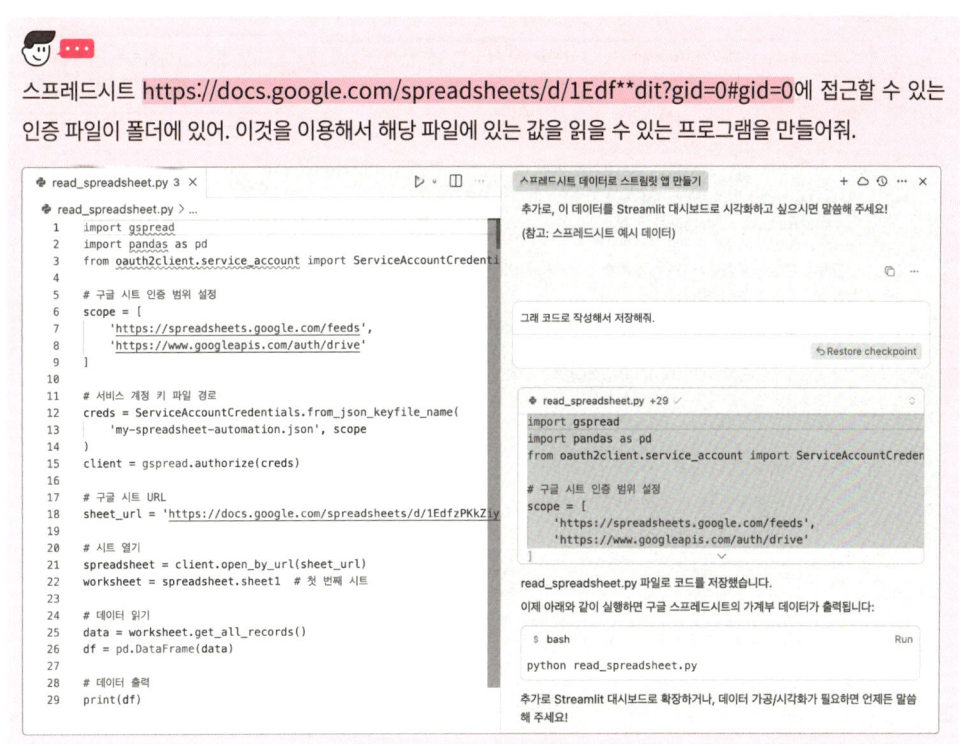

그러면 깃허브 코파일럿이 다음과 같이 간단한 코드를 작성해줍니다. 코드를 실행하면 스프레드시트의 데이터가 잘 보일 것입니다.

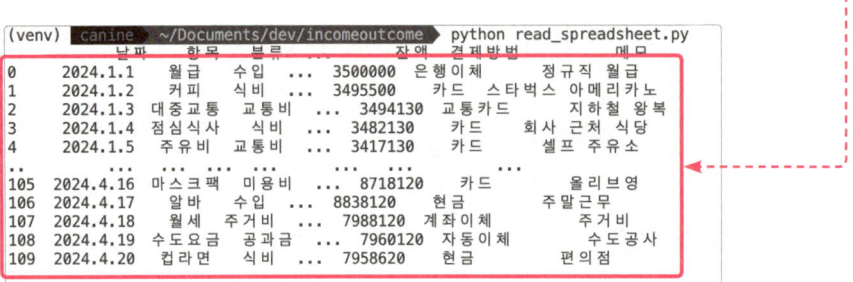

13 이제 이 코드를 기반으로 대시보드를 만들면 됩니다. 깃허브 코파일럿에게 스트림릿을 사용하여 실행하라고 하면 그에 맞게 코드를 완성해줄 겁니다.

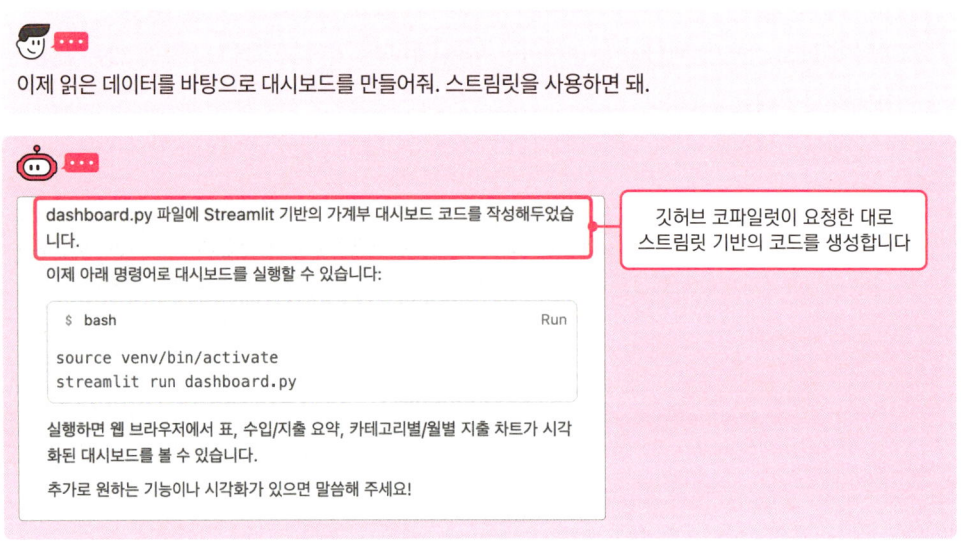

14 깃허브 코파일럿이 시키는 대로 코드를 실행하니, 대시보드가 눈앞에 펼쳐집니다. 정말 놀랍지 않나요?

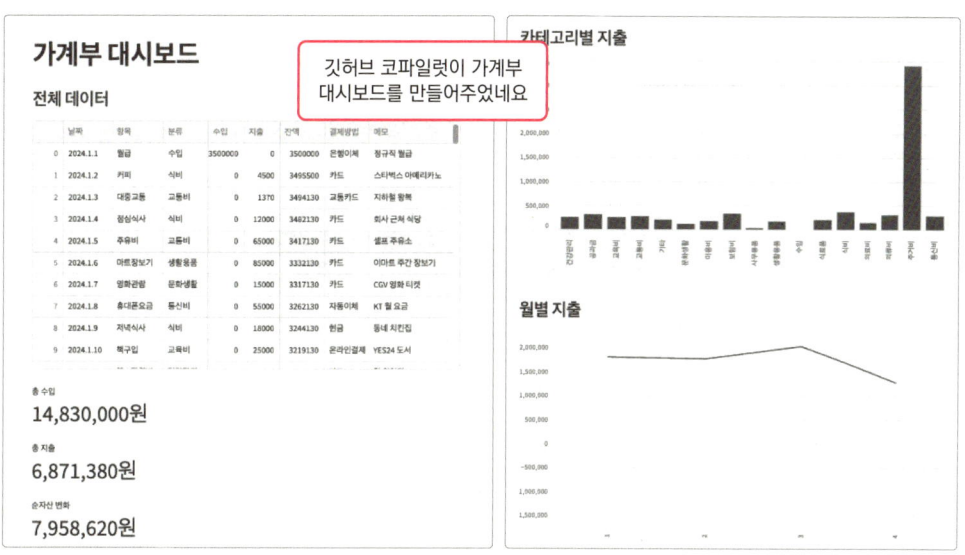

깃허브 코파일럿이 가계부 대시보드를 만들어주었네요

> **NOTE** 깃허브 코파일럿이 시키는 대로 실행했는데, 'zsh: command not found: streamlit'라는 오류 메시지가 나타나면 어떻게 해야 할까요? 바로 오류 메시지를 복사해서 깃허브 코파일럿에게 붙여넣기 한 다음 '고쳐줘'라고 요청하면 됩니다.

15 그러나 살펴보니, 월별 지출도 보이지 않고 대시보드 화면이 좁아서 답답한 느낌이 드는 등 조금 아쉬운 점이 있습니다. 필요한 점은 추가하고 개선할 점을 찾아 좀 더 고쳐보죠. 깃허브 코파일럿에게 이렇게 부탁해보겠습니다.

대시보드 화면이 너무 좁아, 그리고 월별 지출도 보이지 않고, 좀 더 제대로 개선할 수 없어? 가계부가 일목요연하게 잘 보이도록 하는 것이 중요해.

코드를 수정한 뒤 다시 실행해보면 이전보다 훨씬 보기 좋은 가계부 대시보드가 나타납니다. 연도, 월, 분류, 결제 수단 등을 따로 설정할 수도 있네요.

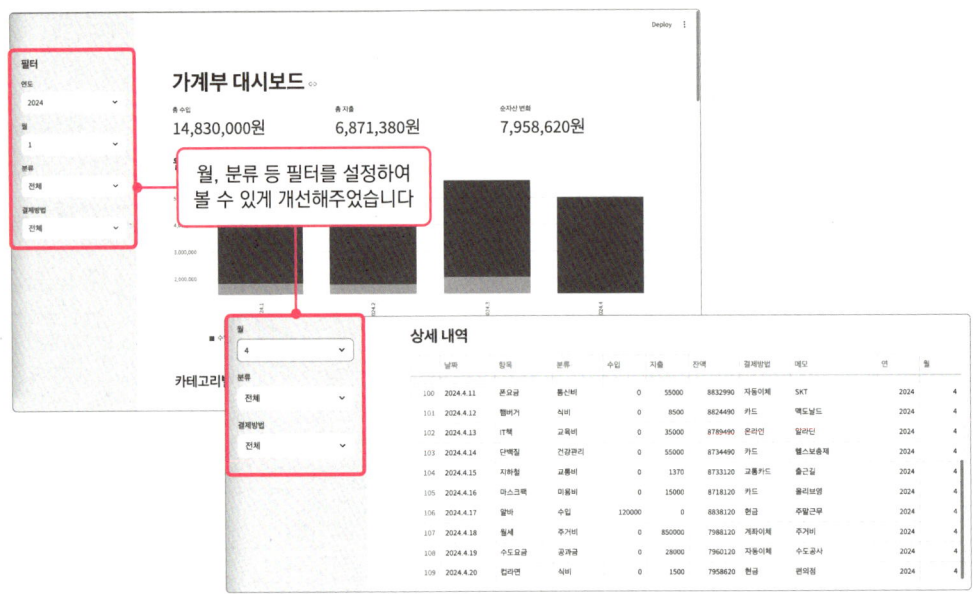

16 이제 마지막으로 하나만 더 추가해봅시다. 스프레드시트에 새로운 값이 추가되었을 때, 화면을 껐다 켜지 않아도 바로 반영될 수 있다면 좋겠죠? [갱신] 버튼을 추가하여 이 버튼을 누르면 최신 데이터를 불러와 화면을 업데이트하도록 깃허브 코파일럿에게 요청합니다.

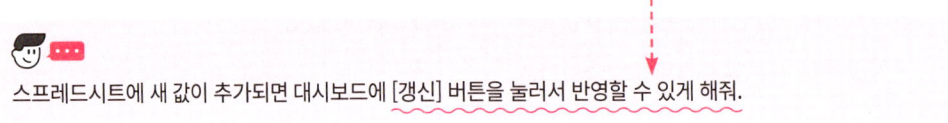

스프레드시트에 새 값이 추가되면 대시보드에 [갱신] 버튼을 눌러서 반영할 수 있게 해줘.

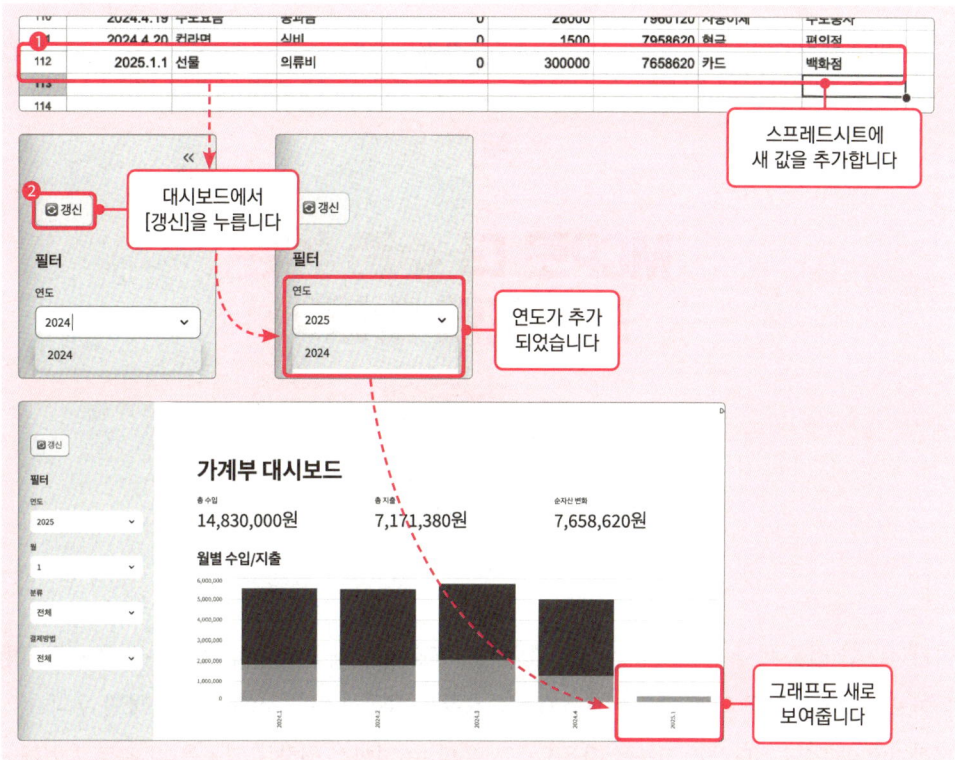

❶ 스프레드시트에 새로운 값을 추가하고 대시보드에서 ❷ [갱신]을 누르니 연도도 추가되며 데이터를 불러와 화면을 업데이트해줍니다.

이 과정을 통해 스프레드시트를 데이터베이스처럼 활용하는 프로그램을 만들 수 있게 되었습니다. 이번 실습에서는 가계부를 예로 들었지만 실제로는 고객의 리뷰 데이터를 분석하여 대시보드를 만들거나, 이벤트 신청 현황을 실시간으로 시각화하여 대시보드로 보여주는 등 실무에서도 훨씬 다양한 방식으로 응용할 수 있습니다. **핵심은 스프레드시트의 데이터를 불러와 활용할 수 있다는 점입니다.** 여러분도 이 원리를 바탕으로 자신만의 기발한 아이디어가 담긴 프로그램을 만들어보기 바랍니다.

챕터 12

MCP로 더 수준 높은
프로그램 만들기

유튜브 영상으로
더 쉽게 공부하세요!

여기서는 한 걸음 나아가 MCP라는 도구를 깃허브 코파일럿에 도입해서 더 수준 높은 프로그램을 만들어보겠습니다. 물론 앞서 만든 프로그램들도 충분히 유용하지만, MCP를 적용하면 우리가 직접 설정하지 않아도 되는 다양한 기능을 자동으로 사용할 수 있어서 원하는 기능을 더 빠르고 쉽게 구현할 수 있습니다. 예를 들어 데이터베이스 조작법을 몰라도 Supabase MCP를 사용하여 테이블 생성부터 스키마 작성, 테이블에 반영, 실제 데이터베이스 연동 등의 작업을 직접 설정하는 과정 없이 수행할 수 있습니다.

그래서 MCP가 뭐죠?

위 설명만으로는 MCP가 무엇인지 정확하게 이해하기 어려울 수 있습니다. MCP를 적용하려면 먼저 MCP가 무엇인지 알아야겠죠. 깃허브 코파일럿이나 클로드와 같은 LLM 서비스에 MCP에 대해 질문하면 다음과 같이 답해줍니다.

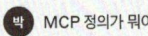 MCP 정의가 뭐야

MCP는 **Model Context Protocol**의 줄임말입니다.

MCP는 AI 모델(예: Claude, GPT 등)이 외부 시스템이나 도구들과 표준화된 방식으로 상호작용할 수 있게 해주는 프로토콜입니다. 쉽게 말해, AI가 다양한 애플리케이션, 데이터베이스, API 등에 일관된 방식으로 접근하고 활용할 수 있도록 하는 통신 규약이라고 볼 수 있습니다.

이런 설명을 보고 '아! MCP가 이런 거였구나!'라고 단번에 이해하는 사람은 많지 않을 것입니다. 외부 시스템, 프로토콜, 통신 규약과 같이 전문적이면서 기술적인 용어로 가득하기 때문이죠. 그래서 여러분의 이해를 돕기 위해 조금 더 쉬운 방법으로 MCP를 설명하려고 합니다.

크롬 웹 브라우저의 확장 프로그램으로 이해하는 MCP

MCP는 크롬 웹 브라우저의 확장 프로그램처럼 생각하면 이해하기 쉽습니다. 크롬 웹 브라우저에는 설치하여 사용할 수 있는 많은 확장 프로그램이 있습니다. 크롬 웹 스토어 사이트에 접속하기만 해도 다양한 확장 프로그램이 있는 것을 알 수 있습니다.

- **크롬 웹 스토어 홈페이지** : chromewebstore.google.com

이런 확장 프로그램을 설치하면 평범한 크롬 웹 브라우저에 다양한 기능을 추가할 수 있습니다. 예를 들어 기존에는 할 수 없었던 PDF 편집이나 변환, 스크린 숏 촬영 등의 기능을 사용할 수 있게 됩니다. 대표적으로 ColorZilla라는 확장 프로그램이 있는데 이 프로그램을 설치하면 크롬 브라우저에 색상 추출 기능이 추가됩니다.

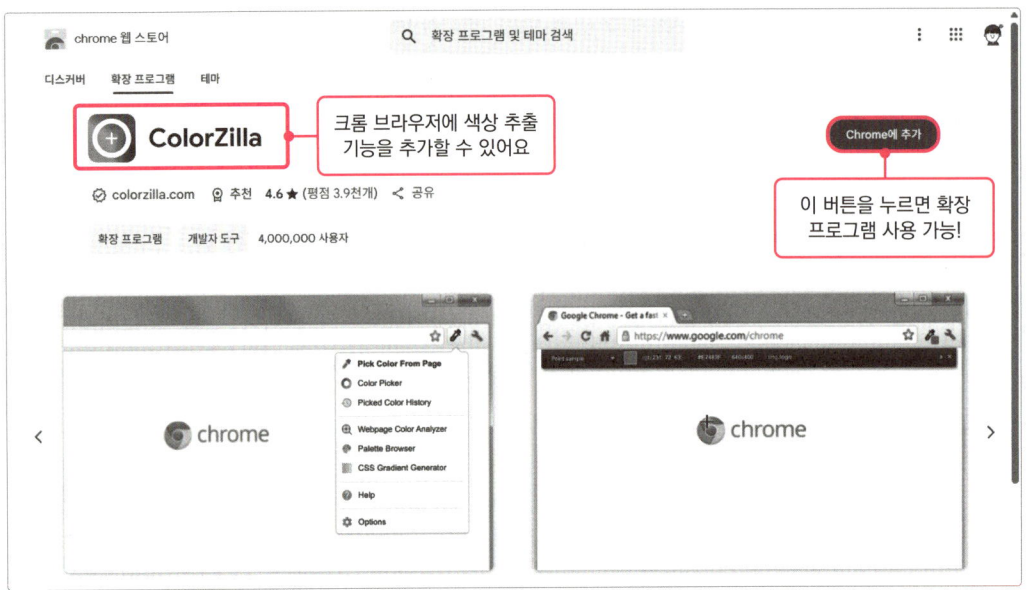

웹 디자이너는 사이트의 색상을 참고해야 할 일이 많은데, 브라우저에 이런 기능이 있다면 디자인 작업을 할 때 유용하게 사용할 수 있겠죠. 이처럼 크롬 확장 프로그램은 기본으로 사용하는 크롬 브라우저에 유용한 기능을 덧붙여 사용성을 한층 더 높여줍니다. **MCP도 이와 비슷합니다. 클로드나 깃허브 코파일럿과 같은 LLM 기반 서비스에 추가로 장착할 수 있는 모듈과 같은 역할을 함으로써, 기존 기능을 확장하고 보완해줍니다.**

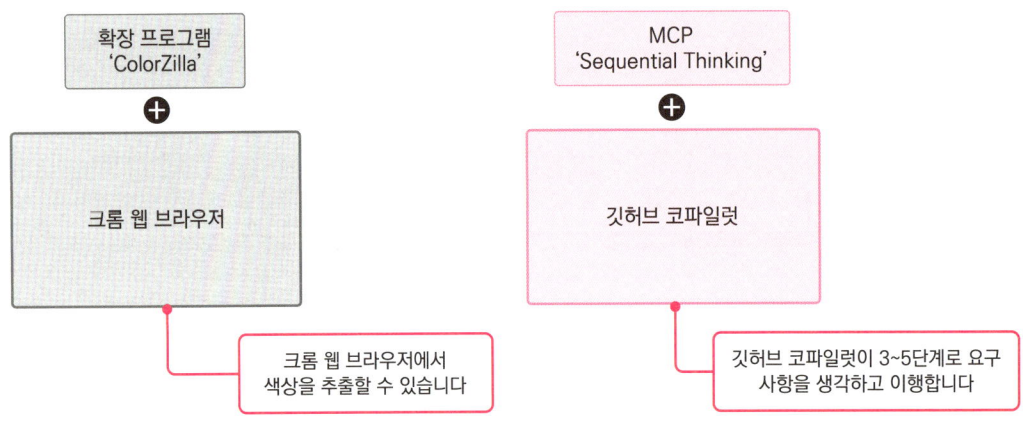

크롬 브라우저에 확장 프로그램을 설치하면 다양한 기능을 추가해 사용할 수 있듯이, MCP를 이용하면 깃허브 코파일럿에도 새로운 기능을 붙여 사용할 수 있는 것이죠.

 **중요 | MCP가 아니라 MCP 서버라고 해야 맞아요**

이 책에서는 MCP 서버를 편의상 MCP라고 부릅니다. 사실 MCP는 Model Context Protocol의 약자로, LLM 서비스에 데이터베이스나 애플리케이션을 제어할 수 있도록 해주는 일종의 연결 표준 같은 것입니다.

스미더리 회원가입하고 Context7 MCP 실행해보기

MCP는 스미더리라는 사이트에서 설치할 수 있습니다. 스미더리를 잘 이용하면 유용한 MCP를 쉽게 찾을 수 있을 뿐만 아니라 설치도 쉽게 할 수 있습니다.

01 스미더리에 접속하면 다음 화면이 보입니다. 오른쪽 위에 있는 [Login]을 누르세요. 그러면 깃허브와 구글로 로그인하라는 안내창이 뜹니다. [Continue with Github]를 눌러 깃허브 계정을 이용하여 로그인을 진행하겠습니다. 만약 깃허브 계정이 없다면 회원가입 후 여기로 돌아오세요.

- **스미더리 홈페이지** : smithery.ai

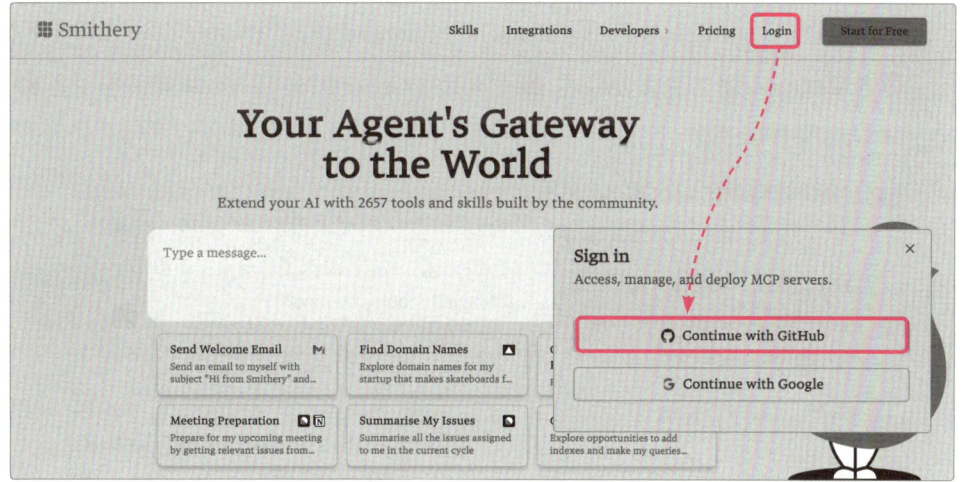

[챕터 12] MCP로 더 수준 높은 프로그램 만들기   231

02 깃허브로 로그인을 한 후에 가장 먼저 할 일은 자신의 ❶ 계정 아이콘을 누르고 [API Keys]에서 스미더리 API 키를 생성하는 것입니다. 여기서 사용할 API 키는 코드에 사용할 것이 아니므로 그냥 생성만 하면 끝입니다. ❷ [API Keys]을 눌러 Account 화면으로 이동했다면 위쪽의 ❸ [+ Create API Key]를 눌러 API 키를 생성하세요.

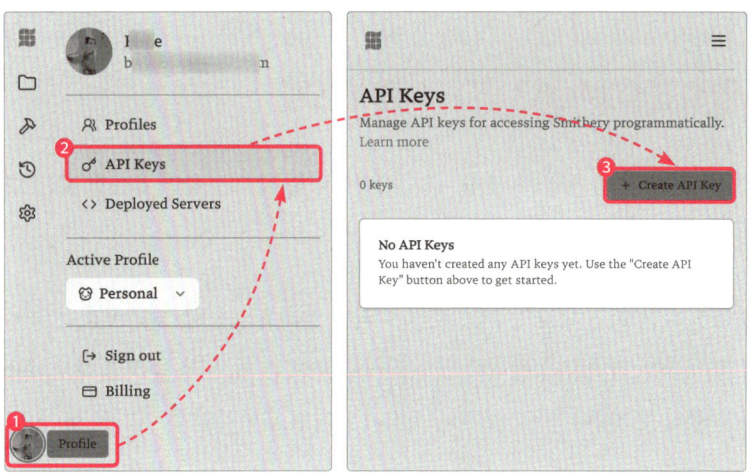

03 이제 스미더리에서 유용한 MCP를 찾아 깃허브 코파일럿에 설치하면 됩니다. 설치하는 방법을 안내할 겸 앞으로 자주 사용할 MCP인 Context7을 설치하겠습니다. 스미더리 상단의 ❶ [Intergrations] 메뉴를 누른 후 ❷ 검색창에 Context7을 검색하여 목록에 나온 ❸ [Context7]을 선택합니다.

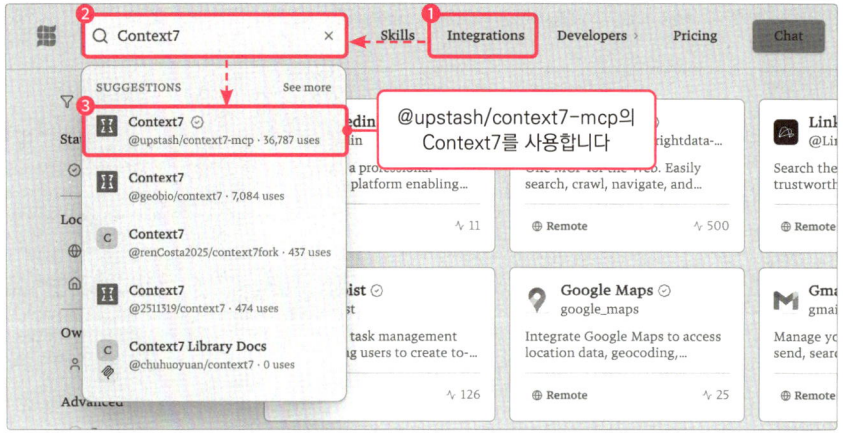

04 그런 다음 화면 오른쪽에서 [VSCode]를 선택한 다음 [One-Click Install]을 클릭하여 [Visual Studio Code 열기]를 누릅니다.

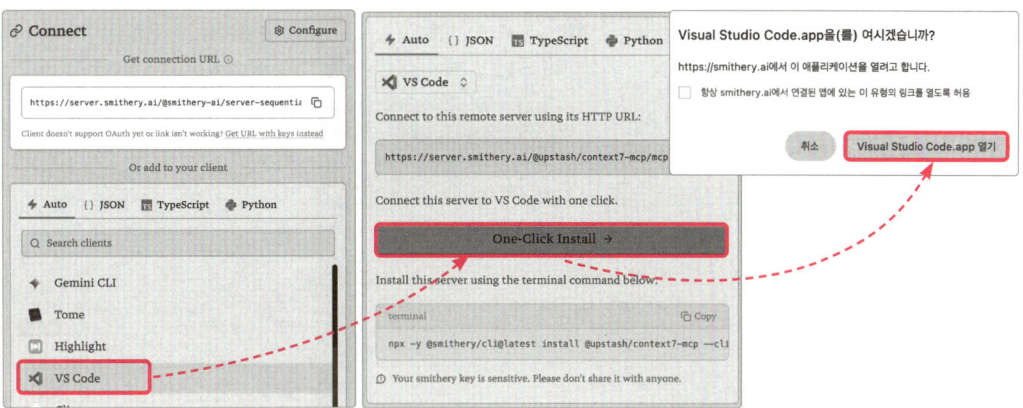

05 그러면 비주얼 스튜디오 코드의 [Install] 탭이 열립니다. [Install]을 누르면 비주얼 스튜디오 코드에 MCP를 설치할지 묻습니다. [Allow → Open]을 누르면 스미더리로 돌아가는데 여기서 [Save & Connect]를 눌러 설치를 마치면 됩니다.

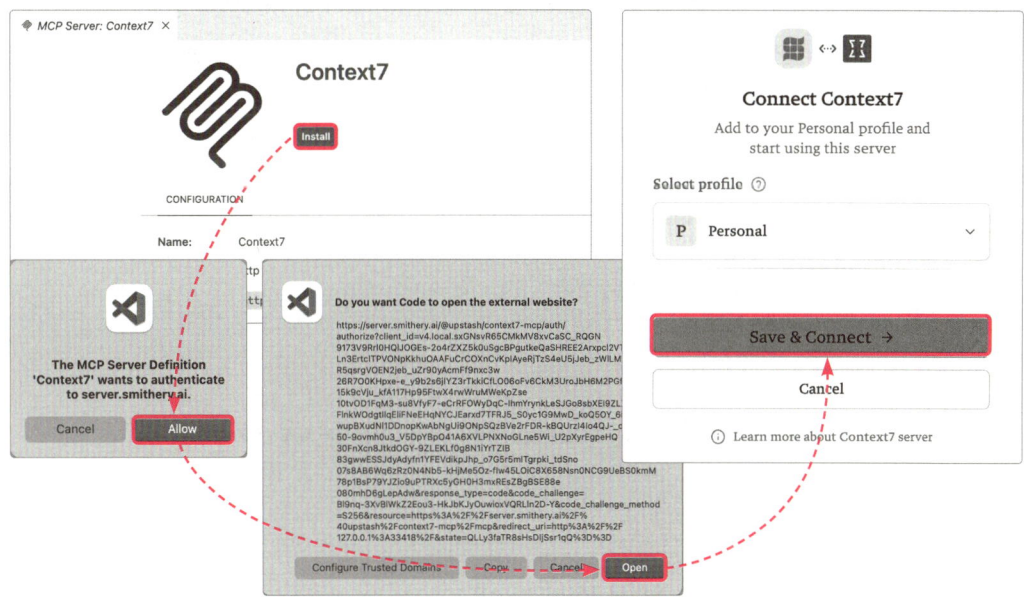

챕터 12 MCP로 더 수준 높은 프로그램 만들기

06 MCP의 설치 상태는 채팅 탭 오른쪽 위의 [톱니바퀴]를 누른 다음 [MCP Servers]를 누르면 확인할 수 있습니다. 설치 상태를 확인하고 다음 실습을 진행하기 바랍니다.

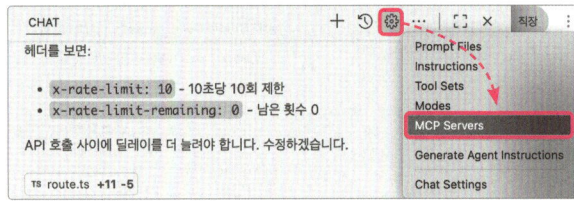

07 이렇게 설치한 MCP는 자연스럽게 깃허브 코파일럿 채팅창에서 사용할 수 있습니다. Context7은 개발 도구의 최신 문서를 읽어 여러분이 잘 모르는 개발 도구의 업데이트 상황을 고려한 코드를 작성할 수 있게 해주는 도구입니다. 새 채팅창을 열고 [Agent] 모드로 전환한 다음 다음과 같이 부탁해보세요.

> **NOTE** 만약 MCP를 해당 모델에서 허용할지 물어보면 [Allow]를 눌러주세요.

> **NOTE** Context7의 인증을 한 차례 더 진행할 수도 있습니다.

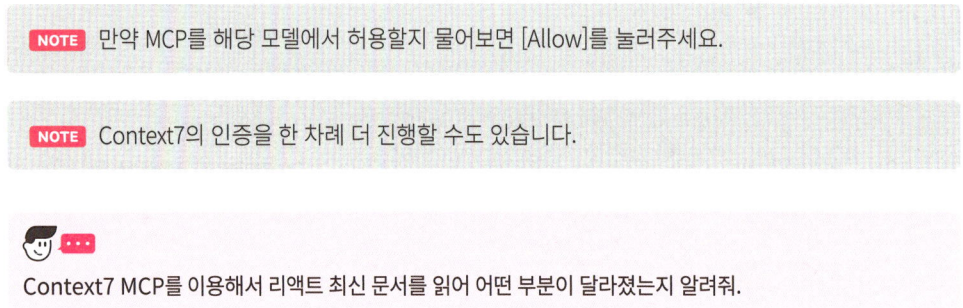

08 Context7 MCP를 제대로 불렀다면 그림처럼 MCP의 사용을 위한 허락을 구할 것입니다. Context7이 항상 동작할 수 있도록 [아래 화살표 → Always Allow]를 눌러 Context7이 동작할 수 있도록 해주세요.

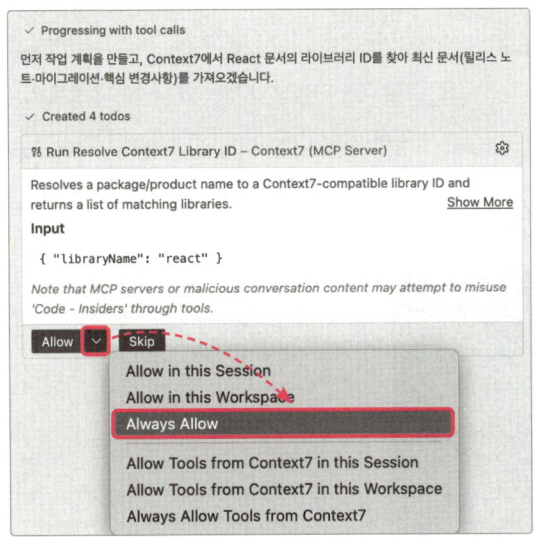

09 그러면 다음과 같이 깃허브 코파일럿이 개발 문서를 읽고 결과를 말해줄 것입니다. Context7을 부를 수 있다는 건 개발 문서를 잘 아는 보조자를 하나 더 두는 것과 같습니다. 깃허브 코파일럿도 가끔은 개발 문서를 잘못 파악할 수 있습니다. 그런 경우를 대비해 Context7이 옆에서 자문해주는 역할을 해줄 수 있습니다.

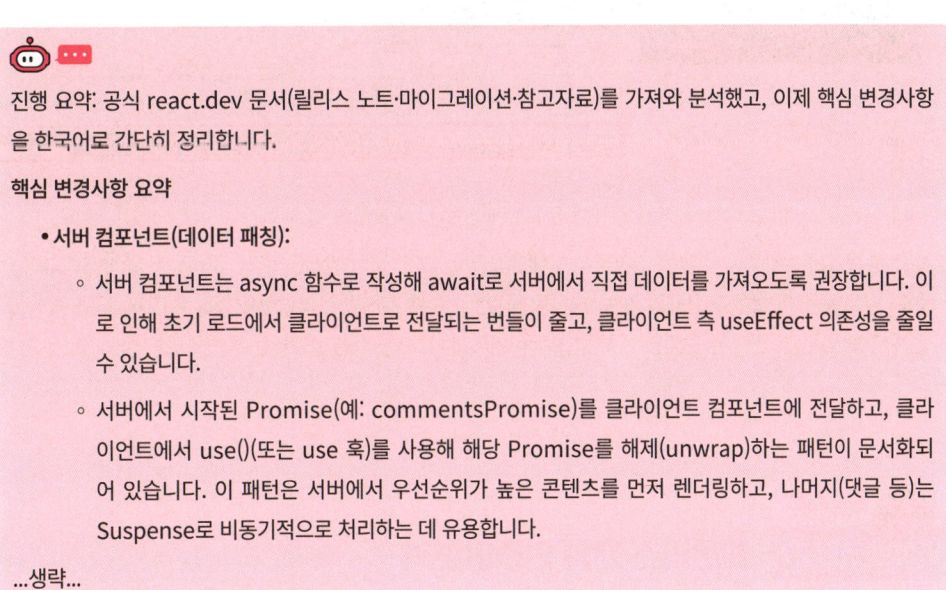

이제 Context7의 동작을 확인하며 MCP의 사용 방법을 간단히 익혀봤습니다. 이제 본격적으로 MCP를 활용하여 개발을 진행해봅시다.

3초 꿀팁 | MCP 서버가 제대로 작동하지 않는 것 같아요!

책에서 안내한대로 MCP를 설치했는데도 동작하지 않나요? 그럴 때는 다음과 같이 한 번 더 설치해보세요.

스미더리의 해당 MCP 설치 화면에서 [One-Click Install] 버튼 아래를 보면 터미널 창과 함께 명령어가 표시됩니다. ❶ [Copy]를 눌러 명령어를 복사한 다음 ❷ 비주얼 스튜디오 코드의 터미널에 붙여 넣고 실행하세요. 그러면 비슷한 이름을 가진 또 다른 MCP가 설치됩니다.

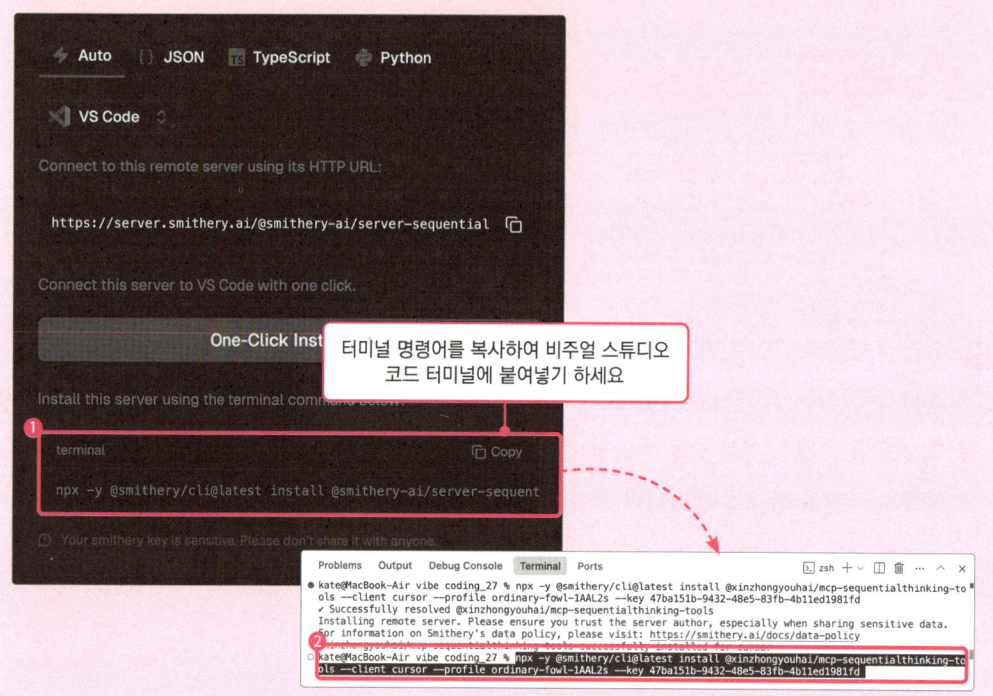

그런 다음 다시 동일한 프롬프트를 입력하여 실행해보세요. 잘 실행될 겁니다.

이러한 문제가 발생하는 이유는 다양하지만 대표적으로 MCP 설치 방식인 원격 서버형 문제, 버전 호환성, 권한이나 경로 문제, 네트워크 문제일 가능성이 있습니다. 대부분 깃허브 코파일럿을 종료하고 재시작하면 잘 실행되는 경우도 있지만, 만약 안 된다면 위와 같이 터미널에서 MCP를 직접 설치하는 방법으로도 실행해보세요.

바이브 코딩 27 ▶ 테트리스 게임 만들어보기

이제 Context7과 Supabase MCP를 조합하여 사용하는 연습을 해보는 차원에서 테트리스 게임을 만들어보겠습니다.

01 깃허브 코파일럿에게 테트리스 게임을 만들 계획을 세워보라고 하겠습니다. 우선 어떤 개발 도구와 궁합이 좋은지 알 수 없으므로 [Plan] 모드로 시작해봅시다. 답변을 보면 여러분이 알 수 없는 내용이 나올텐데 이해하지 못해도 괜찮습니다. 이 질문을 하는 이유는 깃허브 코파일럿이 스스로 구체적인 계획을 세워 개발하게 하려는 의도에 있습니다. 실제로 여러분이 이정도 계획을 세우려면 많은 것을 알아야 합니다. 하지만 깃허브 코파일럿 덕분에 큰 노력 없이 풍부한 컨텍스트를 만들 수 있습니다.

> 테트리스 게임을 만들고 싶은데 Vercel과 Supabase에 배포하려면 어떻게 해야 할까?

Plan: 테트리스 배포 (Vercel + Supabase)

Vercel은 프론트엔드(정적 SPA 또는 Next.js)를 배포하고 Supabase는 인증·DB·스토리지·Edge Functions를 담당합니다. 간단히 시작하려면 React+Vite(또는 Next.js)로 클라이언트를 만들고 Supabase의 leaderboard 테이블 + RLS를 설정한 뒤, 점수 제출은 Supabase Edge Function 또는 Vercel API로 검증 후 DB에 저장하세요. 이렇게 하면 보안(서비스 키 비공개)과 확장성(Edge/함수 사용)을 모두 확보할 수 있습니다.

Steps {5 steps, 5–20 words each}:

1. 초기화: 생성 my-tetris 프로젝트 (npx create-next-app 또는 npm create vite@latest) 및 package.json 스크립트 설정.
2. Supabase 세팅. 내시보느에서 프로젝트 생성, leaderboard 테이블와 인덱스, RLS 정책 추가. (참조: CREATE TABLE + ALTER TABLE ... ENABLE ROW LEVEL SECURITY)
3. 환경 변수: Vercel에 SUPABASE_URL, SUPABASE_ANON_KEY, SUPABASE_SERVICE_ROLE_KEY 추가(서비스 키는 서버 전용).

   ...생략...

Open Questions {1–3}:

1. 스택 선택: React+Vite로 가시겠습니까(간단 배포) 아니면 Next.js(서버측 API 통합 및 SEO)?
2. 점수 검증 위치: 클라이언트-직접(빠름) / Vercel API(중간 보안) / Supabase Edge Function(권장) 중 선호 옵션은?
3. 멀티플레이/리얼타임 필요 여부: 리얼타임이 필요하면 Supabase Realtime 도입인지요?

수정·선호를 말씀해 주세요 ― 선택에 따라 구체적인 실행 단계(명령어, 파일 경로, SQL 스크립트, Vercel/Supabase 설정 가이드)를 작성해 드리겠습니다.

02 [Plan] 모드에서는 정보가 더 필요한 경우 'Open Questions'을 요구합니다. 스택은 Next.js를 사용하겠다고 하고, 점수 검증 위치는 클라이언트가 직접 하겠습니다 그리고 멀티플레이와 리얼타임은 고려하지 않겠습니다. 만약 'Open Questions' 항목이 달라도 다음과 같이 부탁하세요.

> **NOTE** 추가로 'Open Questions'를 요구하면 잘 모르니 가장 간단한 방법으로 해달라고 이야기하면 됩니다.

스택은 Next.js를 사용하고, 점수는 클라이언트에서 직접 검증하게 해줘. 그리고 멀티플레이와 리얼타임은 고려하지 않으려고 해. 인증 방식은 익명으로 처리하고, 테트리스 게임의 점수 허용 범위는 알아서 정해줘.

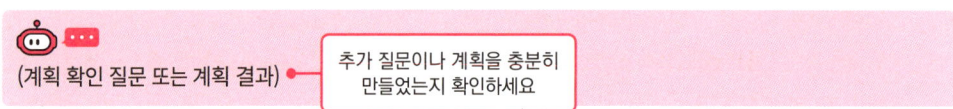

(계획 확인 질문 또는 계획 결과) ← 추가 질문이나 계획을 충분히 만들었는지 확인하세요

이제 개발을 시작해줘.

이제 Next.js + Supabase 클라이언트 파일, SQL, 예제 페이지, README 등을 워크스페이스에 생성하겠습니다. (간단한 템플릿 파일 6개 생성)

> 🔒 Allow edits to sensitive files?
>
> The model wants to edit sensitive files (`package.json`). Do you want to allow this?
>
> Contents:
> ```
> {
>   "name": "my-tetris",
>   "version": "0.1.0",
>   "private": true,
>   "scripts": {
>     "dev": "next dev",
>     "build": "next build",
>     "start": "next start"
>   },
>   "dependencies": {
>     "next": "14.3.0",
>     "react": "18.2.0",
>     "react-dom": "18.2.0",
>     "@supabase/supabase-js": "^2.37.0"
>   }
> }
> ```
>
> [Allow ▼] [Skip]

계획이 끝나면 그림처럼 코드 작성을 시작할 것입니다. [Agent] 모드로 변경해서 코드 작성을 요청하세요.

03 다음으로 확인해볼 것은 여러분의 컴퓨터에서 게임이 잘 실행되는지입니다. 다음과 같이 게임을 실행해달라고 해보세요. 아마도 npm run dev를 실행하려고 할 것입니다. 허용해주면 게임이 실행되었다고 하면서 게임을 실행할 주소인 localhost:3000을 알려줄 것입니다. 접속하여 게임을 확인해보세요.

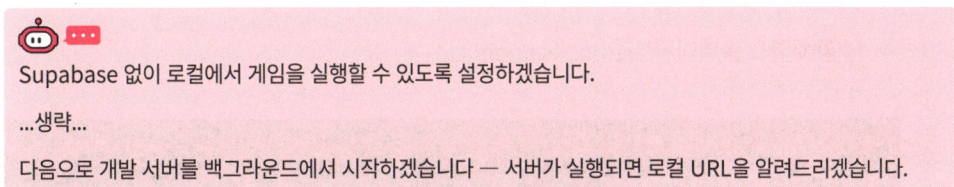

게임을 간단히 실행하여 확인하고 싶어, supabase 적용 없이 로컬에서 게임만 실행해보려고 해. 실행 준비를 마치고 게임 실행까지 진행해줘.

Supabase 없이 로컬에서 게임을 실행할 수 있도록 설정하겠습니다.

…생략…

다음으로 개발 서버를 백그라운드에서 시작하겠습니다 — 서버가 실행되면 로컬 URL을 알려드리겠습니다.

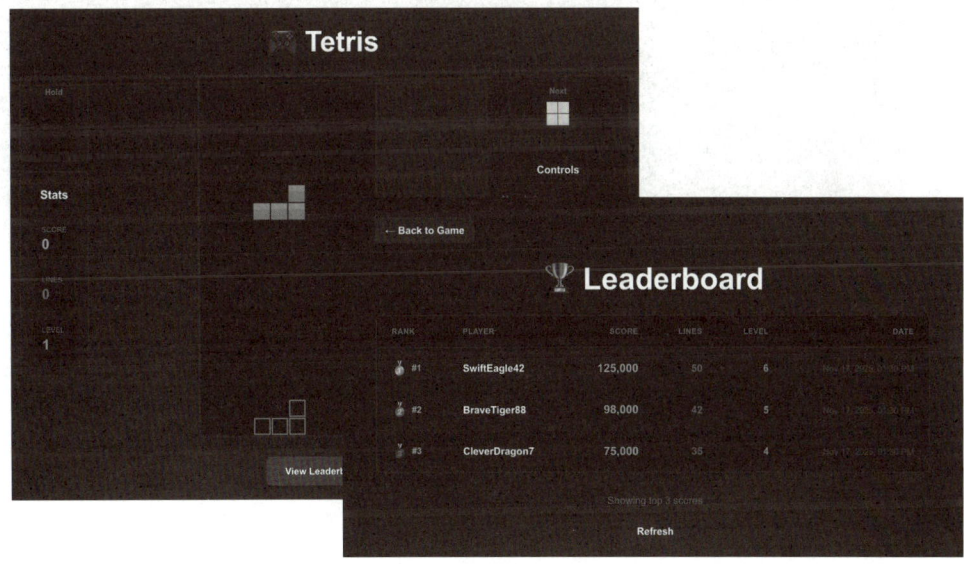

게임을 실행해보면 큰 문제가 없습니다. 다만 [점수판] 또는 [Leaderboard]를 누르면 코드에서 수기로 입력한 점수가 나오며 새로고침을 하거나 게임을 완료해도 점수가 갱신되지 않습니다. 그 이유는 수파베이스Supabase로 데이터베이스를 구축하지 않았기 때문입니다. 점수를 저장하려면 데이터베이스가 필요합니다. 수파베이스는 웹 기반으로 쉽게 데이터베이스를 만들고 운영할 수 있는 서비스입니다. 과거에는 데이터베이스가 개발자만의 전유물인 것처럼 여겨졌지만, 이제 Supabase MCP Server의 등장으로 깃허브 코파일럿에 사용 명령만 내리면 데이터베이스를 직접 다룰 수 있습니다.

Supabase MCP Server 설치하고 데이터베이스 사용해보기

수파베이스 MCP를 설치하고 테트리스 게임의 기록을 저장할 수 있는 데이터베이스를 만들어봅시다.

01 수파베이스 MCP를 사용하려면 먼저 수파베이스 홈페이지에 들어가 회원가입 후 로그인을 해주세요.

- **수파베이스 홈페이지** : supabase.com

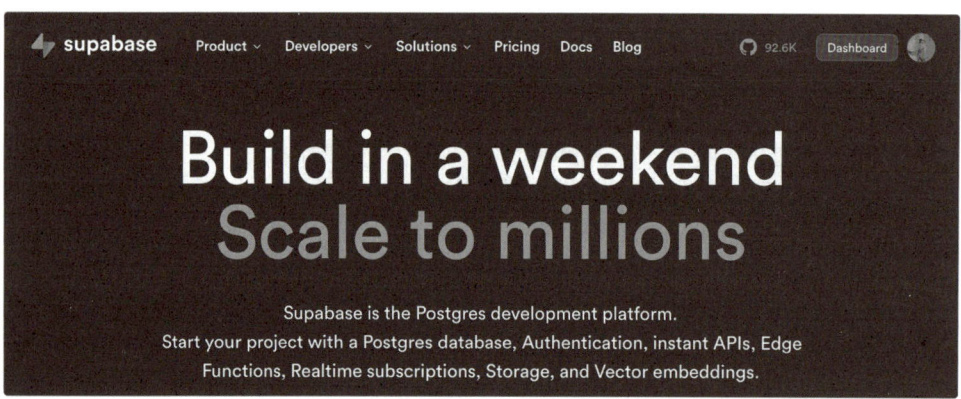

02 이제 스미더리에서 Supabase를 검색하여 깃허브 코파일럿에 설치합니다. MCP 설치는 간략하게 설명하겠습니다. ❶ [One-Click Install]을 눌러 비주얼 스튜디오 코드로 넘어간 뒤 ❷ [Install]을 누르고 ❸ [Connect] 버튼을 누르면 비주얼 스튜디오 코드에서 MCP를 설치할 수 있는 화면으로 넘어갑니다.

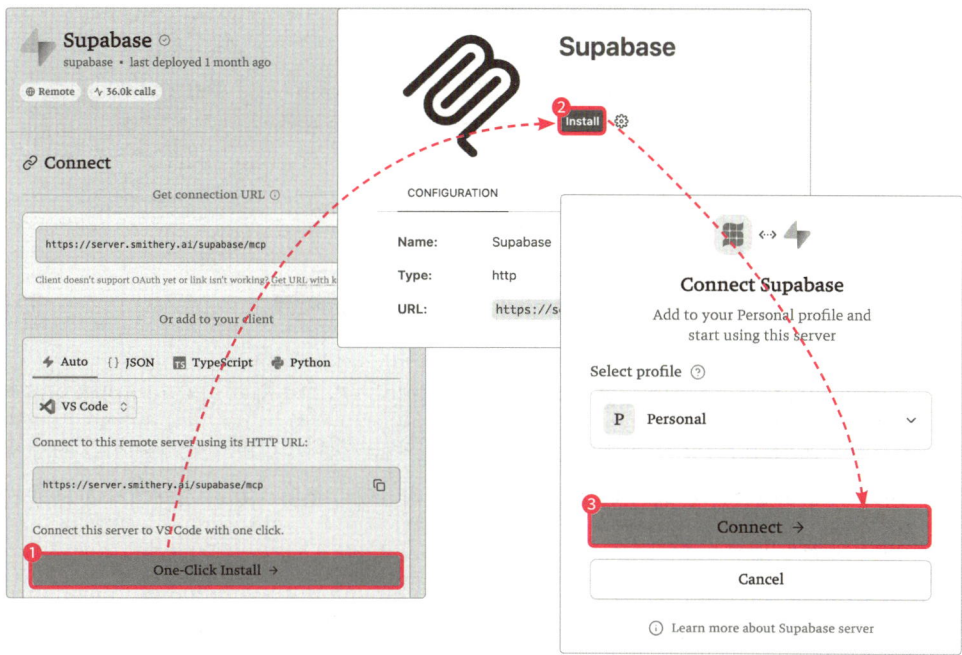

[Install]을 눌렀을 때 다음과 같은 화면이 뜨면 [Sign in to another account]를 눌러 진행하세요.

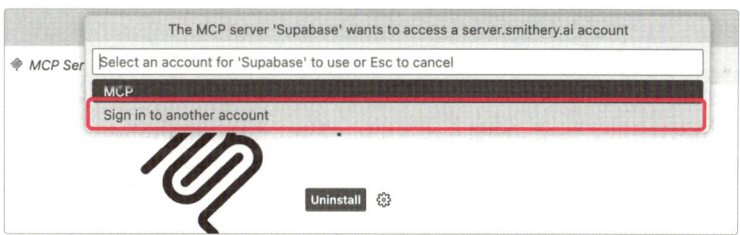

03 수파베이스 웹에서 인증 확인 과정을 거칩니다. [Create an organization → Create organization → Authorize Smithery Connect]를 차례로 눌러주세요.

> **NOTE** 수파베이스 사용 경험에 따라 인증 확인 단계가 다를 수 있습니다. 여기서는 최초 사용을 기준으로 설명합니다.

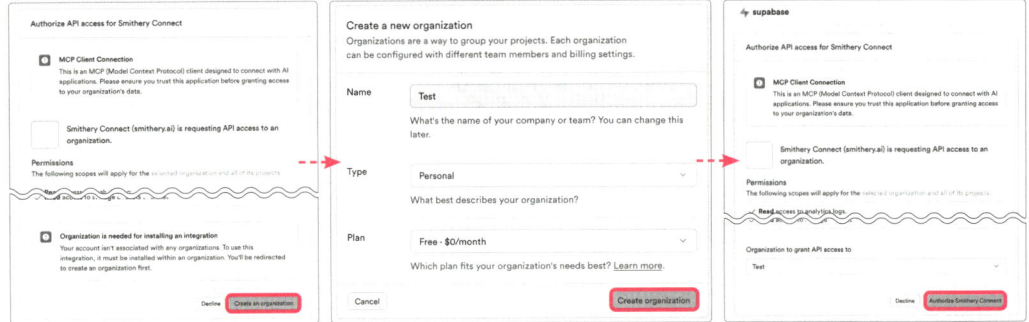

04 설치가 완료되면 수파베이스를 이용해서 데이터베이스를 구축하고 임시 데이터를 입력해 실제로 어떻게 동작하는지 확인해보겠습니다. 여기부터는 깃허브 코파일럿에 지시만 하면 되므로 크게 어렵지 않습니다. 다만 다음과 같이 수파베이스의 구조를 이해한 상태에서 작동 방식에 따라 지시해야 합니다.

- 수파베이스는 조직 – 프로젝트라는 단위로 데이터베이스를 관리함
- 수파베이스에서 데이터베이스를 테이블이라고 부름
- **즉, 조직을 정한 후 프로젝트를 생성하고 그 안에 테이블을 만들어야 데이터를 적재할 수 있음**

수파베이스에 테트리스 점수를 기록할 데이터베이스를 하나 구축하려는데, 프로젝트를 하나 생성하고 그 안에 테이블을 적당히 만들어서 테트리스 점수를 기록할 수 있게 해줘. 수파베이스 MCP를 활용해줘.

완료! 🎉 Supabase 테트리스 점수 데이터베이스가 구축되었습니다.

프로젝트 정보:
- 프로젝트명: turn-an-it-up-tetris
- 리전: ap-northeast-2 (서울)
- 상태: ACTIVE_HEALTHY
- URL: https://nrpykysuxossvodotwyx.supabase.co

leaderboard 테이블 구조:
- id (UUID) - 고유 식별자
- nickname (TEXT) - 플레이어 닉네임
- score (INTEGER) - 점수 (0-999,999)

- lines (INTEGER) - 클리어한 줄 수 (0-1,000)
- level (INTEGER) - 도달 레벨 (1-100)
- created_at (TIMESTAMP) - 기록 시간

보안 설정:
- Row Level Security (RLS) 활성화
- 누구나 점수 조회 가능
- 누구나 점수 저장 가능
- 인덱스: 점수 내림차순, 생성일자 정렬

환경변수(.env.local)도 자동으로 업데이트되었습니다. 이제 게임에서 실제로 점수를 저장하고 리더보드를 확인할 수 있습니다!

> **NOTE** 깃허브 코파일럿이 Supabase MCP를 확인하고 데이터베이스와 테이블 생성 등 과정을 수행하는데 시간이 소요될 수 있습니다. [Allow]를 눌러 실행을 차근차근 진행하세요.

깃허브 코파일럿이 프로젝트를 생성하고 테이블을 만들었다고 알려줍니다. 정말일까요?

05 확인해봅시다. 수파베이스 웹사이트의 계정으로 돌아가 프로젝트 목록을 보면 tetris-score와 같은 프로젝트가 생성된 것을 확인할 수 있습니다. 정말로 만들었네요. ❶ 해당 프로젝트를 눌러 들어간 다음 ❷ 왼쪽의 표 모양 아이콘을 눌러 Table Editor를 열고 목록에 보이는 ❸ [테이블 이름]을 누르면 테이블 상태를 볼 수 있습니다. ❹ 아직 아무런 데이터를 입력한 적이 없으므로 열만 보이는 것이 정상입니다. 이 모든 작업이 깃허브 코파일럿과 Supabase MCP 만으로 이루어진 것입니다.

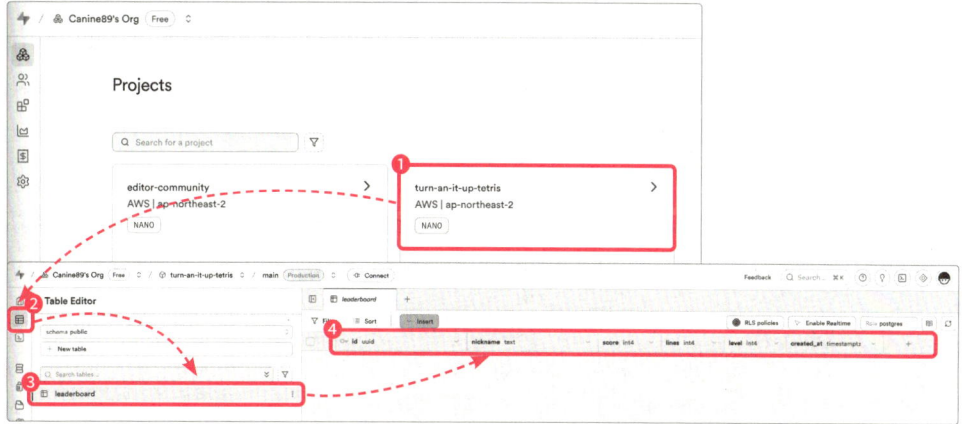

06 시험 삼아 깃허브 코파일럿에게 아무 데이터나 한 줄 넣어보라고 해봅시다.

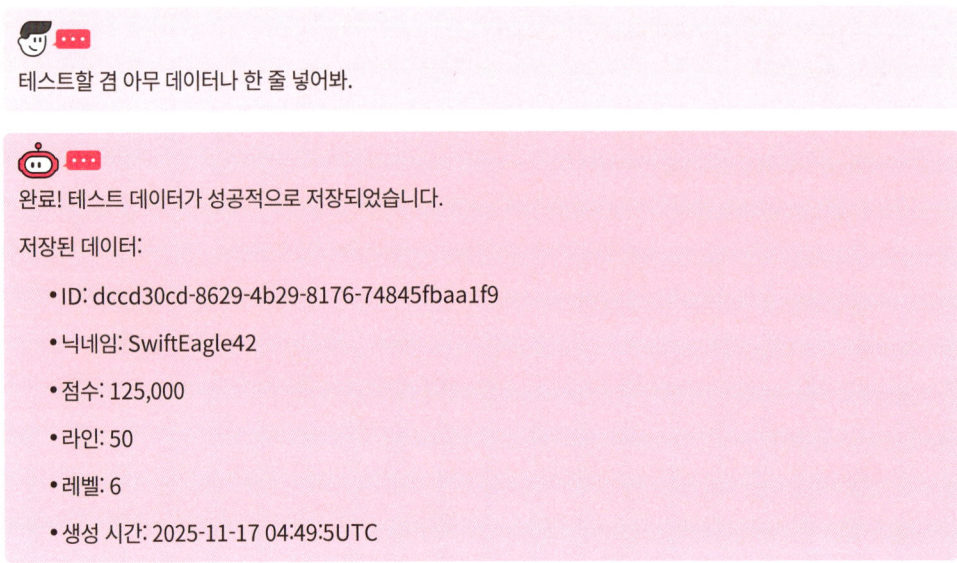

테스트할 겸 아무 데이터나 한 줄 넣어봐.

완료! 테스트 데이터가 성공적으로 저장되었습니다.
저장된 데이터:
- ID: dccd30cd-8629-4b29-8176-74845fbaa1f9
- 닉네임: SwiftEagle42
- 점수: 125,000
- 라인: 50
- 레벨: 6
- 생성 시간: 2025-11-17 04:49:5UTC

그러면 다음과 같이 수파베이스 테이블에 데이터가 한 줄 입력됩니다.

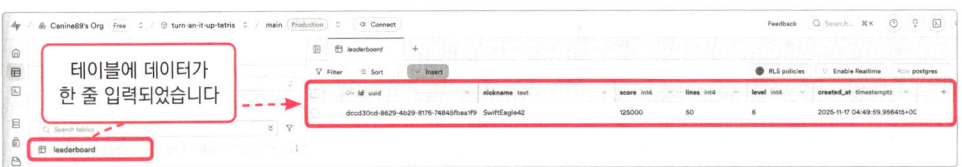

테이블에 데이터가 한 줄 입력되었습니다

'이게 그렇게 대단한 일인가?' 싶을 수 있습니다. 하지만 예전에는 이렇게 데이터베이스를 구축해서 데이터 한 줄을 입력하기까지 정말 많은 시간이 걸렸습니다. 능숙하게 한다 해도 30분은 걸렸을 일입니다. 그런데 지금은 5분이면 되네요. 이 모든 걸 깃허브 코파일럿과 Supabase MCP Server가 대신 해줬으니까요. 이처럼 MCP를 활용하면 개발의 어려운 부분을 인공지능에게 맡기고 해결할 수 있습니다.

07 게임을 간단히 만들고 수파베이스 연결까지 진행해봤으므로 이후 개발은 더 진행하지 않겠습니다. 수파베이스 무료 플랜은 최대 2개의 데이터베이스까지만 지원하므로 공부 목적이라면 수시로 정리해야 합니다. 수파베이스에 생성한 프로젝트를 삭제하려면 왼쪽 아래에 있는 [톱니바퀴]

아이콘, [Project Settings]를 누르고 스크롤바를 내려 'Delete Project' 항목을 찾아 [Delete project]를 누르고 프로젝트의 이름을 복붙한 뒤 [I Understand...]를 눌러 삭제하면 됩니다.

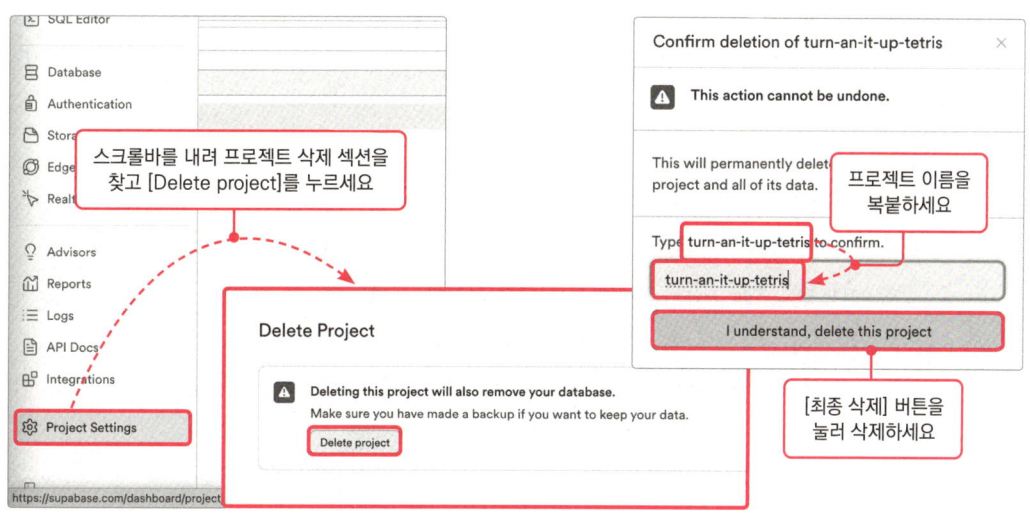

바이브 코딩 28 ▶ 리더보드가 있는 카드 뒤집기 게임 만들기

이제 지금까지 배운 모든 내용을 활용해서 리더보드가 있는 카드 뒤집기 게임을 만들어볼 차례입니다. 우리 손에 쥐어진 무기는 다음과 같습니다. 이 무기를 모두 활용해서 리더보드가 있는 카드 뒤집기 게임을 만들어보겠습니다.

- **Supabase MCP Server** : 데이터베이스 구축 및 프로젝트 연결, 관리
- **Context7** : 최신 개발 문서 참조

01 먼저 빈 폴더를 깃허브 코파일럿으로 연 다음, 간단한 계획을 세우며 시작해봅시다. [Plan] 모드로 계획을 세워봅니다.

>
> 가장 간단한 웹 기술로 카드 뒤집기 게임을 만들 거야. 개발 계획을 세워봐. 데이터베이스는 Supabase를 사용할 생각이야.

[챕터 12] MCP로 더 수준 높은 프로그램 만들기

Plan: 웹 카드 뒤집기 게임 개발

가장 간단한 웹 기술(HTML, CSS, JavaScript)로 카드 매칭 게임을 만들고, Supabase를 통해 점수판 기능을 구현합니다. 순수 바닐라 JavaScript로 게임 로직을 구현하고, Supabase는 최고 점수 저장/조회에만 사용합니다.

Steps:

1. index.html 파일 생성 - 게임 보드, 점수판, 타이머 UI 구조 작성
2. style.css 파일 생성 - 카드 뒤집기 애니메이션 및 그리드 레이아웃 스타일링
3. game.js 파일 생성 - 카드 셔플, 매칭 로직, 게임 상태 관리 구현
4. supabase.js 파일 생성 - Supabase 클라이언트 초기화 및 점수판 CRUD 함수 작성
5. Supabase 프로젝트 설정 - leaderboard 테이블 생성 (플레이어명, 점수, 시간 컬럼)
6. 정적 호스팅 배포 - Vercel, Netlify, 또는 GitHub Pages에 배포

Open Questions:

1. 게임 난이도는? 4x4 (16장) / 4x6 (24장) / 6x6 (36장)
2. 점수 계산 방식은? 시간 기반 / 시도 횟수 기반 / 조합
3. 카드 이미지는? 이모지 사용 / 숫자/문자 / 직접 이미지 제작

02 'Open Questions'의 항목도 마저 답을 하면 됩니다. 저는 이렇게 하여 진행했습니다.

게임 난이도는 4x4로 진행하고, 점수 계산 방식은 시도 횟수 기반, 카드 이미지는 이모지를 사용해줘.

Plan: 4x4 이미지 카드 매칭 게임 개발

4x4 그리드의 카드 매칭 게임을 바닐라 JavaScript로 구현합니다. 8쌍의 이모지 카드를 뒤집어 매칭하며, 시도 횟수(moves)를 점수로 기록합니다. Supabase 리더보드로 최고 점수를 저장하고, GitHub Pages로 배포합니다.

Steps:

1. index.html 생성 - 4x4 그리드 컨테이너, moves 카운터, 리더보드 UI, 플레이어명 입력 폼 구조 작성
2. style.css 생성 - CSS Grid 레이아웃(4열), 카드 뒤집기 애니메이션(rotateY transform), 매칭 성공 효과 스타일링

> 3. game.js 생성 - Game 클래스로 상태 관리, Fisher-Yates 셔플, 카드 클릭 이벤트, 매칭 로직, moves 카운팅 구현
> 4. supabase.js 생성 - Supabase 클라이언트 초기화, saveScore(name, moves) 및 getTopScores() 함수 작성
> 5. Supabase 설정 - leaderboard 테이블 생성(player_name TEXT, score INT, created_at TIMESTAMP), RLS 정책으로 INSERT 허용
> 6. GitHub Pages 배포 - 저장소 Settings에서 Pages 활성화, Supabase anon key는 하드코딩(RLS로 보호됨)
>
> ...생략...

03 계획을 다 세웠으면 [Agent] 모드로 전환해서 개발을 시작하라고 하면 됩니다.

> 이제 개발을 시작해줘. supabase에 새 프로젝트를 만들어서 점수를 기록할 공간을 마련하면 돼.

> ...생략... 완료되었습니다!
> - Supabase 프로젝트 card-game 생성 완료
> - leaderboard 테이블 생성 (player_name, score, created_at)
> - RLS 정책 설정 (누구나 조회/등록 가능)
> - supabase.js에 실제 프로젝트 정보 반영
>
> 이제 게임을 테스트할 수 있습니다. 브라우저에서 index.html 파일을 열면 됩니다.

04 게임을 실행해보면 잘 됩니다. 여기서 중요한 것은 데이터베이스가 잘 동작하는지입니다. 수파베이스 사이트에 접속해서 프로젝트가 잘 만들어졌는지 확인하고 게임이 끝났을 때 수파베이스 사이트에서 기록을 확인할 수 있는지, 실제로 게임 리더보드에 그 기록이 보이는지 확인해보세요.

05 반대로도 확인해보겠습니다. 수파베이스에서 가상의 점수를 기록해도 카드 게임에 보여야 합니다. [Insert → Insert row]를 눌러 가상의 점수를 기록해보세요.

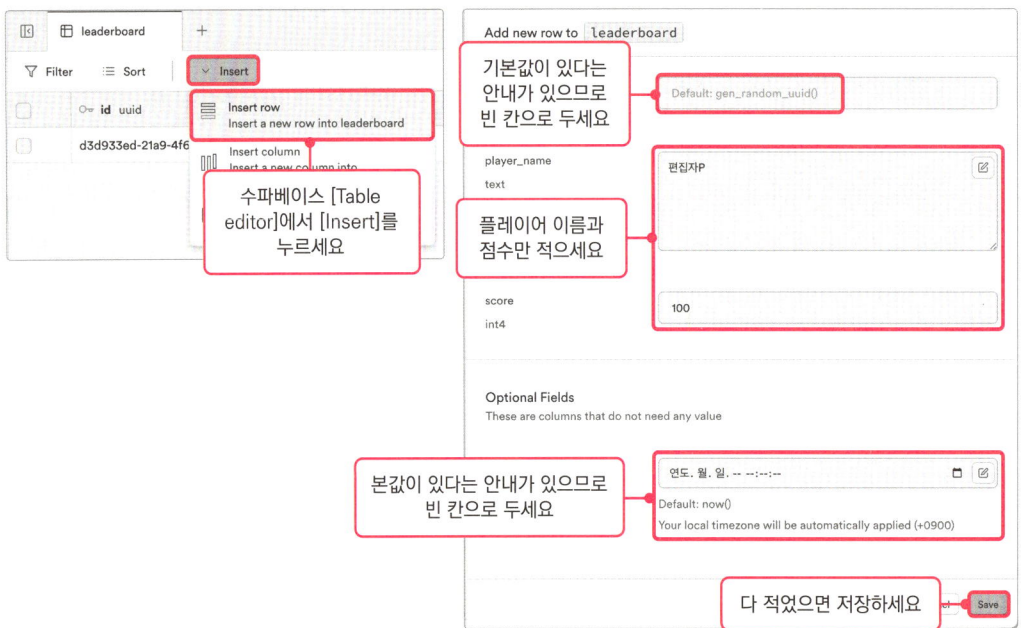

06 그런 다음 게임을 새로고침해서 리더보드에 점수가 보이는지 확인하세요. 수파베이스와 여러분의 카드 게임 점수가 보이는 리더보드를 연결했습니다.

07 수파베이스가 데이터베이스의 배포 역할을 해주었습니다. 이제 로컬에서 실행해야 하는 게임만 배포하면 되겠네요. 배포 역시 깃허브 코파일럿에게 어떤 도구가 적합할지 물어보고 실제 배포를 진행해보겠습니다. [Ask] 모드로 전환해서 다음과 같이 물어보세요.

> 완성한 프로젝트는 어떻게 배포하면 좋을까? 난 버셀에 배포하려고 해.

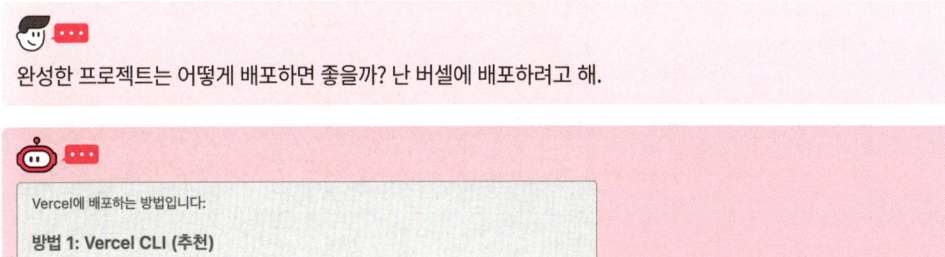

[챕터 12] MCP로 더 수준 높은 프로그램 만들기

08 결과는 보통 2~3가지 방법을 안내합니다. 공통으로 나오는 답변은 CLI나 깃허브와 조합하는 방식인데 우리는 깃허브와 조합하는 방식을 사용하겠습니다.

1. 깃허브에 새 저장소를 만들고 링크 복사하기

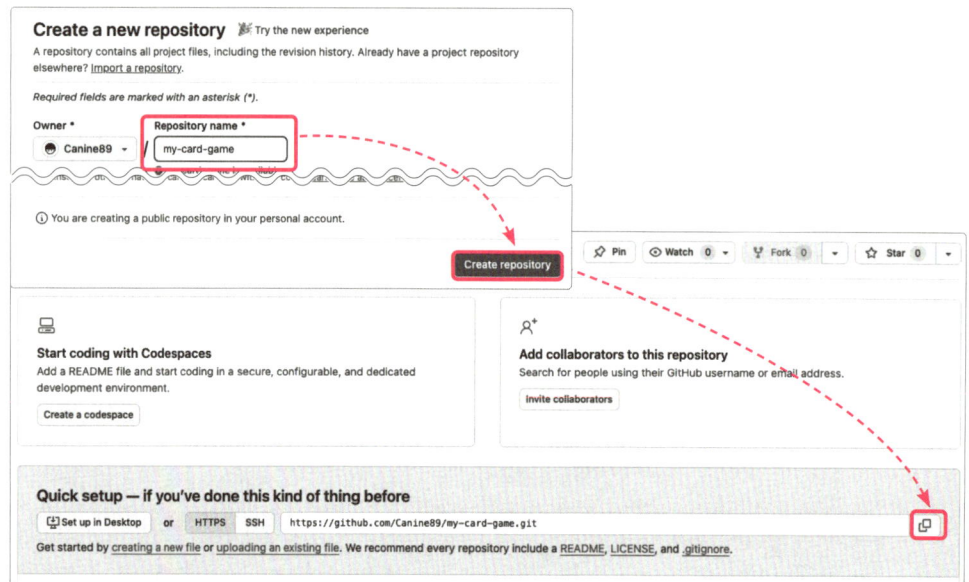

2. 깃허브 코파일럿에 링크를 알려주면서 해당 저장소에 add, commit, push를 해달라고 부탁하기

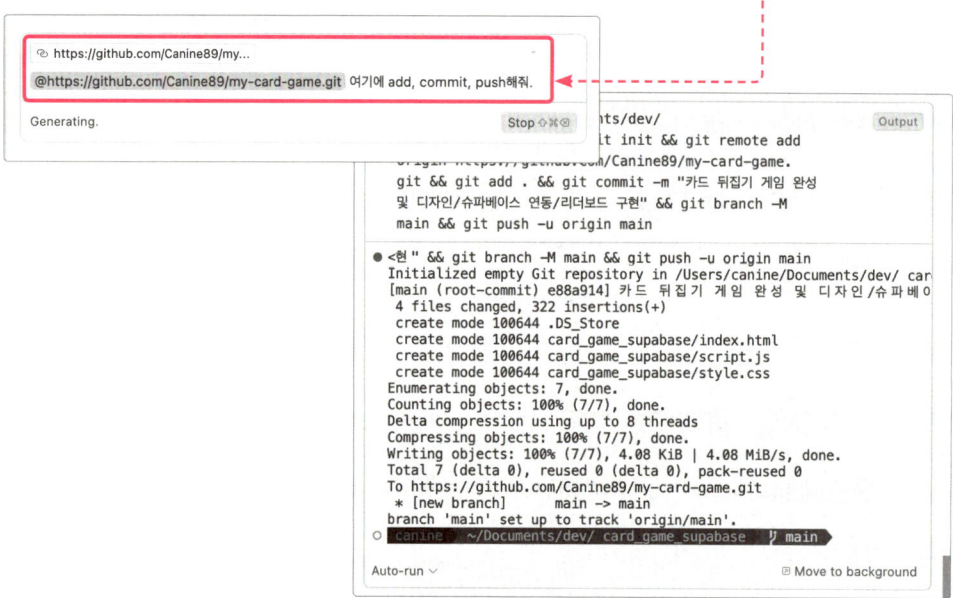

3. 새 저장소에 코드가 업로드된 것을 확인하고 버셀에 깃허브 이용하여 배포하기

09 배포가 완료되면 여러분이 배포한 사이트에 접속하여 실제로 카드 뒤집기 게임을 해볼 수 있습니다. 친구에게 공유해 함께 게임을 즐겨보세요!

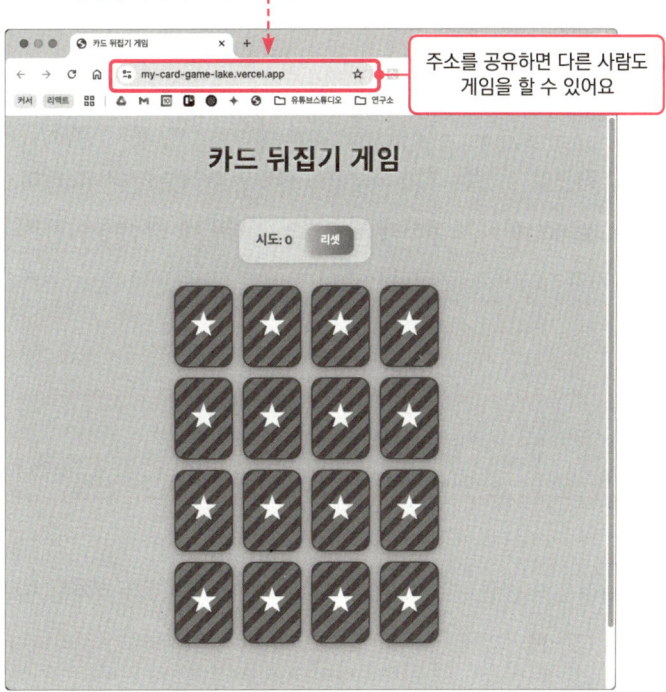

[챕터 12] MCP로 더 수준 높은 프로그램 만들기

마무리하기 전에 이번에 만든 카드 뒤집기 게임의 구조를 다시 생각해보면서 공부한 내용을 정리해보겠습니다. 여기서 사용한 기술은 다음과 같습니다.

- **웹 기술** : HTML, CSS, 자바스크립트 → 게임 화면 구성
- **수파베이스** : 게임 점수를 기록하고 저장하고 불러오는 데이터베이스 역할
- **버셀** : 깃허브와 연동해 손쉽게 프로젝트를 배포
- **MCP 도구** : 깃허브 코파일럿과 개발 편의를 위해 사용
  - **Supabase MCP Server** : 데이터베이스 구축 및 연결, 조작
  - **Context7** : 최신 개발 문서 참고

이번 실습에서 새롭게 접한 기술은 하나도 없습니다. 지금까지 진행하며 배운 내용만으로 여러분도 충분히 웹 게임을 만들 수 있습니다.

바이브 코딩 29 ▶ 카드 뒤집기 게임에 보안 챙기기

난이도 상!

카드 뒤집기 게임, 재미있게 즐겼나요? 그렇다면 이제 보안을 챙길 차례입니다. 보안이라니, 무슨 의미일까요? **데이터베이스를 관리하고 접근할 수 있는 키가 외부에 노출되면 여러분의 데이터베이스를 누군가 마음대로 접근하고 조작할 수도 있겠죠. 따라서 코드에 노출되면 안됩니다.** 그런데 여러분의 프로젝트 코드를 보면 수파베이스 접근 키가 그대로 노출되어 있습니다.

```
11    let tries = 0;
12
13    // Supabase 클라이언트 초기화
14    const SUPABASE_URL = 'https://twavtxwwapshjvwwhgst.supabase.co';
15    const SUPABASE_ANON_KEY = '                                    zdXBhYmFz
16    const supabase = window.supabase.createClient(SUPABASE_URL, SUPABASE_ANON_KEY);
17
```

이 키가 그대로 노출되면 누군가 여러분의 접근 키를 탈취해 데이터베이스를 자기 것처럼 마음대로 조작할 수 있습니다. 문제는 이미 이 수파베이스 접근 키가 깃허브에 올라간 상태라는 것입니다. 그래서 이 내용을 여기서 수정해보려 합니다.

01 깃허브 코파일럿에게 다음과 같이 요청합니다. 그러면 깃허브 코파일럿도 관련 내용을 인지하고 중요한 설정 정보를 환경변수라는 것으로 분리하겠다고 할 겁니다. 이렇게 환경변수로 분리하면 중요한 정보는 로컬에만 남고, 깃허브와 같은 온라인 저장소에는 업로드하지 않게 됩니다.

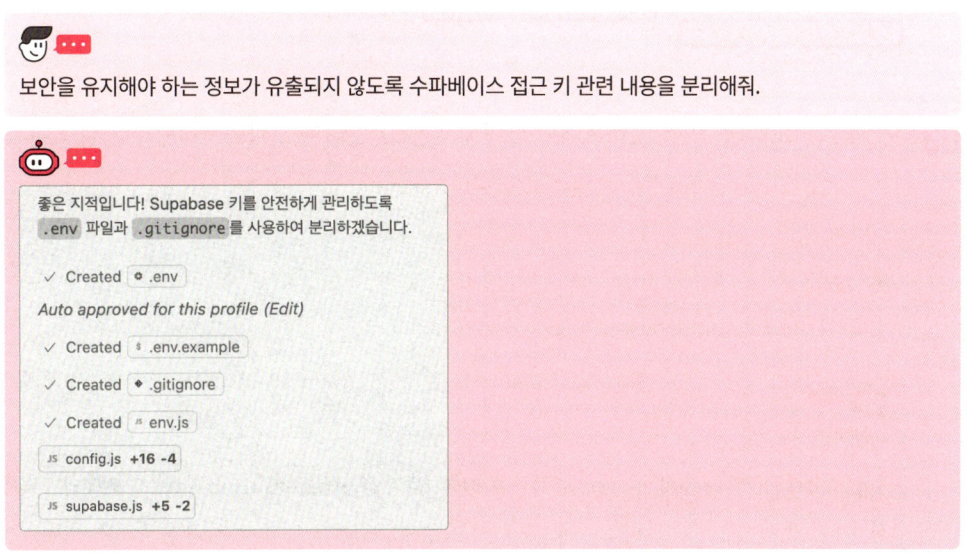

프로젝트 폴더에서 다음과 같이 파일이 분리된 것을 확인했다면 보안을 챙긴 카드 뒤집기 게임 프로젝트가 거의 완성된 것입니다. 이때 .env, .gitignore라는 파일이 생겨야 제대로 분리된 것입니다. 파일 이름 맨 앞이 .으로 시작하면 '숨김 파일'입니다. 사용자가 볼 수 없게 가린 파일이죠. 그리고 gitignore 파일은 여러분이 깃허브에 코드를 업로드할 때 업로드 무시 대상 파일을 지정하는 파일입니다. 이 파일에 기록한 파일들은 깃허브에 업로드하지 않습니다.

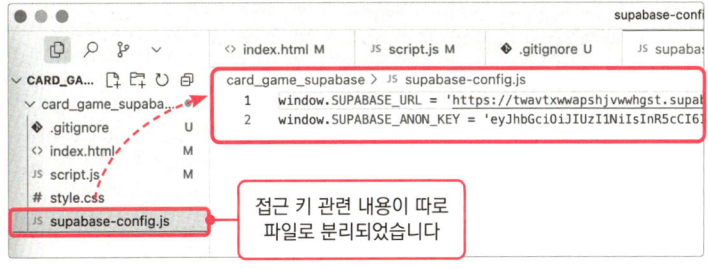

02 이제 분리된 상태로 깃허브에 올려 이력을 덮으면 됩니다. 현재 폴더의 파일 목록을 보면 **.gitignore**라는 파일이 있습니다. 이 파일은 깃허브에 올리면 안 되는 파일을 기록해두는 곳입니다. 그렇다면 과정 **01**에서 분리한 보안 내용이 담긴 파일도 여기에 기록되어 있겠죠? 예외 파

일이 제대로 등록되어 있는지 확인해봅시다.

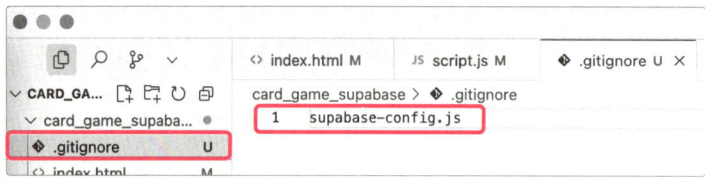

03 확인을 완료했다면 이제 깃허브에도 반영해야겠죠? 깃허브 코파일럿에게 변경된 내용을 깃허브에 add, commit, push를 해달라고 합니다.

> 이제 다시 add, commit, push를 해줘.

> …생략…
>
> Supabase 접근키 분리 및 .gitignore 적용 후 변경사항이 성공적으로 GitHub 저장소에 커밋되고 푸시되었습니다.
> - supabase-config.js는 .gitignore에 의해 업로드되지 않았습니다.
> - 이제 보안적으로도 안전하게 관리되고 있습니다.
>
> 추가로 배포 자동화, 환경변수 활용, README 작성 등 필요한 작업이 있으면 언제든 말씀해 주세요!

04 완료 후에 깃허브로 이동하여 해당 파일을 열어보면 노출되었던 수파베이스 키 정보가 없어진 것을 확인할 수 있습니다.

05 마지막으로 보안을 강화한 프로젝트로 다시 배포하기 위해 버셀에 적용한 깃허브 이력도 수정해야 합니다. 깃허브에서 접근 키 정보를 제거했으므로, 이 깃허브를 바탕으로 배포하는 버셀 입장에서는 더 이상 수파베이스에 접근할 수 없습니다. 따라서 카드 게임이 제대로 동작하지 않을 것입니다. 배포된 웹사이트에서 F12 를 눌러 오류 메시지를 보면 'Supabase 연결 실패' 또는 supabaseUrl이 없다고 할 것입니다.

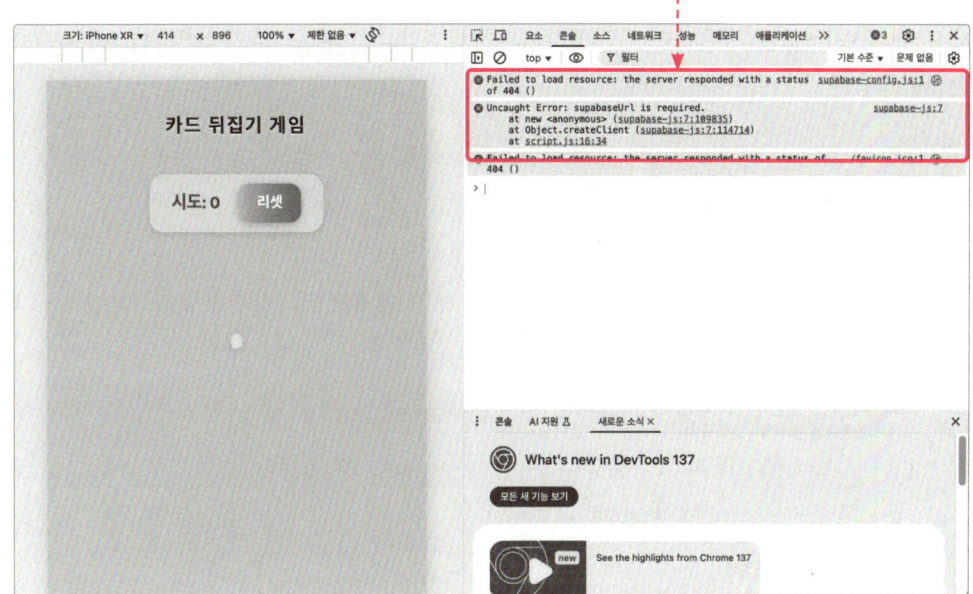

06 이제 이것을 바로 잡아봅시다. 보안상 깃허브에 올릴 수 없었던 키 값을 입력하려면 어떻게 해야 할까요? 깃허브 코파일럿에 물어보면 친절히 알려줄 겁니다. [Ask] 모드로 물어보기 바랍니다.

> 보안 관련 값을 깃허브에 업로드하지 않으니까 vercel에서 오류가 발생했는데 어떻게 해야 이 값을 추가할 수 있어?

이 질문에서 2가지 갈림길이 생깁니다. 깃허브 코파일럿이 다른 답을 줄 수 있는 것이죠. 이것도 설명을 자세히 읽고 그대로 하면 됩니다. 이때 핵심은 SUPABASE_URL 또는 SUPABASE_ANON_KEY입니다. 경우에 따라 VITE_SUPABASE_URL 또는 VITE_SUPABASE_ANON_KEY일 수도 있습니다. **아무튼 중요한 건 URL과 KEY가 필요하다는 겁니다. 두 값을 버셀에 추가하면 됩니다.** 여러분의 실습 편의를 돕기 위해 의도적으로 여러 번 프로젝트를 진행하여 다양한 답변을 받아본 결과, 크게 2가지 답변으로 나뉘었습니다.

1. 값 추가 후 디플로이를 하라는 지시는 값 추가 후 깃허브에 푸시하면 됩니다.
2. 정적 웹 프로젝트 환경에서 supabase-config.js를 추가하라는 지시는 값 추가 후 깃허브 코파일럿에게 파일을 추가해달라고 하면 됩니다. 이후 깃허브에 푸시하면 됩니다.

배포 시 설정값 입력은 처음하면 어렵게 느껴지기 마련입니다. 우선 1번의 경우부터 차근차근 설명하겠습니다.

값 추가 후 디플로이를 하라는 지시의 경우

07 1의 경우 다음 그림을 참고해서 간단히 값 추가 후 깃허브 코파일럿에게 깃허브에 다시 푸시하라고 하면 됩니다. 값을 복사해두세요.

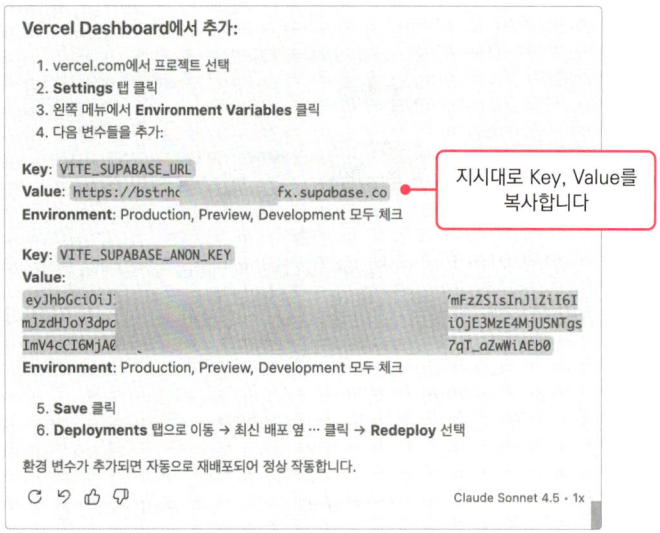

08 복사한 값을 다음 화면을 참고해서 [Settings → Environment Variables]를 눌러 설정값 화면으로 이동한 뒤 값을 그대로 복붙하면 됩니다. 이때 값Value에 띄어쓰기나 Enter 가 실수로 입력되지 않도록 주의하기 바랍니다. 값을 다 입력했으면 [Save]를 누르면 됩니다.

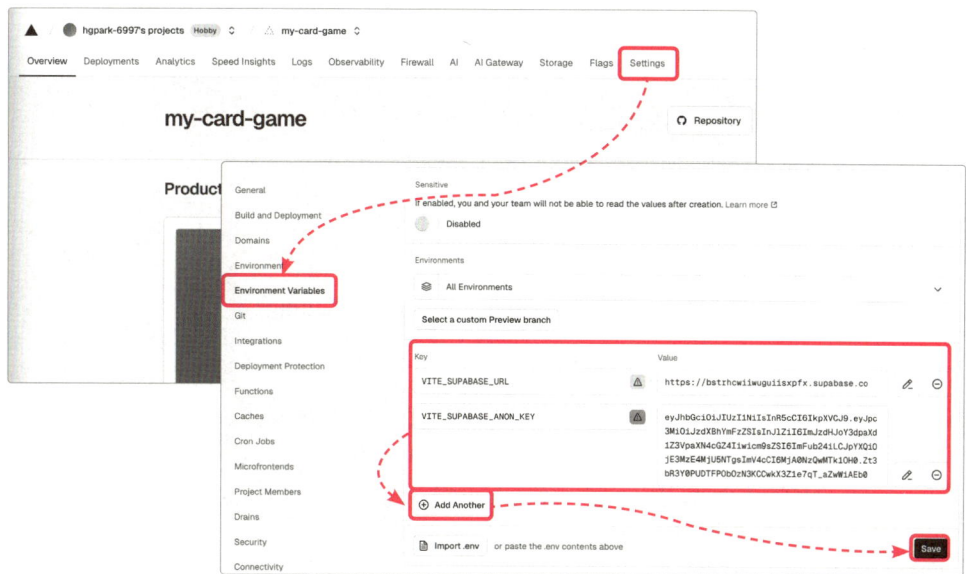

09 값이 잘 추가되면 오른쪽 아래에 [Redeploy] 버튼이 나타납니다. 버튼을 누르면 설정값을 반영하여 다시 배포해줍니다.

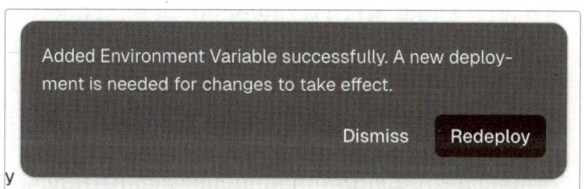

정적 웹 프로젝트의 경우

정적 웹 프로젝트의 경우 단계가 조금 복잡하지만 차근차근 따라하면 할 수 있습니다.

> **NOTE** 번호는 2갈래 길이 나뉘었으므로 07로 시작하도록 표시했습니다.

07 배포 시에 키를 적용할 수 있도록 스크립트를 추가하라고 하니 그렇게 해보겠습니다. 우선은 깃허브 코파일럿에게 '빌드 시 **supabase-config.js** 자동 생성 스크립트 추가'를 시켜봅시다.

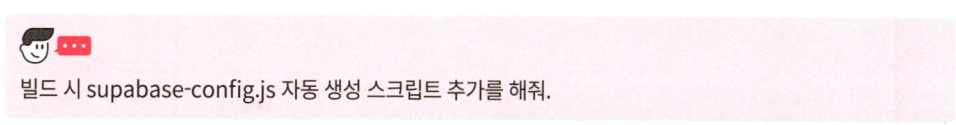

빌드 시 supabase-config.js 자동 생성 스크립트 추가를 해줘.

…생략…

Vercel에서 적용 방법

1. Vercel 환경변수 등록

    a. SUPABASE_URL, SUPABASE_ANON_KEY 추가

2. Build Command 설정

    a. Vercel 프로젝트 Settings → Build & Development Settings

    b. Build Command: npm run vercel-build

    c. Output Directory: card_game_supabase

3. 재배포

    a. 이제 배포 시마다 supabase-config.js가 자동 생성되어 보안도 지키고, 서비스도 정상 동작합니다.

08 깃허브 코파일럿이 코드를 생성해주고 적용 방법을 알려줍니다. 이대로 실행해봅시다. 버셀에 등록한 카드 뒤집기 게임 프로젝트에 들어가면 [Settings → Environments Variables]가 있습니다. 여기에서 환경변수를 등록할 수 있습니다. **supabase-config.js**에 있는 값의 이름과 따옴표 사이에 있는 값을 복사해서 넣으세요. **절대로 따옴표까지 입력하면 안 됩니다.** 작성한 다음 [Save]를 누르면 환경변수로 보안 관련 값이 등록됩니다.

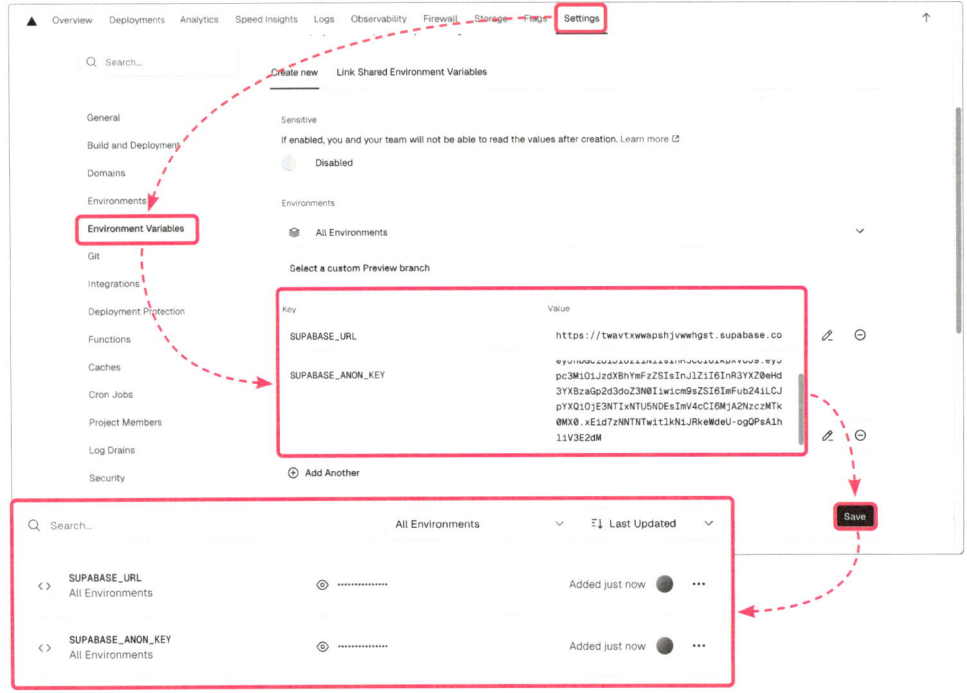

09 그다음 이 환경변수 값을 버셀에서 배포해서 게임으로 제공할 때 내부적으로 입력하게 해야 합니다. 깃허브 코파일럿에서 안내한 대로 [Settings → Build and Development]에 Build Command를 **npm run vercel-build**로 등록하고 Output Directory를 **card_game_supabase**로 적용해봅시다. 값을 입력할 때는 [Override] 옵션을 켠 상태로 입력해야 합니다.

10 이제 이 설정이 적용되도록 배포를 다시 해야 합니다. 먼저 과정 **07**에서 생성한 내용을 깃허브에 적용해야 합니다. 깃허브 코파일럿으로 돌아가서 깃허브에 업데이트한 내용을 적용하도록 다음과 같이 요청하세요.

깃허브에 add, commit, push해줘.

11 깃허브 업로드 과정이 끝나면 이제 버셀에 업데이트한 깃허브 이력을 가져와 배포할 수 있도록 새 배포를 하면 됩니다. ❶ [Deployments]에서 오른쪽 위의 ❷ [...]을 누르고 ❸ [+ Create Deployment]를 선택하세요. Create Deployment 창이 뜨면 ❹ Commit or Branch Reference에 깃허브 주소를 그대로 입력하고 ❺ [Create Deployment]를 누르세요.

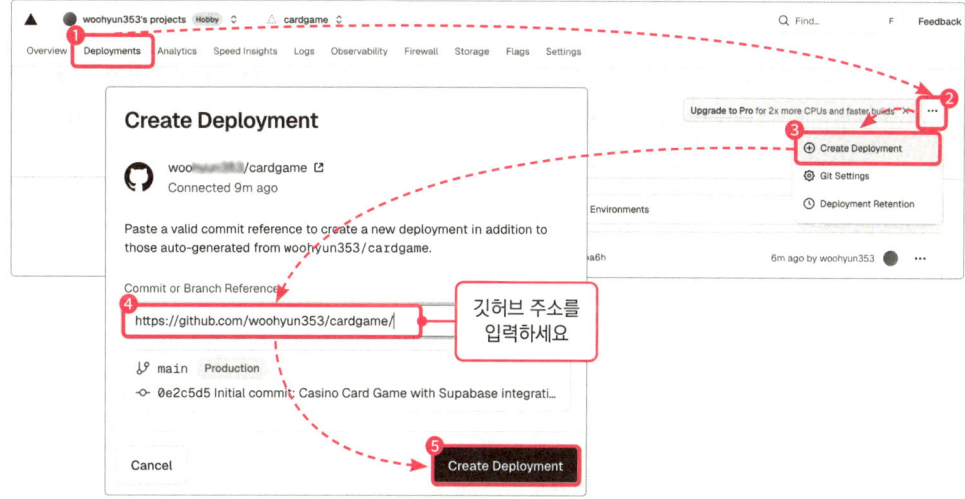

12 설정값을 바꾸는 건 코드를 작성하는 것과는 별개로 어려운 일입니다. 하지만 파일을 별도로 분리하여 관리함으로써 보안까지 챙긴 완성도 높은 카드 뒤집기 게임을 만들었습니다.

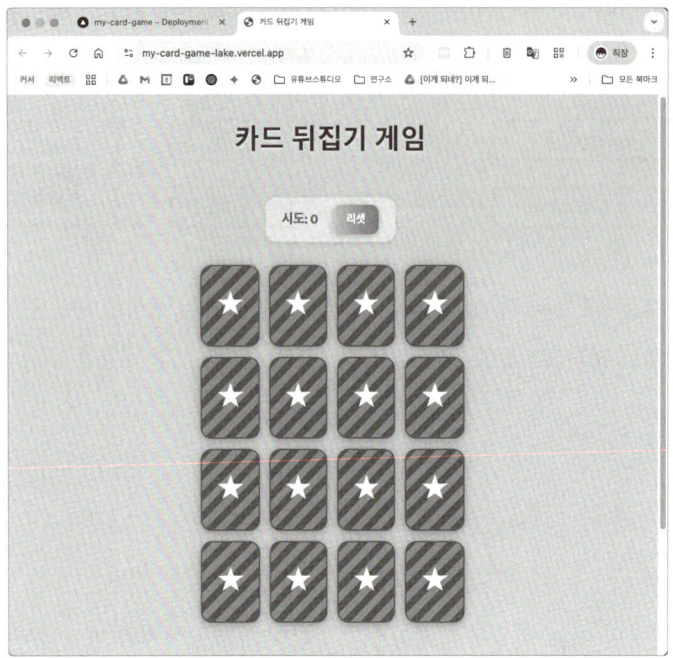

 난이도 상!

바이브 코딩 30 ▶ 나만의 블로그 만들기

네이버나 티스토리처럼 많은 사람이 사용하는 블로그 플랫폼이 있습니다. 하지만 정해진 틀에 따라야 하고, 내가 원하는 콘텐츠 구성이나 디자인을 마음대로 바꾸기 어렵다는 한계도 있죠. 이런 아쉬움을 느꼈다면, 이제는 직접 나만의 블로그를 만들어 배포할 차례입니다. 자유롭게 커스터마이징하고, 오롯이 나만의 색깔을 담을 수 있는 블로그, 생각보다 어렵지 않게 시작할 수 있습니다.

앞서 `바이브 코딩 05` ▶ **자기소개 페이지를 다른 사람에게 공유하고 싶다면?** 에서 깃허브 페이지를 이용하여 공유하는 방법을 공부했죠? 그 기능을 활용해서 블로그 만들기를 해보겠습니다. 보통 온라인상에서 나만의 블로그 만들기를 검색하면 깃허브 페이지와 지킬^{Jekyll}, 휴고^{Hugo}, 헥소^{Hexo}와 같은 블로그 생성기를 함께 쓰라는 정보를 많이 접할 겁니다. 하지만 바이브 코딩이 가능해진 지금은 그런 도구 없이도 이 정도 블로그는 누구나 만들 수 있게 되었습니다. 게다가 MCP의 도움까지 받는다면 더 쉽게 만들 수 있죠.

나만의 블로그를 만들면 다양한 기능을 추가할 수 있습니다. 다음과 같은 기능을 가진 블로그를 목표로 깃허브 코파일럿에게 개발을 요청하겠습니다.

1. 정적 페이지 빌드가 되어야 함
2. 깃허브 페이지에 문제없이 배포할 수 있어야 함(무료이므로 필수)
3. 마크다운 기반으로 글을 작성할 수 있어야 함
   a. 마크다운 문법으로 작성한 내용이 멋지게 보여야 함
4. Home, About, Blog 3가지 메뉴는 꼭 있어야 함
   a. **Home - 메인 페이지** : 최신 글을 최대 10개까지 목록으로 보기, 글을 누르면 상세 페이지로 넘어감
   b. **About - 블로그 소개 페이지** : 간단한 블로그 주인 소개
   c. **Blog - 전체 글 보기** : 전체 글을 페이지네이션으로 최대 10개씩 목록으로 보기, 글을 누르면 상세 페이지로 넘어감
5. 파일을 월별로 보관할 수 있어야 함
6. 파일에 태그, 카테고리를 분류하면 이를 사이트에서 분류하여 볼 수 있어야 함

목표로 한 기능이 꽤 많아 보이지만 블로그 기능을 생각해보면 당연히 있어야 할 것들입니다. 여기서 궁금한 점이 생긴다면 정적 페이지 빌드와 마크다운이라는 용어가 비교적 생소하기 때문일 수 있습니다. 본격적으로 개발을 하기 전에 두 용어에 대한 이해와 깃허브 페이지를 사용하는 장점에 대해서도 알아보고 넘어가겠습니다.

깃허브 페이지의 장점?

깃허브 페이지에 블로그를 배포하는 것은 세 가지 장점이 있습니다. 첫 번째는 다음과 같이 **깃허브 페이지의 주소가 여러분의 아이디로 구성되어 있어 다른 사람에게 알리기 좋다는 것입니다.**

- 내 블로그 주소는 canine89.github.io 야!

두 번째는 **깃허브 페이지가 완전 무료라는 것입니다.** 따로 서버를 임대하거나 호스팅 요금을 지불하지

않아도, 누구나 깃허브 계정만 있으면 블로그를 인터넷에 배포할 수 있습니다. 이처럼 비용 부담 없이 운영할 수 있다는 점은 개인 프로젝트나 기술 블로그를 시작하려는 분들에게 큰 매력입니다. 이건 정말 강력한 장점입니다. 세 번째는 블로그를 완전히 **내 마음대로, 자신만의 개성과 스타일을 블로그에 그대로 녹여낼 수 있다는 점**에서, 진짜 '나만의 공간'을 만들고 싶은 분들에게 강력히 추천합니다. 만약 다른 사람과 똑같이 생긴 블로그가 지겨웠다면 깃허브 페이지는 여러분에게 정말 유용할 겁니다.

정적 페이지 빌드?

정적 페이지 빌드는 웹사이트를 미리 완성한 HTML 파일로 만드는 것을 말합니다. 보통 블로그를 생각하면 웹사이트에 접속해서 글을 쓰고 저장하는 과정을 떠올리는데, 이런 방식은 서버가 있어야 가능하고, **글이 추가될 때마다 실시간으로 반영해주는 동적 환경이 필요합니다.** 물론 이런 환경을 운영하려면 비용도 발생하죠.

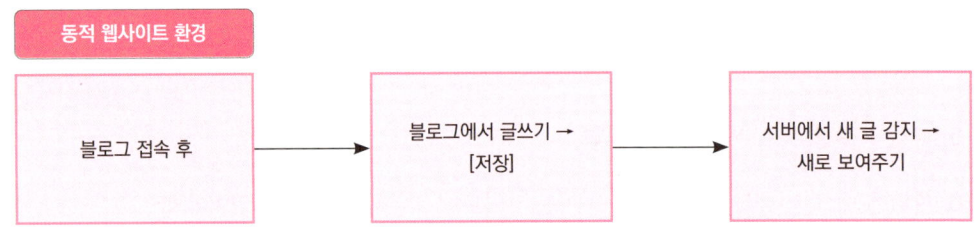

반면 깃허브 페이지는 무료인 대신 이런 동적인 작업을 하는 서버를 제공하지 않습니다. 그 대신 **미리 완성된 HTML 파일을 보여주는 정적 웹사이트 방식으로 운영합니다.**

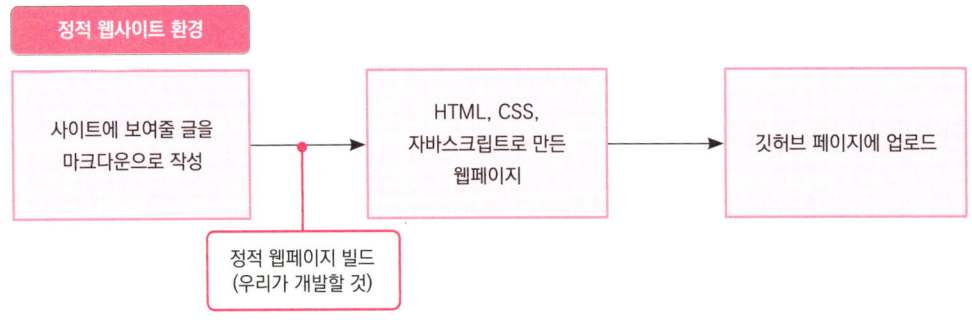

정리하자면 정적 페이지 빌드는 앞서 소개한 무료 사용과 자유로운 커스터마이징과 같은 여러 장점을 누릴 수 있는 대신, 웹사이트에서 직접 글을 작성하거나 수정할 수 없습니다. 즉, 매번 블로그 사이트를

HTML 파일로 빌드해서 업로드해야 한다는 뜻입니다. 우리는 이 과정을 정적 웹페이지를 빌드하는 프로그램을 만든다고 생각하면 됩니다.

마크다운?

마크다운은 텍스트만으로 서식이 있는 글을 손쉽게 작성할 수 있도록 도와주는 간단한 문법입니다. 인터넷을 검색하면 마크다운 문법을 정리하거나 설명하는 자료를 쉽게 찾을 수 있습니다. 다음은 마크다운으로 작성한 문서를 실제로 깃허브 코파일럿에서 렌더링한 모습입니다.

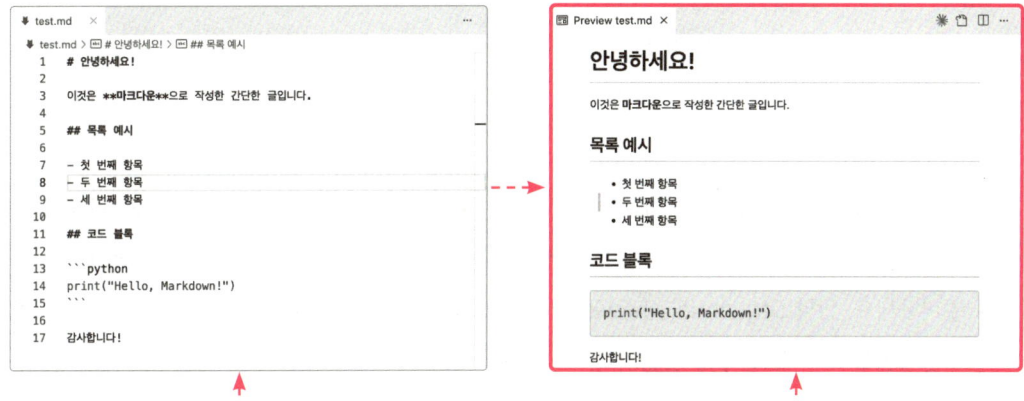

왼쪽은 마크다운으로 작성한 문서이고 오른쪽은 깃허브 코파일럿이 이 문서를 보기 좋게 렌더링한 것입니다.

처음 접한다면 다소 생소하게 느껴질 수 있지만 사실 마크다운 문법은 우리가 쓰고 있는 다양한 서비스에 이미 널리 사용되고 있습니다. 예를 들어 구글 채팅에서도 일부 마크다운 문법이 적용됩니다. 텍스트를 강조하기 위해 굵게 하려면 *로 감싸면 되고, 이탤릭체로 표시하려면 _로 감싸면 됩니다. 이런 식으로 마크다운 문법이 적용되고 있죠.

이처럼 마크다운은 단순한 문법으로도 글의 의미와 구조를 부여하여 서식을 표현할 수 있어, 개발자뿐 아니라 일반 사용자에게도 유용합니다. 자세한 문법은 인터넷에 '마크다운 문법'을 검색하거나 챗 GPT와 같은 AI 서비스에 마크다운 문법을 알려 달라고 하면 쉽게 확인할 수 있습니다.

이제 다시 프로젝트로 돌아가 봅시다. 나만의 블로그 사이트를 만들기 위해 우리의 바이브 코딩을 도와줄 MCP와 그 도구의 역할은 다음과 같습니다. 지금까지는 Context7과 Supabase MCP만 사용했지만 여기서는 Sequential Thinking Tools도 사용해보겠습니다. Sequential Thinking Tools를 설치하고 돌아오기 바랍니다.

- **Sequential Thinking Tools** : 게시판 사이트를 만들기 전에 단계별로 계획 구상하기
- **Context7** : 최신 개발 문서 참조하여 오류율 낮추기

이제 본격적으로 나만의 블로그 사이트를 개발해보겠습니다.

01 개발을 시작하기 전에는 먼저 계획을 세웁시다. 앞에서 이야기한 내용을 깃허브 코파일럿에게 설명한 다음 Sequential Thinking을 활성화하여 생각하게 만들어보겠습니다. 새 폴더를 열고 준비하세요. **만약 Sequential Thinking이 제대로 동작하지 않으면 다시 요청하거나 깃허브 코파일럿 설정을 확인해보는 것도 좋습니다.**

> 정적 페이지 빌드가 되는 프로그램을 만들어서 깃허브 페이지에 블로그를 호스팅하려고 해. 내가 원하는 필수 기능은 다음과 같아.
>
> 1. 정적 페이지로 빌드를 할 수 있어야 해. 빌드한 결과물을 깃허브 페이지에 호스팅할 거야.
> 2. 마크다운으로 글을 작성할 수 있어야 하고, 마크다운으로 작성한 파일을 멋지게 렌더링해야 해.
> 3. 메뉴는 Home, About, Blog가 있고, 파일은 월별로 관리할 수 있어야 해.
> 4. 마크다운 파일에 태그와 카테고리를 분류하면 이를 사이트에서 분류하여 볼 수 있어야 해.
> 5. 블로그가 아름답게 보이도록 디자인도 해줘.
>
> 이것을 sequential thinking으로 5단계만 고민해줘.

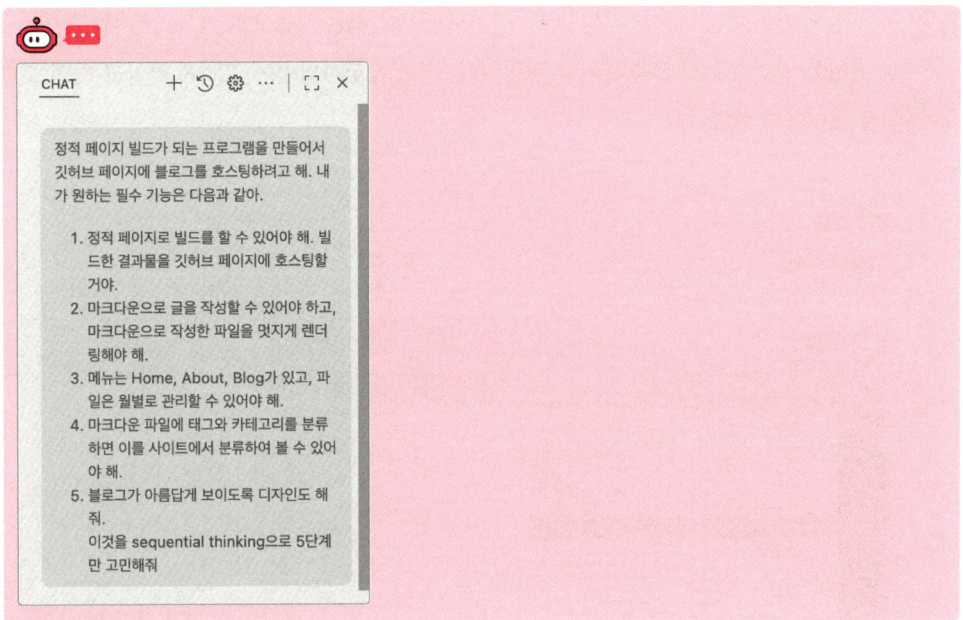

02 깃허브 코파일럿이 단계별로 보여준 계획을 살펴보면 요청한 사항을 잘 들어준 것을 알 수 있습니다. 이제 깃허브 코파일럿에게 바로 단계별로 개발을 진행해달라고 합니다. 이때 'The terminal is awating input'이라는 창이 나오면 [Allow]를 눌러 진행하세요.

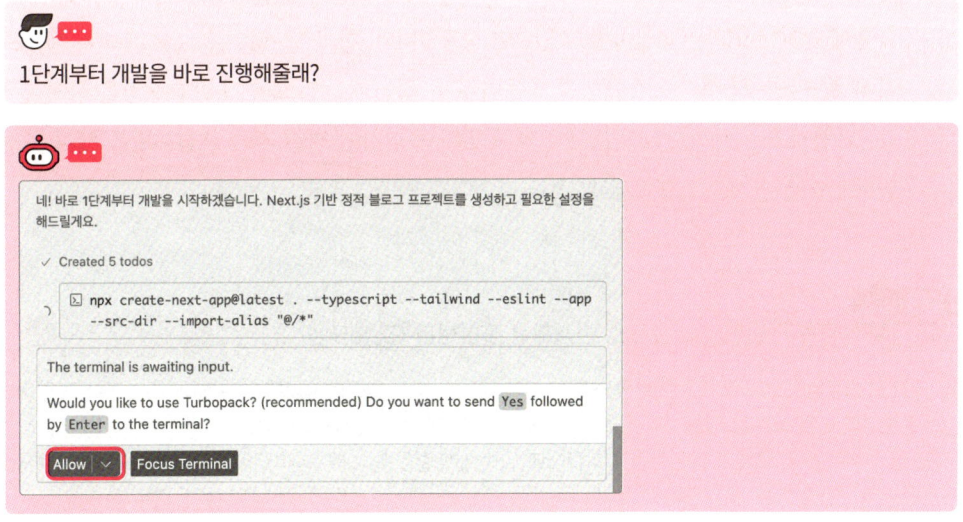

03 어느 정도 기본적인 개발을 진행한 후, 깃허브 코파일럿은 자동으로 마크다운 폴더 구조 및 월별로 파일을 관리하는 방식을 제안할 것입니다. 깃허브 코파일럿이 그렇게 하자고 하면 그대로 개발을 이어서 진행합니다.

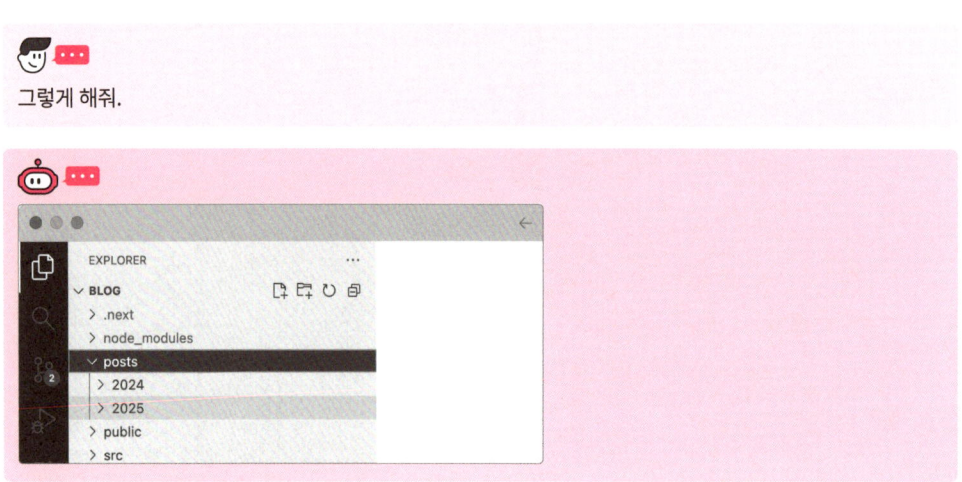

> NOTE 여러분의 상황에 따라 순서가 다를 수는 있지만 목표는 로컬에 서버를 실행해서 확인해보는 단계까지 진행하는 것입니다.

이 단계에서 **posts 또는 content와 같은 이름의 폴더 하위에 연-월 기준으로 폴더가 생성되어 있고 그 안에 OOO.md라는 파일이 들어 있다면 성공입니다.** 만약 연-월 기준으로 폴더가 생성되어 있지 않으면 '연-월 형식으로 폴더를 만들어 글을 정리해줘'라고 추가 프롬프팅을 하여 진행하세요. 또 블로그 디자인도 살펴보고 문제가 있다면 디자인 관련 추가 프롬프팅을 해서 문제를 해결하고 다음 단계를 진행하세요.

 **오류가 나면 Ask 모드로 변경해서 물어보며 해결하세요**

깃허브 코파일럿으로 프로그램을 만들 때는 책에 나온 방법과 완전히 동일하게 실행되지 않거나, 파일이 그대로 생성되지 않을 수도 있습니다. 이럴 경우 깃허브 코파일럿이 안내하는 방법에 따라 실행하면서 원하는 기능을 추가하거나, 오류가 발생하면 깃허브 코파일럿에게 질문하여 해결해나가며 프로그램을 완성해보세요.

04 계속해서 다음 단계를 진행합니다. 깃허브 코파일럿은 앞서 계획한 기능을 구현하면서 잘 실행되는지 테스트나 추가 기능에 대한 질문을 하며 수행해나갈 것입니다. 만약 '블로그 테스트를 해보시겠어요?' 또는 '배포를 하겠습니다' 또는 '다 했는데 OOO을 더 할까요?'와 같은 메시지가 보인다면 개발이 거의 완료 단계에 접어들었다는 뜻입니다. 이때는 '그래' 또는 '그렇게 해 줘'라고 지시하면서 진행을 계속합니다. 깃허브 코파일럿의 반응을 보면서 구체적인 실행 지시를 요구하면 해당 내용을 읽어보고 그대로 수행하라고 하면 됩니다. 여기서는 실습하는 과정 중간에 태그, 카테고리 기능을 추가할 것인지를 물어볼 때 '그렇게 해'라고만 답했습니다. **다만 깃허브 코파일럿이 배포에 대한 이야기를 할 때 잠시 멈추세요. 그 시점은 블로그 완성 이후의 중요한 전환점이기 때문에, 다음 단계로 넘어가기 전에 확인이 필요합니다.**

05 이 단계에서 블로그가 제대로 작동하는지 확인해야 합니다. 깃허브 코파일럿에게 간단한 블로그 글을 2025년 7월 16일 날짜로 생성해달라고 요청해봅시다. 지금은 **OOO.md** 파일이 무엇인지, 어떻게 작성하는지는 중요하지 않습니다. 이 문서 형식은 마지막에 설명하겠습니다.

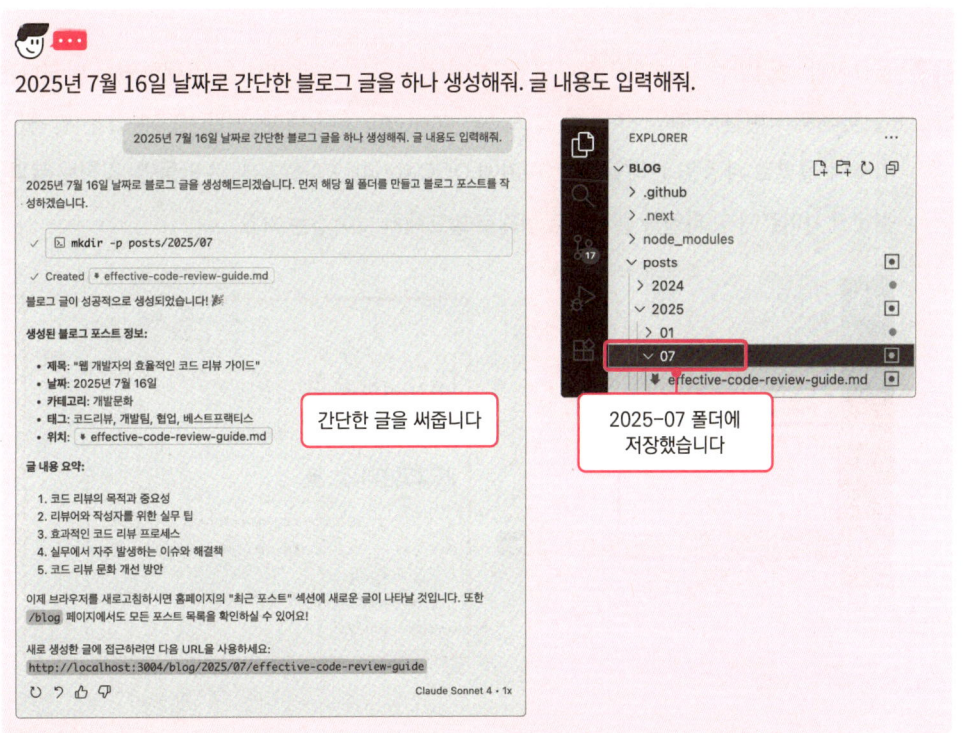

06 글이 추가된 것을 확인했으면 이제 깃허브 코파일럿에게 서버를 실행해서 확인해보고 싶다고 요청하세요. 깃허브 코파일럿은 서버를 실행한 뒤, 실제 블로그 화면이 어떻게 나타나는지 보여줄 겁니다. 이때 화면이 잘 열리고 블로그 기능이 잘 동작하는지 확인해봅니다.

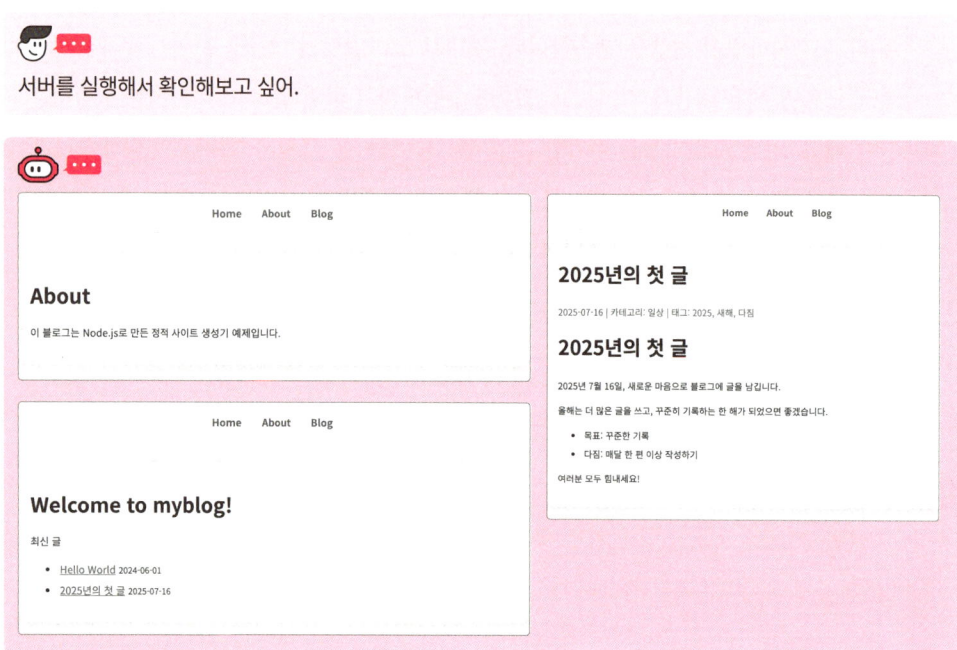

07 블로그가 동작하는 것을 확인했다면 이제 이 블로그의 동작 방식을 이해하면서 마크다운 문서를 직접 작성해볼 차례입니다. 이 블로그는 **content** 폴더 내에 2025-07과 같은 연-월 폴더를 만들어 월별로 파일을 관리합니다. 여기에 OOO.md라는 파일을 새로 만들면, 깃허브 코파일럿이 블로그 사이트에 이 파일을 웹사이트 형태로 빌드해서 보여주는 거죠.

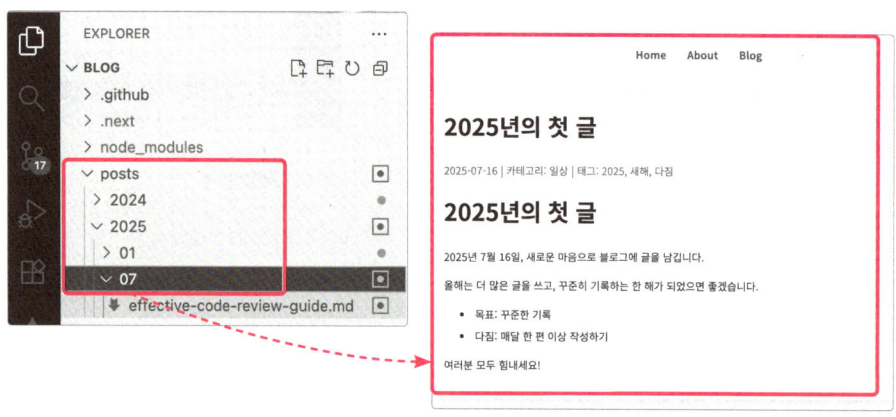

08 정말 그런지 직접 확인해봅시다. 2025-07 폴더 아래에 **today-think.md** 파일을 하나 만듭니다.

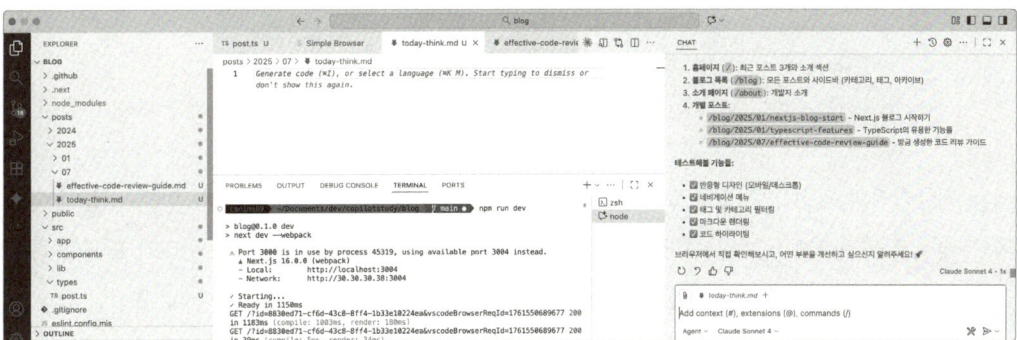

09 파일을 만들었다면 깃허브 코파일럿 채팅창에 이미 그 파일이 컨텍스트로 선택되어 있을 것입니다. 이 상태에서 채팅을 하면 해당 파일을 기준으로 작업을 진행합니다.

10 이 상태에서 깃허브 코파일럿에게 오늘의 일기 내용을 하나 작성해달라고 요청해봅시다. 이때 마크다운 프런트매터를 추가해달라고 하세요. 마크다운 프런트매터는 글의 제목, 날짜, 카테고리, 태그와 같은 정보를 담는 역할을 합니다. 블로그에 글을 자동으로 분류해주는 프런트매터의 기능을 활용하기 위해 추가하겠습니다.

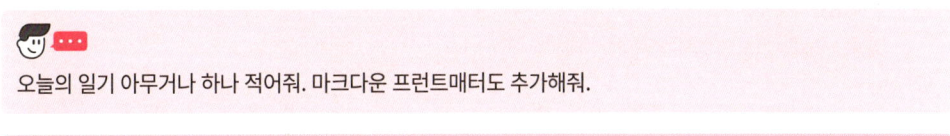

오늘의 일기 아무거나 하나 적어줘. 마크다운 프런트매터도 추가해줘.

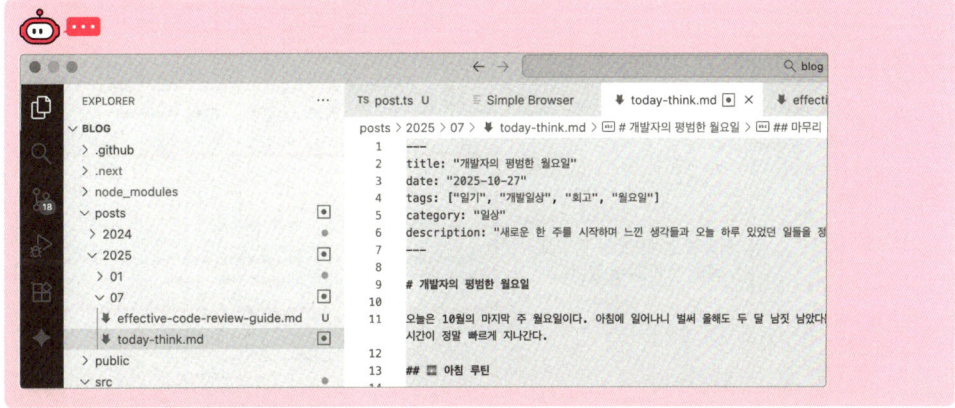

이 상태에서 마음껏 글을 작성하면 됩니다. 참고로 마크다운 기초 문법을 모른다면 챗GPT 등 도구를 활용해서 참고한 다음 형식에 맞게 글을 써보세요.

11 만약 글 수정이 귀찮다면 해당 줄을 드래그하고 마우스 오른쪽 클릭을 한 다음 [Open inline chat]을 선택하고 프롬프팅하여 문장을 수정해도 됩니다.

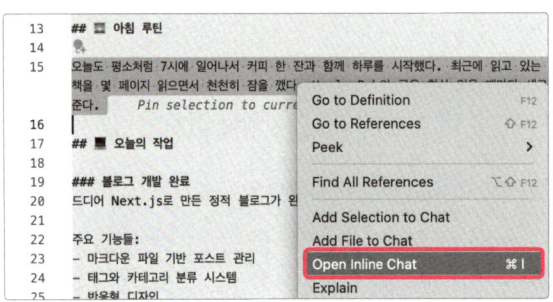

지금까지의 과정으로 블로그 사이트를 개발해보면 처음에는 사이트를 직접 만드는 일이 다소 낯설고 불편하게 느껴질 수 있습니다. 하지만 글을 작성한 후에는 수정과 관리가 훨씬 편해지고, 장기적으로는 콘텐츠의 질을 높이는 데 더 많은 시간을 할애할 수 있어 더 효율적일 겁니다. 블로깅에 정말 관심이 많다면 이런 방식이 훨씬 만족스러우면서 편리한 방법이라는 것을 느끼게 될 겁니다.

12 글을 다 작성하고 나서 깃허브 코파일럿에 새 글을 만들었으니 새로 빌드해달라고 합니다. 그런 다음 사이트를 확인하면 새롭게 작성한 블로그 글 내용이 적용되어 있을 것입니다.

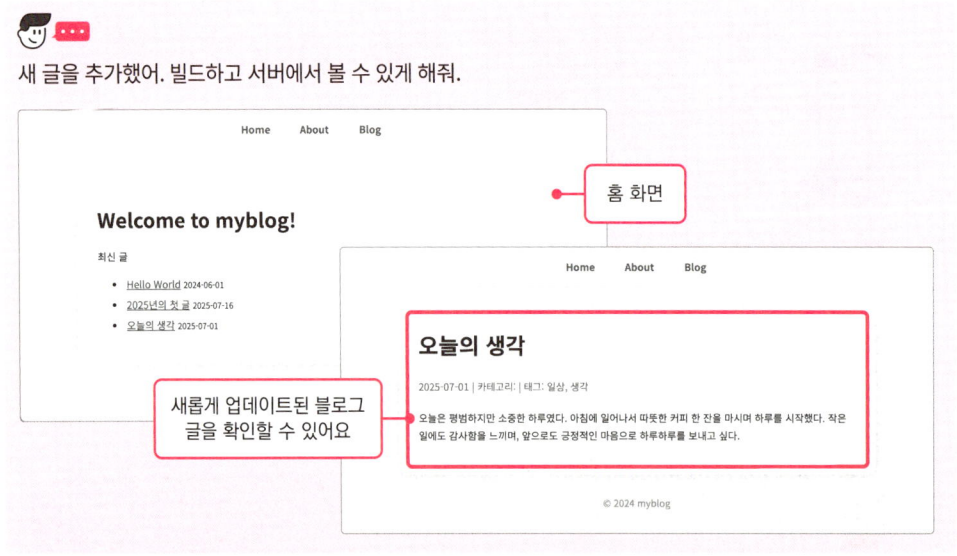

13 이제 이 상태에서 블로그의 스타일을 다듬어봅시다. 블로그 특유의 깔끔한 스타일을 선호하는 사람도 있겠지만 나만의 블로그 만들기라면 아이콘 하나 정도는 추가하여 개성을 살리는 것도 좋을 것 같습니다. 이번에는 프로젝트 폴더 안에 이미지를 하나 넣고, 깃허브 코파일럿에 이미지를 #컨텍스트로 추가하면서 아이콘으로 넣어 달라고 해봅시다.

- **블로그 아이콘 이미지 파일** : bit.ly/4oIoWet

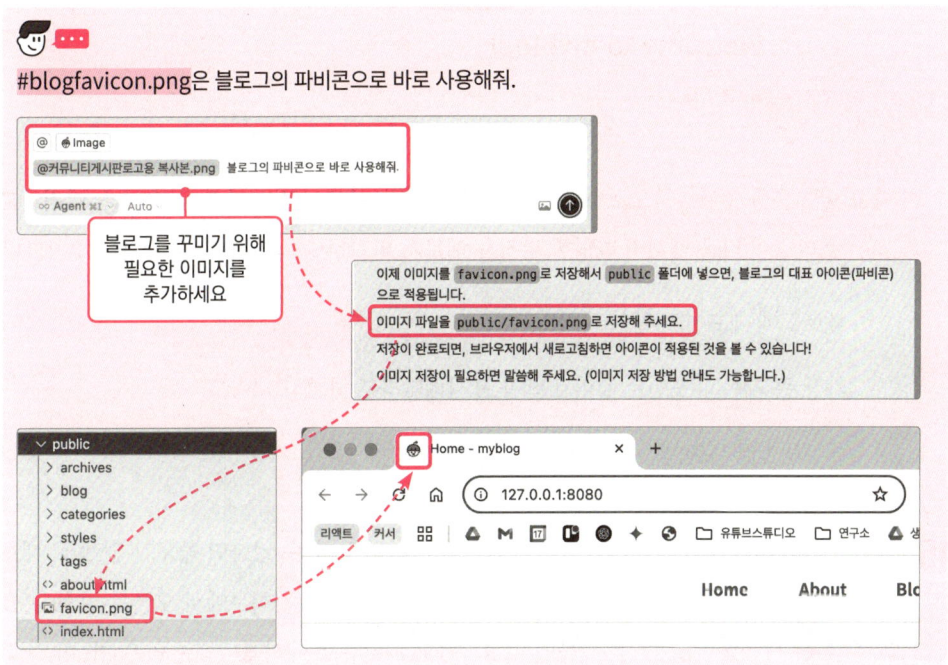

깃허브 코파일럿이 아이콘을 브라우저 탭의 파비콘으로 등록해주었네요.

14 동일한 아이콘이 블로그 메인 페이지에도 보인다면 같은 블로그라는 느낌을 주어 좋겠죠? 깃허브 코파일럿에게 메인 페이지에도 아이콘을 추가하라고 한 번 더 수정을 요청합니다.

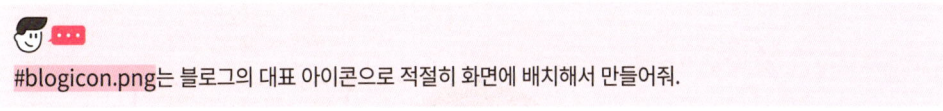

화면을 다시 실행해보면 블로그 메인 페이지 가운데에 대표 아이콘이 자리 잡은 것을 확인할 수 있습니다.

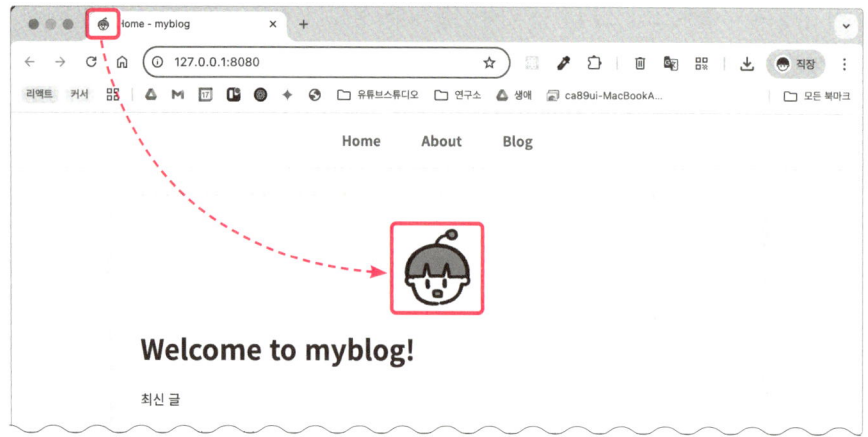

대표 아이콘을 추가해줌으로써 조금 더 완성도 있는 블로그로 바뀐 것 같습니다. 여러분도 만족하는 스타일이 나올 때까지 다양한 수정을 해보기 바랍니다. 다음과 같은 수정을 추천합니다.

- 블로그에 대표 아이콘 추가하기
- 가장 큰 제목은 포인트 컬러로 색을 표시해달라고 하기
- 메뉴의 버튼 모양을 좀 더 예쁘게 해달라고 하기

15 이제 남은 것은 배포입니다. 블로그를 개설해도 아무도 볼 수 없다면 쓸모가 없겠죠. 배포를 위해 이전에 만들었던 깃허브 저장소를 초기화하러 가봅시다. 깃허브에서 오른쪽 위 ❶ 프로필 아이콘의 ❷ [Your repositories]를 눌러 Repositories 목록에서 ❸ canine89.github.io와 같은 이름의 저장소를 찾아봅니다.

> **NOTE** 각자 실습에서는 본인이 만든 저장소의 이름으로 찾으세요.

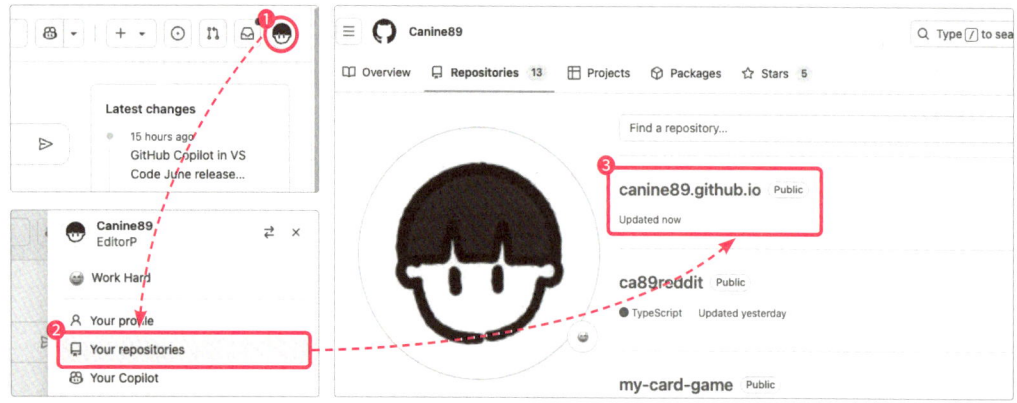

16 기존의 내용이 들어 있는 저장소를 지우고 새로운 내용을 업데이트하기 위해 만들어야 하므로 저장소에 들어간 다음 ❶ [Settings]를 누르고 스크롤바를 내려 ❷ [Delete this repository]를 누른 다음 삭제하기 위한 과정을 실행하세요. 그리고 같은 이름으로 다시 저장소를 만들기 위해 ❸ [New]를 누릅니다.

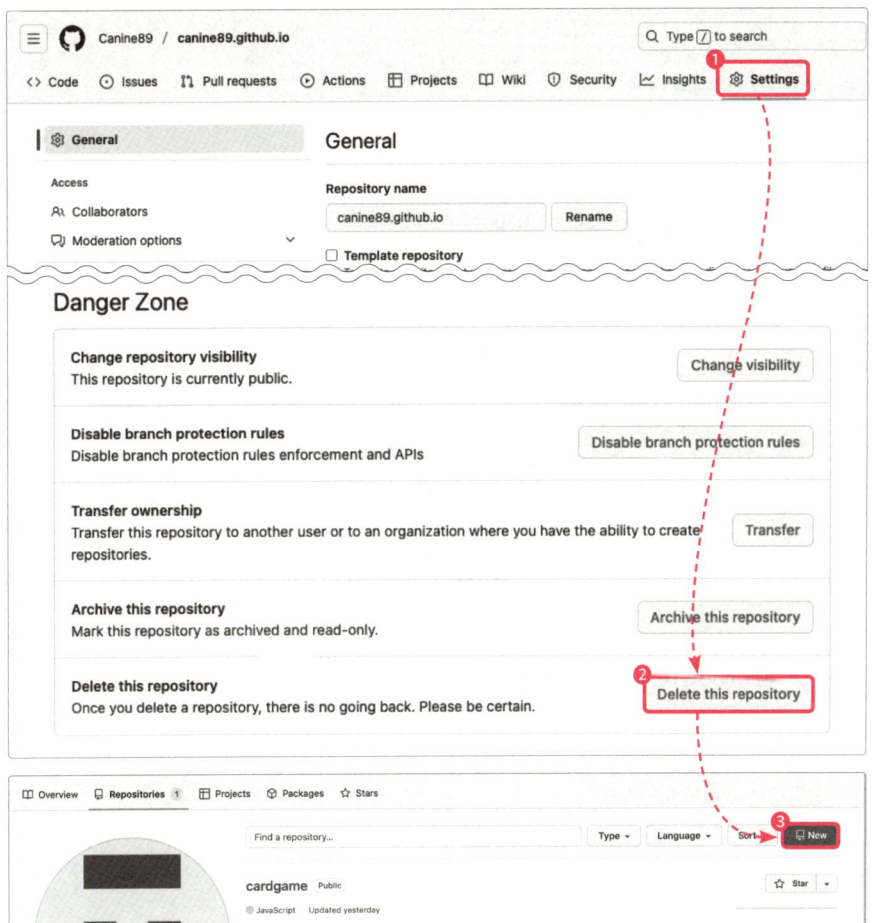

17 저장소를 새로 만들었다면 이제 주소를 복사합니다. 그런 다음 깃허브 코파일럿에게 다음과 같이 부탁합니다.

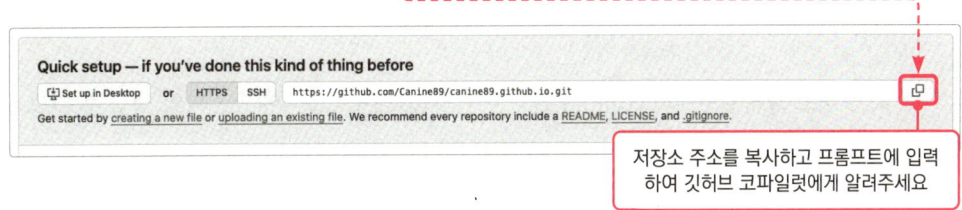

저장소 주소를 복사하고 프롬프트에 입력하여 깃허브 코파일럿에게 알려주세요

챕터 12 MCP로 더 수준 높은 프로그램 만들기 273

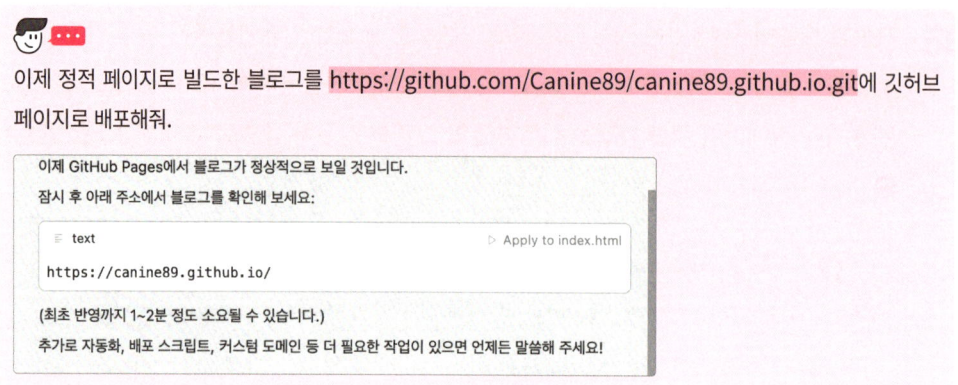

이제 정적 페이지로 빌드한 블로그를 https://github.com/Canine89/canine89.github.io.git에 깃허브 페이지로 배포해줘.

18 배포까지 완료되었습니다. 실습에서 여러분이 설정한 canine89.github.io와 같이 깃허브 코파일럿이 안내한 페이지에 접속해보면 여러분의 블로그가 보일 겁니다.

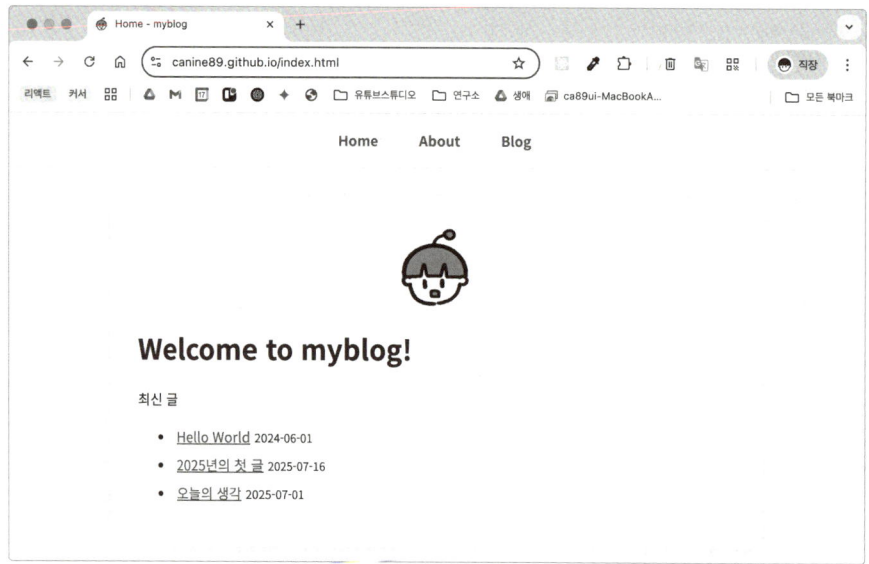

> **NOTE** 깃허브 배포 주소는 실습과 동일하게 하지 말고, 여러분이 정하면 됩니다.

19 만약 새로운 글을 작성해서 블로그 사이트에 추가로 적용하고 싶다면 다음과 같이 진행하면 됩니다.

1. 깃허브 코파일럿에서 content 폴더 하위의 2025-07 폴더에 md 파일 생성 후 마크다운 글 작성

2. 깃허브 코파일럿에게 빌드해달라고 하기

3. 깃허브 코파일럿에게 빌드한 정적 페이지를 깃허브 페이지에 배포해달라고 하기

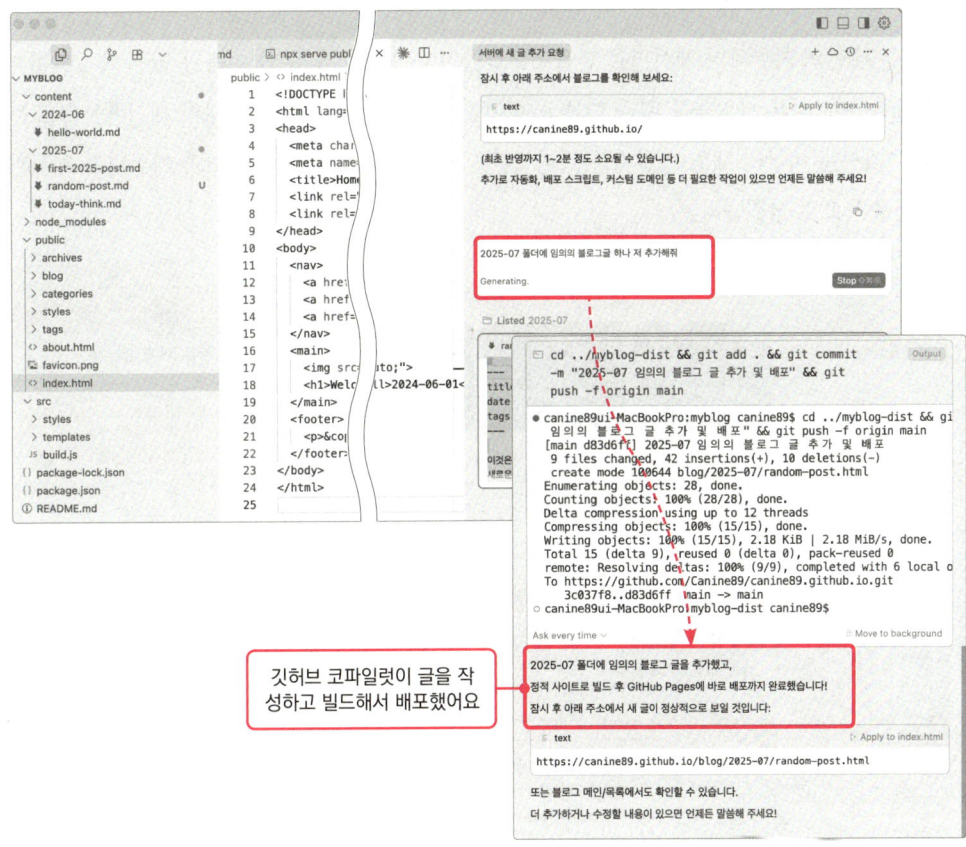

깃허브 코파일럿이 글을 작성하고 빌드해서 배포했어요

20 배포 후 다시 접속하면 블로그에 글이 추가되어 있을 것입니다. 이제 남은 일은 열심히 글을 쓰고 콘텐츠를 올리며 블로그를 운영하는 일뿐이네요!

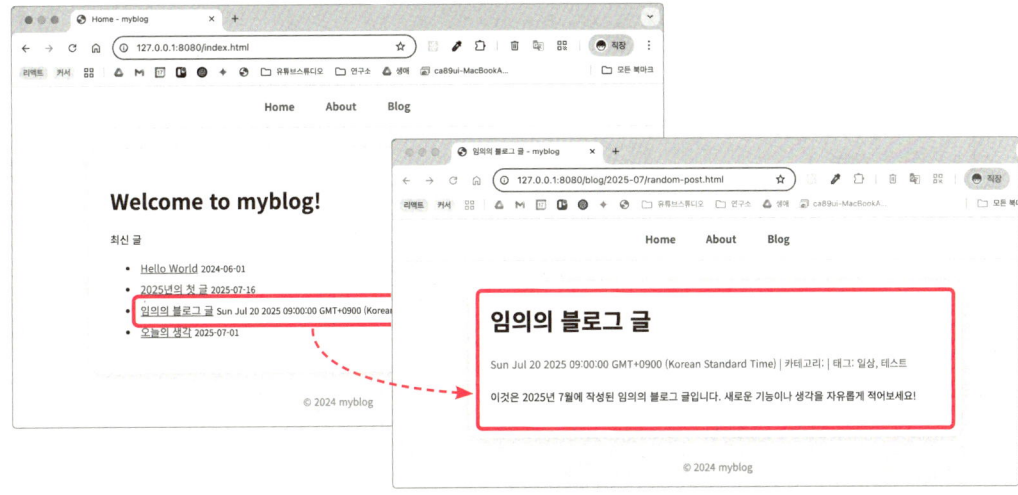

바이브 코딩 31 - 나만의 커뮤니티 게시판 만들기

이번에는 나만의 커뮤니티 게시판을 만들어보겠습니다. 목표는 단순한 기능만 있는 게시판이 아니라 아주 그럴듯한, 다른 사람들도 따라 만들고 싶어질 만큼 완성도 높은 커뮤니티 게시판을 만드는 것입니다. 여기서는 미국의 대형 소셜 커뮤니티 웹사이트인 레딧과 유사한 구조의 커뮤니티 게시판을 만드는 것을 목표로 삼겠습니다.

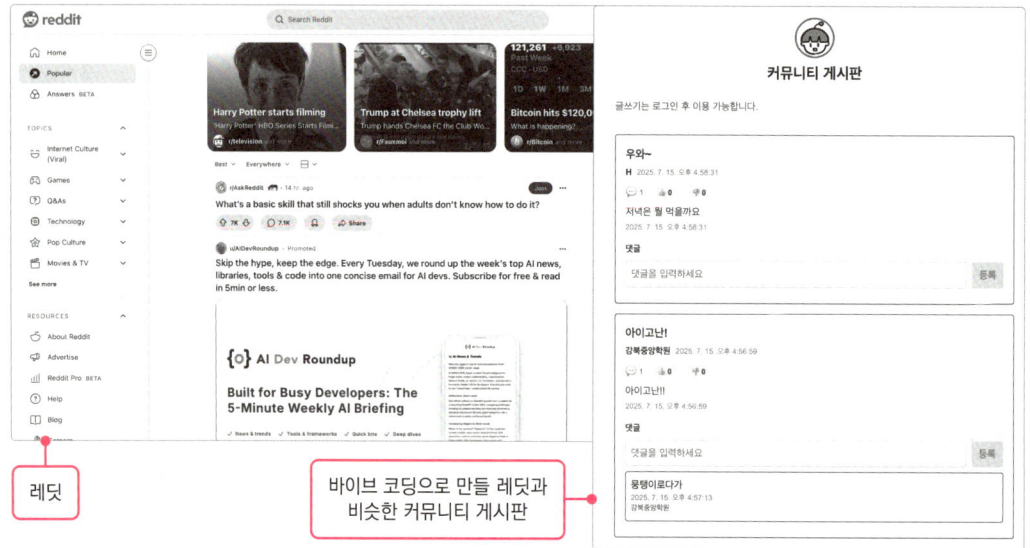

레딧 / 바이브 코딩으로 만들 레딧과 비슷한 커뮤니티 게시판

다만 기능은 레딧과 완전히 같게 할 수는 없으므로 다음의 기능만 완성하는 것을 목표로 삼겠습니다.

1. 회원가입, 로그인, 로그아웃

    - 구글 로그인과 같은 OAuth는 추가하지 않음

2. 글쓰기, 글 수정, 글 삭제, 댓글, 좋아요, 싫어요

3. 글 검색 기능

4. 내 정보 페이지 기능

    - 프로필 사진

    - 프로필 소개

이 정도만 해도 꽤 훌륭한 커뮤니티 게시판 사이트가 만들어질 것입니다. 여기서 사용할 MCP와 각각의 역할은 다음과 같습니다.

- **Sequential Thinking Tools** : 게시판 사이트를 만들기 전에 단계별로 계획 구상하기
- **Context7** : 최신 개발 문서 참조하여 오류율 낮추기
- **Supabase MCP Server** : 데이터베이스 연동, 관리 쉽게 해주기

그러면 이제 바이브 코딩으로 나만의 커뮤니티 게시판 사이트를 만들어보겠습니다.

01 먼저 개발에 필요한 커뮤니티 로고를 하나 준비합니다. 여러분이 준비한 로고여도 상관없고 실습용으로 준비한 로고를 사용해도 좋습니다. 링크에 접속해서 다운로드하세요. 깃허브 코파일럿에는 아직 추가하지 마세요.

- **커뮤니티 로고 링크** : bit.ly/49r5deO

02 이 상태에서 깃허브 코파일럿에게 Sequential Thinking을 이용하여 커뮤니티 게시판 설계를 부탁합니다. 이때 깃허브 코파일럿이 참고할 수 있도록 레딧의 화면을 캡처하여 이미지 파일로 프롬프트에 포함시켜 줍니다. 이미지 파일을 채팅창에 `Ctrl`+`C` 하여 `Ctrl`+`V` 하면 대화 세션에 추가될 것입니다. 그리고 깃허브 코파일럿에게 만들고자 하는 커뮤니티 게시판의 사용 기술과 기능을 구체적으로 나열해줍니다. 이번에 요청할 채팅이 가장 중요한 단계이므로 집중해서 실행해보세요.

> **NOTE** 참고할 웹사이트가 꼭 레딧이 아니어도 좋습니다. 여기서 중요한 것은 **깃허브 코파일럿이 첨부해준 이미지를 분석해서 개발한다는 점입니다.**

> 🙂💬
> sequential thinking으로 이런 디자인의 커뮤니티 게시판을 하나 개발하려는데 같이 고민해줘. 고민 단계는 5단계까지만 해. 기술은 next.js, tailwindcss와 supabase를 이용하려고 해. 이때 supabase는 supabase MCP로 모두 세팅하고 연결할 거야. 게시판의 기능은 회원가입, 로그인, 로그아웃(구글 로그인과 같은 OAuth는 추가하지 않음), 글쓰기, 글 수정, 글 삭제, 댓글, 좋아요, 싫어요, 글 검색 기능, 내 정보 페이지 기능이 있으면 좋겠어. 그 외의 기능은 필요하지 않아.

깃허브 코파일럿이 요청에 따라 Sequential Thinking으로 게시판 개발 설계를 시작합니다. 깃허브 코파일럿은 이 작업을 보통 5단계 그 이상으로 나누어서 진행하려고 하지만, 그러면 실습 시간이 너무 오래 걸리므로 여기서는 5단계로 제한했습니다. 각 단계를 따라가며 상세한 내용이 궁금하다면 열어서 참고할 수 있습니다. 다만, 여기서는 깃허브 코파일럿이 설계만 하고 코드 생성은 하지 않으니, 단계를 살펴보면서 [Run tool]을 눌러서 설계를 끝까지 진행하기 바랍니다.

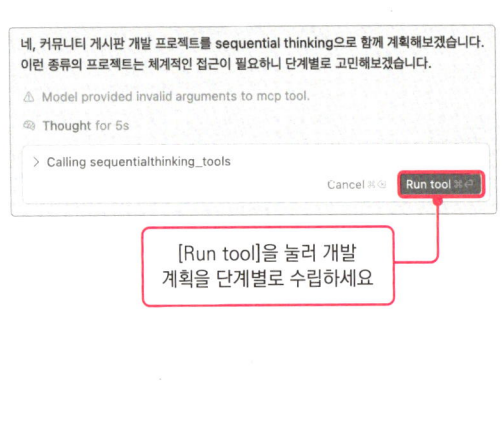

03 설계가 끝나면 깃허브 코파일럿에게 개발을 하라고 지시하면 됩니다. 몇 차례 깃허브 코파일럿이 '이대로 할까요?'라는 질문을 한 다음 대기할 수 있습니다. 그럴 때마다 '그렇게 해'라고 하며 실행하게 합니다.

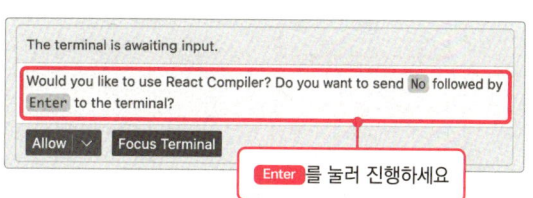

04 터미널에 'Would you like to use Turbopack…'이라는 질문이 나올 때마다 Enter 를 눌러 진행하세요.

05 다음으로 나오는 실행에 대해서는 모두 [Allow]를 눌러 진행하면 됩니다. 개발 끝까지 이 기조를 유지하면서 진행하세요.

06 개발 과정 중간에 깃허브 코파일럿이 수파베이스 세팅에 대해 물어볼 때가 있을 겁니다. 이때 새 프로젝트를 만들어 진행해달라고 하면 됩니다. 이 과정을 진행한 다음에는 수파베이스에 접속해서 실제로 프로젝트가 생성되었는지 확인하기 바랍니다.

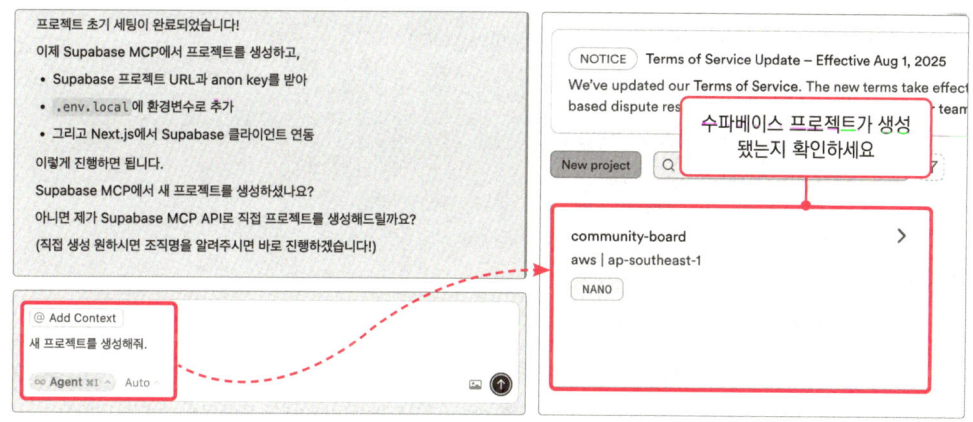

07 수파베이스에 프로젝트가 잘 생성된 것을 확인했다면 다음으로 테이블을 생성할 겁니다. 테이블이 생성된 이후에는 수파베이스에 접속해서 실제로 잘 생성되었는지 확인하세요. ❶ 프로젝트를 누르고 왼쪽 메뉴에서 ❷ [Table Editor]를 누른 다음 게시판 서비스에 필요한 테이블이

생성되었는지 확인하세요. 여기에서는 ❸ 댓글(comments), 좋아요(likes), 포스트(posts)와 프로필(profiles) 테이블이 생성되었습니다.

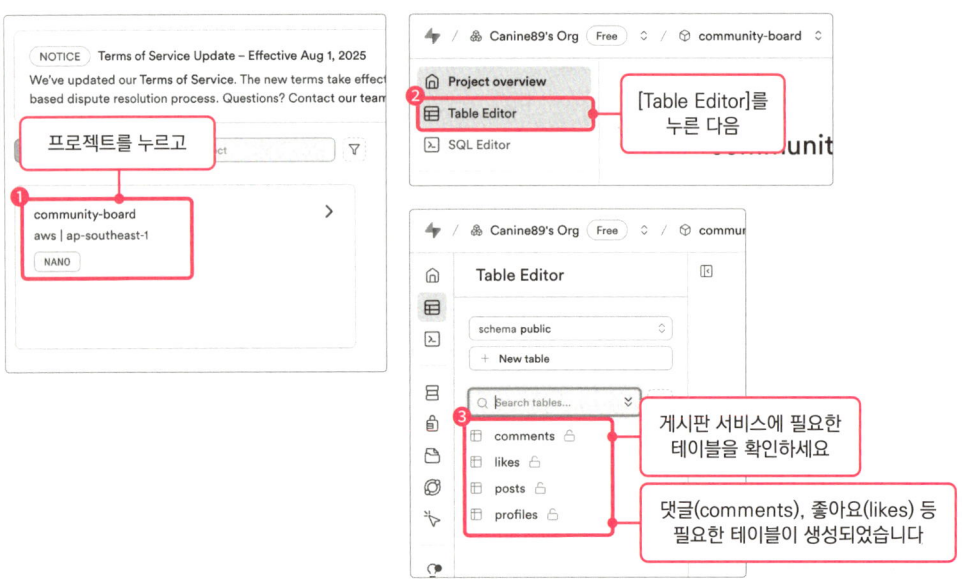

08 다음과 같이 깃허브 코파일럿이 필수 기능 구현이 끝나고 배포를 도와주겠다는 메시지를 띄우면 기능이 잘 구축되어 개발은 끝난 상태입니다.

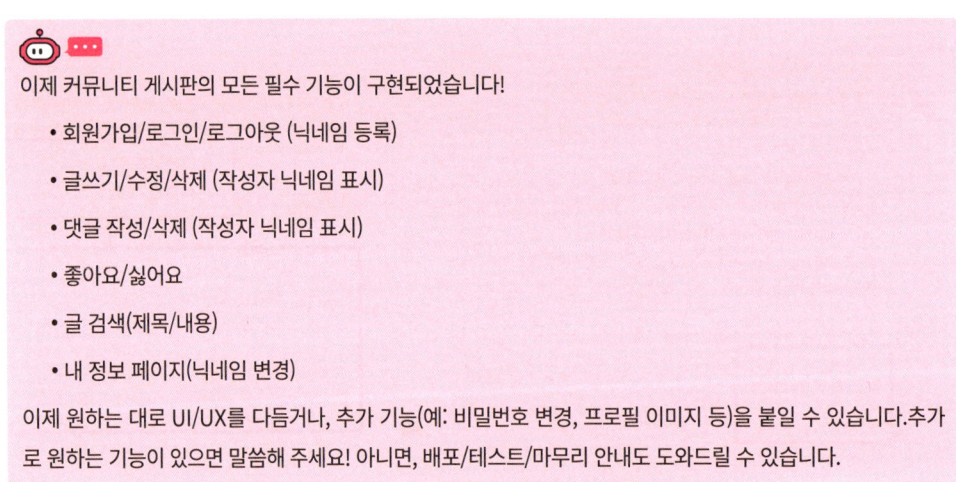

09 실제로 배포하기 전에 개발이 잘 되었는지 확인하기 위해 로컬 환경에서 게시판을 실행해보라고 하겠습니다. 실습 과정에서 테스트를 위해 실행해봤더니 실제로 엉뚱한 화면이 나왔습니다. 이런 경우가 종종 발생하므로, 배포 전에 이상이 없는지 꼼꼼히 확인한 후 진행해야 합니다.

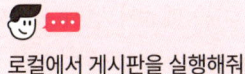

로컬에서 게시판을 실행해줘.

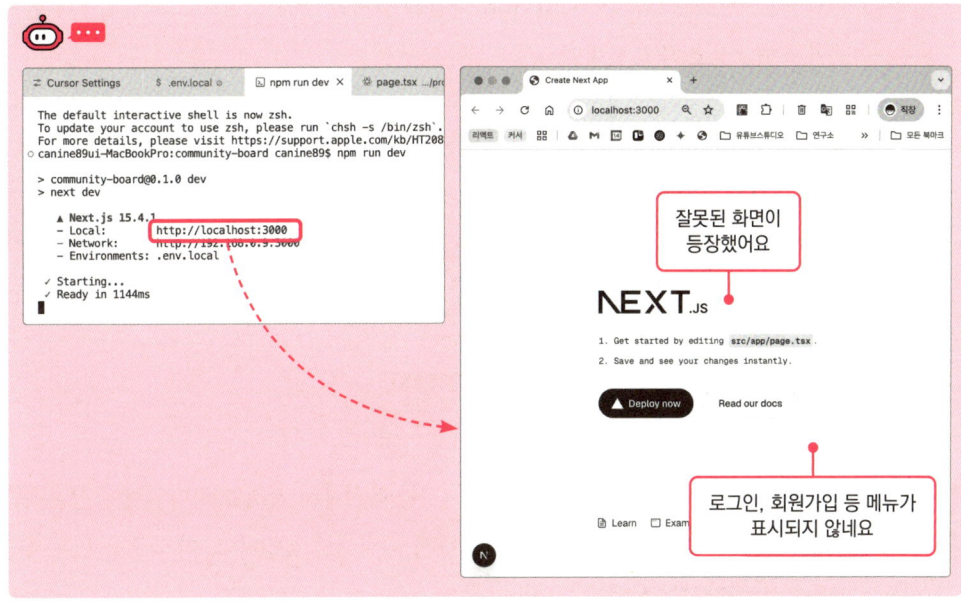

잘못된 화면이 등장했어요

로그인, 회원가입 등 메뉴가 표시되지 않네요

10 예상과 다른 화면이 나타날 경우, 그 화면을 캡처해서 깃허브 코파일럿에 첨부하세요. 여기서는 게시판이 안 보이고 Next.js 화면이 보이는 것을 깃허브 코파일럿에게 나온다고 했더니 제대로 화면이 보이게 수정해주었습니다. 하지만 화면을 살펴보니 한 가지 문제가 발생한 것을 확인할 수 있습니다.

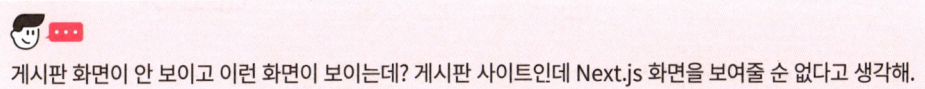

게시판 화면이 안 보이고 이런 화면이 보이는데? 게시판 사이트인데 Next.js 화면을 보여줄 순 없다고 생각해.

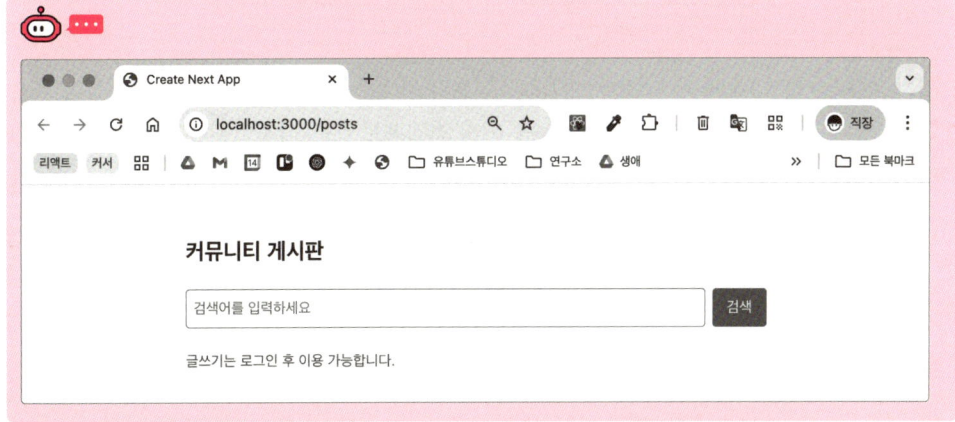

11 과정 **08**에서 구현했다고 한 기능 중에서 화면에 로그인, 회원가입 등 메뉴가 전혀 표시되지 않았습니다. 배포를 하지 않고 로컬에서 테스트를 한 이유도 바로 이러한 문제 때문입니다. 이제부터가 진정한 바이브 코딩의 시작입니다. 화면을 캡처한 다음 깃허브 코파일럿에게 필요한 기능을 보이게 해달라고 하면 됩니다.

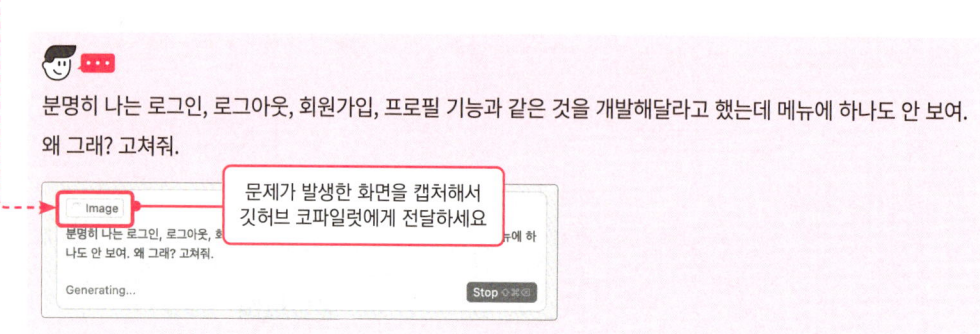

12 개발 중 오류가 발생하면, 배운대로 오류 메시지를 복사해서 깃허브 코파일럿에 전달해줍시다. 그러면 깃허브 코파일럿이 오류 원인을 분석해서 해결해줄 것입니다. 이 과정을 반복하면서 원하는 기능이 잘 동작하는 상태까지 나아가세요.

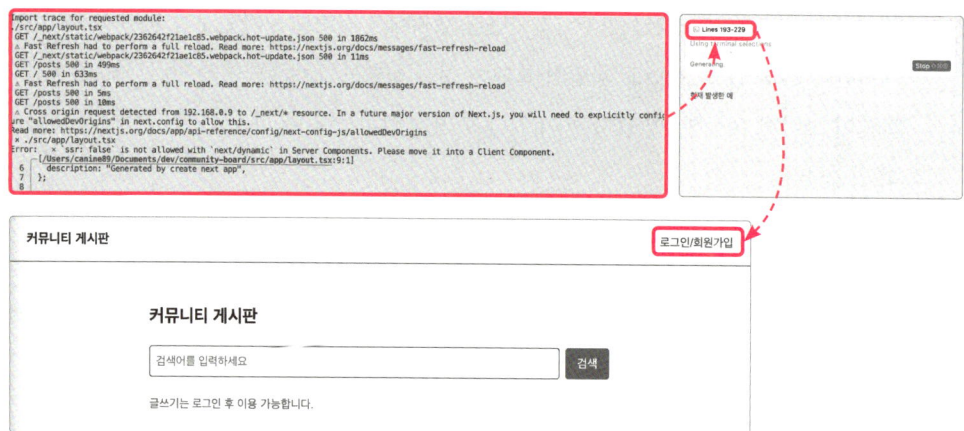

13 완성된 커뮤니티 게시판의 기본 기능을 먼저 점검해보세요. 디자인은 그다음입니다. 로그인, 회원가입, 로그아웃부터 글쓰기, 댓글 달기 등의 기능이 잘 동작하는지 확인했습니다. **참고로 수파베이스의 회원가입 기능은 반드시 이메일 인증을 하도록 설정되어 있습니다. 따라서 회원가입은 실제로 가지고 있는 이메일로 진행해야 합니다.**

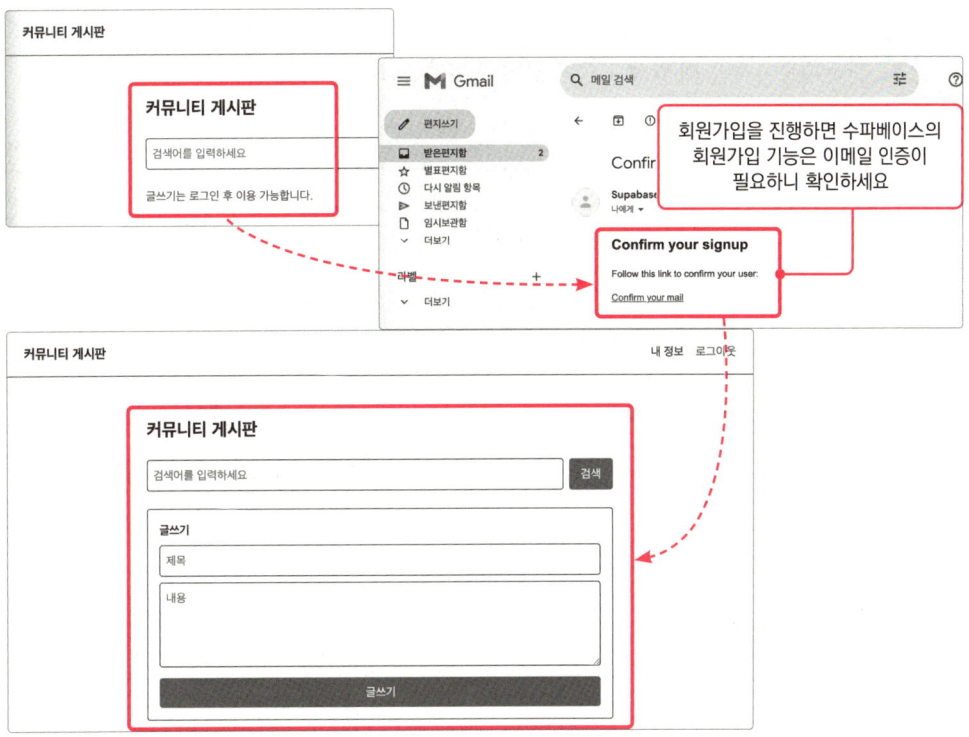

14 이후 기능 완성은 바이브 코딩 방식으로 깃허브 코파일럿과 티키타카하면서 완성해나가야 합니다. 안성까지 여러 번 티키타카를 주고받으며 다듬어가는 것이 핵심입니다. 다음은 실제로 실습에서 요청한 내용들입니다. 특별한 기술 없이도 할 수 있습니다.

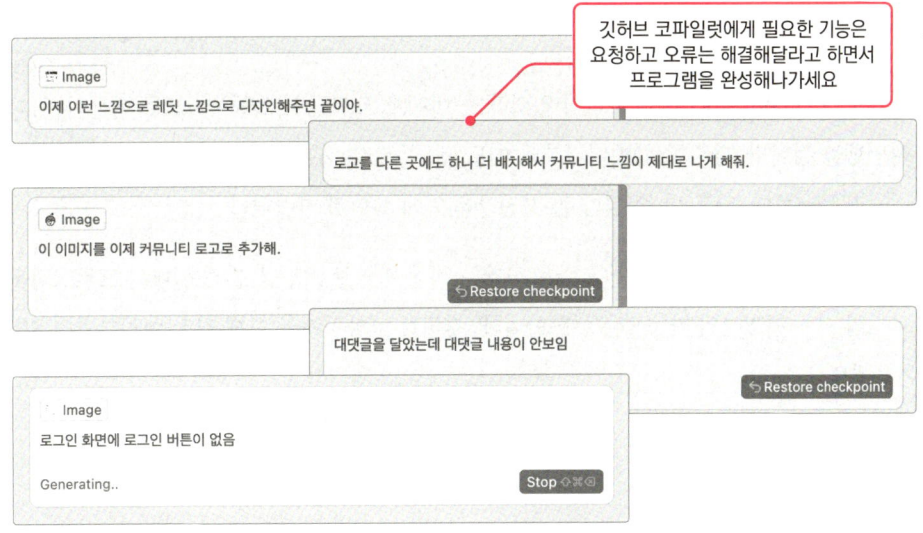

[챕터 12] MCP로 더 수준 높은 프로그램 만들기

15 약 100회 정도의 티키타카를 통해 다음과 같이 레딧처럼 구성된 커뮤니티 사이트를 만들었습니다. 단순해보이지만 꽤 완성도 있게 잘 만들어졌습니다.

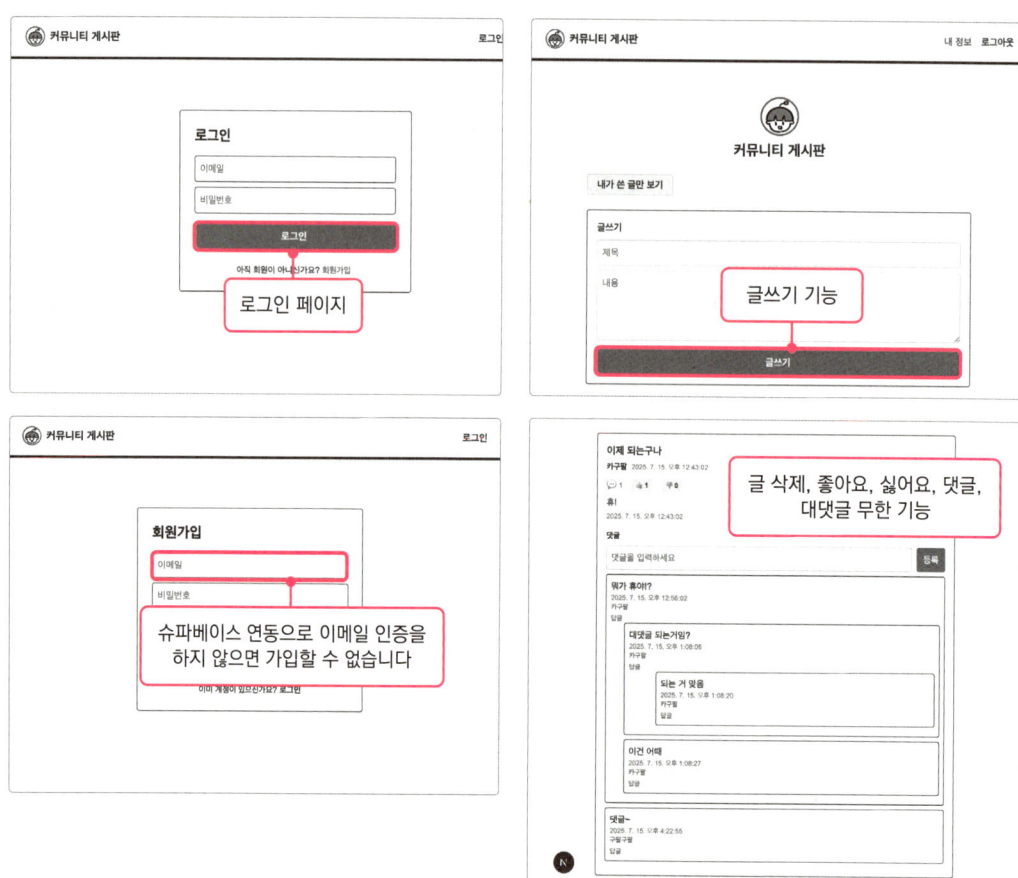

이 책을 통해 독자 여러분은 개발 지식이 없더라도, 바이브 코딩만으로 웹사이트를 만들 수 있다는 사실을 확인했을 겁니다. 단순한 웹페이지부터 메모 앱, 블로그, 게시판, 크롤링 기능까지 다양한 서비스를 직접 만들어보며 '나도 할 수 있다'는 자신감을 얻게 되었길 바랍니다.

이 책이 여러분의 첫 시작이라면, 이제 다음 단계는 직접 바이브 코딩을 통해 원하는 프로그램을 만들어보는 것입니다. 여러분의 가능성은 무한합니다. 깃허브 코파일럿과 함께 직접 여러분만의 서비스를 만들어보세요.

요즘 바이브 코딩

특별
부록

바이브 코딩이 더 재미있어지는 강력 추천 확장 프로그램

[추천 01] 까맣고 하얗기만 한 테마 바꿔보기

[추천 02] CSV 파일을 자주 쓸 때는 Rainbow CSV

[추천 03] 깃 트리를 더 보기 좋게! Git Graph

[추천 04] 인공지능과 함께 프레젠테이션을 만들어볼까? Marp

[추천 01]

까맣고 하얗기만 한 테마 바꿔보기

코드 들여다보고 채팅만 하고… 진지하게 바이브 코딩만 하면 재미 없죠. 가끔 공부하기 전에 책상을 꾸미고 싶을 때가 있지 않나요? 또 책상에 유용한 물건을 두면 일을 더 효율적으로 할 수도 있습니다. 부록에서는 책상 대신 비주얼 스튜디오 코드를 꾸밀 수 있는 강력 추천 확장 프로그램 4가지를 소개하겠습니다.

가장 먼저 비주얼 스튜디오 코드의 인테리어 분위기를 확 바꿔볼까요? 비주얼 스튜디오 코드의 기본 테마가 질릴 때 분위기를 전환해보세요.

01 먼저 왼쪽의 를 눌러 확장 프로그램 탭을 엽니다. 그러면 'Installed'에는 이미 설치되어 있는 확장 프로그램 목록이 보이고, 'Recommanded'에는 추천하는 확장 프로그램 목록이 보입니다.

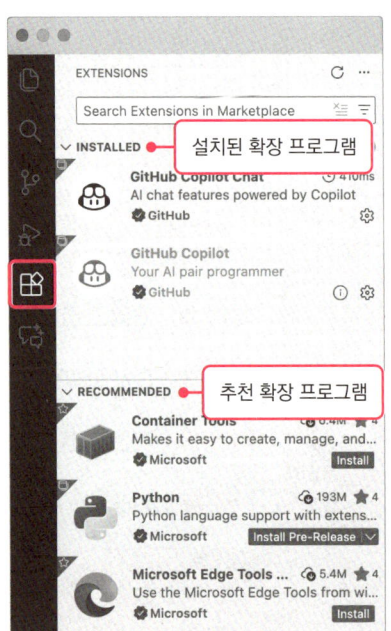

02 위의 검색창에 @category:"themes"라고 검색을 해 보겠습니다. 그러면 테마 수정을 위한 확장 프로그램 목록이 나타납니다. 이때 테마는 크게 2가지로 분류합니다.

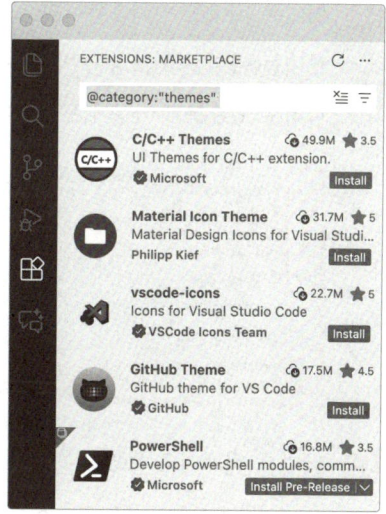

- **전체적인 화면의 색을 바꿔줄 테마** : 흔히 Theme이라는 키워드로 소개합니다.

- **아이콘의 종류를 바꿔줄 테마** : 흔히 Icon이라는 키워드로 소개합니다.

03 여기서 저는 Dracula Theme Official을 설치해보려고 합니다 [Install]을 눌러 바로 테마를 설치해보세요. 설치를 마치면 기존 테마에서 드라큘라 테마라는 분위기에 어울리게 어두운 화면으로 바뀝니다.

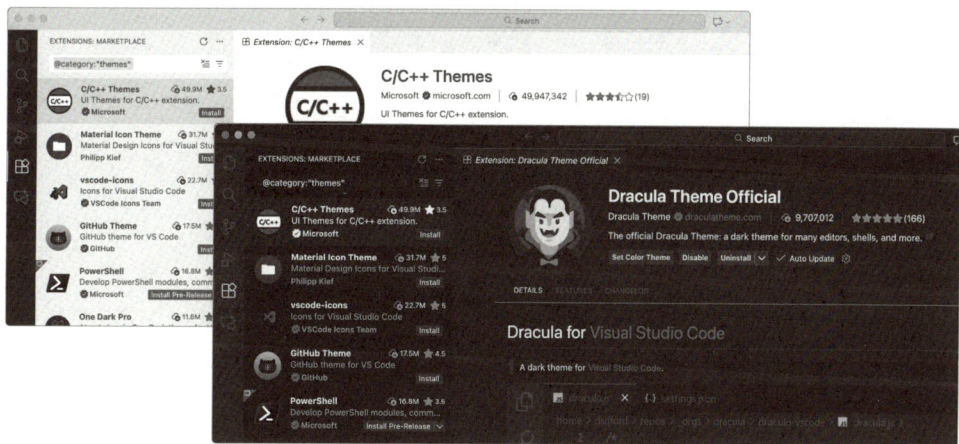

[추천 01] 까맣고 하얗기만 한 테마 바꿔보기   287

04 아이콘 테마도 설치해봅니다. vscode-icons 테마를 설치하고 설정하면 여러분의 파일 탭에서 보이는 아이콘의 모양이 바뀌는 것을 볼 수 있습니다. 보통 이런 테마들은 시각적인 개선도 포함하고 있으므로 마음에 드는 것이 있으면 설치하는 것을 추천합니다.

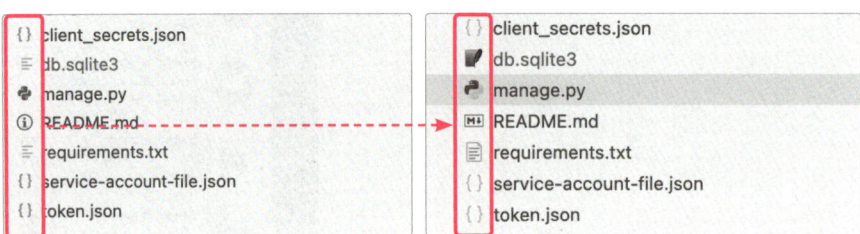

05 테마를 원래대로 돌리고 싶다면 왼쪽 아래의 ❶ 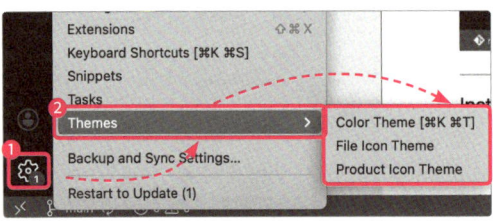를 누르고 ❷ [Themes → Color Theme] 또는 [Themes → File Icon Theme, Product Icon Theme]을 눌러 테마를 수정할 수 있습니다.

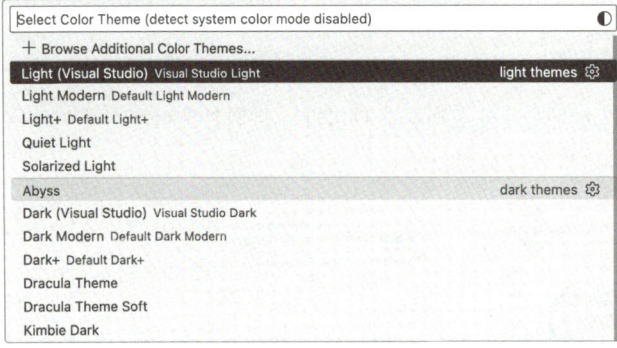

[추천 02]

CSV 파일을 자주 쓸 때는 Rainbow CSV

바이브 코딩을 할 때 표 데이터를 CSV로 처리하는 일이 많습니다. 그런데 CSV 파일을 그냥 열어서 보면 사람의 눈으로 썩 보기 좋은 상태는 아닙니다. 특히 같은 색으로 텍스트만 주르륵 나열되어 있는 구성이 그렇죠. 그럴 때는 Rainbow CSV로 CSV의 가시성을 올리면 좋습니다.

01 확장 프로그램 검색 창에서 Rainbow CSV를 검색해서 설치합니다.

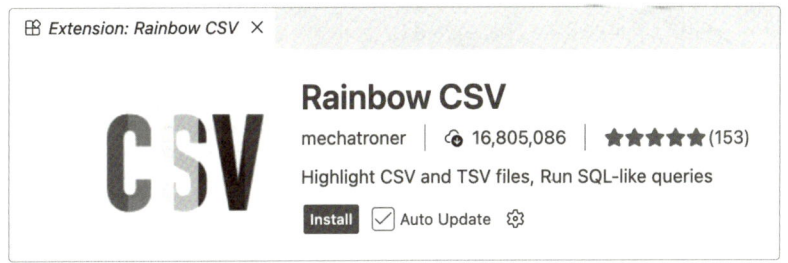

02 당장 가지고 있는 CSV 파일이 없다면 깃허브 코파일럿에게 과일 가게 판매 데이터를 가정한 CSV 파일을 만들어달라고 해봅니다. 파일을 열면 이미 Rainbow CSV가 설치된 상태라 색 구분이 되어 있을 겁니다.

과일 가게 판매 데이터 30줄만 CSV 파일로 만들어줘.

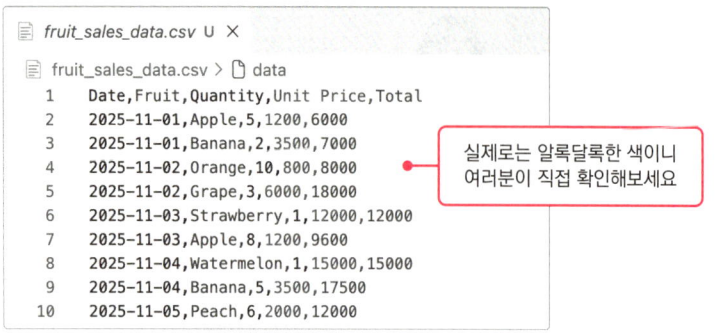

03 만약 더 구분해서 보고 싶다면 Ctrl + Shift + P 를 누르고 rainbow CSV를 검색해보세요. 다양한 옵션이 나옵니다. 추천하는 옵션은 [Virtual Align CSV Columns]입니다.

이 옵션을 켜면 열이 가지런히 정리됩니다. 이 옵션의 장점은 실제 스페이스바로 띄워 열을 맞추는 것이 아니라 가상의 스페이스바를 입력했다고 치고 열을 맞춰주므로 파일 수정 없이 볼 수 있다는 겁니다.

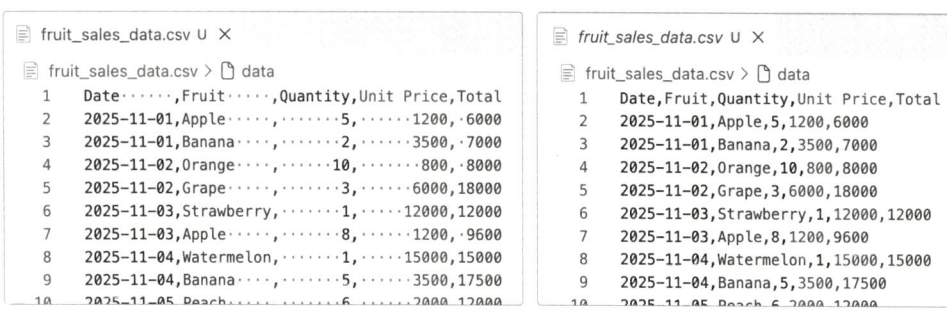

[추천 03]

깃 트리를 더 보기 좋게! Git Graph

바이브 코딩을 하다 보면 결국 깃을 사용하게 됩니다. 깃은 숙련자가 쓴다면 시각적으로 볼 필요는 없습니다. 그렇지만 바이브 코더는 깃 초보도 많죠. 그래서 비주얼 스튜디오 코드에서는 깃 시각화 기능을 제공합니다. 이 기능도 훌륭하지만 어쩐지 밋밋하고 기능성이 떨어집니다. 대신 Git Graph를 사용해보세요.

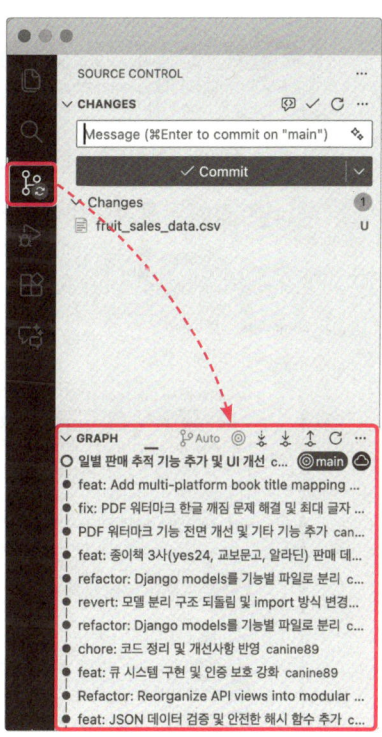

01 설치해서 바로 사용해봅시다. 물론 이 기능을 활용하려면 깃으로 관리한 프로젝트가 필요합니다. 미리 깃으로 관리한 프로젝트를 준비하고 비주얼 스튜디오 코드로 열기 바랍니다. 그런 다음 Git Graph를 확장 프로그램 검색 창으로 검색해서 설치하기 바랍니다.

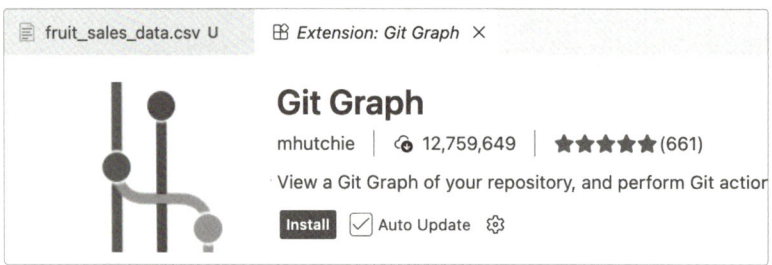

02 설치가 끝나면 `Ctrl + Shift + P`로 실행 창을 열고 Git Graph를 검색한 다음 [View Git Graph]를 눌러보세요.

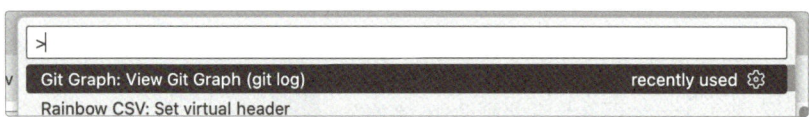

그러면 훨씬 넓은 화면으로 깃 관리 상태를 시각화한 모습을 볼 수 있습니다. 메모도 잘 보입니다. 기존 화면은 사이드 바에 갇혀 있어서 답답한 느낌이라면 Git Graph는 광활한 느낌이네요.

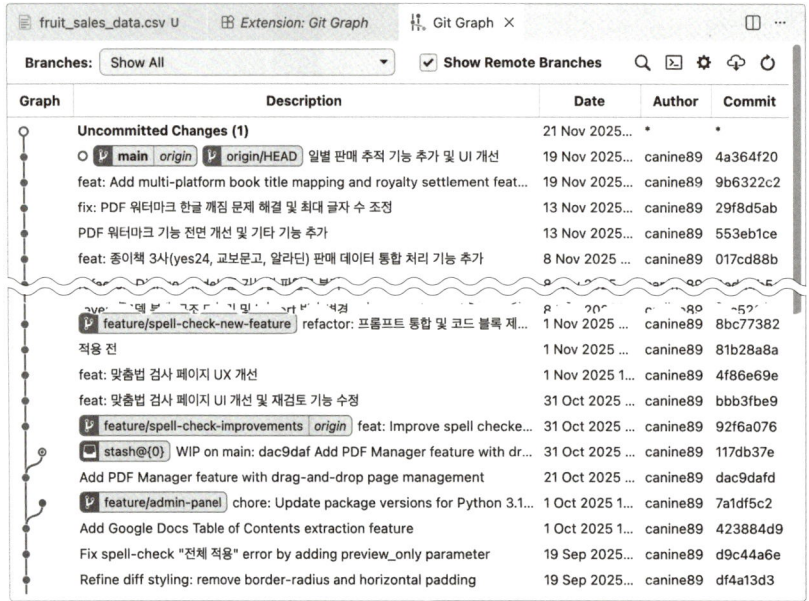

[추천 04]

인공지능과 함께 프레젠테이션을 만들어볼까? Marp

Marp는 마크다운 방식으로 쓴 문서를 프레젠테이션으로 보여주는 도구입니다. 마크다운은 앞서 실습에서 여러 번 활용했으므로 이제 익숙한 개념일 겁니다. 마크다운을 잘 활용하면 문서에 서식을 입히는 것을 넘어 간단하고 깔끔한 프레젠테이션까지 만들 수 있습니다.

01 그럼 바로 해봅시다. 확장 프로그램 검색 창에 Marp for VS Code를 검색하고 설치하세요.

02 그런 다음 깃허브 코파일럿에게 다음과 같이 부탁해봅니다. 그러면 .md 파일을 하나 만들어줍니다. 파일을 확인해보면 텍스트가 마크다운 규칙으로 입력되어 있습니다. 여러분은 이걸 이해할 필요 없습니다.

사과의 마케팅 방안에 대한 10장짜리 프레젠테이션을 마크다운 문서로 만들어봐.

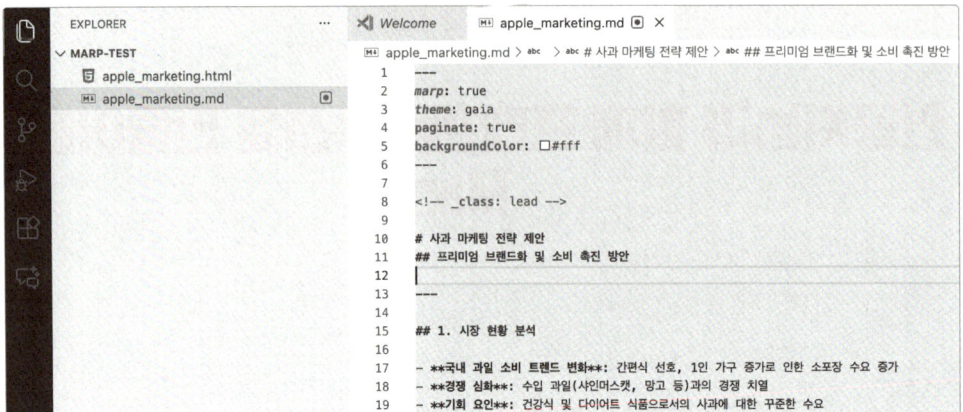

03 `Ctrl + Shift + P`를 눌러서 marp를 검색하고 [Open Preview]를 누르면 프레젠테이션으로 바뀐 모습을 볼 수 있습니다. apple_marketing.md 파일 기반으로 프레젠테이션 렌더링을 해준 것입니다.

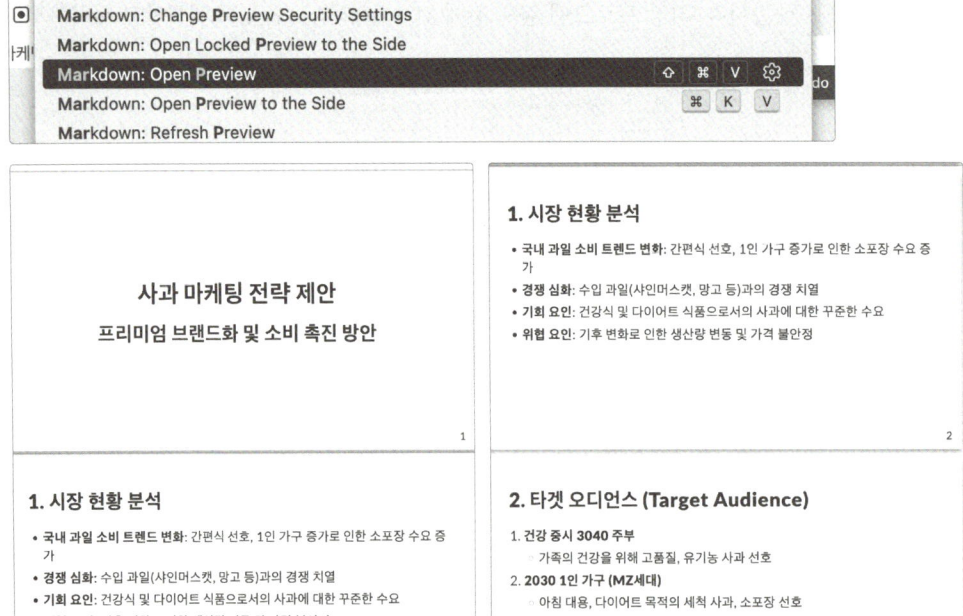

04 만약 프레젠테이션의 내용을 고치고 싶다면 해당 내용을 드래그해서 수정 제안을 해보세요. 바로 프레젠테이션에 반영됩니다.

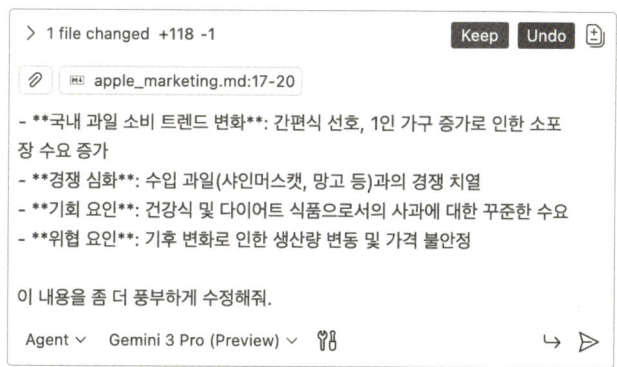

05 프레젠테이션을 완성하면 `Ctrl + Shift + P`를 누르고 export를 검색한 다음 [Export Slide Deck]을 누르면 됩니다. 이때 주의할 점은 프레젠테이션 렌더링(Preview) 탭이 아니라 원본 마크다운 파일 탭을 선택한 상태여야 한다는 것입니다.

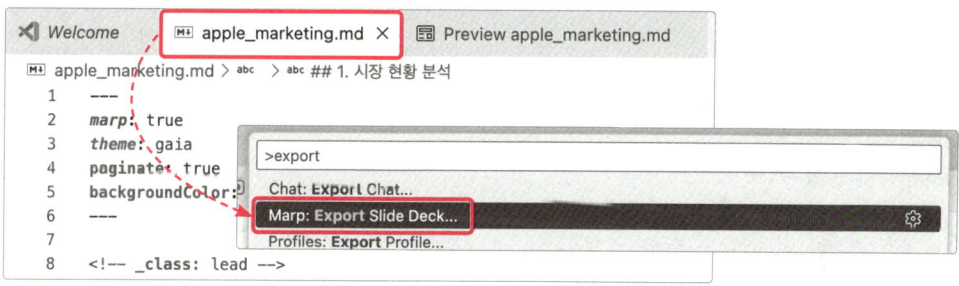

06 파일을 열어보면 완성된 프레젠테이션을 볼 수 있습니다. 이렇게 프레젠테이션 파일을 확인하며 빠르게 수정하면 업무 생산성이 극대화되겠죠?

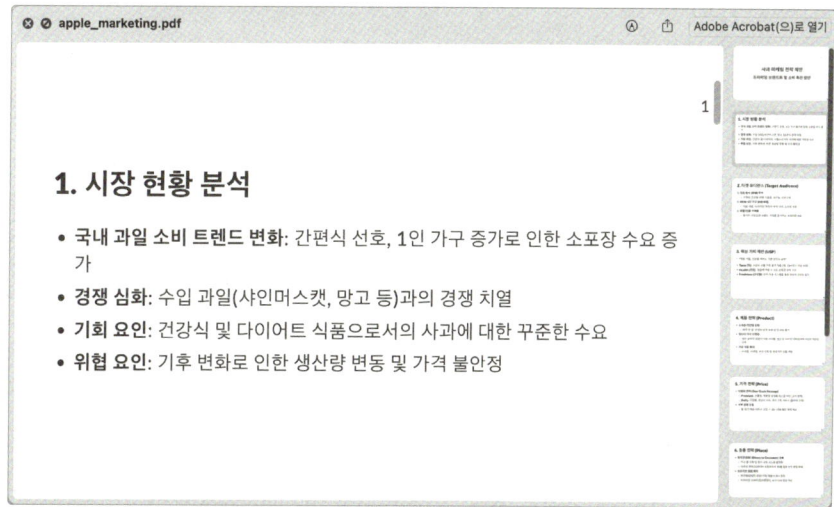

295

요즘 바이브 코딩
깃허브 코파일럿 31가지 프로그램 만들기

인공지능 코딩, AI 포트폴리오, 바탕화면 정리 앱, PDF 편집기, 이메일 자동화, 주식 크롤링, QR 코드 생성기, 노션 스타일 게시판, 대시보드 만들기, 블로그 만들기, 유튜브 클론 사이트, 챗GPT 요약 앱, vercel, 배포, v0, VS Code

1판 1쇄 발행 2025년 12월 15일

지은이 박현규
펴낸이 최현우 · **기획** 김성경 · **편집** 아이기스, 김성경, 박우현, 윤신원, 임민정, 최혜민, 토인비
디자인 복희, 안유경 · **조판** SEMO
마케팅 루카스 · **피플** 최순주

펴낸곳 골든래빗(주)
등록 2020년 7월 7일 제 2020-000183호
주소 서울특별시 마포구 양화로 186 LC타워 4층 449호
전화 0505-398-0505 · **팩스** 0505-537-0505
이메일 ask@goldenrabbit.co.kr
홈페이지 www.goldenrabbit.co.kr
SNS facebook.com/goldenrabbit2020

ISBN 979-11-94383-63-5　93000

* 파본은 구입한 서점에서 바꿔드립니다.

우리는 가치가 성장하는 시간을 만듭니다.

골든래빗은 가치가 성장하는 도서를 함께 만드실 저자님을 찾고 있습니다.
내가 할 수 있을까 망설이는 대신, 용기 내어 골든래빗의 문을 두드려보세요.
apply@goldenrabbit.co.kr

이 책은 대한민국 저작권법의 보호를 받습니다.
일부를 인용 또는 재사용하려면 반드시 저자와 골든래빗(주)의 동의를 구해야 합니다.

골든래빗
바로가기